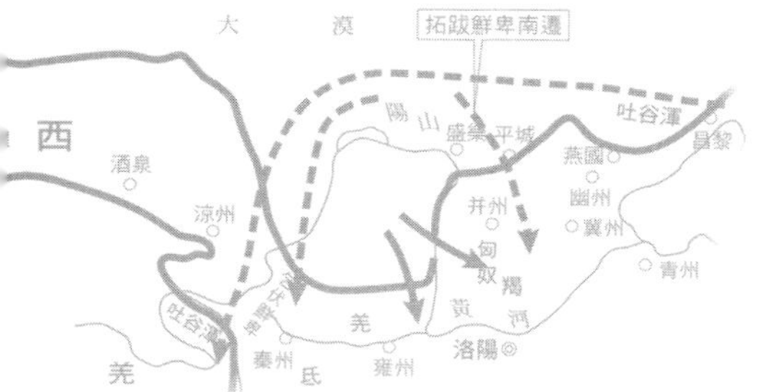


# 五胡錄

## 五胡亂華

驕傲中迷失・絕望中驚醒

### 匈奴、鮮卑、羯、羌、氐、史稱「五胡」

兩漢以來，就有胡人不斷向中原內地遷徙，逐漸盤踞中國北部地區，勢力不斷壯大。在漫長的中原文明發展史中，曾有長達約一百五十年的時間，被漢人稱為「夷狄」、「五胡」是勇武剽悍的馬背民族，征服了黃河以北的中原腹地，第一次將優越感極強的漢民族打得落花流水，一敗塗地，驅趕著漢民族狼狽南逃，喘息度日，史稱「五胡亂華」。對這段「五胡亂華」的歷史，中原文明一直諱莫如深，鮮有史錄……

火焰塔◆著

# 目錄

# 目錄

# 序曲　暴風雨前的海洋

## 一

五胡是指匈奴、羯、氐、羌、鮮卑等五個少數民族，後來被當作西元三〇〇年～四四〇年這段時期中國北方的代稱。現在這些民族大多已經不存在了，據說只有匈奴還有點人跑到了歐洲建立了匈牙利。今天，我們只能在歷史的陳跡裡，去尋找他們昔日帶給當時中華大地的喧囂和劫難了。

讓我們把視角轉向三國的末期，在西元二六五年，三國中的魏國已經讓司馬昭完全控制了，蜀國已經被司馬昭的手下給滅掉了，吳國也在人人喊打的浪潮中搖搖欲墜。就在這個時候，有心一統天下的司馬昭得了重病，只能把他心中的理想託付給他的兒子司馬炎。

司馬炎三十歲登基，後人稱其為晉武帝。三十歲的司馬炎，野心勃勃、豪情滿懷，他人也長得怪異，手長過膝，還有一頭垂到地上的頭髮。這位皇帝屁股剛一坐穩就制定了詳細的強國統一計畫，對國家實行休養生息的政策，自己崇尚儉約，皇帝坐的牛車轠繩都用麻繩來代替絲綢繩子。不過他駕馭臣下卻很寬鬆，無論是能人還是庸才都各司其責。這樣，沒出幾年，晉就逐漸地強大起來。

司馬昭的正妻只生了兩個兒子，一個是司馬炎，另一個叫司馬攸，司馬攸過繼給了司馬昭的哥哥司馬師。司馬昭本來想立攸為他的繼承人，後來在大臣們的勸說之下才立了司馬炎。本著立長子的原則，武帝也準備把自己的皇后楊氏所生的長子立為太子，但是武帝的大兒子司馬衷實在是不爭氣，武帝的父親司馬昭、伯父司馬師還有爺爺司馬懿都善於玩弄權術，可兒子司馬衷卻是一個什麼都學不會的先天性腦缺損患者，無論哪個師傅教他都是左耳朵進右耳朵出。武帝感覺很不爽，楊皇后卻偏偏寵愛著這個笨兒子，一天到晚對著武帝的耳朵根子嘟嚕著立嫡以長的道理，武帝聽得頭痛不已，不得不把這個蠢豬一樣的兒子立做了太子。

晉武帝司馬炎

光陰荏苒，太子已經到了該給他找個老婆的年齡了。為了能給司馬衷這個預備役的皇帝當老岳丈，很多官僚都開始了私下裡的活動。這個時候，有個叫賈充的大臣（就是那個帶頭殺死曹魏皇帝的弄臣），他有一個女兒叫賈南風，長得五短身材不算，臉上還有一大塊黑青色，就這模樣賈充也想把她嫁給太子。當然，如果武帝事先知道賈充的寶貝女兒長得這般模樣，是絕對不會答應這門親事的。賈充的親信侍中荀勖給賈充出了個主意，讓賈大人去走走楊皇后的門路，賈充得計後，先花重金買通楊皇后身邊的宮女，讓她們在楊皇后耳邊猛誇賈南風，把她誇獎成了天下少有、地上罕見的大美人，哄得楊皇后動了心，就向武帝建議讓賈南風當太子妃，武帝一聽，那也得先瞧瞧貨色咋樣啊，於是就要派個官員去看看賈南風到底是不是像楊皇后說的那樣天花亂墜。正好擔當這差使的人就是荀勖，他假模假式地跑到賈充的家裡去考察了一番，回來後向武帝狠狠地把賈南風誇獎了一頓。

武帝一琢磨，既然女方條件不錯，那就趕快挑個黃道吉日讓他們倆成親吧。不久就到了太子成親的那天，新郎新娘閃亮登場，皇親國戚、權貴勳臣們瞪大眼睛一瞧，得，癡兒醜女，成雙配對，一個拖著長鼻涕，一個黑著青花臉，也真是天賜良緣、地造佳偶了，來賓們都不覺啞然，武帝心頭也是懊悔不已。但是說來也怪，太子居然一點都不嫌棄他的醜新娘，兩人在一起還很是親熱。武帝也只好就這麼認了這個兒媳婦。

看到自己的兒子有了相配的老婆，楊皇后心裡倒很滿意。沒過多久，楊皇后身染重病，她十分害怕兒子的地位被別人奪走，臨死的時候她把自己叔叔楊駿的女兒楊芷託付給武帝當皇后，武帝見楊皇后都快要死了，於是不得不答應了楊皇后的請求。

武帝允准了楊皇后的臨終請求，這可把旁邊的一個人給樂壞了，這人就是新科國丈楊駿。一時間楊駿的官職蹭蹭蹭地向上狂升。原本楊皇后在世的時候楊駿就擔任了鎮軍將軍，自從他女兒楊芷給武帝續了弦當上皇后，楊駿就升職為車騎將軍、臨晉侯。至此這個楊國丈自恃是皇親國戚，成天在外面飛揚跋扈，胡作非為。

眾大臣都對楊家敬而遠之。他們私下議論道：

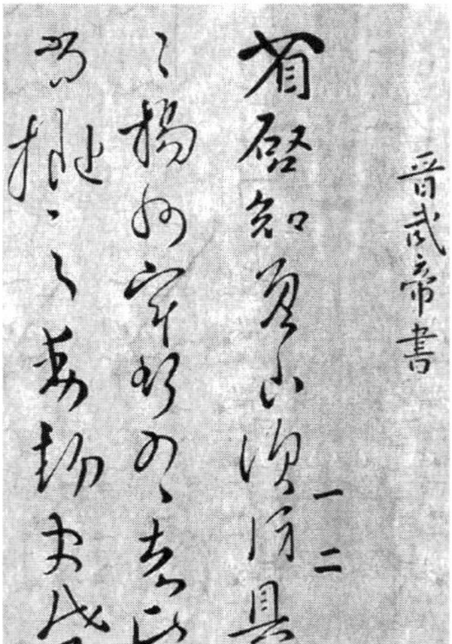

晉武帝司馬炎手跡

「楊家一門兩后，靠著女兒升官，自古以來外戚和皇族結親，滅門的多，終老的少，楊駿如此狂傲，將來要遭大難啊。」

太子的愚笨無能讓晉武帝頗有些擔心，而楊駿橫行不法的流言蜚語武帝也有所耳聞。某一天，武帝在皇宮內的凌雲台宴請文武百官，酒過三巡之後，尚書令衛瓘假裝喝醉了，走到司馬炎面前跪下，撫摸著武帝的龍座，嘴裡含含糊糊地反覆念叨：「這個座位太可惜了。」武帝也不笨，心裡已經明白衛瓘的意思，表面卻假裝聽不懂他的話，藉口衛瓘喝醉了，把衛瓘攆了出去。

這件事讓武帝心裡很犯愁。過了幾天，武帝終於想出了一個辦法，他先召太子手下的官員都去吃飯，然後突然送給太子幾封公文讓太子審閱。賈妃一看，知道太子狗屁不通，非常害怕。這個時候只有太子的老師在場，賈妃趕緊讓太子的老師捉刀，這位老師揮動如椽大筆，刷刷刷，寫得是洋洋千言，博古通今，賈妃看了後十分滿意。

就在要交卷的時候，旁邊的一個侍衛看到了答卷，趕緊阻止道：「皇上本來就知道太子平常不愛學習，而這個批閱卻寫得文采過人，皇帝知道了恐怕要有麻煩。」賈妃一聽果然很有道理，便又叫這個侍衛重新寫了一套粗淺的答案，讓太子照抄了一份交差。

武帝接到太子送來的批閱，看後感覺雖然回答得不很高明，但是還能做到有問有答，可見太子的腦子還是蠻正常的嘛，於是「覽而大悅」，徹底打消了對太子的疑慮，再也不把這件事放在心上。

又過了幾天，武帝召見群臣，當眾把太子的答卷給衛瓘看，其他大臣這才知道衛瓘曾經對太子有不滿之處。於是大家不放過任何一個溜鬚拍馬的機會，齊聲稱讚武帝神武聖明，不受小人挑唆，說得衛瓘滿臉通紅，羞愧無比。

賈充當時也在場，知道了衛瓘對他女婿心中不滿，就把這事偷偷讓人告訴賈妃說：「衛瓘這個老東西，幾乎拆散了你們小倆口的姻緣。」從此賈家上下對衛瓘是恨之入骨，晉朝官僚集團的第一個尖銳矛盾就在這個時候形成了。

到了西元二八〇年，晉朝對只差一指頭就被推倒的吳國發動了總攻擊。吳國皇帝孫皓是個整天以活剝人皮、活挖人眼為樂的傢伙，在他的恐怖統治之下，吳國的官民人人自危。在晉朝數十萬水陸聯軍的席捲之下，吳國連幾場像樣的戰役都沒打就被鏟平了。從此，志得意滿的司馬炎深深地陶醉在自己的豐功偉績之中，站在洛陽城的城樓上，看著屬於自己的茫茫大地，武帝感覺古往今來，天上地下，無論是平頭百姓，還是秦皇漢武，都在自己的文治武功中虔誠拜倒，望塵莫及。

## 二

晉朝統一了中國，武帝覺得從此天下太平了，便下達了一道前無古人、後無來者的罷兵詔。命令將全國各州郡（除了邊境地區以外）的軍隊全部解散，只在大城市保留一百人，小城市保留五十人的兵力維持治安，用來表現安定團結的氣氛。

這道詔書一下，全國一片譁然。眾大臣都紛紛反對，認為不宜去除國家常備兵力，武帝一聽就煩，覺得眼下早已經到了該刀槍入庫、馬放南山的時代了，還要這些部隊幹什麼？還不如省點錢多蓋些宮殿享享福呢。他對這些奏摺連看都不看，甩手就進內宮尋歡作樂去了。

原先晉軍滅吳之後，部隊從吳國繳獲了五千多宮女，這些宮女實在是沒地方安置，就都給送到皇宮裡來了。武帝大喜，下令翻蓋了很多漂亮的宮殿，把這些女子分派到各個宮殿裡居住，每天武帝都巴不得早點退朝，好趕緊到後宮去花天酒地、逍遙快活。他叫人做了一輛大車，車上裝滿了佳肴美酒，用綿羊來拉車，每天下班以後，就坐著這羊車在後宮四處亂逛。也沒有固定的去處，羊車停到哪裡，武帝就在哪裡過夜。但是，宮女五千，皇帝只有一個，就算一天輪一個，十年也排不完。聰明的宮女就把羊愛吃的竹葉和食鹽灑在自己門前引誘綿羊，這辦法成功率頗高。到了後來所有的宮女都學會了這一招，於是後宮到處是竹葉，遍地是食鹽，洛陽城裡的竹子和食鹽的價格暴漲了起來。綿羊們也學精了，開始挑食，這樣大部分宮女還是輪不上。

當紅國丈楊駿眼見女婿司馬炎迷戀後宮，不理朝政，他就乘機開始篡奪大權，和他的親戚衛將軍楊珧、太子太傅楊濟合謀控制朝政，壓制忠良，他們仨合稱「三楊」，是和賈充集團並立的另一大外戚勢力。兩大集團既狼狽為奸又勾心鬥角，搞得朝廷烏煙瘴氣。武帝雖然並不糊塗，但是美女在旁，一黏糊起來也就懶得計較，隨他們肆虐。

這股荒淫奢華的歪風很快就開始在全國流行，在武帝的帶動下，大臣們競相攀比，以窮奢極欲為體面，以勤儉節約為羞恥，社會風氣極其敗壞。洛陽集中了天下最有錢的大富翁。本來最出名的有兩個，一個是中護軍羊琇，是武帝的堂舅；另一個是後將軍王愷，是武帝的親舅。他們兩個都是皇親國戚，平常沒人敢和他們計較。但是後來，隨著武帝把荊州刺史石崇提拔到洛陽來當散騎常侍後，洛陽城裡富豪排行榜上的排名次序就徹底被改變了。

石崇是全國有名的大富豪，一到洛陽就向羊琇和王愷叫板，公開和他們比富。羊琇為人淡泊，不願和石崇爭鬥，只有那王愷不服，從此石王之間的比賽成了洛陽老百姓茶餘飯後的最佳談資。

王愷家裡面刷鍋一直都用糖水，石崇聽說了以後就讓家裡人用蠟燭當柴燒。於是老百姓都說石崇家闊氣。王愷聽了不舒服，就讓僕人買了很多紫絲編成屏風，在他家的路兩旁擺了四十里遠，凡是路過的人都歎為觀止。石崇知道後，就讓家丁用比紫絲貴重得多的錦緞做成屏風，在他家的路兩旁擺了五十里遠，全洛陽的老百姓都看得咋舌。

王愷讓人買了很多的香料來刷牆，把自家的房屋從上到下粉刷的香氣襲人，離幾十里的人都能聞到。石崇就買了很多海外進口的赤石脂來刷房子，到了晚上發出燦爛的光華，照亮了半個洛陽城。王愷這一回又失敗了。

武帝對舅舅和石崇之間的比賽也很感興趣，就支援給王愷一株珊瑚樹，有二尺多高。王愷洋洋得意，把石崇和很多官員都叫到自己家裡來，在他們面前炫耀自己的寶物。大家看後都讚不絕口，只有石崇在旁邊一言不發，忽然順手摸出一把鐵如意對著珊瑚樹就是一通亂砸，轉眼就把個價值連城的寶

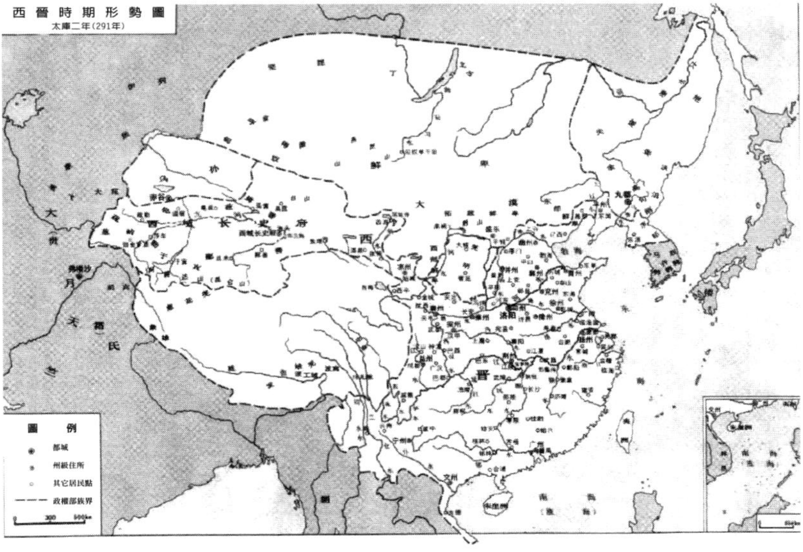


西晉疆域圖

物砸，王愷臉上的笑容伴隨著這棵珊瑚樹的香消玉殞而消失了。

御賜的寶物被砸毀，其他人都大驚失色，只有石崇莞爾一笑道：「這等小東西算什麼，一會兒我送給你幾個。」石崇就叫隨從回家把自己收藏的珊瑚樹都搬過來，有好幾十株，最大的有四尺高，次等的也有三尺，而像王愷拿出來給大家展示的那一種，幾乎算是最次等的。

石崇對王愷說：「這些珊瑚樹，您就挑幾個，算我賠償你的吧。」周圍的人都看呆了，王愷也滿臉愧色，覺得自己沒臉見人，連被打壞的珊瑚樹也不拿走，一溜小跑關上門，好幾個月不敢露面。

經過這場鬧劇，石崇的闊氣在全國都出了名。一些正直的大臣對此很看不慣，就屢次向武帝上表要求提倡勤儉治國。武帝一聽到「勤儉」二字就煩，一拂袖子坐上羊車，又回後宮行樂去了。

國家的墮落不只是在經濟，在行政上也開始腐化起來。為了彌補大肆鋪張帶來的虧空，武帝公開懸賞賣官，凡是給武帝送錢的（注意是給武帝送錢，而不是給國庫）都能得到相稱的官職或免禍。羊琇當官的時候接受賄賂，司隸校尉劉毅發現後認為羊琇罪應處死，羊琇趕緊向武帝行賄。武帝就把羊琇藏起來，半月之後又把他放出來官復原職，把劉毅氣死了。

到了元旦，武帝率領百官去南郊祭天，祭禮結束後，武帝看到劉毅在旁邊站著，就問他：「朕可以比得上古代的什麼皇帝啊？」

劉毅回答：「陛下的功績，可以與漢朝的桓帝和靈帝這樣的昏君相比。」

武帝和文武百官頓時愕然，很多人都變了臉色，只有劉毅神態自若。武帝問道：「朕雖然沒有什麼才能，但是也算是開國之君，怎麼能和桓靈之流相比呢？」

劉毅答道：「桓靈二帝雖然懸賞賣官，但是收入都上繳了國庫，現在陛下您賣官的收入卻歸了皇宮，相比之下，陛下您還不如桓靈二帝呢。」

武帝突然放聲大笑道：「呵呵，看來我還是比桓靈英明啊！他們那時候沒有人提醒，而朕今天卻有你這樣的忠臣，看來朕還是很高明的啊！」說完之後，他命侍從賞賜劉毅黃金若干，然後抽身而去，留下一幫傻了眼的大臣站在那裡發呆。

## 三

武帝的弟弟司馬攸（就是過繼給司馬師的那位）被封為齊王，他性情溫和，得到了百姓們的敬重，而武帝對他則非常疑忌。唯恐天下不亂的三楊和荀勖趕緊趁這個機會猛進讒言，建議武帝把齊王司馬攸趕遠點省得煩心。於是武帝就下詔書命令齊王攸為大司馬，到青州去當軍事長官。武帝以前就下過罷兵詔，解散了所有的軍隊，像洛陽這麼大的城市才留一百個兵把守，所以這青州軍事長官其實是個沒有一點實權的光杆司令。

這道命令一發出來，文武大臣紛紛勸阻，其中尚書張華和中護軍羊琇反對得最厲害。張華為人正直，在內政方面頗有一套，很得武帝的寵信。因為張華反對陷害齊王，武帝對張華也懷疑起來。找了個理由把張華派到幽州（今北京）邊境當太守去了。

大臣們的奏摺在楊珧的阻撓下武帝全然不聞。羊琇一看武帝不理他的茬，就扛著大刀率領一幫家丁要砸楊珧的家。楊珧聽說後，一面推脫自己得了急病，不敢出門，一面從後門派親信通知衙門來捉拿羊琇。犯人是皇帝的堂舅，司隸衙門也不敢把他怎樣。武帝趕快派人和稀泥。把羊琇降為太僕了事。羊琇嚥不下這口氣，回到家就給氣死了。

楊珧為了推脫責任，又向武帝進了一回讒言，說百官已經都有擁立齊王做皇帝的意思，那些傢伙們都拼命反對貶斥齊王，正好說明他的觀點是對的。武帝一看群臣爭相挽留齊王，十分懷疑，於是連番催促齊王趕緊啟程。齊王壓根不願意去青州，反覆上表請求免行，都被駁回。齊王憋了一肚子氣，慢慢地得了吐血的病。武帝聽說後，派御醫去探病，御醫揣摩著皇帝的意思，大概是要整齊王，於是回來彙報說齊王身體健康得很呢。

武帝一聽，更加催促齊王快點動身。齊王於是上殿辭行。齊王來見武帝前先梳洗打扮了一番，武帝一見齊王毫無病容，更加懷疑齊王蒙他，於是袖子一拂把齊王晾到大殿外面，讓他趕快啟程。

當時齊王已是到了油盡燈枯的地步，回去的第二天就嘔血不止，隨即便過世了，死時年僅三十六歲。

為晉朝的滅亡埋下伏筆的賈充在這個時候也壽終正寢了。賈充一輩子除了拍馬以外就沒做過別的好事，史官認為賈充這個人悖禮違情，首亂大倫，按照謚法，昏亂紀度的人應該請謚為「荒」，請求謚賈充為「荒公」。武帝喜歡和稀泥，命令改謚為「武」。於是賈充這個手無縛雞之力的大奸臣就戴著「魯武公」的帽子去見了司馬昭，沒有看到他種下的亂世。

時間慢慢地推移，朝中大批的忠良幹將都死去了，那個剛直敢諫的劉毅也去世了，朝廷中比較正直的人只剩下司空衛瓘一個。

上層的腐化直接導致人民的反抗，四下裡小的暴動此起彼伏，幸得邊境主事的都是些像張華這樣有才能的將領，這些暴動沒有引起太大的風波就被平定了。一幫佞臣趕緊大吹法螺，說叛亂的傢伙都是些妖魔小丑，不堪一擊，怎麼能敵得過武帝這位德被寰宇，古今無匹的聖明天子？

這個時候，有一個沒啥名氣、叫做江統的官員，發現暴動的大都是一些在國內居住的少數民族，他認為非我族類，其心必異，就寫了一篇文章叫做《徙戎論》，主張對少數民族嚴加看管，最好是全部遷出中國。這種觀點雖然尖銳，但若看了後幾百年的走勢就發現他的觀點還是很有戰略眼光的。文章一出，正趕上軍隊已經平息了各處的叛亂，上至武帝下到大臣都對江統嗤之以鼻，認為他是一派胡言。江統和他的作品瞬間便淹沒在燈紅酒綠、歌舞昇平的人影中。

到了晚年，武帝感覺自己已經幹得不錯，就胡思亂想起來，開始琢磨為什麼自己的祖宗能奪了曹氏的天下，大概是因為曹氏的宗室都沒有勢力，一旦朝廷發生了變故沒有幫忙的。於是他做了這輩子自認為最正確的一件事，把他的二十五個兒子和一些宗室都分封為諸侯，這些諸侯得到了很大的地盤，並擁有獨立的兵權。最有實力的有十個，他們是汝南王亮，楚王瑋，趙王倫，齊王冏，長沙王乂，梁王肜，淮南王允，河間王顒，成都王穎，東海王越。武帝加封他的叔叔汝南王亮為太尉，管理國家內務。

武帝的長子司馬衷，和他的這些親戚們相比，自然是狼群中的一隻羊。武帝敢於如此有恃無恐地大封諸侯，部分原因是因為太子生了個聰明的兒子。以前武帝曾和一位姓謝的宮女相處過，覺得這個宮女既聰明，又漂亮，於是把謝宮女贈送給他的兒子司馬衷（老爸臨幸過的女人給兒子?!）。過了一年，謝宮女就生了一個男孩，取名為遹。這個司馬遹長得很像武帝的爺爺司馬懿，而且聰明過人。司馬遹五歲時的一天晚上，他正在武帝宮裡遊玩，突然宮中失火，武帝準備登高去看看怎麼回事，司馬遹拉住武帝的衣角不讓走，武帝問為什麼。遹回答說：「現在天晚，爺爺到高樓看火，目標很明顯，萬一是刺客放火，就容易有危險。」五歲的小孩能有這樣的見地，讓武帝大跌眼鏡。

這樣的一個兒子卻是賈妃的眼中釘。賈妃自己沒有生兒子，就對這個五歲小兒恨之入骨，但是孩子已經生下來了，也沒別的辦法，只有加緊看著太子，別讓他沾花惹草。某日，賈妃看到一個宮女挺著大肚子，頓時大怒，從衛士手中奪過畫戟就刺，把這個宮女和她的隨從全部殺死。

武帝聽了這個消息後大怒，在許昌蓋了座金墉城，把賈妃關到裡面。結果大臣們紛紛上表幫賈妃解圍，尤其是和賈氏集團關係密切的楊氏集團的人，像楊皇后、楊珧等幫賈妃說了很多的好話。武帝最終被說動了，於是下令把賈妃放了出來，不加斥責就恢復了原來的待遇。

到了西元二九〇年夏天，武帝生了重病，下詔命令當時在許昌的汝南王亮趕快回洛陽囑咐後事，並留楊駿在禁宮主持內政，所有的命令都經楊駿之手發出。楊駿趁機把持朝政，扶植起自己的心腹，其他官員的奏摺都自己看過後才轉交武帝。這時候的武帝已經昏迷了好幾天，不省人事了。

某天，武帝突然甦醒過來。覺得神智清明，坐在床頭看到了楊駿審批過的公文，發現楊駿竟敢擅自任命官員，急忙召見楊駿，嚴詞斥責，並命令加緊催促汝南王進宮。楊駿大驚，以為武帝病快好了，一時驚慌失措，竟然不知道該怎麼應對。

這個時候的武帝已經到了迴光返照的地步。到了晚上，武帝彌留之際，突然睜開眼睛問左右侍衛：「汝南王來了沒？」侍衛回答：「沒有。」武帝長歎一聲，瞑目而逝，終年五十五歲。

隨著司馬炎的駕崩，巍巍的中華大地如同即將爆發的火山，雖然外表上還保持著平靜，但是地下積累的矛盾如同急流奔湧的岩漿，期待著它的總爆發，讓整個的大晉國，在滾滾的煙火中慢慢崩塌。

# 第一章　八王之亂（西元二九〇～西元三〇六）

## 一

西元二九〇年，晉武帝終於拋下一個爛攤子升天去了。外戚楊駿擁立白癡太子司馬衷即位，史稱晉惠帝。立武帝的皇后楊氏為皇太后，惠帝的老婆賈妃也升級成了賈后。

武帝臨終前命令汝南王司馬亮前來託孤，但是姍姍來遲的汝南王亮直到武帝出殯的時候才來到洛陽城下。楊駿好不容易才抓到手的權柄怎能容別人分一杯羹，於是他就派遣禁衛軍關上城門，命令汝南王亮立即返回許昌，不准弔喪。汝南王亮為人膽小，不敢爭辯就回去了，至此楊駿取得了單獨輔政的地位。

楊駿平常為人刻薄，老臣們都不買他的賬。楊駿也知道自己討人嫌，於是他準備將文武百官都官升一級以籠絡人心，並自封為太傅大都督，使自己擁有軍政合一的大權。誰知他的這個馬屁卻拍到了大臣們的馬蹄子上。大臣們不但沒有一個領情的，反而是群情激憤，認為老皇帝剛死就給臣子無功升官，是大逆不道的行為。楊駿對此非常惱火，從此朝政議事也不通知眾大臣，自己說了算。

楊駿大權在握，趕緊安排他的親信把持要職，讓外甥段廣任散騎常侍，把握機密；私黨張劭擔任中護軍，指揮禁衛軍；劉豫擔任左軍將軍，文鴦（就是《三國演義》裡那個單人戰百騎的文鴦，到了晚年他阿附楊駿）擔任東夷校尉，執掌正規部隊。朝中無論大事小情，楊駿都自行決定。奏章先自看，再交付惠帝和太后，眾大臣怨聲載道。

惠帝的老婆賈后本來就是個不安分的人，她對把持朝政的楊駿和婆婆楊太后非常憎恨，時刻準備著剷除楊氏集團。正好有個楊駿的親信叫做李肇，因為辦事不力而被楊駿斥責。李肇跑到賈后這裡訴苦。賈后就和他秘密商議如何除掉楊駿。李肇提議勸說近在許昌的汝南王亮出兵反叛，結果汝南王亮怯場不敢答應，正巧楚王瑋在汝南王亮處作客，聽到這個陰謀後大力支持，答應盡快出兵。

到了第二年春，楚王瑋秘密領兵來到洛陽，悄悄地通知了賈后，當晚賈后就寫了道詔書，宣告楊駿謀反，跑到惠帝那裡要求簽字蓋章。惠帝馬上同意發兵征討楊駿，賈后就派李肇拿著詔書前往楚王瑋的營地命令他進攻楊駿。

楊駿的外甥段廣還在宮中，突然發現四周都是楚王的旗號，知道大事不妙，趕快跑到惠帝面前說道：「楊駿受先帝託孤，盡心竭力輔佐朝政，而且他沒有兒子，怎麼會造反呢？請陛下明察！」惠帝這樣的白癡當然聽不懂他在說什麼。段廣口乾舌燥地對著惠帝這頭蠢牛彈了半天的琴，卻啥效果都沒有，他趕緊跑到楊駿府上報信。

楊駿聽說楚王瑋造反了，就召集親信商量對策。有人建議燒掉城門製造混亂，然後趁機去禁衛軍營地準備反攻。楊駿竟然以蓋城門花費很大，燒掉了不好重建為理由拒絕了這個建議！親信們一聽這個平時道貌岸然的傢伙居然說出如此弱智的話，頓時全部昏倒。一哄而作鳥獸散。

楚王的軍隊沒費什麼勁就攻破了楊府，把楊駿的一百多家丁僕人殺了個精光，就是沒找到楊駿。後來搜查到馬廄時發現草料堆在瑟瑟發抖，士兵們喊了兩聲沒人答應，就拿戟往裡面亂刺，就聽得傳出幾聲慘叫，把屍體拖出來一看，正是白天還飛揚跋扈的太傅楊駿。

楊駿的那些親信，連同他們的妻兒老小數千口人都被楚王的士兵就地砍了頭。

賈后準備趁機除掉楊太后，就讓親信寫了幾封書信，上面寫著「救太傅者有賞」，落款是「楊太后」，把書信綁到箭上四處亂射，然後拿著書信大喊「太后造反啦！大家快去殺太后啊！」楚軍正殺得眼紅，也不想想自古以來哪有太后造反的，就都紛紛殺進後宮，把楊太后五花大綁捆了出來，關到金墉城裡（從前楊太后在這裡救過賈后的命），不給吃也不給喝，把太后活活給餓死了，楊太后死時年僅三十四歲。

到了天明上朝，賈后和楚王瑋在血淋淋的宮殿裡發布命令，徵召汝南王亮為太宰，衛瓘為太保，楚王瑋為衛將軍，邊疆的張華也調回來擔任太子少傅。惠帝起得晚，一看群臣幾乎換了一半。至此，活躍在朝廷十幾年的楊氏外戚集團全部覆滅。改由賈后和楚王瑋邀請的汝南王亮把持大權。

汝南王亮是惠帝的祖父輩，甫一執政，為了提高威望，也採取了楊駿的做法，開始論功行賞，一口氣封了一千零八十一個將軍。大臣一看，剛走一個楊駿，又來一個楊駿，就繼續怨聲載道，於是汝南王亮也開始專橫起來。

新封的這一千多人裡面很多都是混飯吃的，其中包括賈后的親屬賈模、郭彰、賈謐等後生小輩，他們不滿汝南王亮的專政，汝南王亮、楚王瑋和賈后之間的三角關係頓時微妙起來。

汝南王亮還沒有察覺賈氏一黨的不滿，他這時把主要精力都用在對付擁有兵權的楚王瑋身上，汝南王亮和太保衛瓘商議如何削奪他的兵權，把他打回原籍。楚王瑋當然不答應，又跑到李肇那裡訴苦。李肇趕緊給賈后牽線，賈后和楚王瑋為了共同的利益又站在一起。

賈后趕緊寫了張詔書，宣布汝南王謀反，交給楚王，楚王如獲至寶，當天晚上領著三十六路大軍把汝南王亮和衛瓘都抓了起來。

李肇活捉了汝南王亮，他手下的士兵都憐憫汝南王無罪被抓，就給汝南王亮扇扇子趕蚊子。李肇一發狠，宣布殺死汝南王者，賞布一千匹。士兵頓時一擁而上把汝南王亮凌遲殆盡。

衛瓘手下有個都督叫做榮晦，和衛瓘關係很惡劣，趁這個機會挾私報復。帶頭滅了衛瓘的三族。

楚王瑋的手下對楚王瑋提了個建議，認為賈氏諸小現在沒什麼勢力，但是有賈后撐腰，將來不可小看，建議一併將他們除去，楚王瑋心裡猶豫不定，準備到天亮再說，這一猶豫，斷送了楚王瑋的性命。到了天亮，大臣們聽說很有威望的汝南王亮和衛瓘被殺，都非常憤怒。張華就前來向賈后說：「楚王如此殘忍好殺，怎能讓朝廷安寧？建議把楚王正法。」賈后正等著這句話呢。於是立即命令手下前去逮捕楚王瑋。

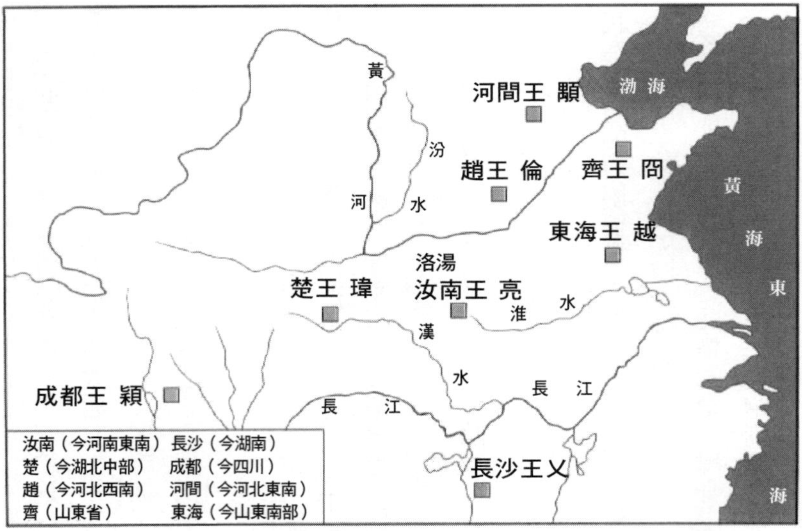


西晉八王封國略圖

賈后的手下坐著牛車追上楚王瑋的部隊，只說是有要事相商，把楚王瑋揪上了牛車，楚王瑋的部下還沒反應過來牛車就軲轆轆地不見了。牛車一到皇宮，賈后就馬上下旨說楚王謀反，命令立即處斬，楚王瑋大叫冤枉也沒用了，賈后和大臣們順便把殺死衛瓘的榮晦也當作替罪羊，一道滅族。然後給汝南王亮和衛瓘平反昭雪。

從這時候開始，晉的大權就全部歸了賈后一人把持。

## 二

西元二九一年，賈后先後剷除了汝南王亮和楚王瑋兩大勢力，掌握了晉的實權。

賈后也不懂怎麼治國，就把政權委託給賈氏諸小來指揮。賈充的外孫，年方二十歲的賈謐在這些後輩裡面無論搗蛋還是泡妞都最有能力。他提拔張華為侍中兼中書監，負責具體朝政。在京中結交新貴，號稱二十四友，這幫人成天花天酒地，其中比較著名的有石崇、潘岳（聽說過潘安沒？那個一出門就有滿大街的女子爭相投擲鮮花的美男子就是他）、陸機、陸雲、牽秀、劉琨等，作為智囊團給賈后出謀劃策。

從第二年開始，中國發生了從未有過的天災。老百姓都活不下去了。紛紛扶老攜幼開始四下逃亡，一些為躲避戰亂而跑到中原的少數民族部落乾脆就地造起反來。先是山西、陝西一帶的匈奴進攻雍州、梁州（今陝西南部到甘肅東部）一帶，朝廷趕緊任命趙王倫為征西將軍，剿滅匈奴。

這個趙王倫也是個紈袴子弟，根本不懂得打仗。他讓手下孫秀指揮部隊和匈奴作戰，結果受到匈奴和羌族的夾擊，屢戰屢敗。賈后趕緊召趙王倫回京，另任命梁王肜為征西將軍去到後院救火。甘肅一帶的少數民族氐族和羌族，發現原來天朝竟然如此地不中用，索性也造反了。亂兵準備進攻關中（今渭河平原）。

梁王肜也不懂怎麼打仗，他最擅長勾心鬥角。和手下大將周處（就是那個除三害的大英雄）不睦，就讓周處孤身進攻，結果周處中了敵人的埋伏戰死了。後來張華推薦他在幽州執政時的大將孟觀出馬征討才逐漸平息了這些胡人的反叛。

趙王倫回到洛陽趕緊重金行賄賈氏諸人，請他們在賈后前面多給自己說好話。趙王倫又親自到賈后面前拍馬，結果不光沒降職反而升官為車騎將軍。然後趙王倫加緊行賄，京城官員幾乎人手一份禮物，再加上他能說會道，百官和賈后對他的看法馬上有了大轉變。趙王倫得以躋身賈后的親信行列（論輩分趙王倫應該是賈后的祖父輩）。

隨著連年大災，國家的經濟變得捉襟見肘，而賈后這幫人還要維護他們荒淫無度的生活，對百姓的橫徵暴斂更是變本加厲，百姓紛紛餓死在逃荒的道路上，從長安到洛陽的大路兩旁堆滿了死屍。

而荒唐的晉惠帝卻仍然在沒完沒了地給官員們提供著笑料。某一天，官員上報給皇帝說很多百姓死於饑荒。惠帝就問：「他們為什麼會餓死呢？」

那個官員說：「因為發生旱災，收不上糧食，沒糧食吃就餓死了。」

惠帝一聽，驚訝地說：「那老百姓們怎麼不多煮點肉粥吃呢？」

那個官員一聽，當場暈菜。

趙王倫發現這個皇帝比自己想像的還要愚蠢，就準備想辦法推翻他和賈后的統治，到了西元二九九年，這個時機終於來臨了。

賈后心裡忌憚的只有那個不是她親生的太子司馬遹。總想著把他廢掉。正巧這個聰明太子也不務正業，成天無所事事。他閒極無聊，就在宮中建了一條街道，讓宮女、太監們扮作百姓沿街叫賣，自己則打扮成一個屠夫當街賣豬肉，後來他居然練到抓塊肉用手這麼一掂量就能估摸出多少斤兩的地步。賈后就寫了一封逼惠帝退位的書信，在某天太子下班後找宮女給他灌酒，把太子灌得暈暈乎乎後讓他把這封書信照抄了一遍。這一次賈后總算找到了證據，第二天一上朝就把太子寫的書信給滿朝文武傳看。在文武百官都摸不著頭腦的時候，賈后就派部隊把太子關到金墉城去了，順便把太子的母親謝淑媛和太子的老婆兒子都拉出去斬首。

到了第二年，賈后嫌太子就是關著也還是礙事，就命令親信孫慮配製毒藥去金墉城毒死太子。太子不願意吃孫慮送來的點心，扭頭就走，孫慮急著回去覆命，很不耐煩，就手拿起搗藥用的石杵在太子後腦勺猛砸一通，一會兒工夫就把太子砸斷氣了。

趙王倫正好得到口實，當天晚上就閃電般出兵進攻皇宮，派遣梁王肜去保護皇帝，翊軍校尉齊王冏帶一百名士兵前去捉拿賈后。賈謐正在賈后房中議事，突然發現外面情況不對。開門出來看時，被齊王冏一刀砍成了兩段。

賈后見齊王冏進來，急忙問到：「你們想幹什麼？」

齊王冏回答：「奉皇上旨意來逮捕你。」

賈后大吵大鬧說：「皇帝的詔書都是我寫的，你們哪兒有啊？」

齊王冏可不吃這一套，拿根繩子往賈后脖子上一套，先捆起來再說，把嘴一堵，你有天大的道理也講不出來。

趙王倫先把賈后關到金墉城，後來覺得留著她是個隱患，於是就在賈后當年餓死楊太后的房間裡，逼迫賈后喝金屑酒自盡。一代奇后於西元三〇〇年走完了她的一生。

這次政變又殺了不少人，賈家諸親友全部被滅族，司空張華也因阿附賈后被殺。皇帝周圍的賈氏外戚集團至此滅絕。從此晉朝由外戚專權時代走向宗室專政時代。

趙王倫自任宰相兼大都督，讓孫秀擔任中書令，各種政令都由他下發。皇帝已經沒了老婆兒子，趙王倫就找了個姓羊的二十歲美女配給惠帝當老婆，稱為羊后。立淮南王允為皇太弟，但是這個淮南王不願意受趙王倫的擺布，他聯繫賈謐二十四友餘黨石崇、潘岳等秘密造反。

中書令孫秀，聽說石崇有個叫綠珠的小妾長得很漂亮，就想趁機霸佔她。石崇堅決不答應，孫秀就建議趙王倫把石崇抓起來。

石崇知道自己闖禍了，趕緊和潘岳到淮南王允那裡商議對策。淮南王允就集結了七百步兵，在洛陽城四處放火，大喊著「趙王造反了！」進攻皇宮。

趙王倫被打了個出其不意，只好領著親信死守皇宮大門。外面亂箭射進來禁軍死傷大半，形勢一度十分危急。這個時候，趙王倫的親信伏胤從後門溜出來打著白旗求見淮南王允。淮南王允認為趙王倫要投降，就興沖沖地過去問話，哪知道伏胤突然拔出匕首把淮南王允刺死，然後騎著淮南王允的馬跑掉了。

趙王倫一見計策成功，頓時士氣大漲。把淮南王允的部隊全部殺光。又派人把石崇和潘岳都逮起來，一併處斬，並派部隊捉拿二十四友中的其他人，哪知道走漏了消息，沒被逮捕的賈后餘黨紛紛樹倒猢猻散，都四下流浪亡命天涯去了。

趙王倫當了半年宰相，覺得還是沒有當皇帝過癮，於是就讓孫秀假裝兵變，把惠帝和羊后給關到金墉城軟禁起來。然後孫秀和眾大臣一齊勸說趙王倫即帝位。趙王倫再三謙讓，然後登基。趙王倫封惠帝為太上皇（趙王倫是惠帝的爺爺輩，爺爺封孫子為太上皇，這個笑話也不小。），並把自己的一幫親信都給提拔起來，任命孫秀為驃騎將軍，餘黨也都封為大官。官員們的官帽都用貂尾來做，而趙王倫封的官太多，貂尾不敷使用，就宰了很多狗割了狗尾巴來湊數（是成語「狗尾續貂」的來歷），弄得洛陽城裡很長時間晚上都聽不到狗叫。

趙王倫當上了西晉的第三任皇帝，引得周圍的宗室們都十分眼紅，新一輪你死我活的爭奪也就即將上場了。

## 三

西元三〇一年，趙王倫篡奪了晉朝皇位。他非常忌諱幫過自己大忙的齊王冏，就把他派到許昌去鎮守舊都。齊王冏不光沒有得到任何好處，反而被趕出京城，心裡別提多窩火了，就準備聯絡成都王穎和河間王顒共同造反。大愣頭青成都王穎當時在鄴城，一聽說就馬上募兵，老百姓正餓著肚子沒事幹，就都來參軍以解決溫飽問題，不久成都王穎就聚集了二十萬龐大的兵力。河間王顒接到信件後本來想加入趙王倫一方，就把齊王冏的使者給綁起來送往洛陽，他一聽說成都王穎有二十萬的大部隊，小臉嚇得煞白，馬上派部隊把囚車接回來並拼命賠禮，然後一道出兵進攻趙王倫。

三王聯軍一齊向洛陽殺來，半路上常山王乂也領著一批小諸侯的部隊加入戰團。數十萬部隊在朝歌（今河南安陽）到潁上（今河南潁縣）一帶屯了百里長的大營地，趙王倫嚇得不知如何是好，好不容易拼湊起了六萬二千人的部隊前去應敵，自己在洛陽日夜求神拜佛，任命一群道士為大將軍，然後把道士畫的鬼符拿到部隊上，說按照神仙的指示，某月某日打仗必勝。

趙王倫的部隊還真給他爭氣，按照道士算的日子他們趁聯軍立足未穩發動突襲，消滅了聯軍兩萬多人。然而好日子不長久，當天晚上聯軍部隊就發動反擊，在洛陽城下進行決戰。數十萬部隊對趙王倫的軍隊從東北和東方實施合圍，從半夜殺到天明，將趙王倫的部隊全部圍殲。是役雙方共戰死十萬人。

趙王倫發現神仙也幫不了他，翌日宣布向聯軍投降。齊王冏、成都王穎、河間王顒領著數十萬大部隊浩浩蕩蕩地迎接惠帝復位，還是那幫勸趙王倫即位的大臣一齊歡呼惠帝的回歸，混在裡面的梁王肜為了表現自己對皇帝的忠心，上表請求殺趙王倫。過了一百天皇帝癮的趙王倫也被關到金墉城，在同一棟房子裡被迫喝下賈后喝過的金屑酒自殺。孫秀和名將孟觀等也跟著被滅族。

聯軍取得了政權，頭一件事就是大封功臣，以齊王冏為第一功，封為大司馬，成都王穎為大將軍，河間王顒為太尉，常山王乂為撫軍大將軍，改封為長沙王，東海王越為中書令兼侍中，梁王肜生急病死了，追封為太宰。惠帝前一撥大臣還沒認全呢，這就又換了一撥大臣。

齊王冏成為了復辟的大英雄，慢慢地就驕橫起來，把自己家裡建設得比皇宮還豪華，後來他連上朝坐班都懶得去，乾脆就在自己家裡面辦公，官員散朝以後還得到他家裡來報到，沒多久就沒人再去白癡皇帝那裡去面壁了。

齊王冏的行為引起了其他親王們的不滿，他們本來就是為了共同的利益走到一起來的，自己出不了頭也不想讓別人出頭，長沙王乂就與成都王穎、河間王顒密謀反叛。成都王穎藉口老娘病重，一半告辭一半逃亡地先跑掉了，河間王顒也回到長安準備造反。

轉眼到了西元三〇二年的十二月，河間王顒完成了戰備工作，然後派遣大將張方為先鋒率領十萬大軍討伐齊王冏。

齊王冏對河間王顒的造反竟然毫無防備，直到叛軍到達距洛陽一百二十里的地方時才發覺。他知道城裡的長沙王乂和河間王顒關係很要好，深恐長沙王乂做內應，就派兵進攻長沙王乂。可巧長沙王乂也在圖謀消滅齊王冏，兩下裡的部隊就在洛陽城中混戰起來，長沙王乂讓部隊大喊齊王冏謀反，齊王冏也讓部隊喊長沙王乂謀反，交戰雙方都在城裡四處放火，全城都籠罩在滾滾硝煙之中，沖天的煙霧連一百二十里外河間王顒的營地那裡都能看得到。

雙方的部隊在煙火中殺得昏天黑地，長沙王乂覺得難以取勝，就派部隊捉拿皇帝和大臣，把他們都趕到城樓上，逼迫皇帝宣布齊王冏謀反。可巧齊王冏的部隊正好殺到城樓下，看到長沙王乂的旗號在城樓上，不分青紅皂白就射，城樓上的大臣們在箭雨中刷拉拉地倒下一大片。其他大臣一看齊王冏果然在謀反，急忙催促惠帝下詔宣布誅殺齊王冏。

有了皇帝的詔書，長沙王乂的部隊士氣大振，戰力頓時增強數倍。皇帝的禁衛軍也出來幫忙，經過三天三夜的混戰，齊王冏的部隊最終慘敗，齊王冏也被長沙王乂活捉。

本著勝者為王的原則，長沙王乂晉升為太尉，而倒楣的齊王冏則被斬首。勞師千里而無功的河間王顒白白為他人做了嫁衣裳，什麼好處都沒撈到，氣得七竅生煙。

正當河間王顒要翻臉的時候，接到了益州發生流民叛亂的報告，河間王顒不得不趕回去平叛。

原來在四川綿竹，聚集了十幾萬逃亡的老百姓，他們大都是甘肅天水一帶的氐族人，因為旱災而跑到四川找活路，被稱為「流民」。益州刺史趙廞害怕這些不安定因素會給益州造成不好的影響，準備把他們遣送回原籍。流民中有個叫李特的人，很有力氣，他有兩個兄弟李庠、李流，李特被趙廞聘請當部將。某天李庠犯罪被斬首，李特和李流乾脆煽動流民造反，殺死趙廞後佔領了成都。

梁州刺史羅尚自告奮勇去擔任益州刺史。他到了成都後，一面結交分化各股流民，一面偷偷調集三萬軍隊準備偷襲聚集在綿竹的流民。李特得到消息後將計就計，在流民大營的外面又埋伏了一批流民，到了晚上軍隊殺過來後他們立即進行反包圍，把三萬晉軍殺得只剩下五千人狼狽逃竄了。

河間王顒屢吃敗仗，就派遣重兵從荊州和長安兩路圍剿李特的部隊。荊州作為水路要衝，部隊相當有戰鬥力，李特在突圍中被官軍殺死，留下李流擁立李特的兒子李雄率領流民繼續作戰。益州的形勢才稍有好轉。

和以前的執政官不同的是，長沙王乂並沒有掌握住兵權，兩個各有打算的親王——成都王穎和河間王顒，一個在鄴城，一個在長安，虎視眈眈地望著洛陽城裡的皇帝寶座。沒多久，河間王顒就和成都王穎一齊叛變了。

西元三〇三年八月，河間王顒和成都王穎聯合起來造反，討伐京城的長沙王乂。河間王顒的大將張方率領七萬精兵進攻洛陽西的函谷關（今河南三門峽西），成都王穎親自帶領大軍二十萬進攻洛陽東北的朝歌。

長沙王乂只好硬著頭皮兩路作戰，他先派一萬部隊守住函谷關的要道，結果不敢張方的精兵。只好撤回洛陽迎戰成都王穎的二十萬大軍。這一次長沙王乂面對的敵人是賈謐的二十四友中的陸機和牽秀等文人指揮的部隊。

長沙王乂的司馬王瑚曾訓練過一支只有幾千人的騎兵，在馬背上綁一枝一丈多長的長戟，進攻時排成一行衝鋒，被突擊的一方根本無法反擊，號稱鐵戟陷陣騎，戰鬥力很強。成都王穎的先鋒陸機是個文學家，根本不懂得怎麼打仗。率領的十萬步兵還在亂哄哄地排陣勢的時候，五千鐵戟陷陣騎就呼啦啦地奔踏過來，如同砍瓜切菜一樣，把陸機的部隊衝得大敗而逃，護城河裡堆滿了屍體。結果陸機的部下兵變，牽秀向成都王穎進讒言把陸機給處死了。

長沙王乂取得大勝，又掉頭回來使用鐵戟陷陣騎攻擊張方，並讓惠帝親自督戰。張方的部下看到皇帝的麾蓋不敢進攻，被殺死五千多人。張方這個人治軍很有一套，他命令部下趁著夜色就地築營，天沒亮就把陣地築好了，並安裝了很多的機弩，讓六萬多部隊藏在營壘裡面，待鐵戟陷陣騎突擊的時候，六萬多人突然架起機弩就射。把五千陷陣騎都射成了刺蝟。

長沙王乂敗退回洛陽，二十多萬叛軍把長沙王乂和惠帝團團包圍。一直圍到第二年正月，洛陽城裡糧食奇缺。長沙王乂和部隊一齊吃糠嚥

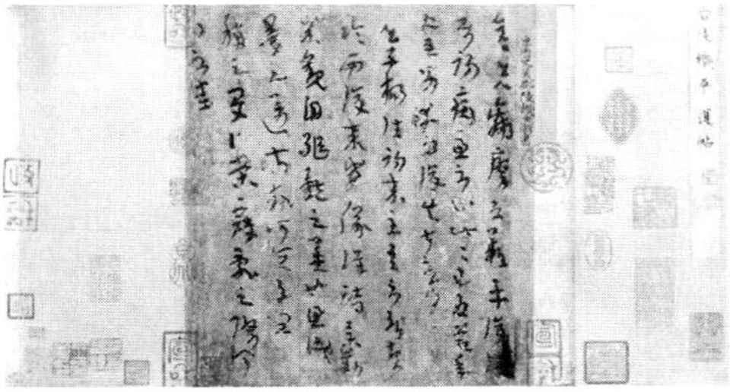

西晉．陸機《平復帖》

菜、同甘共苦，士氣仍然很高昂，屢破敵人的進攻，他手下的將士們都不惜以生命為代價來防備刺客襲擊長沙王乂。就在這個時候，城裡的東海王越勾結禁軍，偷偷綁架了長沙王乂，開城門把長沙王乂作為禮物獻給了張方。

張方把長沙王乂用鐵鍊捆到柱子上，四周燃起炭火，花了半個時辰把他活活烤死，圍觀的眾將士可憐長沙王乂守城的忠勇，都不禁為之流下了眼淚，成都王穎和張方在旁邊饒有興趣地欣賞這人間的慘劇。

## 四

西元三〇四年一月，成都王穎在河間王顒的幫助下攻克首都洛陽，活活烤死了二十八歲的親弟弟長沙王乂。成都王穎佔領洛陽後，為了酬謝河間王顒，他縱容河間王顒的大將張方在城中燒殺搶掠，張方搶了一萬多名宮女和大量財產走了。在回去的路上，由於缺糧食，張方的部隊就把搶來的年老女人殺死當糧食吃掉，從洛陽一路吃到長安城。

成都王穎的暴政甚過以前的任何一個親王。他先讓部將石超率領五萬兵馬守衛駐守洛陽城內外，然後就自封為丞相兼皇太弟，帶頭進行挨門挨戶的大搶劫，把跟隨長沙王乂戰鬥過的衛士和他討厭的官員全部殺死。他也想要要威風，就把惠帝的老婆羊后給廢掉過過癮，全朝大臣沒有一個敢頂撞他的。

到後來洛陽實在沒什麼可搶的東西了，成都王穎就率領部隊回到了封地鄴城，遠端遙控指揮國政。被成都王穎封為中書令的東海王司馬越就聯合眾大臣叛變，趕走了洛陽的守將石超，並給羊后復位。不久又聚集了十萬人的部隊，東海王越就發起昏來，西元三〇四年七月，他裹挾著惠帝準備討伐鄴城的成都王穎。

部隊走到了河南蕩陰（今河南湯陰），成都王穎聽說東海王越領了十萬部隊來討伐他，一開始也很害怕，部下趁機勸成都王穎投降，這時候石超向成都王穎要了五萬兵先打打試試。東海王越的間諜打聽出成都王穎的軍心不穩，十分高興，部隊不設防就宿營了。結果石超氣勢洶洶地殺過來，攻破了東海王越的大營，東海王越一看不妙就趕緊帶頭逃跑回封地東海（今江蘇連雲港），只留下一個光杆皇帝挨揍。石超的部隊萬箭齊發，惠帝在御車上躲避不及，腮幫子上中了三箭，摔到草叢裡嚇得瑟瑟發抖，身上帶的璽綬掉了一地。叛軍一看這傢伙印章子多，知道是皇帝，就一窩蜂地把他擁回了石超的大營。成都王穎看見皇帝滿臉是血，趕緊給惠帝包紮傷口。一問才知道惠帝已經餓了一天，軍營裡也沒啥好吃的，司馬穎就在戰場邊的桃樹上摘了兩個大毛桃給惠帝啃了，然後打道回府。

這時候河間王顒的手下張方又回來湊熱鬧。原來河間王顒聽說東海王越進攻成都王穎，就派張方進攻中央軍的後背。結果張方還沒到，成都王穎就打了勝仗。張方就在無人抵擋的情況下進駐了洛陽，也抓抓大權過過癮，又把羊后給廢了。

成都王穎把皇帝迎接到鄴城，說是迎接，其實就是劫持。幽州的大軍閥王浚不滿成都王穎的作為，他聯絡了宗室、并州刺史東嬴公司馬騰準備進攻成都王穎，並邀請烏桓部落的鮮卑族騎兵助戰，加上自己的軍隊，共計十萬人討伐成都王穎。

鮮卑騎兵驍勇善戰，成都王穎知道不是對手。這時，他手下有個匈奴族大將名叫劉淵，曾經擔任匈奴族五部大都督，向成都王穎要求借匈奴鐵騎兵來對付鮮卑騎兵，並認為騎兵野戰厲害但是攻城不佳，只要堅守城池，等敵人糧盡了自然退兵，勸告成都王穎千萬不要出城自取死路。成都王穎認為形勢緊迫，滿口答應了劉淵，讓他回匈奴部的左國城借兵去了。

劉淵到了左國城，當地匈奴的長老擁立他為大單于，耽誤了一段時間，等到劉淵的鐵騎兵趕來解圍的時候，成都王穎早就大勢已去了。

原來劉淵前腳一走，成都王穎後腳就把自己的承諾忘得精光。他派大將石超迎戰王浚的部隊，結果一上場就被王浚的步騎兵打得慘敗而歸。成都王穎聽到噩耗，趕快收拾殘部一萬五千人準備撤退到張方守衛的洛陽，部隊在城外集結的時候，後面鮮卑騎兵進軍的煙塵滾滾而來，殘軍知道鮮卑騎兵的厲害，發一聲喊霎時跑個精光。

成都王穎這才知道他的部隊有多沒用，只好領著幾十個騎兵牽著惠帝的牛車往洛陽逃跑。由於大家跑得匆忙，身上只帶了三千文錢，路上只得乞討而行，靠吃混著鹽巴和蒜的糠來充饑。晚上住不起高級旅館，就住孬的，連惠帝晚上都沒有被子蓋，只得蓋包袱皮。第二天早晨連飯都買不起，衛士向對門老翁要了隻蒸雞，惠帝放到瓦盆裡用雙手撕著吃，覺得這輩子都沒吃過這麼好的飯。他們一直到了黃河邊才碰到張方的巡邏騎兵，張方把乞丐皇帝一行接回了洛陽。

鮮卑騎兵只圖在鄴城搶掠財物，沒用心去追捕惠帝就先回去了。王浚放他們回國的時候發現鮮卑人搶了八千多個婦女，便堅決不准鮮卑人把她們帶走，鮮卑人就在易水旁把這八千婦女全部淹死在河裡。

河間王顒聽說張方搶到了惠帝，不由得喜出望外。立即命令張方把惠帝和成都王穎帶到長安，連皇宮用品典籍也帶走，張方得令後立即準備搬家。惠帝不願意去，躲到後花園的竹林裡，張方派士兵把惠帝強行架到車上，然後在皇宮和洛陽城大肆搶掠，寶貝都放進自己兜裡，不能分的大件就扯碎扔掉，只有笨重家具和書籍才裝到車上運走，又趁機搶掠了很多宮女做軍妓。大軍排成長蛇陣，在茫茫的大雪中，伴隨著百姓的哭聲向長安前進。

到了長安，河間王顒把羊后放了出來，仍然立她為皇后。他對成都王穎是越看越討厭，乾脆把這個光杆司令皇太弟的頭銜給廢了，另立十七歲的豫章王熾為皇太弟。成都王穎沒一點勢力，向河間王顒討了點兵又回去防守洛陽去了。河間王顒在西元三〇四年十二月當上宰相，掌握了晉的大權。

那位臨陣脫逃的東海王越在老家又慢慢地發展起來。西元三〇五年七月，東海王越以張方劫持惠帝為理由，聯合兗州刺史苟晞等人討伐河間王顒。幽州都督王浚也派新招募到的部將劉琨率領八百幽州突騎前來支援。

成都王穎的部將石超在洛陽附近迎戰東海王越的部隊，打了半天不分勝負，突然碰到劉琨的幽州突騎加入戰團。劉琨的幽州突騎都是百裡挑一的精兵，石超的部隊根本抵擋不住，就四散逃跑，聯軍趁勢趕殺石超的潰軍，石超趁大家不留神逃跑了。想不到劉琨的幽州突騎速度飛快，打掃完戰場後認準了石超逃跑的大概方向就追，一會兒工夫就追上了，石超還沒來得及招架就掉了腦袋。

第二天，劉琨又殺往廩丘（今山東菏澤），半路得報說東海王越的部隊和河間王顒的部隊在譙州（今河南開封）混戰，劉琨的幽州突騎又轉向譙州去援助東海王越，更是連戰連勝。這時候王浚的鮮卑騎兵也跨過河北前來參戰，聯軍部隊跳過閉門不出的成都王穎，直接進駐滎陽（今河南滎陽），威脅長安，聲威大振。

河間王顒頓時慌張起來，想到對方進攻的時候是以張方劫持惠帝為理由，就準備以犧牲張方為代價來向東海王越媾和。河間王顒就買通了張方的親信，給張方帶去一封書信，在張方看信的時候把他給殺了。

西元三〇六年一月，河間王顒把張方的人頭給聯軍送去，想不到聯軍居然不允許和解。河間王顒的部隊一聽連最能打的張方都被害死了，頓時紛紛譁變。聯軍部隊以鮮卑騎兵為先鋒，一路殺進長安，河間王顒的部隊聞風即潰。沒幾天就打下了長安，河間王顒隻身狼狽逃跑。

成都王穎聽說河間王顒跑了，他也漫無目的地亂跑，先往長安跑，跑到華陰時覺得是自尋死路，就又向南跑，準備去新野。後來又覺得這樣也不妥當，於是改往北跑想去投靠胡人，半路上被關卡逮住，送到鄴城，被迫自盡。

鮮卑騎兵率先殺入長安，頭領下令大掠三日，共殺死兩萬多老百姓，無論是官員還是逃出來的老百姓都跑到終南山摘橡子充饑，直到東海王越到達長安才停止。眾大臣又用牛車把惠帝接回洛陽。這時的京城已經是四處破敗，皇宮裡面衰草離離，小朝廷只好在黑瓦屋裡面重新建設，幸好羊后沒在兵荒馬亂中死掉，又重新被立為皇后。

河間王顒逃到太白山後不敢露面，後來聽路邊的老百姓說朝廷要赦免自己，還要讓他當司徒，心想有這等好事，就忙不迭地跳出來自投羅網，被早就準備好的憲兵給宰了。

歷時十六年的八王之亂至此結束。

# 八王之亂大事記

◉ **西元二九〇年**

晉武帝司馬炎死，子司馬衷即位，稱惠帝，楊駿輔政。

◉ **西元二九一年**

三月，賈后和楚王瑋發動政變，殺死楊駿，徵召汝南王亮進宮。

六月，賈后和楚王瑋發動政變，誅殺汝南王亮和衛瓘，第二天賈后處死楚王瑋。

◉ **西元二九二年**

賈后殺楊太后。

◉ **西元二九六年**

甘肅少數民族氐族、羌族造反，擁立氐人齊萬年為帝，擊敗趙王倫。

◉ **西元二九七年**

氐族叛軍七萬人擊敗梁王肜，斬殺晉朝大將周處。

◉ **西元二九八年**

張華推薦大將孟觀討伐齊萬年。

◉ **西元二九九年**

江統作《徙戎論》。

一月，孟觀擊敗氐族叛軍，活捉齊萬年，平定氐族反叛。

十二月，賈后用計誣太子造反，廢太子司馬遹。

◉ 西元三〇〇年

一月，賈后害死廢太子司馬遹。

四月，趙王倫聯合梁王肜、齊王冏發動政變，殺死賈后、張華。

五月，淮南王允發動政變，事敗被殺。

◉ 西元三〇一年

一月，趙王倫稱帝，齊王冏、成都王穎、河間王顒造反，組成聯合軍討伐趙王倫。

四月，聯合軍和趙王倫決戰於潁上，趙王倫兵敗投降。聯軍殺趙王倫、孟觀。

五月，齊王冏進洛陽，官拜大司馬。

十月，氐族流民李特在四川造反。

◉ 西元三〇二年

十二月，河間王顒造反，上表討伐齊王冏，長沙王乂發動政變，殺死齊王冏。長沙王乂官拜太尉。

◉ 西元三〇三年

二月，益州刺史羅尚擊敗李特叛軍，殺死李特。

三月，荊州壬午兵追擊李特餘黨李流、李雄，叛軍被迫流浪。

八月，成都王穎和河間王顒造反，進攻長沙王乂。

九月，氐族流民叛軍首領李流死，餘黨擁立李雄為首領。

十月，叛軍包圍洛陽。
十二月，李雄攻陷成都。

◉ 西元三〇四年

一月，東海王越發動政變，活捉長沙王乂，河間王顒大將張方殺死長沙王乂。
七月，東海王越討伐成都王穎，成都王穎在湯陰擊敗東海王越，俘虜惠帝。
八月，河間王顒大將張方攻陷洛陽。
九月，幽州都督王浚聯合并州刺史司馬騰造反，派遣鮮卑騎兵進攻成都王穎，成都王穎的部隊聞風潰散，成都王穎挾持惠帝投奔河間王顒大將張方。
十一月，河間王顒大將張方挾持惠帝退回長安，河間王顒主政。
十月，李雄在成都稱成都王，建立成漢帝國（建國一）。
十二月，劉淵在左國城稱大單于、漢王。建立漢趙帝國（建國二）。

◉ 西元三〇五年

七月，東海王越造反，擔任盟主聯合苟晞、王浚討伐河間王顒。

◉ 西元三〇六年

一月，河間王顒殺大將張方，向聯軍求和。
四月，聯軍攻克長安，河間王顒、成都王穎逃跑，後被殺，八王之亂結束。

# 第二章　匈奴復興（西元三〇四～西元三一六）

## 一

西元三世紀初，經歷了八王之亂後的大晉帝國已經是一片廢墟，這個時候，中原大地四周的鄰居們卻因為晉朝內亂而迅速崛起。匈奴就是最大的受益人之一。

匈奴自從五百年前被漢朝打敗投降以來，一直居住在河套一帶，後來曹操把匈奴分成五個部。到了三世紀初，匈奴族的五部大都督劉淵在成都王穎手下當將軍。當幽州王浚討伐成都王穎的時候，劉淵向成都王穎建議憑藉自己的威望去匈奴借兵助戰。本篇就從劉淵回到故鄉左國城開始。

……

劉淵回到了故鄉左國城，五百年過去了，他的族人還是那樣的貧窮和受人欺負。劉淵見到了匈奴族輩分最高的左賢王劉宣，說明了來意。

左賢王說：「我們的祖先和漢人結拜為兄弟，經過這麼多朝代，我們匈奴除了封號以外一無所有，和普通老百姓沒什麼兩樣，你是匈奴的英雄，有什麼打算嗎？」

劉淵陷入了沉思。四周的匈奴貴族們已經按捺不住自己的情緒，開始竊竊私語。

一個年輕的匈奴族人站了出來，大聲說道：「前朝冒頓單于在世的時候，漢人一聽到我們的名字就瑟瑟發抖，從祁連山到鄢支山，從狼居胥山到黃河，匈奴的勇士就像草原的雄鷹一樣剽悍，今天你作為匈奴的首領，懦弱地在這裡討救兵不覺得可恥嗎？」

左賢王繼續說道：「今天大晉國發生內亂，骨肉相殘，正是上天給我們匈奴族人一個恢復祖業的好機會，你能帶領我們的族人復興從前的王朝嗎？」

帳篷裡所有人的情緒都被感染了，他們全部站了起來，雙眼噴發著怒火，一齊高呼著「復興」二字，向天空揮動著拳頭。

劉淵回答：「我願意。」

在一片歡呼聲中，劉淵被大家抬了起來，拋向半空中。

整個的匈奴部落都流傳著劉淵回來的消息，老百姓紛紛奔相走告。幾百年來生活在漢人的陰影下的匈奴人終於有了自己的希望，四處流浪逃荒的匈奴人紛紛趕回來投奔劉淵，才半個月就募集了五萬人馬。在左賢王的幫助下，劉淵擔任了匈奴族的大單于。

他剛一上任，就派遣部隊去鄴城援助成都王穎。但這時的成都王穎已經因為沒有聽劉淵的計策而大敗逃亡了。劉淵聽到消息後，爽朗一笑道：「司馬穎不用我的計策而失敗，真是個大笨蛋。但是從前我們有約定，現在還不得不幫忙。」就帶領著部隊回到故鄉，準備進攻鮮卑人的後方。

左賢王說道：「漢人平常把我們當奴隸看待，現在中原大亂，正是上天要把建國的使命交給我們。現在鮮卑人進攻晉朝，正是我們的朋友，為什麼要幫助我們的仇敵呢？」

劉淵解釋道：「現在我們消滅掉晉朝，正如同摧枯拉朽一樣容易，不過那些漢人不一定認同我們。從前我們的祖先曾經和劉邦約為兄弟，我們也是半個漢人，雖然漢朝已經滅亡了，但是按照我們兄終弟及的規矩，我們可以說是繼承漢朝的名義，也可以說是正統啊。」

大家一聽領導果然見解不同，紛紛贊同劉淵的觀點。劉淵就回到了左國城，祭拜天地，自稱漢王，尊阿斗劉禪為先帝，任命左賢王劉宣為丞相，他從前的老師崔遊為御史大夫，族人劉宏為太尉，齊心協力地治理國家。

新生的漢國在劉淵的治理下一派勃勃生機，很多被晉朝迫害得快活不下去的人都來投靠他，匈奴族裡也有不少有能耐的人，劉淵不問出身，唯才是舉。這些人都得到了重用。

左國城附近住著個叫做陳元達的人，很有學問，但是家裡很窮，別人都看不起他。很早以前劉淵就聽說過這個人，想徵召他來做官，但陳元達就是不去。到了劉淵當上漢王後，陳元達的親戚非常為他擔心，說：「從前劉淵沒有發跡的時候想結交你，你卻不理他，現在劉淵當王爺了，你不怕他治你的罪嗎？」

陳元達說：「你竟然這樣想，可見你當不了大官。我也不和你費口舌，用不了兩天，他肯定會再來。」

當天晚上，劉淵就徵召陳元達當參謀官。

這個時候的大晉朝已被八王之亂的戰火攪得一片狼藉，四面八方的老百姓紛紛造反。原先活躍在四川境內的氐族流民李雄的叛軍也因為官兵都被抽調去打內戰而逐漸恢復生機。在劉淵稱漢王的同時，李雄終於攻克了成都，自稱成都王，不久稱帝，建立了成漢帝國。

四下裡的告急文書如同雪片一樣飛到京城，此時的晉政府已經自顧不暇了，只好命令各地官員自行消滅本地的割據勢力。

并州刺史司馬騰對匈奴人極其仇視，趕緊派部將聶玄率領五萬官兵進攻漢國的左國城。劉淵和部將聽說晉朝的部隊前來進攻，各個都神情激憤，紛紛請戰。劉淵就率領著新組建的匈奴騎兵在大陵（今山西文水）截擊敵人。他命令自己的兒子劉聰、侄兒劉曜帶領輕騎兵從左右兩路包抄聶玄的部隊。匈奴的將士懷著對官兵的刻骨仇恨上了戰場，剛一接戰，聶玄就帶頭向後逃跑。五萬晉軍一看主將跑了，就跟著領導的屁股一齊跑。劉淵催動騎兵猛烈突擊，劉聰、劉曜的部隊再從兩旁堵截，一下就把晉軍給包了餃子，五萬部隊全部被消滅。

司馬騰的膽子和他的嘴巴並不相稱，他一聽打了敗仗，趕緊率領兩萬人逃到冀州（今河北中南部）躲風頭去了，劉淵派劉曜佔領了晉陽。

晉陽的老百姓不願接受匈奴的統治，在街頭打出了「乞活」的旗號，劉淵准許百姓來去自由，頓時三萬居民一齊收拾東西走人，劉淵只得到一座空城。

到了第二年，司馬騰又湊了大約七萬人的部隊，捲土重來。他任命部將司馬瑜為統帥，向劉淵發起瘋狂反撲。劉淵得到消息後，派遣部將劉欽率三萬匈奴騎兵在山西汾陽阻擊敵軍。正好碰到了司馬瑜的大軍。劉欽面對著晉軍展開陣形，然後就向晉軍發動了硬碰硬的突擊。對方人數雖然多，但都是新招募的饑民，根本不是匈奴百戰騎兵的對手，司馬瑜的部隊又大敗而歸。

司馬騰怎麼也想不通自己人比他多可就是打不過人家的道理，最後把漢軍打贏歸結為運氣。命令司馬瑜等人率領部隊繼續反擊。劉欽的部隊正準備啟程，一看手下敗將又來了，就紛紛上馬對晉軍又一陣猛砍，敵人又被砍跑了。

司馬騰不清楚前線的具體情況，強令司馬瑜繼續進攻，司馬瑜只好硬著頭皮繼續攻擊，就這樣反覆攻擊了四次，每次都被砍得狼狽逃竄，最後發現確實不是對手，只好連夜收拾東西逃跑。

經過這場戰鬥，劉淵在造反勢力裡面就出了名。他親自率領大軍進攻壺關（今山西壺關），目標直指晉朝的中原腹地，晉軍看到旗號上的劉字就紛紛繳械投降，沒哪個敢抵抗一下。

這個時候，洛陽朝廷裡面發生了一件大事。當東海王司馬越掌握了晉朝的大權後，他覺得惠帝礙事，乾脆把惠帝給毒死，另立惠帝的弟弟司馬熾為皇帝，後人稱其為晉懷帝。

東海王越自封為太傅。因為司馬騰作戰有功，封他為東燕王，命他到鄴城負責冀州軍事。另派八王之亂中英勇善戰的劉琨為并州刺史，但沒給劉琨兵力，劉琨只糾集了五百人在并州打游擊戰，在版橋碰到了漢軍大將劉景率領的五千名駐守部隊。劉景沒把這支游擊隊放在眼裡，半夜被劉琨偷襲了營寨，吃了個小敗仗，劉琨偷偷地跑到晉陽空城裡建立了小根據地。劉淵覺得劉琨只憑五百多人瞎搗鼓實在無聊，就沒去管他。他萬萬沒想到劉琨後來竟然成為匈奴背後的重大威脅。

劉淵開始對近在咫尺的洛陽城產生了興趣。他先後攻克蒲阪（今山西永濟）和平陽（今山西臨汾），佔領山西全境。在黃土高原上囤積重兵，俯視著位於平原的洛陽城，成為晉朝的心腹大患。

## 二

晉懷帝即位後，劉淵的老對手司馬騰一直在鄴城鎮守，自以為安全得很，就放鬆了警惕，生活極其腐化，平時的工資肯定是不夠用的，就開始大肆貪污軍餉，士兵的糧食都不能及時供給，將士們個個叫苦連天。這時候有一小股由羯人汲桑、石勒指揮的獨立反晉勢力偷襲了鄴城。司馬騰趕緊賞賜給每個將士幾斤大米，一丈布，讓他們賣命打仗，眾將士一看這不擺明了寒磣人嘛，乾脆跑到司馬騰府上搶點東西逃跑算了，司馬騰見制止不了，只好也跟隨亂軍棄城逃跑，半路上被石勒截殺，連鄴城中成都王穎的屍骨都被叛軍搶走作為戰利品了。

汲桑攻破鄴城後，一把火燒掉了皇帝的行宮和曹操建的銅雀台。大火四處蔓延，連燒了十幾天，整個鄴城陷入一片火海，汲桑和晉朝的亂兵趁機大肆搶劫，屠殺逃難的老百姓，先後有一萬多人死在亂兵的刀下和熊熊的大火中。

汲桑和石勒搶完了鄴城，就準備流竄到兗州（今天的山東兗州一帶）繼續搶劫，東海王越趕緊抽調兗州刺史苟晞前來清剿。

汲桑、石勒的部隊和苟晞在陽平（今山東陽谷一帶）進行殊死搏鬥，經過了三十多場激烈的拉鋸戰，汲桑、石勒的騎兵部隊竟然始終攻不破苟晞以步兵為主的防線。步兵雖然野戰不如騎兵，但是堅守時的效果倒是挺好的，再碰到苟晞這樣的狠人作統帥，天才石勒竟然也有束手無策的時候。

到了七月份，東海王越親自領兵進駐官渡，威脅汲桑、石勒部隊的右翼。苟晞趁機對汲桑的部隊發動拼死一擊，苟晞把全部的兵力都壓在戰鬥力較弱的汲桑一方，汲桑抵擋不住，大敗了幾十里路，把石勒的部隊孤立在重重包圍之中。

苟晞的部隊主力是步兵，追不上汲桑的部隊。到了晚上，汲桑直到看不見追兵才下令安營。哪知

晉朝武士復原圖

道苟晞下令部隊急行軍，沿著汲桑部隊留下的足跡追了上來，到了半夜終於來到汲桑的大營前。苟晞趕緊集結好趕到的部隊，向汲桑的大營發動突襲。連續攻破汲桑九道營壘，殺死一萬多人。這時候，孤單的石勒從後面趕過來，從背後夾擊苟晞，總算救了汲桑一命。苟晞處變不驚，把部隊集結到汲桑布置的營壘裡抵抗了一陣，藉助凌晨的暮色從容撤離戰場。苟晞實在是晉朝一流的名將，別人都把他比做韓信、白起一樣的人才，是天下除了劉琨以外唯一能和石勒過招的人物。

這一仗汲桑、石勒的主力損失殆盡，兩人商量著準備投靠并州的劉淵。半路上又遭到晉軍巡邏隊的襲擊，部隊被打散了，汲桑被亂軍殺死，石勒隻身逃跑到并州上黨。

上黨有一支幾千人的土匪，石勒走投無路，乾脆加入土匪過活。後來這支土匪被漢王劉淵收編，石勒也混在這群人裡謁見了大名鼎鼎、如雷貫耳的傳奇人物劉淵。

這時候的石勒才三十歲，在人群裡面站著很不起眼，而威風凜凜、相貌堂堂的漢王劉淵卻一下就發現了他。

石勒也看見劉淵在瞪著自己，在他們互相對視的第一眼起，兩人就都為對方的獨特魅力所吸引，也許這就是所謂的英雄相惜吧。五十多歲的劉淵竟然親自走下臺來，握住石勒的手，連聲說：「這就是英雄啊。」隨即單獨召見石勒，封他為輔漢將軍，平晉王。

石勒在劉淵處立下的第一功就是勸降烏桓張伏利度部落。在晉陽北部居住著兩千多烏桓族人，首領叫做張伏利度，是匈奴的旁支。劉淵很想收編這個部落，但是張伏利度不願意受劉淵管。石勒就假裝犯罪被劉淵通緝，逃到了烏桓部落投奔張伏利度。張伏利度就和石勒結拜為兄弟，讓石勒率領部下搶掠。石勒領軍，所向無前，而且他為人慷慨，搶的東西都分給手下，很得將士們的擁護。

某天開會的時候，石勒站在張伏利度後面，突然掏出一根繩子把張伏利度捆了起來，然後說：「我今天就是造反了，你們覺得我和他誰能當你們的頭？」眾人都擁立石勒，於是石勒放了張伏利度，率領眾人投靠劉淵。

青州（今山東青州）也有一支獨立的反晉土匪勢力，首領叫做王彌，在山高皇帝遠的地方造反，不久就聚集了幾萬人，如同蝗蟲一般，從青州一路殺向洛陽，經過兗州、徐州，路過的城池都被他們燒為廢墟。苟晞在徐州和王彌相持，一天夜裡王彌發現了苟晞防守上的空檔，於是突然拋開苟晞，一直殺過許昌，兵鋒直指洛陽城的東門。

這時候，涼州刺史張軌的部將北宮純來洛陽執行公務，因為怕路上不安全，就帶了一百多名涼州勇士隨行。

張軌來到洛陽時正好碰到王彌進攻東門，一百多大個子的涼州勇士手持利刃，他們身披重鎧，不怕弓箭，殺得洛陽城下王彌的部隊一片大亂。城裡的衛戍部隊趁機突襲王彌的大營，王彌大敗，沿黃河往東潰逃。

這時候劉淵聽說王彌形勢不妙，有心收編王彌的部隊，就派人給他送信招降，王彌幾萬人的部隊歸了劉淵。

劉淵實力大增，侍中劉殷、王育進言道：「陛下起兵已經一年了，現在還局促一方，真是可惜。現在實力正強，士氣正旺，最好四面出擊，北攻劉琨平定後方，南攻長安作為都城，然後從關中進攻洛陽，則大事可成。」劉淵採納了這個建議，親自領兵南攻平陽（今山西臨汾），令王彌、石勒東攻鄴城，兩下的晉軍都不戰自潰，於是劉淵就地稱帝，大赦天下，任命大兒子劉和為大司馬，劉歡樂為大司徒，呼延翼為大司空，隨後遷都平陽。

我們的正統晉朝對此似乎毫無感覺，太傅東海王越在滎陽前線防備匈奴漢軍可能的進攻，而這個時候晉懷帝聯絡散騎常侍王延、中書令繆播、太僕卿繆胤等十幾名高官準備撤銷東海王越的兵權，不知怎麼搞得東海王越就發現了懷帝的密謀，突然率領三千鐵甲步兵趕回洛陽，把十幾名高官全部逮起來砍頭，連守殿衛士也換上自己的親信，並下令凡是對朝廷提意見的，一律賜死。一個官員規勸了東海王越兩句也立即被勒令自殺，皇帝只有在一旁看戲的份兒。

晉朝的左積弩將軍朱誕叛變投敵到了漢國，洩露了洛陽城防的弱點。劉淵就命令朱誕為先鋒，劉景為大將發兵洛陽做試探性的進攻。漢軍很快就殺到了河南延津，隔著黃河就能看到洛陽的城門樓子。並掠走了三萬百姓，劉景把這三萬人全部沉入黃河淹死。

在冀州作戰的石勒攻佔了巨鹿、常山一帶，部隊發展到十幾萬人，石勒非常尊重知識份子，把那些被俘的書生單編成一個君子營，作為自己智囊團。有個叫張賓的人很有才華，常常自比張良，後來聽說石勒對文人很尊敬，就對親友說：「這個胡人將軍是我見過的最出色的人，我一定能協助他成大事！」於是他在石勒營前舞劍，等石勒出來看熱鬧的時候張賓就過去求見他。石勒一開始只是覺得這個人很有趣，後來才發現他計無不中，立即另眼相看，把張賓當自己的老師一樣對待。

到了這一年的夏天，發生了前所未有的大旱災，長江、漢江、黃河、洛河不約而同全部乾涸，過河的人不需要渡船直接淌水就能過河。難道上天也要降罪於這已經是多災多難的人間？

# 三

匈奴出身的劉淵當上了皇帝，昏庸的晉朝對此竟然毫無反應，司馬氏的高官們還迷戀於同室操戈的手足相殘之中。第一次試探性進攻的結果讓劉淵堅定了消滅晉朝的決心。等到石勒鞏固冀州後劉淵就把他調回來，命令石勒為先鋒，王彌為參謀，劉聰為大將，率領四萬精銳騎兵，由壺關出發，擺脫劉琨游擊隊的騷擾，目標直指千里外的洛陽。

劉聰的騎兵來勢洶洶，東海王越急忙命令淮南內史王曠，副將施融、曹超率領兩萬人馬前來抵擋。王曠準備渡過黃河防守，施融、曹超則建議就地防守，雙方意見不統一，還沒看見敵人就自己扯皮起來。王曠自行領兵過了黃河爬上太行山準備伏擊劉聰的部隊，正好看見石勒的先鋒騎兵過去，後面是浩浩蕩蕩的劉聰主力。王曠自以為得計，就命令施融、曹超發動攻擊。哪知道手下都不聽使喚，劉聰、王彌一看有人伏擊，就急忙兵分兩路進行反擊，一直衝到晉軍陣地裡面，晉軍大亂，王曠、施融、曹超全部被亂兵踩死，兩萬人死了一萬九，這一戰讓漢軍的聲勢大振。劉聰下令抓緊渡河進攻洛陽。

東海王越急得如同熱鍋上的螞蟻，這時候晉朝的弘農太守桓延率領五千人假意投降劉聰，劉聰命令降軍駐紮在自己大營旁邊。到了晚上桓延在劉聰的大營裡四處放火，東海王越的部隊趁機派兵進攻劉聰，劉聰只好命令全軍撤退，本次匈奴南攻就這樣失敗了。

可笑的晉朝小朝廷發現敵人這樣容易就能被打敗，東海王越頓覺可以高枕無憂、蒙頭大睡了，給文武百官都漲了一級工資。大家相互賀喜，共同慶祝這一輝煌的勝利。

只是敵人並不想讓這些蛆蟲活得舒適，只過了半個月，劉淵就派出了更強大的部隊向洛陽進攻，這回劉淵只留下石勒在後方防備劉琨游擊隊的襲擊，其他精銳盡出。命令劉聰、劉曜、劉景、王彌率領騎兵五萬為主力，劉淵的岳父司空呼延翼率領步兵三萬為後衛，八萬兵馬可沒人敢動手攔截，漢軍耀武揚威地殺到洛陽城下，把洛陽城團團包圍起來。

上回解洛陽之圍的涼州部將北宮純正巧又來洛陽辦事，這回他率領一千多人的護衛部隊。還是那種重甲步兵。北宮純聽說洛陽被圍困的消息後，半夜命令手下的涼州勇士突襲漢軍陣營。受襲擊的是呼延翼的步兵，漢兵在夜裡搞不清敵人有多少人，只見一群大個子拿著大刀四下裡到處亂砍，營裡頓時大亂，呼延翼竟然被亂軍踩死。三萬人的部隊一見主將死了，就逃了個一乾二淨。

劉淵聽說自己的老岳丈死了，急忙命令劉聰退兵。劉聰沒服從他老爸的命令，而是下決心要放手一搏，命令劉曜攻擊東門，王彌攻擊南門，劉景攻擊西門，自己在黃河旁邊的北門親自督戰，因為沒有步兵幫忙，連攻好幾天都沒什麼進展。

劉聰眼看攻城不下，心裡十分焦躁，就異想天開地去嵩山禱告山神。洛陽城裡的守將看到北門攻勢減弱，趁機派三千部隊打開城門突襲劉聰的部隊。劉聰的部隊沒有主將組織抵抗，只好四散奔逃，三千步兵竟然輕易地殺死一萬多敵人，劉聰長歎一聲，只好退兵，這次精心準備的進攻又不得不告吹。

劉淵接到前線傳來的兒子劉聰兵敗的消息後，心中極為憂慮，不久就生了重病，臨終前命令太子劉和繼位。

劉淵共有四個成年的兒子，老大是劉和，下面還有劉裕（非劉宋帝國的劉裕）、劉隆和劉聰三人。這四子裡面前三個都是只懂舞文弄墨的花花公子，只有老四劉聰文武雙全，諸子百家無一不曉，擅長書法詩文，還出了一本《劉聰文集》。由於出身將門，他從小膂力過人，能開三百斤的神臂弓，長大後劉聰不像他的哥哥們蹲在家裡吃閒飯，而是走出家門闖蕩世界，當過公務員、秘書和雇傭兵，父親起兵後回來協助作戰，為漢國的創建立下了汗馬功勞。劉聰的大哥、太子劉和卻是個只知道尋花問柳的草包，他剛一即位就看著自己的幾個弟弟不順眼。他的舅舅呼延攸趁機挑撥劉氏兄弟之間的關係，劉和就聯合自己的衛士長劉銳、舅舅呼延攸、大將劉欽準備除掉這幾個弟弟。

劉和下令召集他的三個弟弟來京城開會。劉裕、劉隆哥倆不知好歹空著兩手就來了，倒是劉聰警惕性高，來的時候帶了一小隊親兵保駕護航。當天晚上劉和就下令誅殺自己的幾個弟弟。劉裕和劉隆都沒什麼防備，統統被殺死，但是劉聰的衛兵戰鬥力十分強大，把劉和的手下殺了個精光，並且包圍了皇宮，經過了整整一天的艱苦作戰，劉聰終於攻佔皇宮，把劉和、劉銳、呼延攸、劉欽全部割了腦袋。劉聰白撿了頂皇帝的帽子，自然喜出望外。

劉聰和眾大將關係很好，所以雖然是自己篡了位底下也沒有什麼人出來反對，劉聰很快就控制了政局。不久，他又派遣劉曜、王彌和兒子劉粲率領四萬步兵從平陽出發進攻洛陽，大將石勒率領兩萬騎兵從鄴城出發進攻洛陽。并州的劉琨聽說首都危急，急忙卑辭厚禮聯合鮮卑拓跋部落準備進攻漢國的後方，並和東海王越約定時間聯合反擊。想不到東海王越平時和青州大都督苟晞關係惡劣，害怕他趁機作亂，就強令劉琨不得妄動，劉琨一片好心貼了個冷屁股，只好把鮮卑拓跋的部隊遣返回原籍。

劉曜和石勒的部隊會師後，也聽說了劉琨和鮮卑人蠢蠢欲動的消息。張賓建議石勒攻擊晉朝的運輸線，用摧毀敵人經濟的方法來削弱晉朝。於是劉曜回兵後，石勒的騎兵卻在晉朝的後方進行了大膽地穿插分割。他率領騎兵越過洛陽，一路燒殺，直搗荊州的襄陽。然後順漢江往東挺進，又殺回南陽，從南陽又一口氣殺到了許昌，圍追堵截通往洛陽的援軍和物資，如同一把鋒利的尖刀，把整個中原最後的生命線全部切斷。讓洛陽成為一座孤島。

等到東海王越也餓肚子了，才發現京城已是個大空殼。這時候他才知道形勢不妙，趕緊派親信向四周發出求救信，希望各地的軍隊過來幫忙，哪知道這些信使全都被石勒的巡邏隊逮了起來，東海王越等了幾天發現沒有半個援軍過來幫忙，只好率領著十萬軍隊準備和石勒進行決戰，並且盤算著如果找不到敵人也好趁機逃到江南去。洛陽城裡只留下了東海王越的親信何倫、李惲守衛皇宮。

懷帝好容易盼走了東海王越，就趕緊給青州都督苟晞下詔命令討伐東海王越。苟晞的信使走到了河南項城，路過東海王越的大營，被東海王越的偵察兵逮到。東海王越看到皇帝和他最忌憚的苟晞相互勾結，不由萬念俱灰，在項城一病不起，不久去世，臨終前把十多萬人的隊伍交給了侍中王衍來指揮。

十萬大軍失去了首領，就變成一群無頭蒼蠅。也不知道王衍是怎麼想的，竟然想把東海王越的遺體送回封地東海安葬。部隊又往東走了八十公里，到了苦縣（今河南鹿邑），石勒的兩萬輕騎兵踏著滾滾煙塵追了上來。王衍根本不懂怎麼打仗，只好和一群馬屁精面面相覷，轉眼間石勒的輕騎兵就把這十多萬人的大軍團團圍起來，先是一陣亂箭，這十萬人全部膽小如鼠，都想著比別人跑得快，結果自相踐踏，石勒的騎兵趁機縱馬反覆衝殺，這十萬晉軍無一漏網，全軍覆沒。

王衍和那一大群馬屁精們被帶到石勒面前，這些人紛紛對著石勒大唱讚歌，說晉朝的滅亡和自己無干，都是因為將軍您用兵如神，石勒說：「諸位少年得志，名揚四海，都是達官貴人，怎麼能說和你們無關呢？我看諸位就是這世上的蛀蟲。」

這幫人仍然不停地七嘴八舌，互相開脫。石勒對部將說：「我走遍天下，都沒見過這麼一幫人渣，怎麼處理呢？」部將都是受苦人出身，說道：「他們都是貴族，不會聽我們的話的。」

石勒就下令把這些傢伙關到一間大房子裡面，然後讓手下推倒土牆，把這些文人全部壓死。

# 四

被朝廷倚為頂樑柱的東海王越死去的消息傳到了洛陽城。城裡的守將東海王越的狗腿子何倫、李惲聽說後臺垮了，害怕懷帝翻臉，趕緊連夜護送著東海王越的老婆、兒子出城，準備前往封地東海。軍隊要逃亡的消息一傳開，恐怖氣氛立即籠罩了整個洛陽城。那些搜刮了無數民脂民膏的王孫貴族們萬分害怕洛陽城裡的饑民找他們算總賬，紛紛收拾東西，背著大包小包要求和軍隊一齊逃亡，至於東海安全不安全，去東海的路上安全不安全，現在已經沒人考慮了，他們只知道有無數饑民的洛陽最不安全。於是，這支拉著大量金銀細軟的逃亡大軍也浩浩蕩蕩地沿著東海王越走過的不歸路前進，走向最後的滅亡。

這時候石勒剛剛消滅掉王衍的軍隊，經過幾天的休整，自東向西地逐漸逼近洛陽城，當何倫、李惲的運寶車隊走出洛陽不遠，就和石勒的主力部隊撞個滿懷。

把寒光閃閃的大刀舉在頭頂的匈奴騎兵衝向這支由王子公主們組成的運輸隊。只有以前見識過匈奴騎兵的厲害的老兵油子才明白要趕快逃命，所以兩個領隊都跑了，晉軍失去了首腦頓時全軍大亂，那些平常四體不勤的腐朽貴族只知道護住自己的包裹不讓亂軍踩到了。當匈奴騎兵殺進人群裡的時候，包括東海王越的兒子在內的四十八位逃亡的皇室貴族和他們的老婆孩子全部被兇殘的匈奴騎兵踏為肉泥。只有何倫和李惲兩人看到滾滾煙塵後就丟下部隊和隨身財產扭頭就跑，憑藉好馬撿了兩條性命，輾轉逃到了江南。

石勒殲滅晉軍主力後，劉聰命令石勒、王彌、劉曜從東、北、西三面包圍洛陽。懷帝看到文武百官都四散而去了，他也帶領著皇宮裡的最後幾十人要逃出洛陽，這時才發現中央政府已經窮得連一輛車都沒有了。懷帝只好打算步行投奔遠在徐州的大將苟晞。當這一小撮人走到從前洛陽最繁華的銅駝街的時候，道路兩旁破敗的建築物裡突然湧出了大量的饑民，衝過來準備把這一群衣著光鮮的人當作晚餐。懷帝他們無法前進，只好撤回皇宮，緊閉大門，靜靜地等待著死亡的來臨。

被全世界拋棄的懷帝，為了活命只好命令禁軍將士們晚上扮作盜賊，去搶劫饑民手裡一點點可憐的糧食和死屍來果腹。君臨天下的皇帝居然變成了盜賊頭子，這重大的打擊降臨在懷帝周圍的每一個人身上，比饑餓更可怕的是日漸逼近的敵軍，像漸漸收緊的絞索一樣，讓所有的人都感受到了死亡來臨之前的恐怖、懼怕和歇斯底里。

不久，劉聰兩萬七千人的先頭部隊就來到了洛陽城下，和前幾次不同的是，這回沒有嚴陣以待的晉軍等著他們，先鋒呼延晏還以為晉軍在設空城計，就命令全軍一齊向城裡放箭，放了半天也沒反應，他就帶領部隊殺進洛陽城裡的一個角落，放了一把火，趕緊跑出來看城裡的反應。

烈焰平靜地在洛陽城裡燃燒著，竟然沒有人群救火的嘈雜聲，呼延晏和他的手下都覺得十分害怕，只好等待著援軍過來給他們拿主意。第二天等劉曜、王彌、石勒都到齊了，三軍一齊進攻洛陽，進城後才發現洛陽已經是一座炊煙已絕半月的死城。全城只有三萬多餓得皮包骨頭的活人，其他都是吃剩的人的骨架。匈奴兵只好「積德行善」把這最後的三萬人也一併都殺死。

劉曜的部隊帶頭衝進了皇宮，把所有的財寶和宮女連同晉懷帝一齊運走，惠帝的老婆三十歲的羊后還在宮中餓著肚子，劉曜一看她長得不錯就把她給拉上馬搶走。隨後匈奴兵挖了晉朝諸皇帝宗室的祖墳，燒毀了宮殿，把天下第一繁華的古都洛陽和方圓千里都變成一片廢墟，最後敲著得勝鼓班師回自己的首都平陽。

懷帝被帶進宮殿覲見漢國皇帝劉聰，劉聰以前曾經當過晉朝的小職員，覲見過那時候高高在上的豫章王，也就是現在的晉懷帝。劉聰就使壞調侃懷帝說：「朕沒發跡的時候曾經謁見過閣下，那時候閣下表揚過我幾句，還賞給我一套辦公用品，閣下

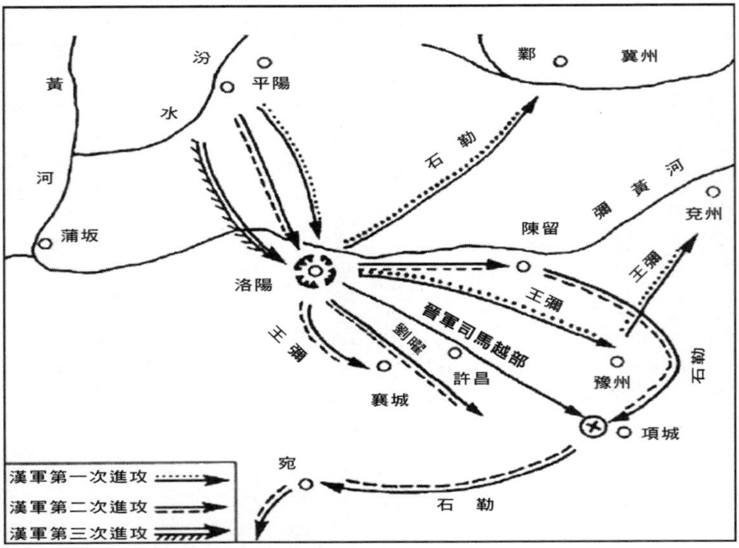


劉漢進攻西晉洛陽示意圖

還記得嗎？」

懷帝滿臉通紅，回答：「可惜這件事情我早忘了，那時候誰能想到您會是今天的皇帝？」

劉聰問：「你們漢人之間，都是骨肉，為什麼要這樣自相殘殺？」

懷帝回答道：「貴國是受天命而振興的正統，我們漢人不敢勞動貴國親自動手，所以自己先為陛下把那些不和諧的地方給剷除掉。這是上天注定的命運，不是人的力量能改變的。假如我們漢人能夠精誠團結，仁愛和睦，陛下怎麼會有今天的大好局面呢？」

劉聰讓懷帝身著青衣小帽給自己當酒童。宴會的時候就讓他出來給客人斟酒。後來漢國軍隊俘虜了一批晉朝大臣，劉聰舉行宴會招待他們的時候，讓懷帝出來給他們逐一端酒上菜。大臣們看到服侍自己的竟然是原來的皇帝，大家都忍不住失聲痛哭。劉聰一不高興，就命令衛士把這些人都關到一起，給他們灌下毒酒把君臣一齊毒死。

青州大都督苟晞聽到洛陽陷落的消息後，在倉垣（今河南開封東南）擁立司馬氏宗室為太子，自任太子太傅，獨攬小朝廷的大權。可是苟晞一旦沒有人約束，生活就立即腐化起來。一口氣買了幾十個小妾和近千名丫環。終日足不出戶，在家飲酒作樂，還把那些勸阻他的部將都殺了，結果再也沒人願意為他賣命。

石勒在許昌屯兵正準備進攻苟晞，聽說苟晞不理政事，急忙調遣輕騎兵突襲倉垣。只花了半天時間騎兵就殺到了苟晞的府第門口。這時候的苟晞還在蒙頭大睡，糊里糊塗地就被捆了起來，押到了曾是他手下敗將的石勒面前。

石勒對匈奴漢國已經逐漸不滿，準備先剷除盤踞在青州的王彌，因為苟晞是青州都督，石勒就打算留著苟晞讓他當嚮導。這時王彌卻主動邀請石勒去赴宴。石勒一聽正是天賜良機。就率領數十名心腹親兵前來，在酒宴上突然翻臉，殺死王彌，招降了王彌的軍隊，然後給劉聰上表說王彌意圖謀反，現已將他斬首。劉聰一看既然生米已煮成熟飯，只好承認既成事實，把王彌的部隊撥給石勒。

王彌一死，苟晞也就失去了利用價值，於是石勒就下令把苟晞全家滿門抄斬。

這個小朝廷滅亡後，晉朝的勢力分為兩派，一派是在長安的那位血統純正、後人稱之為湣帝的皇帝司馬鄴，另一派是在建康的琅琊王司馬睿。長安的皇帝雖然是正統，但是其生存空間狹小，沒有迴旋的餘地。建康的司馬睿卻混得是一派生機。為了打擊司馬睿，次年二月，石勒屯兵在葛陂（今河南新蔡北）造船準備進攻建康。司馬睿集結起水軍，命令部將紀瞻為大將，在壽春（今安徽蚌埠一帶）迎戰敵人。到了三月梅雨季節，道路泥濘，石勒的騎兵無法發揮作用，敵不過紀瞻的水軍，又趕上軍中疫病流行，士兵患病的很多，讓石勒非常鬱悶。

石勒眼看戰事毫無進展，就召集將領們開會，眾將有的主戰，有的主和，有的主降，各執一詞，互不相讓，只有張賓在旁邊一言不發。等諸將散去後，張賓對石勒說：「將軍攻佔洛陽，挖了司馬家的祖墳，晉朝怎麼能接受你投降呢？但現在天氣不好，士卒多病，也不適合作戰，將軍應當速做決定！」

石勒就問道：「您認為如何是好呢？」

張賓說：「鄴城西接平陽，形勢險要，在下認為應當佔據鄴城，經營河北，把後方穩定了再擴張不遲。可以讓輜重先撤退，軍隊後撤退，就不要緊了。」石勒一聽，大為吃驚：「先撤輜重，萬一江南人發動反擊可咋辦好呢？」張賓回答道：「江南人希望保存實力，不想打仗，肯定不會追擊。」石勒大喜，立即準備撤退到鄴城，封張賓為右侯，對他更加信賴。

石勒安全撤退後，卻發現鄴城已經被幽州王浚的部隊所佔據。因為鄴城地形險要，石勒就放棄了進攻，轉而佔領襄國（今河北邢臺）作為自己的根據地。有了根據地後，石勒就招兵買馬，積穀囤糧，並向劉聰申請冀州牧的官職，準備在此大幹一番事業。

## 五

漢國的部隊消滅掉苟晞勢力後，晉朝的殘餘勢力就剩下四派，他們是江南的琅琊王司馬睿，關中的皇帝司馬鄴，幽州大都督王浚和并州刺史劉琨。當漢國的主力石勒到了襄國後，劉聰就把消滅後方的劉琨、王浚勢力提上了日程表。

王浚佔據著從遼寧西部到河南北部的廣大地盤，擁兵十幾萬，和鮮卑、烏桓等少數民族勢力相處密切，實力很強大。但是他一直有自立為王的野心，再加上其人比較昏庸無能，所以漢國把主要的精力都放在劉琨的身上。

說起劉琨這個人可不簡單，他是漢朝中山靖王劉勝的後代。小的時候和同學祖逖立下了報效國家的志向，每天雞叫的時候就開始起床練武學習，長大成人後出落得武藝高強，文采過人，成為赫赫有名的賈氏智囊團「二十四友」之一，後來被朝廷任命為并州刺史。他憑五百人的力量，擊敗匈奴大將劉景，從洛陽打到晉陽，在一片廢墟的晉陽城重新蓋起房屋，開墾農田，先後有一萬多人來投奔他，逐漸把一座死城建設成為堅固的要塞。他以晉陽為根據地，在漢國的後方展開廣泛的游擊戰，切斷漢國前線的糧道，聯結鮮卑部落，襲擊漢國小的軍團和城市，傳播流言，挑動匈奴部落間的矛盾，成為漢國最棘手的敵人。

劉琨聽說石勒來到了襄國，馬上意識到這是最讓他頭痛的敵人。他聽說石勒不是匈奴人，就想辦法拉攏他為晉朝效忠。於是劉琨費盡心思在鄉下找到石勒失散多年的母親和侄兒石虎，派人把他們送給石勒，並寫了一封文采飛揚的書信讓使者一起交給石勒。希望能說服他叛變。

石勒很感激劉琨的行為，重謝了使者，並讓他給劉琨捎回去了很多禮品，也寫了一封書信讓使者帶給劉琨，和劉琨洋洋千言的表揚信相比，石勒的這封書信只有短短的四句話：「事功殊念，非腐儒所聞。君當逞節本朝，吾自夷難為效。」就是說人各有志，各為其主，大家理想不同，不是一般的腐儒能理解的，先生是高人應該效忠晉朝，我這樣的少數民族可不吃這一套。

最先對劉琨發起進攻的是平陽的劉聰，他兒子劉粲和劉曜一齊出兵進攻晉陽。這時候正好碰到劉琨轄地雁門關胡人造反，劉琨親自帶兵平叛去了。正在這節骨眼上劉琨手下的上黨太守龔醇突然投降了漢國，於是匈奴部隊幾乎沒遇到什麼抵抗就一口氣殺到了晉陽城裡，劉粲派人搜出劉琨的父母，把他們全部殺死。

劉琨當時正在常山，聽到漢軍攻破了晉陽後，急忙向鮮卑拓跋部落首領拓跋猗盧求援。拓跋猗盧就命令兒子拓跋六修、大將拓跋普根率領二十多萬大軍反撲晉陽，和正在搶劫的劉曜部隊在汾河旁的首陽山相遇。劉曜的士兵都忙著下馬搶東西，馬上都是財物，無法自如作戰，被鮮卑騎兵衝得七零八落。劉曜被裹在亂軍中，身受七處創傷，戰馬也被亂箭射死，劉曜被摔落馬下。這時候劉曜的偏將傅虎把自己的戰馬送給劉曜讓他趕快突圍，劉曜說：「你趕快撤退，回到晉陽為我報仇，我受傷已重，今天要死在這裡了。」傳虎急忙把劉曜扶上自己的戰馬說道：「我受到大王的知遇之恩，經常想報答大王，今天就是我謝恩的時候，漢室剛開始奠基，天下太平後可以沒有我傳虎，不能沒有大王。」說罷猛抽戰馬幾鞭，把劉曜送過汾河撤離戰場，然後自己步行攔截追兵，奮勇戰死了。

這一仗直殺得整個汾河水都變成了紅色，首陽山變成了血肉山。拓跋猗盧以部隊遠征辛苦為由，拒絕追擊。他贈給劉琨馬、牛、羊各一千多（頭）隻，還有戰車一百多輛，然後滿載著敵人的首級回去了。

劉聰聽說劉曜打了大敗仗，只好先想辦法對付幽州的王浚，準備打通一條從背後襲擊劉琨的道路。這個重擔就落在了在襄國和王浚對峙的石勒身上。

王浚的勢力實在是過於強大，又和善戰的鮮卑族段氏（有人考證說這個鮮卑段氏就是大理段氏的祖先）和慕容氏關係密切，石勒對此極為頭痛。這時候鮮卑段氏酋長段疾陸眷在王浚的指使下率領三萬部隊進攻石勒，石勒就打開襄國城門，放段疾陸眷的騎兵進城，然後關上城門，設絆馬索活捉了段疾陸眷。石勒把段疾陸眷奉為貴賓，給予好吃好喝，並主動要求和他結盟。段疾陸眷十分感激石勒對自己的優待，正好王浚最近忙著自己當皇帝，架子越來越大，對別人都看不起，段疾陸眷就和石勒結為兄弟，訂立互不侵犯條約，輕而易舉地斬斷了王浚的一臂。

王浚聽說鮮卑段氏背叛了他，成天都憤憤不平。為了洩憤，對轄區裡的人民加倍徵收苛捐雜稅。老百姓活不下去，就都跑到劉琨的地盤去了。王浚一怒之下乾脆把原本攻打石勒的部隊調過頭來派到和劉琨接壤的邊區向劉琨挑釁。劉琨不願意同室操戈，只好任由王浚肆虐。

石勒發現形勢有利於自己，就準備對王浚下手。剛巧最近幾年幽州發生蝗災，軍民生活都非常困苦，王浚卻還要大興土木給自己建設豪華的宮殿。張賓建議說：「王浚名義上是晉臣，其實卻想自封為皇帝，您不如對他卑辭厚禮勸說他稱帝，王浚必定會看輕您，下一步的對策就容易了。」石勒對此計策大為讚賞，寫了一封信把王浚肉麻地吹捧了一番，勸說王浚早日為帝，自己願意像服侍父親一樣服從他的命令，接著派幕僚王子春做使者帶著大批珍寶去拜見王浚。王子春先私下裡會見了王浚的寵臣棗嵩，拜託他幫石勒說好話，然後才到大堂上拜見王浚。

王浚開始還有些懷疑，問王子春：「石將軍是當世英雄，怎麼會為我賣命呢？」王子春回答道：「如果說石勒是月亮的話，將軍您就像那太陽一樣明亮，石勒之所以被稱為英雄，就是因為他識時務，知道將軍將來必定接受天命，將軍為什麼要懷疑他呢？」

王浚被吹捧得飄飄然，棗嵩在旁邊幫腔，於是王浚就加封王子春為列侯，派使者回訪石勒。

王子春和王浚的使者來到了襄國。石勒事先已經把精兵良將都藏了起來，只讓老弱殘兵接待王浚的使者，石勒一見到使者，就趕緊面向北面跪下接受使者的封賞。王浚送給石勒一柄拂塵，石勒小心翼翼地親手接過來，把它高掛在牆上，對使者說：「我看到主公賞賜的東西，就像見到主公一樣，一定早晚瞻仰，不敢有半點差錯。」然後派使者董肇回拜。董肇見了王浚，就為石勒申請并州刺史的官職，並建議等王浚登基後，由棗嵩擔任丞相。王浚的使者報告說石勒雖然兵少將寡，但是十分忠誠。王浚聽了十分高興。這一對候補皇帝和候補丞相都陶醉在石勒的吹捧裡。

王浚的使者走了以後，石勒就準備進攻王浚。現在他唯一擔心的就是劉琨和鮮卑烏桓部落趁機偷襲，張賓給石勒獻計說：「劉琨和鮮卑烏桓人還沒這麼聰明，我軍用輕騎突襲王浚，來回二十天就夠了，就算他們想偷襲也來不及。劉琨和王浚雖然是同事，但他們之間像仇敵一樣。就算他想到了我們突襲王浚也不會全力幫忙。我們再向劉琨假意投降，後方就沒太大的問題了。」

石勒就依計向劉琨送去了投降表，劉琨看了降表後大喜，傳送各州縣觀看，激動地流下了眼淚，對部下說：「在我們努力作戰下，石勒終於投降了，下一步我們就要攻克平陽，收復失地了啊！」在劉琨作著白日夢的時候，石勒帶著厚禮買了幾千頭牛羊來拜見王浚，王浚的部將都認為石勒來者不善，只有大呆瓜王浚堅信石勒是真心實意來勸他登基的。

## 六

石勒到了幽州城下，為了防備王浚手下將領的襲擊，命人把牛羊都趕到城裡一哄而散，幽州的大街小巷被這些牛羊堵得嚴嚴實實。王浚正準備著酒宴歡迎石勒呢，突然看見門外面來了好多牛羊，搞不明白怎麼回事，直到石勒的騎兵殺進府來才知道大勢不妙，騎兵們把王浚一家都捆了起來見石勒。

王浚的老婆是續弦的，長得年輕漂亮。石勒就摟著王浚的老婆擠坐在王浚的太師椅上審訊王浚。王浚還抱有幻想，對石勒說：「你這胡奴怎麼對長輩如此無理？」

石勒從容說道：「老兄身為晉朝重臣，坐任中原傾覆，不發一點援兵，還想自立為王，這是人幹的事麼？而且兄台委任奸佞，殘害忠良，荼毒百姓，這都是誰的罪過啊？」石勒就讓手下把王浚送回襄國，途中王浚投水打算自殺，卻被石勒的手下從水裡撈了起來，然後被戴上大枷，送到襄國斬首示眾。

石勒下令把王浚手下的一萬多官兵全部殺死。王浚的部下都紛紛求見石勒，給石勒的部下行賄說好話，只有裴憲和荀綽兩人不來見石勒。石勒就讓手下對王浚的這些部下進行調查，發現眾將家裡大都家資巨萬，只有裴憲和荀綽家裡很窮，只有一百多箱書，和十幾斗鹽米。石勒就把王浚的寵臣棗嵩等人全部斬首，只留下裴憲和荀綽主持幽州政事。石勒對部下說：「值得我高興的並不是得到幽州，而是得到這兩人啊。」

王浚被消滅以後劉琨才大夢初醒，後悔萬分。石勒的勢力和劉琨只隔一座山，早晨出兵晚上就可以打到晉陽。劉琨趕緊給湣帝上書要求支援。並請求加封拓跋猗盧為代王，以籠絡人心。

但這時關中的湣帝所面臨的形勢比劉琨還要困難，關中連年大旱，官員都跑到鄉下辦公了。晉湣帝剛到長安的時候全城只有九十戶人家和四輛牛車，朝廷十分貧窮，官員都拿著用桑木刻的笏板上朝，但是大家還不忘搞窩裡鬥。先是跟著晉湣帝過來的「洛陽派」不滿當地的梁州刺史，就把他給殺了，然後梁州刺史的大兒子又率領強盜把「洛陽派」的人統統給殺了。接著他弟弟又把哥哥殺死……總之就是反覆內亂，等劉曜打了敗仗以後被劉聰派去進攻長安的時候。這些人就要倒楣了。

關中地形險要，尤其是潼關一帶，真是一夫當關，萬夫莫開。劉曜連年進攻，到了這裡就束手無策。一幫奸臣就都以為這是個肥缺，把原來的守將替換下來另派親信鎮守，但是這回可沒好那麼好的運氣，劉曜來到潼關下才發現城門竟然沒關，連忙衝過去殺散守軍奪了潼關，進而把長安團團包圍。

長安被圍的消息傳遍了全國，建康的司馬睿巴不得皇帝早點死，并州的劉琨正要約見代王拓跋猗盧援救關中，想不到拓跋猗盧的兒子拓跋六修殺死父親，自立為王，拓跋猗盧的侄兒拓跋普根忙著征討拓跋六修，沒空幫忙。只有涼州方面派了五千名志願軍前來救援，這些人殺進長安城後才發現城裡缺的不是人，而是糧食。

長安城裡憑空多了五千張嘴，只維持了一個月軍糧就告罄。劉曜趁機發動總攻，那五千涼州志願軍都餓得站不起來了，全部被殺。晉湣帝只好大哭一場，把自己捆起來坐著羊車投降，劉曜把一幫禍國殃民的大臣全部殺死。至此，西晉滅亡，歷時五十二年。

劉聰封湣帝為車騎將軍，自己大便的時候就讓湣帝拿著扇子為他扇臭氣，吃完飯就讓湣帝為他刷洗餐具。某天劉聰出城打獵，湣帝拿著長戟在前面開路，四周圍觀的老百姓看到後紛紛痛哭，說：「難道這就是從前在長安的天子嗎？」劉粲在旁邊聽了很不舒服，告訴了劉聰，劉聰就將湣帝處死，湣帝死的時候只有十八歲。

在建康的司馬睿聽說長安被攻克後，高興得跳了起來，連忙換上喪服，傳令四方準備北伐。部下紀瞻等趁機推舉司馬睿登基。司馬睿假裝再三謙讓後，方才接受部將的勸進即帝位，後人稱為晉元帝。東晉由此開始。

江南這些官僚都是北方來的寄生蟲，根本無意北伐。只有一位叫祖逖的不出名的官員上書報名。元帝對北伐興趣不大，只給了他一千人用的糧食和三千匹布，讓他自己想辦法搞武器。祖逖就聯絡了幾百名親戚朋友前去北伐，他們自己划船渡過長江，在滔滔的大江中，其他人看到別人往江南走，只有他

東晉元帝司馬睿

們往北岸走，大家的心情都很不好。祖逖站在船頭，拍著手中的船槳發誓說：「我祖逖今生如果不能收復中原，將不再渡過這條長江。」

大家聽了祖逖的誓言後，都紛紛振作起來，到了對岸的江陰，祖逖收集鐵器，打造兵刃，又招募了兩千多人，往北方殺過來。

漢國上下都沉浸在勝利的喜悅裡，誰也沒把這三千人的步兵放在眼裡，只有祖逖的老朋友劉琨聽說祖逖渡江後，高興地對部將說：「從前和祖逖約定收復中原，今天祖逖這傢伙的鞭子已經指過來了，我卻還沒一點動靜，真是慚愧啊。」

這時的劉琨也逐漸腐化起來。劉琨出身貴族，愛好音樂，有個叫徐潤的傢伙對音樂十分精通，劉琨對他非常寵信，任命他為晉陽太守。徐潤仗著劉琨的勢而橫行不法。部將令狐盛對徐潤看不慣，屢次直言斥責。徐潤就向劉琨說令狐盛的壞話，劉琨竟然把令狐盛給處死了。令狐盛的兒子令狐泥隨即逃到了漢國，率領匈奴騎兵立志報仇。令狐泥作為石勒的先鋒，見到劉琨的旗號就誓死拼命，成為劉琨的大對頭。

在劉曜包圍長安的同時，石勒進攻樂平（今山西昔陽），樂平太守韓據向劉琨求援。劉琨命令部將箕澹率領兩萬人馬救援樂平，自己帶領一萬部隊做後援。石勒得到情報後在險要地帶設置兩道伏兵，用輕騎兵引誘箕澹的部隊走到埋伏圈裡，然後四下一齊合攻，箕澹的主力幾乎全軍覆沒，只有箕澹率領一千多人拼死突圍逃回了代國。

韓據聽說援軍損失殆盡的消息後，只好也棄城逃跑。這時候石勒又派遣輕騎兵從小路突襲晉陽城，劉琨最寵信的那位音樂家徐潤獻城投降。石勒的部隊從晉陽和樂平兩個方向包抄過來，劉琨的一萬人馬被夾在中間的一座小城裡腹背受敵，形勢非常危險。

當天是月圓之夜。匈奴騎兵的戰刀映出一片白光。劉琨登上城樓，放聲長嘯，聲音慷慨悲壯。匈奴騎兵聽到了嘯聲都感慨萬千，舉起的戰刀紛紛又放下，靜靜地在馬背上聆聽。到了半夜，劉琨用匈奴人喜歡的胡笳吹起了悲傷的曲調，伴隨著樂聲，有人唱起匈奴部落的民歌。準備突擊的匈奴騎兵聽到了這憂傷的歌聲，伴隨著山中的狼嚎，勾起了戰士對家鄉的懷念，思鄉的情緒很快在部隊中蔓延，聽到了來自故鄉的歌曲，大家都不禁流下了眼淚。

第二天一早，包圍劉琨的匈奴大軍主動撤退，劉琨從容地率領殘兵敗將投奔幽州去了。

幽州的段匹磾是鮮卑段氏的繼任酋長。段匹磾收留了劉琨後，對他十分器重，和劉琨結拜為兄弟，和一些小規模的反抗力量組成反漢聯合軍。但是段匹磾的手下認為劉琨威望過高，留在身邊怕奪了段匹磾的位置，就向段匹磾進言，聯合石勒把劉琨囚禁起來，準備秘密處死。

劉琨突然被捕，滿腔悲憤無法訴說，寫下了一首慷慨激昂的《寄贈別駕盧諶》，以抒發自己壯志未酬的悲憤心情。讀了此詩後，人們紛紛為劉琨扼腕歎息。

**寄贈別駕盧諶**

幄中有懸璧，本自荊山球。
惟彼太公望，昔是渭濱叟。
鄧生何感激，千里來相求。
白登幸曲逆，鴻門賴留侯。

重耳憑五賢，小白相射鉤。
能隆二霸主，安問黨與仇！
中夜撫枕歎，想與數子遊。
吾衰久矣夫，何其不夢周？
誰云聖達節，知命故無憂。
宣尼悲獲麟，西狩泣孔丘。
功業未及建，夕陽忽西流。
時哉不我與，去矣如雲浮。
朱實隕勁風，繁英落素秋。
狹路傾華蓋，駭駟摧雙輈。
何意百煉剛，化為繞指柔。

劉琨死的時候四十八歲。由晉朝控制的北方反抗勢力至此全部被蕩平。

……

西晉滅亡的原因並不是什麼「胡騎糾合四散，來去無蹤，舉州郡而不能禦也」，而是整個晉朝徹頭徹尾無可就藥的大腐敗和統治者為了一小撮人的利益自相殘殺造成的。民國蔡東藩先生曾對此評論說：「人必自侮，而後人侮，國必自伐，而後人伐」。就是這個道理。

# 匈奴復興大事記

## ◉ 西元三〇四年

一月，東海王越發動政變，活捉長沙王乂，河間王顒大將張方殺死長沙王乂。

七月，東海王越討伐成都王穎，成都王穎在湯陰擊敗東海王越，俘虜惠帝。

八月，河間王顒大將張方攻陷洛陽。

九月，幽州都督王浚聯合并州刺史司馬騰造反，派遣鮮卑騎兵進攻成都王穎，成都王穎挾持惠帝投奔河間王顒大將張方。

十月，李雄在成都稱成都王，建立成漢帝國（建國一）。

十一月，河間王顒大將張方挾持惠帝退回長安，河間王顒主政。

十二月，劉淵在左國城稱大單于、漢王。

## ◉ 西元三〇五年

七月，東海王越造反，擔任盟主聯合苟晞、王浚討伐河間王顒。

## ◉ 西元三〇六年

一月，河間王顒殺大將張方，向聯軍求和。

四月，聯軍攻克長安，河間王顒、成都王穎逃跑，八王之亂結束。

六月，成漢李雄稱帝。

十一月，東海王越毒死惠帝，另立懷帝。

十二月，劉琨到達晉陽。

◉ 西元三〇七年

五月，汲桑、石勒攻破鄴城，殺死司馬騰，火燒鄴城。
九月，司馬睿到達建康。
十月，劉淵會見石勒。
　鮮卑族慕容廆自稱鮮卑大單于。

◉ 西元三〇八年

五月，流寇王彌進攻洛陽，後王彌加入劉淵集團。
十月，劉淵稱帝。建立匈奴漢帝國（建國二）。

◉ 西元三〇九年

一月，劉淵遷都平陽。
三月，東海王越發動政變，處死大臣十餘人。朱誕、劉景試探進攻洛陽。
四月，石勒會見張賓。匈奴劉虎創立鐵弗部落。
八月，劉聰進攻洛陽，九月戰敗。
十月，劉聰進攻洛陽，戰敗，呼延翼戰死。

◉ 西元三一〇年

七月，劉淵死，劉和發動政變欲殺死諸兄弟，劉聰殺死劉和，篡位。
十月，劉粲、劉曜、王彌、石勒合攻洛陽。

十一月，東海王越率軍十萬突圍。

## ◎ 西元三一一年

二月，東海王越發出征討苟晞令。
三月，東海王越死，洛陽守將逃跑。
四月，石勒騎兵於苦縣全殲東海王越餘部十餘萬人。石勒全殲洛陽逃亡軍於洧倉，僅主將逃脫。
五月，先鋒呼延晏到達洛陽城下。
六月，漢國劉曜、王彌、石勒攻克洛陽，俘虜晉懷帝司馬熾，史稱「永嘉之變」。
九月，石勒活捉苟晞。
十月，石勒攻殺王彌，斬苟晞。

## ◎ 西元三一二年

二月，石勒進軍葛陂，戰敗。
四月，劉曜進攻長安，戰敗。
七月，石勒攻佔襄國。
九月，劉曜攻克晉陽，劉琨借鮮卑拓跋軍隊反攻。
十月，劉曜和鮮卑軍隊決戰首陽山，劉曜軍慘敗。

## ◎ 西元三一三年

二月，劉聰殺死晉懷帝司馬熾。
四月，潛帝司馬鄴於長安即位。石勒攻克鄴城。

八月，祖逖起兵北伐（東晉第一次北伐）。

十月，劉曜進攻長安，十一月戰敗。

## ◉西元三一四年

三月，石勒攻殺幽州刺史王浚。

五月，張寔就任涼州刺史。劉曜進攻長安，六月戰敗。

## ◉西元三一五年

二月，司馬睿就任丞相。拓跋猗盧被封為代王。

九月，劉曜進攻長安，十月戰敗。

## ◉西元三一六年

三月，代國內亂，拓跋猗盧被兒子拓跋六修殺死，拓跋六修被堂弟拓跋普根殺死。四月拓跋普根病死。

七月，劉曜進攻長安。

十月，劉曜包圍長安內城。

十一月，湣帝司馬鄴向劉曜投降，西晉滅亡。石勒攻克晉陽。

十二月，石勒趕走劉琨。漢國完全佔領并州，劉琨逃奔幽州鮮卑段氏，被誅。漢國平定後方。

# 第三章　奴隸皇帝（西元三一七～西元三三四）

## 一

四世紀初的時候，長安流行著這麼一首兒歌：「秦川中，血沒腕，唯有涼州倚柱觀。」經過連年災害後，關中這片曾是全國最富庶的地區已經很難找到一棵有皮的樹了，大批饑民連死屍都沒得吃。漢國劉曜攻陷長安後，關中方圓千里盡成無人區。

劉曜還想順便拿下西邊的涼州。涼州刺史張寔繼承了父親張軌的職位後，決定先發制人，派遣部將韓璞率領一萬軍隊主動攻擊劉曜。劉曜對關中地形不熟悉，打不過土生土長的涼州軍。就帶著滑帝回到了平陽，至此漢軍取消了進攻涼州的計畫，而弱小的涼州也沒有反攻中原的能力。涼州，這片貧瘠的土地，竟然成為幾十年來中國最平和的樂土。（本書後面有一章叫做「涼州風雲」，最和平的地方一旦開戰，竟然變成了最悲慘的地方。）

這時的匈奴漢國達到了全盛時期。它東到大海，西接涼州，南到秦淮，北過長城。涼州無力反攻，成漢與漢國基本上不接壤，東晉也無意北伐，唯一的威脅就是祖逖所領導的三千人的北伐軍。匈奴人終於取代了漢族，成為中原的正統。

皇帝劉聰的私生活非常荒唐，他即位的時候就和他老子的皇后單氏私通。為了討好單氏，劉聰立單氏的兒子劉乂為皇太弟。劉乂十分鄙薄老媽的為人，經常對她冷嘲熱諷。單氏受不了兒子的挖苦，被氣死了。劉聰從此不再喜歡劉乂，但是也沒廢掉他。

劉聰的皇后呼延氏死了，他又看上了太保劉殷的兩個女兒，劉乂認為兩家是近親，不宜結婚，馬屁精太宰劉延年、太傅劉景紛紛舉出伏羲兄妹結婚的道理來搪塞。劉聰聽了十分高興，就把劉殷的兩個女兒都娶了過來，後來又聽說劉殷的四個孫女也不錯，就把劉殷的四個孫女也召進宮裡當了貴人。後來劉聰又娶了中護軍靳準的兩個女兒為妃子，大的叫做月光，小的叫做月華。後來他又把這些妃子都加封為皇后，這樣一來皇宮裡面就有了上、下、左、右四個皇后。劉聰日夜沉湎在溫柔鄉裡發昏，不理朝政。大將軍王彰反覆勸諫觸怒了劉聰，劉聰就下令把王彰斬首。劉聰的母親因為兒子定的刑罰過於苛厲，為了勸諫劉聰她連續絕食了三天。劉聰的弟弟劉乂和兒子劉粲反覆哭勸，劉聰非常生氣，說：「我又不是桀紂幽厲那樣的暴君，值得這樣費勁嗎？」後來文武百官一齊勸說，劉聰才赦免王彰。

等到漢軍攻克洛陽後，劉聰認為國事已定，就為眾皇后大興土木建設豪華的宮殿。廷尉陳元達（劉淵親自聘請的那個謀臣）就對劉聰說：「明君都把國民當作自己的家人一樣愛護。所以上天也對他們非常照顧。晉朝把百姓當作仇敵來對待，所以上天要滅絕他們的族人。先帝對此非常痛恨，所以平常只穿粗布衣服，先皇後宮妃嬪也不著脂粉。今天陛下天威降臨萬邦，妃嬪六宮都容不下，還興建了四十多所宮殿。但是這個時候全國還沒統一，晉朝殘部還佔領著關中和江南，李雄還佔據巴蜀，王浚、劉琨威脅著後方。陛下怎麼能如此奢侈呢？」

劉聰大怒：「朕是天子，蓋棟房子還要問你這傢伙嗎？不殺你難解我心頭之恨！」就命令衛兵把陳元達拉下去處死。

陳元達來的時候就拿著一條鐵索，一看武士過來逮他，就趕緊把自己捆在樹上，眾人都解不開。陳元達大叫道：「微臣說的話都是為社稷著想，陛下今天要殺我，我一定要上告天帝，下告閻王，和關龍逢、比干一樣為後人瞻仰！」

這時旁邊的眾臣紛紛向劉聰求情道：「陳元達受命於先帝，知無不言，言無不盡，臣等見之有愧。如果因為這樣就殺死他，臣等也不想活了。」劉聰被氣得兩眼直瞪著這一堆人說不出話來。後宮的劉皇后也懇切勸解，寫了一封書信命令侍者交給劉聰，說如果因為給我建宮殿而殺死大臣，那這宮殿還是不要建的好，劉聰這才赦免陳元達。為了表示真心，劉聰還把這個逍遙園改名字叫做納賢園，李中堂改名叫做愧賢堂。後來劉聰對陳元達說：「應該是你害怕朕，怎麼成了朕害怕你呢？」

劉聰的這些表演也就是哄哄這些大臣，等他們走了以後，劉聰的苛政就更是變本加厲。不久劉聰的月光皇后產下了一個怪胎，陳元達認為是不祥之兆，就逼迫月光皇后自盡，劉聰心裡捨不得，由此更加憎恨陳元達。

某天，天上下起了紅色的大雨，劉聰以為是上天對他不滿，就開會讓大臣給他挑毛病。

靳準的妹妹嫁給了劉乂，後來她和別人私通被劉乂發現了，劉乂就殺死了靳準的妹妹，由此靳準和劉乂結下了深仇大恨。靳準就趁機誣陷說劉乂準備謀反。劉粲作為劉聰的大兒子，不願意皇位被叔叔奪走，也趁機和親信大臣王沈在一旁幫腔。而劉乂卻不識時務地認為是由於劉聰的皇后太多了的緣故。劉聰一聽，就下令把劉乂軟禁起來。

大臣劉易、劉聰的小兒子劉敷和陳元達等人紛紛上書解救劉乂，斥責王沈。劉聰看見陳元達的名字就氣不打一處來。指著他們的奏摺對群臣說：「這些傢伙受陳元達的蠱惑，在這裡說瘋話呢。」

劉易等人反覆磕頭請求赦免劉乂，劉聰勃然大怒，把奏摺撕成碎片扔到他們頭上，讓衛士把劉易一夥人統統趕出去。

劉易年紀大了，回到家就氣死了。

劉敷死活不走，抱住劉聰的腿痛哭不放，劉聰把他一腳踢出去，說：「我還沒死呢，在這麼多人面前哭什麼？咒我早點死嗎？」劉敷被踢斷好幾根肋骨，被衛兵抬回了家，不久也死了。

陳元達張羅著給他們發喪，等把他們下葬後，他對別人說道：「人如果到了因為提意見就被處死的時候，國家離滅亡也就不遠了。既然不讓我說話，還在這個世界上苟且偷生幹什麼？」於是他也服毒自殺。

劉聰並不可憐這些人，還覺得他們死得晚了呢。這時劉粲說王沈除害有功，劉聰得到了這個大忠臣十分高興，就封王沈為列侯。

劉聰準備親自審訊劉乂。在大堂上他看到二十多歲的劉乂被折磨得鬚髮皆白，形容蒼老，也動了惻隱之心，準備赦免劉乂。這可是劉粲、靳準和王沈所不願意看到的，他們費盡心思要除掉劉乂。當劉乂被劉聰放回府第後，劉粲就派親信告訴他說：「剛才得到皇帝詔書，說京城有人叛亂，特地來通知您趕快穿上盔甲防止意外！」

劉乂就穿上盔甲，也讓身旁的侍衛、官員都穿上盔甲。劉粲一聽，就趕緊通知靳準和王沈。靳準就對劉聰說：「皇太弟要造反了！都把盔甲穿好了！」劉聰大驚，急忙率領眾人過去瞧瞧，一看劉乂和手下都頂盔貫甲排好廝殺陣形。就命令劉粲率領禁軍把毫不知情的劉乂和他的手下都逮起來。

平陽城裡有很多氐族、羌族、鮮卑族的使節，劉粲就把他們都抓起來，使用烙鐵燒眼睛的酷刑指使他們誣稱與劉乂一道謀反。劉聰聽信了供詞，十分感激地對靳準、王沈說：「我現在才發現諸位是貨真價實的忠臣，只可惜以前錯怪了你們，真是慚愧，將來你們還要多給我提意見啊。」

劉聰命令將劉乂處死，然後對眾大臣哭訴道：「朕現在只有這麼一個兄弟，現在還互相不理解，到底是朕做錯了什麼要遭到這樣的懲罰啊！」

為了防止劉乂的餘黨作亂，劉粲、靳準、王沈等人把平常討厭的官員大臣和劉乂府裡的親兵、傭人共一萬五千多人全部活埋。平陽城的大街上幾十天沒有人敢四處走動。

劉粲虐待外族使臣，遭到了鄰國一致譴責。氐族、羌族都興兵進攻漢國，劉聰認為他們實在是無理取鬧，就任命劉粲為太子兼相國，靳準為車騎大將軍迎敵。

但是劉聰並沒看到戰爭的結果，在荒淫無度的生活中不久他就生了重病，臨終前徵召關中劉曜為丞相，襄國石勒為大將軍輔政，但是兩個老滑頭都稱病不來。劉聰就封劉景為太宰，呼延晏為太保，靳準為司空輔佐劉粲，然後瞑目而逝。

劉粲當了漢國皇帝，沒幾天就把劉聰草草安葬，他把主要心思都花在他爹的這些皇后身上。

## 二

劉聰死後，兒子劉粲即位。劉粲還在當太子的時候就對他爹的一群皇后垂涎三尺。因此當了皇帝後第一件事就是和劉聰的那些皇后們日夜做愛。靳準乘機把持大權，任命弟弟靳明為車騎將軍，靳康為衛將軍。軍國大事都由他們決斷。

靳準還想除掉朝廷中的劉氏宗族，就對劉粲說：「我聽說諸位宗室要像伊尹、霍光那樣廢掉陛下，後殺微臣。陛下應該早做準備！」劉粲不聽。靳準就讓他的女兒們對劉粲大吹枕邊風，劉粲就把劉景等所有劉姓官員全部殺死。

其他重臣發現靳準要作亂，紛紛逃亡，呼延晏逃到長安投奔劉曜，王延去襄國投奔石勒。半路上王延被靳康的部隊抓獲。靳準就率領親兵來到劉粲的後宮，把正和皇太后們喝酒的劉粲給抓起來斬首。然後把平陽城裡所有姓劉的人不論男女老幼統統就地處決，把劉淵、劉聰的屍體從墳墓裡挖出來，統統割掉腦袋掛到城門上示眾。

靳準自稱天王大將軍，想拉攏王延為他做事，王延罵道：「你這傢伙趕快殺死我！把我的左眼睛放在西門看丞相殺死你，右眼睛放在東門看大將軍來殺死你！」靳準就把王延給殺了。

靳準自認為自己是漢人，趕走了匈奴人，老百姓應該大力支持才對，就向東晉上書請求庇護，並親自率領大軍征討石勒。

靳準的計畫全部順利得以實施。但是他卻低估了劉曜和石勒軍隊的戰鬥力。不久，劉曜從長安發兵征討靳準，石勒也率領五萬精兵前來討伐。石勒不清楚劉曜的戰況，就對靳準實施堅壁清野的戰術，靳準屢次挑戰，石勒只是用亂箭回擊，沒幾天靳準糧食就跟不上了，不得不撤退。

劉曜的部隊在進軍途中碰到了逃亡出來的呼延晏。呼延晏告訴劉曜母親和兄長被殺的消息，並勸劉曜進皇帝位。劉曜大哭不止，命令全軍素服迎戰，任命呼延晏為司空，石勒為大司馬大將軍，大赦天下，唯獨不赦靳氏一姓。

靳準發現兩軍勢大，由於自己滅絕了平陽城裡的劉姓滿門，恐怕劉曜不會和自己善罷甘休，就命令侍中卜泰給石勒送去厚禮要求媾和。石勒把卜泰裝入囚車送給劉曜。劉曜卻把卜泰放出來說：「先帝從前確實對百姓不好，如果靳準不動手朕還當不上皇帝呢。只要靳準早點投降，不光免死罪，還要委以重任呢，希望閣下去告訴一聲。」

靳準聽了卜泰的傳話，一時無法辨真假。他弟弟靳康等不及了，就聯合卜泰和弟弟靳明合謀殺死哥哥靳準，推舉靳明為首領，讓卜泰送給劉曜傳國玉璽。石勒聽到這個消息後非常生氣，命令侄兒石虎為先鋒猛攻平陽，靳明出城抵擋，屢戰屢敗，不得不退守平陽。石勒對平陽日夜攻打，靳明只好率領平陽百姓一萬五千多人投奔劉曜，劉曜一看滅門仇人來了，頓時翻臉把靳氏一家滿門抄斬。

石勒攻陷平陽後縱火焚燒了宮殿，平陽被燒成一片廢墟。石勒把國家文件搬到襄國，也不去見劉曜一面。劉曜在平陽沒法容身，就只好遷都到長安，任命石勒為大司馬，這時候劉曜和石勒之間的關係已經是水火不容了。

劉曜從小聰慧過人，八歲那年和爺爺劉淵出門打獵，碰到雷雨，突然悶雷大作，別人都嚇得趴在地上，只有劉曜神色鎮定，劉淵對此非常驚異，認為他是劉家將來的千里馬。劉曜長大以後性格孤僻，不愛和人說話，為人十分鎮定，喜歡悶頭看書。他的箭術超群，被尊稱為「箭神」。根據匈奴人的風俗，劉曜二十歲的時候開始四處遊歷，浪跡天涯，在洛陽殺人犯罪後，他趕緊逃跑到朝鮮避難，後來才悄悄回國。因為害怕別人找他的麻煩，就攜帶一箱書和一架木琴在管涔山隱居。

有一天晚上劉曜在房裡發呆，來了兩個小童，向劉曜跪下來說：「管涔王使小臣奉謁趙皇帝，特此獻上神劍一口。」然後悄然消失。劉曜點上蠟燭一看，是一把二尺長的寶劍，劍鞘上鑲嵌著赤玉，銘刻著六個字：「神劍御，除眾毒。」劉曜把劍拔出來後，劍刃在燭光的映射下散發出七彩的光芒，後來這把神劍就成為劉曜征戰沙場的佩劍。

相比劉曜這位酷哥，石勒的經歷要複雜得多。他出生在并州武鄉（今山西武鄉），出身於地位卑下的羯族，他從來沒有讀過一天的書，長大後連名字都沒有。這個民族世世代代被別人瞧不起，連同樣卑下的匈奴都看不起他們。石勒自幼父親就死了，和母親相依為命。靠給別人賣苦力打短工來維持母子的生存。

八王之亂爆發後，并州遭遇了連年旱災，國家軍隊都沒有糧餉繼續作戰。并州刺史司馬騰為了籌集資金，就命令軍隊抓捕胡人當奴隸，二十一歲的石勒和鄰居一起被官兵給抓走了，他們兩人被人用一個大枷串連在一起，然後徒步走到千里之外的山東的奴隸市場出售，只留下石勒孤苦伶仃的老母親一個人在這兵荒馬亂的世界裡靠乞討為生。

石勒被賣到山東茌平的一個地主家裡當農奴。石勒不堪忍受殘酷的壓迫，和幾個奴隸一齊逃亡，半路上又被軍隊抓住，關到籠子裡準備送回去，這時旁邊跑過來一群鹿，看管他的軍人都忙著抓鹿去了，石勒趁機破壞掉籠子逃跑了。他和其他的七個奴隸組成了強盜團夥，靠搶劫過往客商為生。後來他們又收羅了十個奴隸，一起號稱十八騎，作為中原大地上的一個不出名的小團夥，過著饑一頓飽一頓的日子。

後來他結識了另一個強盜頭子汲桑，這次相會改變了石勒的一生。汲桑、石勒兩人就組織起了幾百人的強盜集團，四處劫掠鄉鎮了，二十多年來石勒終於過上了吃喝不愁的生活。

八王中的成都王穎兵敗被殺以後，成都王穎的部將公師籓自稱大將軍，率領幾萬軍隊要殺死東海王越和司馬騰為成都王穎報仇。當這支部隊路過汲桑和石勒的山寨的時候，他們率領手下幾百人投奔了公師籓的隊伍。公師籓問石勒叫什麼名字的時候，汲桑隨口說了幾句：「石勒，石勒。」從此，石勒終於有了自己的大名。

公師籓戰死後，餘部由汲桑、石勒率領，終於攻克鄴城，殺死司馬騰。石勒肩負著洗刷民族屈辱的重任，由此走向中原政治風暴的舞臺。

現在言歸正傳，讓我們看看這場貴族和貧民之間的決鬥。

石勒回到了平陽不久，劉曜就改國號為趙，史稱前趙。並晉升石勒為趙王，立晉惠帝司馬衷的老婆羊氏為正宮皇后，羊氏經過五廢五復，九死一生，最後跑到匈奴當皇后，生下三個兒子。她歷經的苦難也很像西晉滅亡的縮影。

石勒就派遣長史王修去長安恭賀劉曜即位，並給劉曜獻上很多禮物。劉曜非常高興，任命石勒為趙王。給予王修很高規格的招待。

王修有個叫做曹平樂的門客貪圖富貴，單獨對劉曜說：「大司馬派遣王修到這裡來，表面上是來道賀，其實是來偵察陛下領土的地形的。他們一旦回去石勒就會派兵突襲陛下，羯人都是不講信義的，陛下一定要小心！」

劉曜一聽認為很有道理，就命令騎兵快馬追趕已經返程的王修。劉曜的騎兵抓住王修後把他和他的隨從們一齊斬首，但是一不留神卻讓王修的助手劉茂給逃了回去。

劉茂回去後哭著向石勒彙報了王修被劉曜殺死的情況，石勒大怒，下令滅了曹平樂的三族，停止給劉曜進貢。石勒憤憤地對部下說：「我給劉家建立的功業已經超過人臣所能達到的極限，如果沒有我石勒他劉家人怎麼能夠得到天下？剛剛有了基礎就要殺我，是什麼道理？他們以為皇帝的頭銜是命中注定的嗎？什麼趙王、趙帝，我想叫哪個就叫哪個，從今天開始，我就要背叛劉家了，你們大家都同意嗎？」

石勒的部將們都猴急地想當開國元勳，哪個會說不同意？從此石勒和劉曜翻臉為仇。不久，石勒也在襄國自立為王，自稱趙王。為了和劉曜的趙國區分，這個趙國被史學家叫做後趙。

兩個趙國君主都是武將出身，當過去的英雄離去的時候，他們的後人為了個人的野心和民族的仇恨，又開始了新一輪的鬥爭。

## 三

劉曜和石勒翻臉後，並沒有馬上就動手拼命。而是採取了大力發展經濟的策略，先防守，後進攻。所以前幾年都是風平浪靜。

兩下裡一比較下，劉曜的先天條件要比石勒優越得多，劉曜的地盤和石勒接壤的地方除了黃河就是關中地帶，易守難攻。此外兩個鄰國涼州和成漢都太弱小，他們對前趙基本上只有騷擾的份兒，只有氐族和羌族零星勢力偶爾到邊境搶點東西。劉曜就把注意力放到了隴西一帶，對當地的少數民族橫徵暴斂，激起民眾的反抗。劉曜的部下校尉尹車聯合氐族酋長句徐、庫彭準備發動政變，被劉曜發覺後先殺死尹車，然後把句徐、庫彭等五十多人都關在阿房宮裡準備一齊殺死。光祿大夫游子遠請求劉曜赦免他們，劉曜反而認為游子遠是在幫敵人說話，就把他也關了起來，然後把尹車、句徐、庫彭等人全部殺死，暴屍十日然後把屍體都丟到水裡。

巴氏酋長虛除權渠聽到消息後，立刻率領部下造反，周圍的其他少數民族紛紛回應，不久就糾集了三十多萬人進攻長安，由此引發了關中大亂。游子遠在監獄裡上表請求赦免他們，劉曜大怒，命令獄卒殺死游子遠，部將劉雅、呼延晏請求劉曜赦免游子遠，讓游子遠去迎戰。劉曜聽從了他們的建議，任命游子遠為車騎大將軍征討叛軍。

游子遠親率部隊強攻虛除權渠的堡壘，虛除權渠連敗五陣，這時虛除權渠的兒子虛除伊餘率領五萬部隊前來增援。在拂曉之時發動反擊，一口氣又搶回來了被游子遠佔領的堡壘。

游子遠看到敵軍的援兵戰鬥力很強，就對部將說：「伊餘的勇悍世上少有，他的部隊戰鬥力也遠勝於我。又因為他父親剛打了敗仗，敵人的氣勢正在頂峰。不如堅守不戰，等他們懈怠了再說。」於是游子遠就命令部隊掛起免戰牌，伊餘反覆挑釁都不理會。

半個月後的一天夜晚，游子遠突然命令部下趕緊吃飯準備出戰，凌晨颳起了沙塵暴，游子遠大喜道：「這真是天助我也！」就親自帶兵進攻。伊餘的部隊毫無防備就被擊潰了，伊餘也被游子遠活捉。

虛除權渠聽說兒子全軍覆沒的消息後，就打散頭髮蓋在臉上準備投降。劉曜把二十多萬氐族人都遷徙到長安，並任命游子遠為大司徒。

劉曜平定氐族人的叛亂後，認為石勒還很弱小，不是自己的對手，就把精力都放在國內建設上。他推崇勤儉的風氣，下令沒有官職者不准乘馬，不是高級官員的家屬不准穿綢緞，秋收後才可以喝酒，不是國家祭祀不准殺牛，違反者一律斬首。又在長安長樂宮東設立了太學，未央宮西設立了小學，不論出身是否高貴招收十三歲以上二十五歲以下聰明好學的百姓一千五百多人入學。

國家逐漸富強後，劉曜又大興土木，給自己大造宮殿，又徵發民工建設陵墓，陵墓方圓四里，深三十五丈，以銅澆鑄，黃金做棺材。老百姓都嘲笑說「有這一棟樓的財力也能平定涼州了！」侍中喬豫、和苞上書勸阻，劉曜只好命令工程暫停。

劉曜對後方的氐羌勢力總是放心不下，過年後又率領大軍征討氐族酋長楊難敵。行軍途中部隊裡開始流行傳染病，劉曜自己也得了重病，就派遣使者和楊難敵講和，準備回兵。

半路上秦州刺史陳安請求拜見劉曜，劉曜以病重為由推辭不見。陳安以為劉曜已經死了，就率部下造反，突襲劉曜的軍隊。當時劉曜已經先走，負責斷後的部將呼延寔被陳安抓獲。陳安將呼延寔斬首，又命令弟弟陳集率領騎兵三萬追擊劉曜。半路上被劉曜部將衛將軍呼延瑜拼死攔截。陳集殺死呼延瑜後，劉曜已逃到長安了。陳安就自稱大都督、大將軍，反叛了前趙。

第二年，陳安進攻駐守南安的劉曜部將劉貢，這時少數民族首領休屠王石武派兵襲擊了陳安的後方，陳安趕緊轉身反擊石武。石武敵不過陳安的部隊，往後敗退，這時劉貢又從背後進攻陳安的後路，消滅了陳安一萬多人，陳安只好又回過頭來解圍。哪想石武一看陳安回頭就領兵跑了，而等陳安停止攻擊時，他就又黏糊上來，這麼折騰來折騰去的，居然把陳安的部隊打得大敗，陳安只好領著剩下的八千人逃到了隴城（可能是今天的天水一帶）。

劉曜親自率領大軍包圍了隴城，並派遣部將平先圍剿陳安在外地的餘黨。陳安還想逃出隴城去找援兵，就率領五百騎兵半夜突圍。平先率領數千騎兵在後面追擊，殺死了陳安部下四百多人，最後將陳安和他的十多名親兵包圍在一條峽谷裡。

陳安左手拿著七尺大刀，右手揮著丈八蛇矛，單人獨騎堵住峽谷口，連續殺死對方的五六名騎兵。這時天空下起了暴雨，在雷閃雷鳴中，敵人的人馬都被陳安的神勇嚇住而不敢進攻。平先正好過來看戰況，就親自縱馬過來和陳安交戰，只三個回合就把陳安的丈八蛇矛給搶了過來，陳安只好狼狽逃跑。

陳安的坐騎叫做聶驄，是西域產的寶馬，平先等人根本追不上。但到了半夜下大雨看不清楚山路，聶驄馬竟然墜落山谷，陳安只好步行逃跑。平先命令部隊把山圍起來搜，終於活捉陳安並將其斬首。陳安平時對老百姓挺不錯，和手下將士們的關係也很好，陳安死後百姓都很懷念他。有人寫了一首《壯士之歌》來紀念他。詞曰：隴上壯士有陳安，軀幹雖小腹中寬，愛養將士同心肝。聶驄交馬鐵瑕鞍，七尺大刀奮如湍，丈八蛇矛左右盤，十蕩十決無當前。戰始三交失蛇矛，棄我聶驄竄岩幽，為我外援而懸頭。西流之水東流河，一去不還奈子何！

劉曜聽了這首歌以後非常感傷，命令眾軍傳唱。又任命親前趙的羌族大酋長姚弋仲為平西將軍鎮守隴西。

劉曜平定陳安的反叛後，命令大將軍劉岳進攻涼州。這時候涼州前任刺史張寔已死，弟弟張茂繼任。張茂和他的父兄心思不一樣，早就想自立為王。聽說劉曜要進攻他，就在黃河與劉岳的大軍對壘，雙方相持了很長時間都沒有進展。

劉曜就親率部隊討伐涼州，共發兵二十八萬五千人，沿著河東岸排了一百多里的陣營。早晨敲戰鼓的時候聲音震天動地。張茂的守河部隊都嚇得往姑臧（今甘肅武威，當時是涼州的首府）逃跑，劉曜揚言要在一百個渡口一齊渡河，涼州全境都十分驚慌，人無戰心。張茂只好向劉曜上表求和稱藩，並進獻給劉曜一千五百匹馬、三千頭牛、十萬隻羊、三百八十斤黃金、七百斤白銀和二十名歌女。劉曜十分高興，就派遣使者加封張茂為大司馬兼涼王，涼南北秦梁益巴漢隴右西域雜夷匈奴大都督，然後打道回府。

前趙周圍的勢力大都被平定，劉曜似乎忘了自己還有個死對頭石勒，就又開始啟動原先停建的那些龐大的建築工程。他命令大司馬劉雅為太宰主抓建設，為了給自己歌功頌德，在朝堂的前後增設了四個鼓吹班子，一到上朝的時候就給自己奏樂。又派遣六萬民工給自己的父母大造墳墓，墓的規格為方圓二里，墓裡用蠟燭照明，日夜不熄。墓上面原本堆積了一百尺高的石頭山，討伐涼州回來又增加到一百九十尺，結果弄得人民怨聲載道。游子遠又上書請求停止，認為這是徒耗國力，劉曜根本聽不進去。

其實仔細分析形勢就知道劉曜這時還沒有到天下太平的時候，涼州和前趙關係本來就不睦，這時涼州刺史張茂忽然得病而死，兒子張駿一直不滿意前趙賜給自己的頭銜，只要有變故就要撕破臉。楊難敵對劉曜更是忽降忽叛，不久他又就地造反，始終沒有平定，成為前趙西部邊境的威脅。

這時，居住在河套地區、原來依附石勒的北羌王盆句除投靠劉曜，石勒的部將石佗發兵雁門關征討，石佗俘虜了三千多人準備回國，劉曜命令劉岳追擊，劉岳擊敗石佗，將其殺死，石佗的部下也被殺死了六千多人，其餘的人都被劉岳給俘虜了。至此前趙和後趙之間終於有了第一次交鋒。兩個趙國的領導人都不是等閒之輩，因此更激烈的交鋒馬上就要開始了。

# 四

石勒剛和劉曜結仇的時候形勢十分不妙。他的南面和東晉有著漫長的邊境線，祖逖的北伐軍不斷壯大，勢頭咄咄逼人。山東的原漢國大將曹嶷被石勒封鎖後也就地稱王，對石勒早就不懷好意。北方狀況更糟，鮮卑三虎遼西慕容氏、幽州段氏、代國拓跋氏對石勒的領地不斷蠶食。石勒的後趙可謂是四面受敵。

面對窘境石勒聽從了張賓的建議，對內休養生息，對外盡量結盟，能不打仗就不打仗。

石勒首先大赦天下，組織軍隊生產自救，減免百姓一半地租，把鰥寡孤獨都養起來。並制定比較寬鬆的民族團結政策，禁止胡人和漢人之間互相侮辱。還大力移風易俗，廢除原來普遍流行的兄死弟可以和嫂子結婚和在辦喪事的時候結婚的規矩，只保留了胡人獨特的火葬制度。還獎勵生育，有個農民一胎生下三男一女，石勒親自獎勵他一百擔糧食和四十匹布。從此後趙的國家經濟和人民生活出現了很大轉機，把鄰國的很多人都吸引到後趙這邊來。

河南蓬陂（今河南開封一帶）有個叫陳川的大地主也投靠了石勒。東晉大將祖逖派兵來問罪，石勒就派遣大將桃豹率領騎兵援救陳川。這時祖逖的部將韓潛已經攻陷了蓬陂的東半城，桃豹死守蓬陂西半城，韓潛猛攻不克，也沒有什麼好辦法，雙方在一座城市裡對峙了四十多天，大家的糧食供應都出現了困難。

祖逖打聽到敵人也沒糧食了。就派一千多名士兵用口袋裝上泥土運到韓潛的東城，桃豹的巡邏兵看到後十分羡慕。

一會兒又有幾個人扛著大口袋過來了，他們都好像很累的樣子，坐下來休息。桃豹的巡邏兵一殺出來就把他們嚇跑了。桃豹的部隊搶了這幾個口袋回去一看，裡面全是大米。

軍營裡又有了吃的，大家十分高興，只有桃豹覺得祖逖糧食充足，心中十分煩躁，趕緊催促石勒抓緊時間運糧過來。

過了幾天，石勒派人用一千頭毛驢運載著大米過來補給桃豹，桃豹認為祖逖糧草充足，八成不會理會他的運糧隊，就沒用心設防。誰想祖逖早就派巡邏兵對桃豹的運輸線進行日夜監視，一看見糧食運來了，就趕緊調集重兵去搶，連毛驢帶大米全部拉到了自己這一邊。桃豹聽說軍糧被搶走，只好連夜逃跑了。

祖逖的才能不亞於劉琨，這回打了勝仗，又有了大批糧草，兵鋒指向許昌、洛陽、鄴城三路。黃河以南已經沒有石勒絕對放心的據點了。

石勒見硬的不行就來軟的，派遣使者向祖逖要求停戰互市。並讓祖籍范陽的官吏為祖逖的父親修墳。祖逖聽說後，派遣使者到襄國拜謝。石勒厚待了祖逖的使者，贈送了一百匹馬，黃金五十斤。從此祖逖和石勒停戰，雙方不再接納對方的逃犯和流民，石勒終於穩定了自己的南方。石勒這一手非常厲害，他最頭疼的不是土地的喪失，而是能夠創造財富的人民大量流失。和祖逖之間停戰後，後趙可以獲得大批的食鹽和鐵器等重要物資，更重要的是他治下的百姓不會再往南方跑了。

當他轉過頭來打算對付幽州段匹磾的時候，才發現北方已經鬧翻天了。

原來段匹磾殺死劉琨以後，劉琨的部將韓據為了給劉琨報仇，擁立段匹磾的弟弟段末抷和段匹磾打內戰。段末抷是石勒的部將，石勒就派遣部將石越追殺段匹磾。段匹磾在幽州無法立足，只好投奔樂陵（今山東樂陵）的冀州刺史邵續。邵續出城迎接段匹磾的時候被石虎突襲活捉，段匹磾只好率領殘部投降。一年後段匹磾和邵續均被扣上謀反的罪名斬首，只有勢力微弱的親後趙勢力段末抷鎮守幽州，北方才最終被平定下來。

石勒又派遣石虎率領步騎兵四萬人征討青州的曹嶷。曹嶷發現周圍的反趙勢力都被平定，準備逃到海中避難。但曹嶷為人優柔寡斷，他還在廣固（今山東益都）和部將爭執的時候，石虎的先頭部隊就已經包圍了廣固城。曹嶷的部將把曹嶷拘留起來獻城投降，石虎就把曹嶷和他的部將全部殺死，還活埋了曹嶷的三萬部隊。

石虎還想屠城過癮，石勒派的青州刺史劉征勸諫說：「陛下讓我來的目的是管人的，現在沒人可管了，我可以回去了。」石虎就留下七百人鎮守廣固。至此石勒終於把周圍的敵人掃蕩一空。

石勒攻克青州前夕，他那位如同手足般的謀士張賓病死了，石勒十分哀痛，如同自己親人去世一樣悲傷。他對左右說：「是上天不幫助我了嗎？為什麼要這麼早奪走我的右侯？」後來謀士程遐接替了張賓的職務。石勒和程遐議事的時候一旦有了爭執，石勒一生氣就說：「右侯這麼早離開我，讓我和這種人討論問題，這不是折磨我嗎？」一點也不給程遐面子，不過張賓確實是厲害，能讓不識字的石勒戰無不勝，為後趙的統一打下基礎。史載張賓機不虛發，算無遺策，成勒之基業，皆賓之勳。石勒對他十分器重，在上朝之前經常親自為張賓整理容裝，在朝廷上從來不喊他的名字而是呼為右侯。張賓身居高位而不驕傲，謙虛謹慎，禮賢下士。無論地位高低的人都可以來求見他，和同事無論親疏，單獨相處的時候就對其規勸，而在大庭廣眾下卻盡力表揚。在十六國時期是和王猛不相上下的第一流謀臣。

這時的東晉發生了大將軍王敦叛亂事件，把元帝給活活氣死，祖逖也在這個時候病死了。石勒發現機會難得，立刻派遣部將石生、石虎趁火打劫，接連佔領了兗州、徐州和青州的廣大土地，又把邊境線推到了淮河一帶。東晉的河南潁川太守郭默嚴防死守，但還是抵擋不住石生的攻擊，被後趙搶去了洛陽，無奈之下只好求助於劉曜。劉曜因為石佗事件和石勒結下了樑子，就命令劉岳率領重甲士兵五千、精兵一萬進攻孟津，鎮東將軍呼延謨進攻澠池。劉岳攻克孟津後，將石生包圍在金墉城，石虎則率領四萬步騎兵通過成皋（今河南滎陽汜水關）反抄劉岳的後路，劉岳趕緊往後面的呼延謨方向靠攏。但劉岳的主力是步兵，機動性遠比不上石虎的騎兵先鋒隊，在洛陽以西反而被石虎包圍。劉岳突圍不出，在混戰時中箭受傷。石虎就造柵欄把劉岳圍起來，劉岳的部隊沒糧食吃，又不敢突圍，只好殺戰馬充饑。石虎又派部隊伏擊前來救援的呼延謨，將其全殲，呼延謨被殺死。

劉曜聽到前線大敗的消息後，親自率領部隊援救劉岳。石虎也派遣三萬騎兵前來攔截。劉曜的親兵來勢洶洶，石虎的先鋒一碰到劉曜的先鋒就被砍跑了。石虎也感覺這一仗毫無勝算，正準備撤退回襄國，誰知道劉曜的部隊駐紮後晚上突然炸營，士兵逃跑了一大半。劉曜只好退到澠池，第二天晚上又發生炸營事件，劉曜只好率領昏昏沉沉的殘部逃到長安。石虎白撿了個便宜，喜出望外，急忙對劉岳的軍隊發動總攻，最後活捉劉岳，把九千多名前趙部隊全部活埋。郭默也逃回建康，前趙從此元氣大傷。

聽說劉曜慘敗的消息後，涼州的張駿就趕走前趙的使節，又自稱晉大將軍，涼州牧。派兵進攻劉曜，氐族楊難敵也加緊反叛的力度。當然，和這些相比，後趙的石勒才是前趙的真正掘墓人。

# 五

後趙取得了對前趙的決定性勝利，石虎帶領著他的四萬常勝軍趁勢進攻前趙河東（今山西南部）一帶。河東五十多座縣城的守將看到劉曜打敗仗了，都紛紛投降石虎。這時輪到劉曜陷入危機了，西北的張駿、西方的楊難敵、西南的李雄都開始在邊境囤積重兵，準備趁石虎進攻關中時分上一杯羹。

劉曜知道自己的形勢不妙，但他可沒有石勒那種置之死地而後生的本事，他仔細研究了一下邊境形勢，認為石虎是這些反叛勢力的頭頭，只要趕跑了他別人就沒啥可怕的。於是劉曜集結了全部可以調動的兵力，除了留一部分防衛張駿和楊難敵以外，其他全部都派出去進攻石虎。石虎碰到了劉曜的十萬多人的部隊，根本抵擋不住，被連續追殺二百里。石虎逃奔到朝歌。劉曜向東進攻金墉城，石生拼死守衛。劉曜眼看一時無法攻下金墉城，就挖掘黃河大堤放水灌城，石生率領全城的軍民爬到高處仍然誓死不降，劉曜一看還是難以攻克，就轉而進攻汲郡和滎陽，所到之處勢如破竹，石勒只好宣布襄國戒嚴。

石勒心裡清楚這是劉曜最後的反撲，於是他趁著石生阻滯敵軍於金墉城的時候集結了六萬步兵和兩萬七千騎兵，準備和劉曜決戰。這時候劉曜把部隊都集結到了洛陽，程遐對石勒說：「劉曜深入千里，必定支持不了多久，大王最好不要親自動手。」石勒不同意他的意見，對謀士徐光說：「劉曜靠著初來的銳氣，率領十萬人的兵力本來應當盡快進攻，現在竟然停在了洛陽，現在我方部隊已經養好精神，而敵人卻士氣懈怠。現在我依靠一股銳氣進攻劉曜，如果他在成皋攔截我軍方是上策，在洛水攔截就是中策，如果坐守洛陽等我軍進攻那就是下下之策了。」

石勒就下令兵分三路進攻成皋。當後趙的八萬七千人到了成皋時竟然發現那裡無人防守，石勒喜出望外，拍著腦袋大叫：「這是天意啊！」於是催動部隊急行軍到洛陽城安營紮寨。等他看到洛陽西連綿十幾里的劉曜大營的時候，胸有成竹地對部下說：「你們可以提前祝賀我了！」

這時的劉曜簡直昏聵到了極點，他現在只懂得喝酒賭博，部將一勸諫他就認為是胡說，敢提意見的部將一律斬首。這時候劉曜的前鋒部隊和後趙的小股兵力作戰，活捉了幾個羯人，劉曜審問道：「大胡（就是石勒）親自來了嗎？有多少人？」羯族小兵就回答：「大王親自來了，人很多啊。」劉曜頓時驚得變了臉色，命令包圍金墉城的軍隊立即撤回防守。

過了兩天之後，石勒命令石虎率領三萬步兵從北面出城往西進攻劉曜的中軍，部將石堪、石聰率領八千騎兵從西面出城往北進攻劉曜的前鋒。這時的劉曜正在喝酒，聽說石勒出兵進攻，為了表示自己的鎮定他又喝了幾斗酒方才迎戰。雙方的部隊在洛陽西門前展開浴血搏鬥，劉曜看著雙方的廝殺感覺不過癮，喝乾了手中的這斗酒，率領親兵殺入戰團。

石堪看到城門口飄揚著劉曜的御旗，知道劉曜親自上陣，就命令手下猛攻他的御駕，前趙的軍隊大敗。醉醺醺的劉曜慌亂中不辨方向，被亂兵一擠，連人帶馬掉到護城河的冰窟窿裡，轉眼就被凍成了大冰塊而動彈不得。

一會兒後趙的追兵殺過來，石堪一看水裡面的就是劉曜，就命令士兵把他用撓鉤拉出來獻給石勒。劉曜受傷十多處，渾身是血，對石勒說：「石王，你記得當時我們的盟約嗎？」

石勒回答：「當然，今天的現狀是天意，不必多說。」就命令部隊停止追擊前趙潰兵，任其散去。派醫生給劉曜治傷，帶著五萬多首級回襄國。

石勒把劉曜軟禁起來，讓他寫信叫長安守軍投降，並讓從前被俘的劉岳穿上禮服拜見劉曜。劉曜說：「我還以為愛卿早就死了，想不到石王如此仁慈，讓我們活下來。我上回殺死石佗實在是有愧於他。今天落到如此地步是自找的。希望我的繼承者能誓死保衛國家，不要因為我被擒而改變主意。」石勒聽了以後非常不滿，下令將劉曜君臣殺死，並派遣洛陽守將石生攻打長安。

劉曜和羊后所生的小兒子劉熙繼承前趙的皇位，這個昏庸的小皇帝再也沒有先輩的武勇，所有的工作都靠他的哥哥劉胤來代勞。劉胤比劉熙還無能，當石生打過來的時候，劉胤就攛掇劉熙遷都上邽（今甘肅天水），凡是出言勸阻的大臣一律斬首。等石生不費吹灰之力進駐長安後，劉胤卻突發奇想糾集幾萬人要反攻長安。石生聽說後急忙向石勒求救，石勒命令石虎率領兩萬騎兵前來支援。

石虎的騎兵趕到長安後也不進城，直接就殺向劉胤的大營，從沒指揮過軍隊的劉胤被石虎遠少於他的那些騎兵給嚇傻了，抓著皇帝帶頭往回跑。石虎趁勢趕上，把劉熙、劉胤等貴族百官三千多人全部殺死，將抓獲的五千多俘虜通通活埋在洛陽。至此前趙滅亡，歷時二十五年。

石虎回到了襄國，向石勒進獻上前趙的傳國玉璽請石勒進帝位。石勒再三謙讓，先自稱天王，第二年石勒在襄國稱帝，封兒子石弘為太子，石虎為太尉，石堪為彭城王，石生為河東王，徐光為中書令，程遐為右僕射。石勒這個奴隸出身的羯族人終於成為了中原的皇帝。石勒的故事對中國的歷史產生了深遠的影響，他用事實打破了漢人高高在上、羯人只能世代為奴的神話，中國歷史上較少出現外國普遍存在的種族歧視現象，石勒的功勞最大。他還證明了地位不是天生的，皇帝誰都能當，讓一代又一代懷著雄心壯志的男子為了心中的理想義無反顧地走向中原的戰場。

石勒稱帝消息傳出去後，北到肅慎（住在黑龍江到外興安嶺一帶，女真人的祖先）、高句麗，西到大宛，東到倭國等眾小國都紛紛前來進貢稱賀，就連一向親近東晉的涼州張駿也向後趙進貢稱臣。後趙東至遼東，西達涼州，南到秦淮，北通大漠，成為比匈奴前趙還要遼闊的大帝國。

石勒真正地盡了一個皇帝的職責，把國家治理得生氣勃勃。雖然他不識字，但是絲毫無愧於一代名君的稱號。他出身低微，受盡了來自漢族的壓迫和歧視，而石勒即位以後卻沒有對漢族和匈奴族進行打擊報復，反而制定了詳盡的民族平等政策和法律，保護每個民族的權益。他的姐夫張越和部將賭博的時候石勒在旁邊觀看，張越公然說了歧視羯族的笑話來侮辱石勒，石勒並沒有因為張越是他的親戚就赦免，而是命令衛兵折斷張越的腿將其殺死。

另一方面，石勒又對知識份子加以特別的照顧。只要不是有意侮辱其他民族就不加追究。有一次，石勒手下有個叫樊坦的參謀衣衫襤褸地拜見石勒，石勒

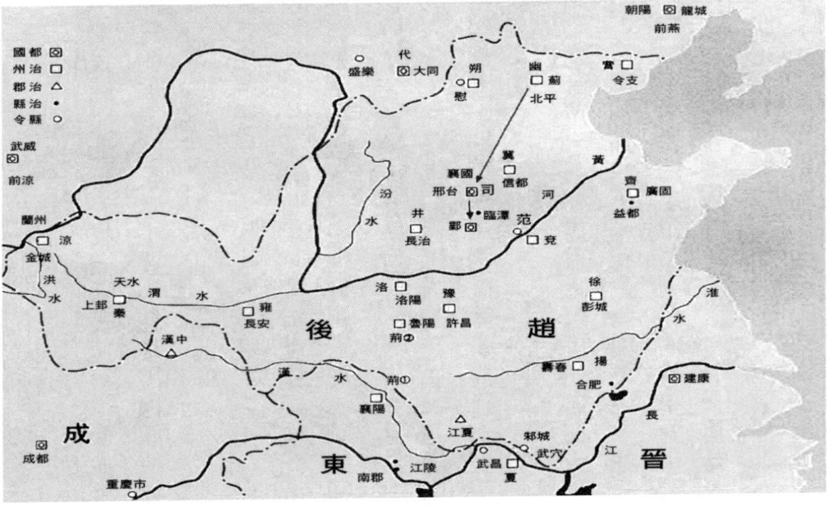

後趙疆域圖

就問他：「樊先生為什麼這麼貧窮啊？」
樊坦回答：「剛才碰到了幾個羯賊，把我的財產都搶走了。」
石勒微笑著安慰他說：「這些羯賊怎麼這麼殘暴啊，今天我要替他們做點補償。」
樊坦這時候才想起了石勒的禁令，趕緊叩頭請罪。石勒連忙道：「我的法律只制約那些俗人，和您這樣的老書生無關。」然後賞給樊坦馬車一輛和衣服若干，又給了三百萬的零花錢，用來激勵那些知識份子。
石勒深深感到作為一個沒文化的「睜眼瞎」的苦惱，他在襄國設立了大學和小學，親自到學校給學生們監考，並親自給分數高的學生頒發獎品。石勒也很喜歡文學。他在戎馬倥傯的戰鬥生涯中還經常讓他的參謀讀書給他聽，聽完後就發表意見。在場的人無不為他的精闢見解感到驚訝。有一次石勒讓別人讀《漢書》給他聽，當他聽到酈食其勸說劉邦立六國那一段時竟然斷言這樣做必定失敗，到後來他聽到酈食其的餿主意被張良否決時才甘休。
石勒對自己的才能也相當肯定，某次石勒和徐光宴請高句麗的使節，當主客雙方都喝得半醉的時候石勒問徐光：「朕能和哪個開國皇帝相比啊？」
徐光吹捧道：「陛下神武超過漢高祖，雄才超過魏武帝，三皇五帝之後排名第一，只比軒轅黃帝差點。」
石勒哈哈大笑，回答說：「人怎麼能沒有自知之明呢？先生的說法太過了。朕如果碰到漢高祖那麼只有做他臣子的份，和韓信、彭越之流在一起工作，但是如果碰到漢光武帝劉秀的話，就要和他在中原較量較量了，還不知道鹿死誰手呢？大丈夫行事本就應當磊磊落落，像日月那樣高潔，怎麼能和欺負孤兒寡婦的曹操、司馬懿相比呢？所以說朕應當排在漢高祖和漢光武之間，比軒轅皇帝可差遠了。」

# 六

後趙在石勒的治理下一片興盛，老百姓不分種族膚色都能和睦相處、安居樂業。在安定團結的氣氛中，石勒也仿效漢高祖劉邦衣錦還鄉，回到了闊別數十年的故鄉并州武鄉。

武鄉的親戚鄰居們聽說皇帝來了，都跑過來看看從前的小胡雛長成了什麼樣子，只有石勒原先的老鄰居李陽不敢來見他。原來李陽和石勒小的時候為了搶佔漚麻的池子，曾經互相毆鬥過，他害怕現在的皇帝要找他算帳。石勒聽說後大笑道：「李陽這樣的漢子怎麼不敢來了呢？我身為皇帝怎麼會在意漚麻池這樣的小節啊？」於是就讓人專門去請李陽。李陽來了之後石勒拉著他的胳膊，指著李陽手上的傷說：「我從前非常害怕您的老拳，兄台也應該吃夠了我的毒手了吧。」石勒很欣賞李陽的勇猛，就任命他為參軍都尉。並宣布：「武鄉和漢高祖的老家一樣是我的故鄉，我死了以後魂魄當回到這裡。」他下令免除武鄉三世的賦稅。

石勒巡查全國各地，每到一處就要先拜訪當地的老人、學者、農民和隱士，和他們高談闊論通宵達旦，讓這些人踴躍地對國家提出意見，一旦從他們嘴裡得知有官吏未曾上報的不良現象就重賞提意見的人，並嚴懲當地的官員。地方官吏聽說以後都變得鞠躬盡瘁、恪盡職守，為地方多做好事，到了後來石勒就很少能聽到百姓對政府的不滿了。

國家富強了，人民需要用知識來武裝，石勒制定了嚴格的考試制度，在每個郡都設立學官，負責當地的教育工作。並設立地方學校，每郡招收一百五十人，要經過三次考試才能畢業，作為國家的後備幹部來培養（這大概就是隋唐科舉制度的前身）。石勒又下令恢復禮樂制度，以春秋前的軒懸之樂、八佾之舞為標準國禮，並在全國推行各種禮法。石勒在推行禮法的同時也充分尊重各地的風俗習慣。羯族人居住在山西一帶，把晉文公的大臣介子推尊為家鄉之神，有過寒食節的風俗，禮官就向石勒提交了將寒食節在全國推行的提案。石勒認為介子推是并州的神仙，如果要以寒食來敬神的話并州人自己吃寒食就夠了，沒必要在全國推廣，於是否決了這個提案。

石勒的兒子石弘，小名大雅，性格文弱，不喜歡舞刀弄棒，怎麼培養也沒用，而石虎的權力卻越來越大。石虎平常為人飛揚跋扈，石勒對此很鬱悶。某一天，石勒對徐光說：「大雅太沒脾氣，不像是個將門之子。」

徐光回答說：「漢高祖馬上取天下，而漢文帝卻以無為治天下。聖人的兒子必定文雅，這沒什麼。」

石勒這才展顏。徐光對石勒說：「太子性情溫和，而石虎卻殘暴多疑，陛下一旦有個三長兩短，微臣認為社稷有危險，最好趕快削弱石虎的權力。」石勒只是口頭答應，心裡卻不完全相信。

程遐又勸說道：「石虎的勇武心機沒誰能比得上。陛下最好早做決斷！」

石勒十分不解為什麼大臣們都對石虎這麼反感，問道：「現在天下沒平定，大雅還小，需要強權輔佐。石虎是我的親戚，他怎麼可能像你們說的那樣呢？諸位是不是有什麼居心啊？」就沒有採納兩人的意見。

不久，石勒就得了重病將死，臨終前召見石虎、徐光和程遐，他指著兒子石弘對他們說：「我死後三天就下葬，然後文武百官就繼續上班，不放喪假，百姓一切婚喪嫁娶喝酒吃肉都照常不禁，鎮守將領不准前來奔喪，我穿現在的衣服下葬就可以了，不准另給我穿壽衣，不准使用專車，墳墓裡面無須陪葬器物和金銀財寶。大雅年紀還小，由石虎和程遐輔佐，大家要像周公、霍光那樣忠心輔國，不要像司馬氏那樣讓後人笑話。」說罷瞑目而逝。石勒在位十五年，享年六十歲。

英雄就這樣平靜地離開了人世，他送給人們最後的禮物就是薄葬。元朝的胡三省曾經評論道：「勒卒十二日而葬，未有之如是之速者也。」

其實石虎早就對皇帝的寶座垂涎三尺，從前他就覺得自己功勳蓋世，自認為將來石勒會把帝位傳給自己，想不到石勒會讓石弘當皇帝。石虎對此非常憎恨，回家對兒子石邃說：「皇帝即位襄國後，從來不出去打仗，都是我替他打江山，二十多年了！我南捉劉岳，北趕鮮卑，東平齊魯，西定秦雍。大趙的江山都是我打的！皇帝位置也是我的！讓這個黃毛小娃娃來當皇帝，一想到這些我就吃不下飯，睡不著覺。等老皇帝死了，不會讓他有遺種了！」

石勒死的第二天，石虎就發動兵變，把石弘軟禁起來，把程遐、徐光關進天牢，命令兒子石邃帶領親兵守衛襄國，文武百官沒一個敢動彈的。石弘非常害怕，就表示要把皇位讓給石虎，石虎說：「老皇帝死了兒子即位，老臣怎麼敢更改這個規矩呢？如果你真的不稱職，天下人自然有說法，現在急什麼？」他下令把程遐、徐光兩人斬首，然後任命各親信擔任要職，並自封丞相、魏王大單于，石虎由此把持了朝政。

石勒的皇后劉氏秘密召見彭城王石堪，對他說：「皇帝的香火馬上就要滅掉了，大王準備怎麼辦？」

石堪回答說：「先帝的老臣都被排斥在外，軍隊也不聽我們的命令，微臣現在就奔赴兗州去徵兵討伐石虎，只要大家齊聲問罪就不怕不成功了。」

劉氏讓石堪趕快動身，但是石堪帶的人太少，兗州早已經有防備，不准石堪進城。石堪只好逃奔東晉，半路上被石虎的追兵活捉，石虎在襄國用火燒死石堪，然後把劉氏抓起來砍了頭。

長安守將石生和洛陽守將石朗聽說這個消息後一齊發兵進攻石虎，石虎留石邃鎮守襄國，自己率領七萬大軍進攻金墉城，活捉了石朗，並把他的雙腿砍斷將他折磨而死，然後轉攻長安。石生向鮮卑人借了兩萬部隊為先鋒，和石虎的先鋒石挺在潼關對戰。在鮮卑軍隊的幫助下，石挺戰敗被殺，石虎兵退三百多里。

石虎被殺退後，偷偷派人賄賂鮮卑酋長，鮮卑人收了賄賂後竟然反攻石生。石生一聽鮮卑人造反了，嚇得丟下部隊單身逃往長安。石虎聽說石生逃跑了趕緊追殺，不久就攻破長安。石生的部下把石生殺掉把他的頭斬下來獻給石虎。石虎又順勢跑到涼州邊境大殺了一通，抓了十幾萬老百姓遷徙到中原充實人口。並徵召氐族首領蒲洪為龍驤將軍，把他的部落遠遷到河南枋頭防禦東晉，任命姚弋仲為西羌大都督防禦涼州和成漢。石虎調遣氐族酋長蒲洪和羌族酋長姚弋仲的軍隊來打仗，自以為得計，卻不知道這是引狼入室，為幾十年後更慘烈的戰亂埋下了種子。

反叛勢力被消滅了，石弘知道大勢已去，就帶著玉璽來拜見石虎要求禪位。石虎說：「天下自有公論，你瞎忙個什麼勁兒？」於是石虎就廢掉石弘，把他軟禁起來。石弘神色自如地對群臣說：「我這個人本來就不配繼承皇位，能力也不如大家，天命不會庇護我的，沒什麼可說的。」不久石虎就將石弘殺死，自稱大趙天王。

石虎比匈奴漢國的劉聰更加奢侈殘暴，他即位後就下令招聘天下的美女供他尋歡作樂。說是招聘，其實就是讓軍隊挨家挨戶地強搶，凡是不從的就殺死其全家，這樣一年就殺死了三千多人。為了容納這些美女，石虎又大興土木，下令在洛陽、鄴城等大都市給他修建豪華的行宮。在鄴城的宮殿裡豎起了十多丈高的移動火炬車，下面用人來推，當負責官員給石虎演示的時候火炬車卻突然倒塌，燒死了很多工人，石虎就殺死負責官員另外派人監工。

石虎的權勢逐漸得到鞏固，這個好大喜功的傢伙把目標瞄準了剛剛崛起的遼東鮮卑慕容氏。十六國歷史也因為慕容家族的參與變得格外精彩和無比殘酷。

……

羯族這個當時地位最卑下的民族是匈奴的一個分支，這個民族由於出了石勒這樣的大英雄而徹底站了起來。石勒留給後人很多歷史性的創舉，如民族平等、推崇佛教、考試制度等，一直影響到現在的中國。只是整個的羯族卻又因為出了石虎這隻惡虎而被滅族，曇花一現的輝煌對羯族的百姓來說，究竟是福還是禍？

就像是燃放在夜空中的煙花，剎那間的絢爛，卻要以燃燒全部的生命為代價……

# 奴隸皇帝大事記

◉ 西元三一七年

一月，涼州刺史張寔擊敗漢國劉曜，劉曜挾持晉湣帝回平陽。

三月，晉司馬睿在建康自稱晉王，東晉開始。

四月，漢國劉粲、靳準、王沈誣殺皇太弟劉乂。殺死一萬五千人。

十二月，劉聰殺死晉湣帝司馬鄴。

◉ 西元三一八年

三月，晉王司馬睿稱帝。

五月，幽州段匹磾殺死劉琨。

七月，漢國劉聰病死，劉粲即位。

八月，靳準發動政變，自稱天王大將軍，殺死劉粲和所有平陽劉氏皇族。長安劉曜和襄國石勒造反。

十月，劉曜稱帝。

十二月，靳準弟靳明殺死靳準。石勒攻陷平陽。靳明投靠劉曜被殺。

◉ 西元三一九年

二月，劉曜殺死石勒使者團。

三月，石勒造反。

七月，劉曜改國號為趙，史稱前趙。

十一月，石勒自稱趙王，史稱後趙（建國三）。

⊙ 西元三二〇年

六月，涼州刺史張寔被殺，弟弟張茂繼任。前趙尹車聯合氐族發動政變未遂被殺。氐族句渠知、虛除權渠趁機造反。前趙游子遠平定之。

七月，後趙石勒和東晉祖逖講和停戰。

⊙ 西元三二一年

三月，後趙石虎擊敗幽州段匹磾，平定北方。

六月，前趙羊后病死。

九月，東晉大將祖逖病死。

⊙ 西元三二二年

一月，東晉王敦造反，攻克建康。

二月，前趙劉曜進攻氐族楊難敵，雙方講和停戰。回兵途中秦州刺史陳安造反，追殺劉曜未遂。

十月，後趙石虎撕毀和平協議，進攻東晉淮河一帶。

十二月，後趙右侯張賓病死。

⊙ 西元三二三年

七月，後趙石虎進攻青州曹嶷，曹嶷被部將殺死。石虎活埋三萬青州兵。前趙劉曜殺死陳安，平定陳安之亂。前趙劉曜率領二十八萬五千部隊進攻涼州。涼州刺史張茂求和稱藩，被封涼王。史

稱前涼(建國四)

◉ 西元三二四年

一月，後趙石生進攻東晉許昌。

五月，前涼張茂死，張駿被封涼王。東晉叛將王敦病死，東晉王敦之亂平定。

◉ 西元三二五年

三月，後趙北羌王盆句除叛變到前趙，後趙石佗在追擊途中被前趙劉岳殺死。從此兩趙相攻不絕。

五月，東晉洛陽守軍在後趙石生的攻擊下向前趙求援。前趙劉岳、呼延謨增援。石虎包圍劉岳，殺死呼延謨。前趙劉曜部隊譁變。

六月，後趙石虎全殲前趙劉岳的部隊，活埋所有俘虜，前趙慘敗。後趙佔領河南淮北地區。

◉ 西元三二七年

五月，前涼張駿叛離前趙的管轄。前趙擊敗前涼軍，佔領黃河以南。

十一月，東晉蘇峻、祖約造反，進攻建康。

◉ 西元三二八年

二月，東晉蘇峻、祖約叛軍攻陷建康。

七月，後趙石虎進攻前趙河東地區。

八月，前趙劉曜擊敗後趙石虎，包圍後趙石生於金墉城。

十月，東晉陶侃、庾亮、溫嶠聯軍在亂軍中殺死蘇峻。

十一月，後趙石勒集結八萬七千人進攻前趙劉曜。

十二月，兩趙軍隊決戰於洛陽城外，劉曜兵敗被俘，後被殺。前趙劉熙即位。

◉ 西元三二九年

一月，前趙劉熙放棄長安逃跑。後趙石生佔領長安。

二月，東晉叛軍首領祖約投奔後趙，後被殺。

八月，前趙劉胤進攻長安，包圍石生。

九月，後趙石虎殲滅前趙餘黨，將俘虜全部殺死。前趙滅亡（亡國一）

◉ 西元三三〇年

二月，石勒自稱大趙天王。石虎心懷不滿。前涼張駿收復黃河南部失地。

西域康居丁零族人遷入中原。

九月，石勒稱帝，四夷來朝。

◉ 西元三三一年

一月，石勒自認行事像大丈夫一樣磊落，像日月一樣高潔。能力超過魏武帝曹操，和漢光武帝劉秀不相上下。

十二月，前涼張駿默認下屬稱自己為王。

◉ 西元三三三年

五月，鮮卑慕容部落首領慕容廆病死，兒子慕容皝即位。

七月，後趙石勒病死，兒子石弘登基半天後就被石虎脅迫。

八月，石弘封石虎為丞相、魏王、大單于，加九錫。

九月，劉太后聯合石堪密謀發動兵變未遂，皆被殺。

十月，長安石生造反，討伐石虎。石生部下鮮卑軍叛變，石生被殺。

## ◉ 西元三三四年

十一月，後趙皇帝石弘禪讓皇位於丞相石虎，後被殺。

# 第四章　四分天下（西元三三四～西元三五三）

## 一

西晉初期的遼東半島活躍著一個叫做鮮卑的少數民族。鮮卑經過漫長的演變逐漸融合形成了四個部落：靠近朝鮮的宇文氏，遼西的慕容氏，幽州一帶的段氏，還有一支是姓拓跋的部落，它在山西北部建立了代國，曾經協助劉琨和匈奴漢國戰鬥過。

晉武帝在位時，慕容部落裡出了一位叫做慕容廆的酋長，他花了四十九年的時間苦心經營，把慕容部落發展成為遼東最強大的勢力。西晉滅亡後，慕容廆對外尊奉東晉為正統，被東晉封為平北將軍。慕容廆的兒子們有兩個比較出色，一個是小妾生的長子慕容翰，一個是正妻所生的慕容皝。慕容廆死後，慕容皝成為繼承人，他一上臺就逼迫對自己的地位有威脅的慕容翰遠走他鄉。慕容翰逃到幽州，向段氏首領段遼請求對慕容皝進行武裝干涉。

慕容皝即位的時候正好趕上後趙石虎篡權。窮兵黷武的石虎早就想征服東北，這時候慕容皝向石虎下書邀請他共同討伐段氏，兩個篡權者一拍即合。石虎命令大將桃豹率領大軍十萬、姚弋仲率領陸軍十萬作先鋒，自己率領著大軍在後面押陣，浩浩蕩蕩地向幽州殺過來。

後趙的部隊實在太強，段遼抵擋了一陣就隻身逃跑了，慕容翰也流竄到了宇文部落。石虎把俘虜的兩萬多段氏百姓遷徙到中原來居住。段姓起源於鮮卑，兩晉前姓段的名人很少，自從石虎這次遠征，段姓便在中原紮下了根。

對付段氏這個小部落根本就用不著如此強大的兵力，慕容皝也瞧出來了石虎的真正目的。手下大將慕輿根對慕容皝說：「趙強我弱，不宜妄動，但敵人勞師遠征必有後患，不如固守首都，以逸待勞。」

慕容皝認為他說的有理，就率領著自己的部隊撤回了首都大棘城（今遼寧義縣）。慕容皝的撤退正中石虎的下懷，石虎就以慕容皝走的時候沒給他打招呼為由向著大棘城猛撲過來。石虎的部隊路過的三十六座城池紛紛投降，石虎的數十萬大軍將大棘城團團包圍。在石虎數十萬軍隊的日夜攻打之下，大棘城的守軍快支持不住了。石虎讓人把招降書射進城裡，慕容皝看了後對部將說：「孤家正要奪取整個天下，怎麼能投降呢？」於是他命令自己的家眷一齊上陣嚴防死守。

石虎沒想到在這個山高皇帝遠的地方會遭到如此頑強的抵抗，半個多月都沒有進展，幾十萬人的吃飯就成了大問題。最後補給供不上，只好下令撤退。

石虎撤退的時候正是深夜，慕容皝準備派兵追擊，部將都認為夜裡看不清楚路，窮寇勿追還是見好就收算了，只有慕容皝年僅十五歲的兒子慕容恪自告奮勇地要求上陣。慕容皝就派給他兩千精兵前去追殺石虎，

夜色中慕容恪的部隊悄悄地混進了後趙軍撤退的隊伍裡，隨著慕容恪一聲令下，兩千人一齊向四周殺出去。黑夜裡的後趙軍不知道敵人有多少，只好四下散開往南方逃命。慕容皝接到慕容恪勝利的消息後，命令全體部隊出擊，收復了所有的失地，還搶去了幽州一帶。慕容恪應該是兩晉十六

國時期最強的武將了，如同《三國志》裡面的趙雲一樣。

石虎死命逃回了鄴城，一檢查發現損失三萬多人，只有養子石閔的部隊在這次戰鬥中安全撤出。石虎十分欣慰，認為石閔有大將之才，對他委以重任。

經過這次大敗，石虎再也不敢輕視新生的燕國，不久，在密雲附近的山區流浪的光杆司令段遼又想和燕國開戰，就對石虎示好，想向後趙借兵。石虎就派遣部將麻秋率領三萬部隊去接應。有了上回的教訓，石虎對麻秋反覆叮囑道：「這次作戰，千萬不要掉以輕心啊！」

誰知麻秋卻把石虎的這番話當作了耳邊風。慕容皝聽說後，就命令慕容恪率領七千部隊埋伏在密雲山中，等到對方人馬通過一半的時候發動突然襲擊，後趙軍再次大敗，麻秋只領著幾千人逃了回來。

後趙連續吃敗仗的消息傳了出來，長期受氣的東晉就準備趁火打劫。東晉已經十幾年沒和北方打過仗了，又先後平定了王敦、蘇峻的叛亂，軍隊的士氣很旺盛，一些年輕的大臣沒見識過北軍的厲害，紛紛要求出師北伐，東晉的權臣庾亮就在襄陽集結重兵要進攻後趙的洛陽。

庾亮在朝中的勢力很大，其他派別都等著看他的笑話，太傅王導也不發表意見，推脫道：「既然庾司空能打，那還說什麼？打就是了。」

諸大臣都神情雀躍，尤其是庾派官員，認為國家經濟發展了十幾年，軍隊訓練得也不錯，還有長江天險，可攻可守，就一致要求乘敵人戰敗之機和後趙開戰。只有一位叫做蔡謨的官員認為晉趙能否一戰，取決於後趙是否強盛，而後趙是否強盛取決於石虎的能力。石虎當年戰功赫赫，石勒全靠他來打下中原之地。石勒死後大臣們都要殺死石虎，而石虎卻能在眾人的反對中廢黜太子，殺死政敵，然後一戰攻下金墉城，再戰殺死石生，可見石虎這個人很有能耐。當年石生在關中和前趙作戰，能力很強，而劉曜十萬軍隊都攻不下金墉城。當年王敦、蘇峻叛亂，長江天險都擋不住，現在卻要用長江來抵擋石虎，不知道這是什麼想法。當年祖逖的軍隊戰鬥力這麼強，也無法走出山區和敵人在中原作戰。現在卻要和後趙騎兵在襄陽到洛陽之間的平原作戰。又有人認為敵人如果派遣大軍前來應戰，必定因為路途遙遠而後勤跟不上，但是天下的險峻都不如關中的崤山函谷關，而石虎第一次到這裡就敢孤軍深入，消滅前趙，勝利回師。現在我軍主力是步兵，敵人是騎兵，如果放棄長江天險貿然進攻的話，我看也不要等我軍把胡人趕出中原了，他們必定會先把我們趕出大陸。

這篇奏章剛一公布就遭到一片噓聲，沒人理會他這一套。不久王導病死，庾亮晉升為丞相，派了一大幫親信在襄陽到武昌的漫長戰線上集結重兵準備進攻後趙。

石虎剛在和燕國的戰鬥中吃了敗仗，正在氣頭上，聽說東晉要進攻他的消息後就想拿東晉的部隊來出出這口惡氣。他先下手為強，派遣大將夔安率領部將石鑒、石閔、李農等統兵五萬進攻武昌。果然不出蔡謨所料，後趙的騎兵在長江以北的東晉北伐軍陣營裡來回衝殺，晉軍爭相上船逃命，沒人敢出頭攔截後趙的軍隊，任他們擄掠了七千多百姓當作戰俘走了。

石虎看了戰報後，認為自己沒有水軍是個大問題，每次打到長江就不得不撤退。但自己又沒有合適的訓練場所，他琢磨了半天，決定聯合盤踞四川一帶的成漢國合攻東晉。

從前的流民李雄建立的成國已經改名為漢，史稱成漢。李雄在位三十年後死去，死前出人意料地任命養子李班繼位。但是這個李班為人太多愁善感，李雄死了後李班任命叔叔李壽處理大小政務，他自己成天在靈房裡痛哭。李雄的親生兒子李越心裡很不滿，就發動政變處死了李班，然後擁立親弟弟李期為皇帝。

李期性格殘忍，平均一年就要毒死一個親戚，今年正好輪到了李壽頭上，李壽正在和後趙接壤的涪城一帶鎮守，擁有獨立的兵權，聽說李期要害他的消息後，就派遣一萬輕騎日夜兼程殺到成都，把李期、李越等人都抓起來，殺死李越，讓李期去鄄都當縣令。落魄的李期對隨從人員說道：「天子竟然淪落到縣令的地步，還不如死掉算了。」於是懸樑自盡。

李壽取得成漢大權後，他的稱號成了難題。有人替他算了一卦，認為可以當好幾年的天子。一些部將想當大臣，認為能當一天就足夠了，何況能當好幾年的皇帝，另一些想過安穩日子的部將則認為當幾年短命天子不如當好幾代諸侯來得實惠。李壽說了一句老子的名言：「朝聞道，夕可死矣。」就自稱皇帝，改國號為漢。

經過這場變亂，本來生活小康的成漢逐漸衰敗下去。李壽接到石虎的求助信後，就大修軍艦，準備聯合後趙進攻東晉。軍艦造成後，李壽檢閱水軍時眾大臣卻一齊跪下要求停戰。李壽莫名其妙，一個大臣突然站起來對水兵說：「陛下已經宣布停戰了！」眾水兵歡呼雀躍，齊聲高喊：「萬歲！」，李壽悵然若失，只好下令停戰。

## 二

成漢國謝絕了石虎合攻東晉的建議，給石虎的回信裡稱呼他為趙王石君，石虎看了後很不高興。這時居住在大興安嶺一帶的肅慎國給石虎進貢了當地特產楛矢，石虎派遣使者把楛矢轉送給李壽。以示大度。想不到李壽命令史官記載道：「羯使來庭，獻楛矢。」

石虎恨得牙癢癢，但成漢地勢艱險，正面攻打比上青天還難。這時涼州刺史張駿去世，他的只有十幾歲的兒子張重華接任其職。石虎聽說新繼任的涼州刺史是個娃娃後，就準備先從涼州下手。

在幽州吃過敗仗的麻秋被石虎派往涼州作戰，進攻金城（今甘肅蘭州）一帶，金城守將被迫投降，整個涼州大為驚恐。老將裴恒只好堅守不出。

經過幾代執政的涼州小朝廷已經形成了很官僚的門第觀念，武將不是靠戰功而是靠出身來取得官位。這時候，司馬張耽向張重華推薦了自己的參謀謝艾。

等謝艾上朝一亮相，大臣們才發現謝艾不過是個二十幾歲的小書生，都大失所望，認為謝艾沒有資歷，不能擔當重任。

張耽對大家說：「當年韓信被推薦不是因為從前有名聲，穰苴被信任不是因為從前是老將，呂蒙被晉升不是因為從前有功勳，魏延被重用不是因為從前有品德。因為聰明的君主要注意到那些和常人不一樣的人，讓他們各盡所能，讓年輕人做大事。現在敵人重兵馬上就要到了，那些老將怎麼沒有人敢上陣呢？」

張重華向謝艾求教兵法，謝艾對答如流。末了對張重華說：「我只需要七千人就可以為殿下滅掉麻秋。」

張重華就撥給了謝艾五千人馬。謝艾到了前線，半夜準備偷襲麻秋的陣營。突然有兩隻貓頭鷹在軍營裡亂叫，那些本來對謝艾就不信任的士兵都認為這是不祥之兆，謝艾卻十分高興地對大家說：「賭博的時候聽到貓頭鷹叫就一定贏，現在兩隻貓頭鷹在牙門裡叫，這是大勝的預兆啊！」

於是謝艾就下令全軍突擊。和裴恒對峙了很長時間的麻秋軍早就懈怠了，冷不防被謝艾的生力軍一衝，只好狼狽撤退，半路上被殺死五千多人。

張重華聽說謝艾一出馬就取得大捷，非常高興，下令重賞謝艾。這一下引得眾老人們都大吃乾醋，一齊跳出來詆毀謝艾，張重華只好把謝艾貶為酒泉太守鎮守邊境去了。

石虎聽說了麻秋戰敗的消息後，又補充給他大量的精兵，湊足十萬人的大軍進攻涼州。這次的軍隊裡有石虎的御前騎兵——黑槊龍驤軍三千人，是石虎賴以起家的最精銳部隊。這回老將裴恒已經退休，新任守將一看敵人勢力龐大，率領兩萬多老百姓向後趙軍投降。

張重華手下的老傢伙們這回可傻了眼，沒哪個敢出馬迎戰。張重華只好再次命令酒泉太守謝艾率領騎兵三萬人應戰。

謝艾剛渡過黃河就碰到了麻秋的大軍，謝艾就大喊大叫讓麻秋出來答話。麻秋一見謝艾的打扮頓時哭笑不得，原來謝艾模仿諸葛亮的樣子坐著一輛小車子，戴著一頂白帽子，搖著一把羽毛扇子正和手下談笑風生。麻秋一看敵人主將就在面前，趕緊命令三千黑槊龍驤軍鼓噪突擊。

涼州兵一看這支騎兵氣勢洶洶地殺了過來，不禁都變了臉色。謝艾的部將趕緊勸說他退到陣裡，哪知道謝艾竟然命令侍者在地上鋪設胡床然後下了車坐在胡床上，指揮軍隊排好陣形不准亂說亂動。麻秋的黑槊龍驤軍殺到謝艾跟前只有一丈多遠的地方，向他揮動黑槊示威，謝艾還是睬都不睬，後趙軍都不知道怎麼辦才好。

雙方就這樣僵持了一會兒，謝艾突然發話道：「麻秋已經到了這裡，為什麼不進攻呢？」麻秋一驚，突然背後喊聲大震，回頭一看竟然有好幾支涼州兵從背後殺過來，麻秋急忙下令撤退。謝艾馬上下令嚴陣以待的騎兵出擊，麻秋被殺得大敗虧輸，再次狼狽逃竄。這次涼州光俘虜就抓了一萬三千多人。

石虎也真是敢打，才過了半月又補充給麻秋三萬多人，集結了十二萬大軍再來挑戰。張重華一看前兩仗勝的輕鬆，自己也想上陣過過癮。謝艾說到：「國家的主君在後面指揮就夠了，沒必要親自上場。」於是只申請了兩萬軍隊前來應戰。

麻秋的軍隊一看對方又打著謝艾的旗號，大都滿臉畏懼。突然戰場上颳起了西北風，大風裹著沙石吹向後趙軍，謝艾趁機發動突擊，這回麻秋帶頭逃跑，眾兵也樂得順風逃命。謝艾這回只抓了兩千多俘虜，殺死了一千多人，但卻繳獲了十萬多頭牛羊滿載而回。

石虎連續接到了敗報，不禁對征討涼州興味索然。他對部將說道：「從前我率領偏師縱橫九州，所向無敵，現在用九州的兵力進攻枹罕，竟然連續慘敗。可見涼州有人，不能輕舉妄動啊。」於是不再準備修練他的文治武功，轉而一門心思搞建設。

石虎所做的國家建設不是什麼發展經濟、囤積糧食之類的，而是一場前所未有的大浩劫。他在全國各地建設行宮，僅修繕洛陽宮殿就徵用了二十六萬民夫。還在每州徵集兩萬多頭耕牛運送材料。又命令各州官吏四下抓捕女子，河南的百姓大都流亡到東晉。石虎又怪罪河南刺史管理不善，將河南刺史和手下官員五十多人全部斬首，凡是敢於勸諫的官員一律用酷刑處死。

石虎下令設立了一個從鄴城到滎陽方圓一千多里的狩獵場供自己娛樂，凡是敢碰一下裡面的野獸的人一律被指控為「犯獸罪」而被處死，獵場管理員趁機作威作福，碰到百姓家有美女或寶物的就一律誣告他們違反了「犯獸罪」處死其全家。石虎製造了一千輛狩獵車，高近兩丈，長三丈。還造了四十輛格獸車，在上面修造三層小樓，命令犯人在車裡和猛獸格鬥。這麼大的狩獵場沒人敢住，一次石虎在裡面打獵，突然寒流來襲，跟隨的士兵凍餓而死的有一萬多人。

後趙軍隊打仗的時候國家是不撥糧食的，都要士兵家裡自己供給。每名士兵至少要為自己準備三斗米，才能輪到自己吃一斗，準備兩匹絹才能輪到自己一身盔甲。而且每五個士兵就要獻出一輛牛車，兩頭牛。他們的武器要更多的人來製造，國家不准百姓養馬，凡是有馬的馬一律沒收，並且腰斬主人。在野外造盔甲的就五十多萬人，有十分之七的被野獸吃掉。造船的有十七萬，也有三分之一的在水中淹死。

為了維持如此殘暴的統治，石虎變本加厲地向老百姓搜刮一切可以搜刮的東西。當老百姓被壓榨得再也不能壓榨的時候，他們就紛紛全家上吊自殺。從洛陽到長安，道路兩旁的大樹上，懸掛的屍體前後相望形成了壯觀的屍林，中原大地再次出現方圓千里的無人區。誰能想像這種慘狀，不是因為天災，也不是因為戰爭，竟然是和平統治造成的?!

如此殘酷的統治竟然還有人對其大加讚賞。和後趙表面上關係不錯的成漢派遣使者到鄴城參觀後，回來對李壽說，石虎威望卓著，宮殿壯麗，首都繁華，國庫充實。這些都是因為他使用嚴刑酷法而得來的。本來就野心勃勃想消滅東晉的李壽十分仰慕，從此就喜歡上了靠殺人立威。抽調地方上的人口到成都修建華麗的宮殿，凡是敢於勸諫的也一律斬首，比後趙弱得多的成漢很快就走向了衰亡。

不久，推行殘暴政策的李壽病死，兒子李勢繼位。李勢是個在和平環境和父親的暴政中培養出來的小孩子，他把他老子的那一套政策發揚光大，凡是自己認為不好的大臣就要處死。包括親兄弟在內的大臣們紛紛倒在他的屠刀下，成漢的滅亡也就不遠了。

## 三

東晉跟後趙作戰失敗後，權臣庾亮認為丟了面子而氣死，他的弟弟庾翼和庾冰繼續把持朝廷大權。庾氏兄弟吸取了哥哥的教訓，長期不再提北伐的事。後來庾翼生病辭職，推薦自己的朋友徐州刺史桓溫接任東晉最重要的荊州刺史一職。

當時桓溫只有三十歲，他為人瀟灑直率，有一雙紫色的眼睛和刺蝟般亂蓬蓬的鬍鬚，長得很像三國時期的孫權。桓溫被皇帝招為駙馬，了解他的人都把他比做和孫權、司馬懿一樣的人物。

桓溫到了荊州後，對四周的形勢做了深刻的研究，認為成漢的李勢昏庸暴虐無道，本著人權高於主權的原則也應該向他問罪，而且成漢佔據長江上游，和後趙關係密切，長此以往必為後患。桓溫就把征伐成漢的構思告訴部將徵求意見。眾將官都認為一旦荊州主力進攻了成漢，後趙軍如果趁機攻下荊州就沒退路了。只有江夏太守袁喬認為如果荊州軍大搖大擺地進攻成漢反而會迷惑後趙，讓他們以為荊州這邊早有防備，而且對方調動軍隊也比較麻煩，只要快去快回就不用擔心。西蜀經濟發達，佔領了那裡會獲取大量的財富，所以最好早決定。

桓溫綜合了大家的意見，決定迅速出擊，命令袁喬率領兩千水軍為先鋒，自己在後面跟進，給朝廷送了戰表也不等回信就沿長江殺上去了。

文武官員看了桓溫的戰表後認為桓溫的部隊人數太少，還要驟入險地，都等著看桓溫的笑話。只有丹陽太守劉惔對大家說道：「桓溫這個人熱衷賭博，現在他伐蜀就和賭博一樣，如果沒有必勝的信心怎麼會下注呢？」大家都不相信。

李勢聽說桓溫要討伐自己，就派遣重兵在最容易登陸的犍為鎮守。想不到桓溫竟然在當年諸葛亮布設的天險八陣圖處下船，晉軍上岸走到八陣圖時看得頭昏眼花，只有桓溫把手一指說道：「這是常山蛇形陣。」然後率領著部下從容走出八陣圖，留下主力看守輜重，自己率領幾千步兵只攜帶三天的乾糧從小路直取成都。

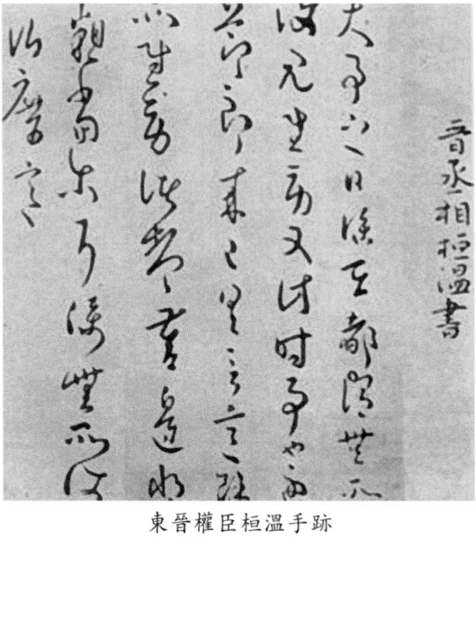

東晉權臣桓溫手跡

李勢一覺醒來才聽說晉軍已經到了成都城下，連忙派守衛兵力迎戰。在雙方混戰中，一支流箭射在桓溫的戰馬前，桓溫的馬受驚後不敢前進，桓溫趕緊命令擂鼓收兵。想不到擂鼓兵慌亂中聽錯了號令，把衝鋒鼓擂了起來。晉軍一聽要總攻了，人人拼命向成漢軍突擊，在成都四門到處放火，李勢只好棄城逃跑。

駐紮在犍為的成漢軍聽說守兩岔道了，趕緊回援成都，到了成都一看旗號已經換成晉軍的了，他們以為李勢已經投降，乾脆全部逃跑了。李勢聽說最後一支力量也沒了，歎了口氣把自己捆起來找桓溫投降。

模仿後趙的成漢亡國了，後趙自己也好不到哪裡去。在石虎的率先垂範之下，他的兒子們的性格也一個比一個殘暴。

太子石邃比他爹還要令人髮指。如果說石虎是殘暴荒淫的話，石邃這個二十幾歲的小青年只能以變態來解釋。在石虎的寵信下，石邃最喜歡的活動就是逛街。他喜歡帶著竹竿，走到別人院牆邊就架起竹竿到別人家裡偷東西取樂。還喜歡夜裡跑出來扮演盜賊綁架大臣，當著他們的面姦淫他們的妻妾。在自己府上閒著無聊的時候就帶著刀亂竄，碰到自己的侍女就把她的頭砍下來，擦乾淨血放到盤子裡面做成工藝品和部下觀賞。最令人不可思議的是這個惡魔竟然篤信佛教，他養了一大群尼姑，碰到漂亮的就先和她交配，然後把這個倒楣的尼姑身上的肉割下來和牛羊肉混著煮，還把這種食品賞賜給部將吃，讓他們猜測是什麼原料做的。

石虎很喜歡兒子石宣和石韜，石邃就對他們倆恨之入骨。石宣在冀州駐守，石邃就對部下說：「我要去冀州殺石宣，敢不去的就斬首！」然後領著五百多衛兵去殺弟弟。半路上石邃不停地喝酒，衛兵都逃跑了，石邃一看四周就剩他自己了，於是也昏昏沉沉地回來了。

石邃的母親聽說後，派侍者勸阻石邃，石邃一刀就把母親派來的侍者的腦袋給割了下來。石虎聽說後，也派了一個宮女過去打聽，石邃表面上對她笑嘻嘻的，突然拔出劍來就砍，幸虧這個宮女跑得快才逃出他的魔掌。石虎就把石邃喊過來問話。石邃見了他老爹後一言不發就走。石虎大怒，當天晚上就把石邃以及他的老婆孩子共二十六人一起殺死，然後裝在一個大棺材裡埋掉，改立石宣為太子。

少了一個石邃，石宣和石韜弟兄之間的關係頓時變得惡劣起來。雙方都想把對方致之死地而後快。某天石韜在家裡蓋了棟房子叫做宣光殿，石宣聽說後大怒，過來一看大樑長九丈，就把幹活的工匠全部殺死，把大樑截斷走了。

石韜一看，又找了一批工匠把大樑換成十丈的。

石宣聽說後更加憎恨。對親信楊杯說：「石韜這個混帳畜生，居然敢這樣違抗我的旨意！你如果能殺死他，我就把石韜的封地都賞給你，到時候陛下必定會親自去看。那時候我再對付我老子。」

不久石宣打聽到石韜去寺廟進香，就讓楊杯等人用繩梯爬到石韜的臥室，把石韜的手和腳都砍下來，然後挖掉他的眼睛剖開他的肚子，把刀劍都插在他身上，割下他的舌頭做物證走了。

石虎聽說後大驚失色，急忙要過去看到底怎麼回事。司空李農建議說：「害死石韜的人恐怕是自己人，陛下還是不要輕易出門為好。」石虎就派重兵包圍石韜的臥室，然後再命令百官來弔喪。

石宣身穿華服坐著漂亮的車子過來了，領著上千名衛兵。一看石虎已經有防備，就放肆地對著旁邊哀悼的官員呵呵冷笑，他下車後把石韜臉上的被子拿開，看到弟弟挖掉雙眼的臉後，把被子一丟，仰天大笑，上車而去。

石虎明白了這事是石宣幹的，就急命他進宮解釋。石宣藉口母親過於悲傷，不敢前來。石虎立即派重兵包圍太子府，把石宣和楊杯都捉來對質，石宣供認不諱。石虎大怒，命人把石宣關到豬圈裡，將他的下巴用鐵環鎖起來穿到木槽上，用豬食來餵他。過了幾天，石虎在鄴城北門外架起柴堆，命令石韜的親屬把石宣的頭髮連根拔掉，依照石韜死的樣子割掉他的舌頭，砍斷他的手足，挖掉他的眼睛，然後用繩子穿過他的下巴吊在柴堆上將他燒死。石虎和石韜、石宣等的親屬幾千人在旁邊圍觀。等火熄滅了以後，石虎下令把石宣的骨灰灑在大路上供人踐踏。

石虎又下令殺死石宣的老婆孩子。石宣的小兒子只有五歲，石虎非常疼愛他，抱著他痛哭。石虎想赦免他，但是石韜的手下一致要求不能赦免。監斬官從石虎手中拉過石宣的小兒子，石宣的小孩大喊道：「不是兒子的罪過！」一直扯斷石虎的衣帶，石虎一揮手，命令將他們全部斬首。又下令把太子府的官員全部處以車裂的刑罰，將屍體做成飼料餵豬，把東宮衛士十多萬人都發配到涼州戍邊。

幾個太子都死了，下一個由誰來當太子呢？有人向石虎推薦戰將出身的石遵和石斌，但是有個小官員叫做張豺的，當年跟隨石虎滅前趙的時候曾活捉過劉曜的小女兒，並把她獻給石虎，後來生了個兒子叫石世，現在只有十歲。張豺對石虎說：「陛下再立太子的時候最好考慮他母親的出身，從前幾個太子的母親不是出身名門，當然脾氣不好，以後應該選擇母親地位高的來推舉。」

第二天上朝時，石虎對大臣們說：「我真想找三斛灰來洗洗我的肚子，難道是我的肚子裡面太髒才生出這些畜生嗎？二十多歲的兒子就想殺死父親。現在石世才十歲，當他二十的時候我已經老了。」

在大臣們的一片驚詫中，石虎選定年僅十歲的石世當太子。

孫子被殺的慘狀深深地刺傷了這個還想活十年的老人。不久，石虎宴請一個叫佛圖澄的高僧。佛圖澄對石虎說：「貧僧死期已到，請為貧僧準備一口棺材，要和陛下用一樣的規格。」

石虎雖然聽得是一頭霧水，但還是照辦了。不久佛圖澄果真死了，他的徒弟把他的遺體放到棺材裡。過了半月，西域來了幾個和尚拜見石虎，閒談中說到半路上曾經和佛圖澄會過面。石虎非常驚詫，就命令工匠掀開棺材，只見裡面有一頭雕刻得栩栩如生的石頭老虎。石虎想：「我姓石名虎，如今石虎在棺材中，莫非我快要死了？」

## 四

一連串的打擊震撼著石虎，他的身體也逐漸地變壞。不久石虎決定稱帝，大赦天下，但是不赦免發配涼州的那十萬東宮衛兵。

這十萬東宮衛兵無故受累，過著半當兵半服苦役的日子，本來就有怨氣，這回又不被赦免，都非常憤怒，乾脆舉旗造反，十萬人的大軍呼啦啦就把關中佔領了。接下來由於一時攻克不了石苞鎮守的長安，叛軍就直撲洛陽，石虎趕緊命令李農和石閔進行攔截。但是滿腹怒火的衛兵們都殺紅了眼，他們個個都是石宣精心挑選的大力士，雖然沒有鎧甲，用的武器也是隨手撿的大石頭和樹枝，但是在心中的不滿和怨氣的驅使下，這支哀兵連戰連捷，所向披靡，後趙軍連續大敗。衛兵們趁勢向滎陽殺去，準備打通一條去東晉的道路。

石虎聽說後，長歎一聲，臥床不起。命令石斌為大都督，姚弋仲和蒲洪為副將，經過苦戰終於控制住了局勢。但這時的石虎已經看不到捷報了。不久石虎病重，急忙任命石斌為丞相，石遵為大將軍，張豺為衛將軍，徵召石斌輔政。

劉后很想把持大權，就聯合張豺準備除掉石斌。當石斌來到鄴城時突然派兵繳了他的械，將其灌醉殺死。

不久，石虎病危，問侍衛：「石斌來了沒？」

眾侍衛回答：「來了好幾天了。」

石虎一激靈，說了句「為什麼不叫我？」

這個時候張豺指揮的衛戍步兵龍騰軍突然出現，一齊高喊：「希望擁立石斌為太子！」經過這次驚嚇，石虎當天晚上就伸腿瞪眼翹辮子了。

只有十一歲的石世被張豺、劉太后等擁立登基，為了籠絡宗族，劉太后任命石遵為左丞相，石鑒為右丞相。

張豺和司空李農一向關係就很不好，張豺就和太尉張舉合謀要除掉李農。張舉偷偷給李農報了信，李農趕快逃跑，張豺就命令手下精銳部隊龍騰軍在後面追。

這時，從關中趕回來的石遵前來鄴城奔喪，半路上碰到姚弋仲和蒲洪、石閔的軍隊。大家一商量，就擁立石遵當皇帝，殺奔鄴城問罪。

鄴城的羯族人聽說後，認為石遵是正統，張豺是漢人不能相信，紛紛開城門逃跑，就連張豺的兩千龍騰軍也逃跑了。張豺嚇得不知道怎麼好，就和劉太后商量。張豺半天說不出話來，還是劉太后有主見，派遣使者加封石遵為丞相兼大司馬大都督加九錫，封十郡。

可是石遵對這個超級大帽子並不感冒，領著大軍耀武揚威地進了鄴城，尷尬的張豺只好硬著頭皮出來歡迎，被石遵斥責了一通，下令斬首。

石遵自封為皇帝，把即位三十三天的十一歲的小皇帝石世和他娘劉太后一起毒死。任命石斌的兒子石衍為太子，石鑒為太傅，石苞為大司馬，石琨為大將軍，石閔為大都督，並召回張舉和李農官復原職。

表面看來似乎一切都風平浪靜了，石閔卻對石遵說：「蒲洪這傢伙是外族，現在鎮守關中，恐怕將來是後患！」石遵就下令撤去蒲洪的官職。

蒲洪是氐族大酋長，石虎都不敢對他怎麼樣，蒲洪更不買石遵的賬，直接帶領部下回到枋頭並派遣使者投降了東晉。

東晉手握中央兵權的征北將軍褚裒聽說後就想揀個便宜，要求朝廷允許北伐。大臣們一聽又要北伐了，都很高興，派給褚裒三萬人要他聯合蒲洪進攻後趙。

那個喜歡潑冷水的蔡謨對眾大臣說：「雖然現在趙國內亂，但是這次不見得能滅胡，我看要想順天乘時，弘濟蒼生，撥亂世，大一統，不是普通人能辦得到的，必須得是蓋世的英雄才行，褚裒恐怕難哪。」

眾大臣又是一陣哄笑，認為就算趕不走胡人，打一兩個勝仗應該沒問題吧。

褚裒率軍一路北進，很多流民聽說大軍來了，都想跟著官軍走，半路上正好碰到了李農率領的抓流民的兩萬軍隊。褚裒雖然兵力上佔有優勢，但還是打不過李農，剛一接戰就單身逃跑到壽春。壽春守將一看褚裒一個人逃回來了，趕緊把壽春積存的糧食輜重都燒掉，逃回了廣陵（今江蘇揚州）。二十多萬流民幾乎全部被李農抓走。

褚裒回建康的路上聽到四處都是哭聲，就問怎麼回事。左右回答道：「上次大戰的士兵沒一個回來，這些都是他們的家屬。」褚裒又羞又憤，不久病死。

這時的後趙也無暇南侵，因為它又陷入了更嚴重的混亂之中。當年石遵和石閔並肩作戰的時候，石遵曾經口頭上許諾石閔為太子，後來卻不認帳了。石閔對此非常不滿。

石遵就和石苞、石鑒、石琨一齊合謀，準備想辦法除掉石閔。但是商量了半天都沒個好辦法。石遵心情煩躁，出去和妃子下棋。

石鑒卻留了個心眼，覺得石閔戰功卓著，是個人才，早就和石閔成了哥兒們，於是一散會石鑒就讓心腹趕緊通知石閔先動手。

石遵剛下了幾盤棋就聽得外面人聲鼎沸，一看來了很多拿刀的傢伙，就問：「你們是來造反的嗎？什麼人讓你們來的？」

眾兵回答：「奉石鑒的命令前來捉拿弒君的逆賊！」

石遵長歎道：「我尚有今天，石鑒又能猖獗到幾時？」於是引頸就戮。石遵在位前後一共只有一百八十三天。

石鑒粉墨登場當上了皇帝，任命石閔為大將軍，李農為大司馬，張舉為太尉。但是心裡十分忌諱石閔。

石鑒密謀召見石苞，讓他派兵進攻石閔、李農，以為石閔毫無準備，想不到石閔平常就和軍隊住在一起。石苞打了個大敗仗，逃到石鑒那裡訴苦，正好石閔從後面殺過來。石鑒一看趕緊翻臉，大喝一聲：「石苞造反，快把他腦袋砍下來！」石苞就這麼稀里糊塗地被砍掉了腦袋。

石閔雖然心裡也清楚這件事是石鑒的主意，但一時也無話可說，只好將錯就錯。大家見面後各懷鬼胎，但還是相互噓寒問暖行禮打招呼，然後散去。

襄國守將石祗是石鑒的弟弟，聽說石閔和李農作亂，就聯合姚弋仲和蒲洪準備進攻鄴城。消息一傳開，在鄴城的龍驤將軍孫伏都集結了三千多人的部隊準備支持石鑒征討石閔。石鑒一看孫伏都帶人過來，知道又是造反的，便對他們許諾道：「諸位都是為我出力的功臣，我就在城樓上看你們的行動，事成之後必定重賞。」

沒想到孫伏都的部隊戰鬥力實在太差，不一會兒工夫就被石閔、李農給殺退，石鑒一看石閔、李農過來了，趕緊又改口對周圍的人說：「孫伏都謀反，你們不抓緊時間消滅他，還愣在這裡幹什麼？」

這回石閔手頭有兵，對石鑒的拙劣表演早已經不感興趣，下令把石鑒軟禁起來。石閔這回終於大權在握，就改回原來的名字冉閔。重新做漢人的打扮，決心和胡人徹底決裂。他在城門上貼出告示說：「現在叛黨已經全部伏法，經過調查，沒有一個好人參與其中，從今天開始，願意和我在一起的請留下，不願意的請自便，不再禁止城門的出入。」令冉閔意外的是，方圓百里內的漢人紛紛搶著入城，而爭著出門的羯族人卻把城門堵了個水洩不通。

冉閔知道這些羯人不會聽自己的號令，就傳令國內外：「凡是漢人進獻一個羯人首級者，文官升三級，武將拜牙門將軍。」於是血淋淋的大屠殺開始了。一天之內羯人的首級就堆了數萬個，屍體在城外都餵了野狗。冉閔率領漢人帶頭屠殺羯人，無論男女老幼全部殺死，鄴城幾天內就堆積了二十多萬的首級。

在冉閔的號令之下，全國各地無論城市還是農村，無論寺廟還是軍營，都展開了屠殺羯人的大競賽。人們把十幾年積壓的對後趙暴政的憎恨統統地發洩在這些無辜的羯人身上。在戰場上捉到的羯族俘虜都要被斬首，凡是高鼻樑多鬍鬚的也跟著遭殃被殺死，經過這場全國範圍的大屠殺，羯族作為一個獨立的民族已經不復存在。

冉閔順便把石鑒的腦袋也割了下來，冉閔的部將一齊推舉冉閔為皇帝，冉閔急忙推脫，要把皇位讓給李農，李農也假意推脫。冉閔對大家說：「我是晉人，現在晉朝還在，大家擁立晉主當個諸侯如何？」這時候大臣們說：「陛下聖德應天，而晉氏卻遠遠地逃到了江南，怎麼能駕馭您這樣的英雄呢？」

冉閔認為這個馬屁很是受用，就選吉日稱帝，改國號為魏，史稱冉魏。加封老夥計李農為太宰兼太尉，大赦天下。

## 五

冉閔當了皇帝，又加封他的政治夥伴李農為齊王，兩個人合著夥的胡作非為。在這二位領袖一唱一和的治理下，各級官員算是充分見識到了他們的整人手段，包括石琨、張舉在內的大臣人人自危，紛紛跳槽逃跑到襄國的石祗那裡。不久，石祗也在襄國稱帝，遙拜洛陽的姚弋仲為丞相。派遣石琨、張舉率領十二萬大軍殺向鄴城。冉閔手頭吃緊，急忙讓使者給東晉送信說：「羯賊擾亂中原幾十年了，現在我已經替你們剷除了他們，你們想感謝我的話就發兵幫忙！」

東晉官員們一看冉閔這傢伙口氣不善呀，大家一致認為冉閔是亂臣賊子，決定不理睬他。冉閔只好親自動手，又擔心後方的李農會使壞，就下令召見李農商議軍情，把他誆過來處死。

冉閔親率八萬精兵上陣迎戰石琨，雙方在邯鄲展開決戰。冉閔帶頭衝殺，後趙軍大敗，被消滅了兩萬八千人。冉閔雖然取得了勝利，但是也無法進一步擴大戰果。在他的屠刀下幾乎沒人敢為他效勞。相反，幾乎所有的人都看出來暴虐的冉閔必定混不長。東晉、姚弋仲、蒲洪、慕容氏、石祗等勢力都對冉閔盤踞的中原虎視眈眈。

冉閔的強脾氣也上來了，他回到鄴城，積極擴軍備戰，準備和來犯的敵人拼個魚死網破。境內幾乎所有的成年男子都被他拉去從軍，轉眼間就聚集了三十多萬的部隊，超過後趙全盛時期的總兵力，冉閔在鄴城到襄國之間紮下了一百多里的大營，就等著四周的鄰居來打他。

冉魏擺出如此強大的陣容著實嚇壞了那些磨刀霍霍的鄰居們，一時間竟然沒有人敢動他。但是這麼多的兵每天的消耗也很讓冉閔傷腦筋，為了降低成本，冉閔不得不主動出擊來消耗敵人的實力。不久，冉閔加封兒子冉胤為大單于，鎮守鄴城，並親自率領十萬大軍進攻石祗，把襄國團團圍起來四面攻打。

襄國的軍民都知道冉閔和羯人勢不兩立，他攻破襄國必定會屠城，所以拼死防守。冉閔包圍了一百多天，築土山挖地道等方法都用盡了，襄國還是打不下來。

石祗在襄國也沒閒著。他向洛陽姚弋仲、遼東慕容氏和冀州的後趙宗室石琨求援。不久，在冉閔襄國大營外就來了第一支兵馬，打著慕容氏的旗號。原來是遼東的燕國在石祗的反覆遊說下，正式發兵參與到了中原的大混戰。

當年依靠十五歲的小將軍慕容恪兩次大敗石虎的慕容皝本來沒有挺進中原的意思，在擊敗石虎後，東面的宇文部落和東南的高句麗還威脅著燕國的後背，而且瘦死的駱駝比馬大，和龐大的後趙帝國相比燕國的勢力還很弱小。

慕容皝有他自己的一套，他聯合山西北部同是鮮卑人的代國國王拓跋什翼犍，雙方訂立了攻守同盟，又派遣大將慕輿根、兒子慕容評和慕容軍等經常劫掠後趙幽州一帶，既能充實自己的國庫和人口，又能訓練自己的部隊。

接納燕國叛將慕容翰的宇文部落和燕國勢同水火。宇文部落靠著南方的高句麗撐腰，經常聯合起來搶劫燕國的物資和人口。慕容皝有心殲滅宇文部落，但苦於對宇文部落佔據的長白山一帶的險要地形不熟，實在想不出什麼好辦法，於是慕容皝在龍山之南建築了一座堅固的堡壘，後來逐漸這裡成為一個繁華的城市，慕容皝下令由大棘城遷都到這裡，並把新都命名為龍城（今遼寧朝陽）。

這時上天賜給了慕容皝一個消滅宇文部落的好機會。原來燕國叛逃到宇文部落的慕容翰受到宇文部落的首領宇文逸豆歸的猜忌，實在是混不下去，被迫裝瘋賣傻，以圖活命。慕容翰秘密聯繫慕容皝請求他饒恕自己的罪行，想逃回祖國。慕容皝就派人送給慕容翰他原來擅長用的長弓，靠了長弓的幫助，慕容翰逃回龍城。

慕容皝對慕容翰非常器重，向他徵求討伐宇文部落的意見。慕容翰說：「宇文部落強盛了很長時間，是我慕容族的心腹大患。現在宇文逸豆歸得到了大權，國家才開始衰落。我在宇文部落生活了好幾年，對他們的地理形勢十分熟悉。保證一仗就能勝利。但是高句麗和宇文部落是鄰國，一旦我們進攻宇文部落，高句麗必定會出兵切斷我們的後路。不如先取高句麗，後收拾宇文部落。」

慕容皝對慕容翰的計策很是讚賞，就派遣慕容恪為大將遠征高句麗，並讓慕容翰做他的參謀。這時慕容恪只有十七歲，慕容翰早就聽說過這個侄兒的大名，當然高興地接受了任命。慕容皝問慕容恪準備選擇哪位部將當他的先鋒官的時候，慕容恪出人意料地選擇了自己小時候的玩伴、只有十三歲的弟弟慕容霸。於是一個十七歲的少年和一個十三歲的娃娃率領五萬五千人的大軍在眾人驚奇的目光中出征了。鮮卑的明日之星慕容霸是十六國時期最卓越的皇帝之一，這個微不足道的鮮卑部落短時間內能湧現出一大批如慕容翰、慕容恪、慕容霸這樣的能人，應該算中國歷史上最出人才的家族吧。

從龍城到高句麗有兩條路可走，一條是平坦寬闊的北路，另一條是崎嶇艱險的南路。慕容翰和慕容恪商量了一下，決定讓主力從危險的南路襲擊高句麗的首府丸都（今吉林集安）。

高句麗的國王高釗派遣五萬大軍駐守北路，當然他也怕燕國趁虛走了南路，所以他讓北路守衛兩邊都要小心。慕容恪就分出去一萬五千人的部隊從北路佯攻，而且打得還很猛烈，於是高釗就命令守衛把注意力全部放到北面。慕容恪正好趁機而入，十三歲的慕容霸帶頭殺進丸都，高釗只好狼狽逃跑。慕容霸下令把整個丸都城搶掠一空，抓了五萬多百姓作戰俘，最後放了一把火走人。

慕容恪孤身入險，四面受敵，而部隊還要看管這麼多的戰俘和輜重，又必須得從重兵把守的北路回去。面對如此局勢，慕容翰心裡捏了一把汗。不料這回慕容恪是癩蛤蟆打立正——又露了一手，他下令把高釗的祖墳給挖了，讓軍隊拉著高釗親爹的屍骨和高釗的親娘為人質，命令高句麗北路守軍讓路，從高釗眼皮子底下大搖大擺地押著他爹娘回國。

這一仗讓高句麗全國威風盡失，連國王的玉璽和公文檔案都被慕容恪給搶走了。不久，高釗就派遣使者向慕容皝稱臣，送了幾千件寶物，並賭咒發誓要和宇文部落斷絕關係，慕容皝才把高釗他老子的屍骨讓使者帶了回去，高釗的母親仍然被留在龍城當人質。

失去了高句麗這個可靠的盟友，宇文逸豆歸發現自己陷入了危機之中。為了擺脫困境，不久他就派遣丞相莫淺渾率領大軍主動進攻燕國。慕容皝知道這是宇文部落的主力，為了減少傷亡，他命令全軍不准出戰，暫避其鋒芒。莫淺渾挑戰了幾回卻沒人理睬，還以為敵人兵少將寡，不敢應戰，就開始放鬆警惕走神了。慕容皝聽說後趕緊命令慕容翰馬上突擊。莫淺渾猝不及防，被殺得全軍覆沒，只剩他本人孤身逃到宇文逸豆歸那裡報信去了。

宇文逸豆歸得知自己的主力全軍覆沒的消息後連聲叫苦，但更讓他害怕的是燕國的大軍已經開始向國界出發了。原來慕容皝在大敗宇文部落後緊接著就命令慕容翰率領兩萬騎兵為先頭部隊，慕容軍為左翼，慕輿根為右翼，任命慕容恪為統軍大將，慕容霸為先鋒，動員所有的精銳力量向宇文部落發動最後一擊。宇文部落馬上就要大難臨頭了。

這時，部將建議宇文逸豆歸向南方的新羅國求援。新羅的著名雇傭兵勢力涉夜干（《晉書》中寫作涉奕于）在宇文部落的重金聘請下率領精銳的新羅雇傭兵前來助陣。

慕容皝聽到涉夜干出任敵軍主將的消息後，派飛騎通知慕容翰說：「涉夜干勇冠三軍，是新羅名將，你們作戰千萬要小心！最好暫時後退一下！」慕容翰卻不以為然，對使者說：「宇文部落全部的實力都在涉夜干這裡，這個人徒有虛名，真不明白宇文部落為什麼要把國家的命運託付給這種人。只要消滅他宇文部落就完蛋了。像涉夜干這種拉大旗做虎皮的傢伙，怎麼能因為他的虛名而挫傷了我軍的銳氣呢？」

慕容翰不聽慕容皝的勸告，親自率領騎兵衝擊涉夜干的新羅雇傭兵的陣地。沒想到涉夜干卻有著非常厲害的秘密武器。原來新羅雇傭兵人人都配有長達三尺五寸的檀木大弓，戰鬥前把它固定在陣地上，隨時都能射擊。只聽一聲梆子響，頓時萬箭齊發，慕容翰的幾位副將全部中箭身亡，慕容翰也連中數箭，燕軍遭到這突然的打擊頓時大亂。涉夜干率領大軍掩殺過來，直取受重傷的慕容翰。

## 六

亂軍之中涉夜干手持大刀逕直殺到受重傷的慕容翰面前找他單挑，正在危急關頭，慕容翰的側翼卻突然殺來一支騎兵，領頭的是一名只有十幾歲的手使雙槊的少年將軍，從側面直取涉夜干，只一個回合就將涉夜干刺於馬下。原來慕容皝在囑咐了慕容翰後，還怕他作戰有失，又命令慕容恪急行軍追上慕容翰，慕容恪就命令慕容霸先來和慕容翰會合，正好趕上大戰，救了慕容翰一命。

在慕容霸所率生力軍的幫助下，新羅兵被殺得四散奔逃。慕容霸率軍一口氣打下了宇文部落的首都，宇文逸豆歸只好孤身逃跑，不知去向，傳言在大漠中餓死。至此，慕容皝統一了東北。

雖然慕容翰為燕國的統一立下了大功，但由於其人三叛其主，人品卑劣，慕容皝和燕國的老百姓都很看不起他，後來慕容皝又找了個藉口賜其自盡。慕容翰走投無路，發了一大通牢騷後飲御賜的毒酒自裁了。

這個時候石虎還沒死，後趙還很強大。為了充實自己的國力，慕容皝採取休養生息的政策，減免地租，四處收容流民，免費提供給他們耕牛和土地種糧為生。又制定完善的教育制度，並親自監考，通過考試來選拔官員。與此同時，軍隊也沒讓閒著，沒事的時候慕容皝就派遣慕容儁等征討周圍的小部落，這樣既鍛鍊了隊伍，又擴大了地盤，燕國的實力就一天比一天強大起來。

可惜老天不長眼，某天慕容皝騎馬出門時摔成重傷，不久就死了，由他的二兒子慕容儁繼承王位。慕容儁仍然尊奉東晉為正統，受封為大將軍，燕王。

慕容儁登基時正趕上後趙的國主石虎歸天，他的幾個兒子為了搶奪皇位而自相殘殺。慕容霸認為進攻後趙的時機已到，就上書慕容儁請求南征。慕容儁同意了慕容霸的請求，積極擴軍備戰，不久就募集到了二十多萬大軍。他讓自己的幾個弟弟抓緊時間訓練部隊，並任命慕容恪為輔國將軍，慕容評為輔弼將軍，陽鶩為輔義將軍，號稱三輔。燕國的軍隊日夜操練，磨刀霍霍，準備伺機加入中原大戰，分得一杯羹。

不久燕國就趕上了石祗讓冉閔打得叫苦連天的時候，在石祗的請求下，慕容儁就派遣部將悅綰率領三萬部隊殺往襄國來觀察一下形勢，順便給石祗救救火。

從理論上講石祗繼承了後趙的正統，那些諸侯們也不得不應應景。接到石祗的求救信後，掛著後趙丞相頭銜的洛陽姚弋仲也命令大兒子姚襄率領兩萬八千騎兵過來幫忙，再加上冀州一帶的後趙宗室石琨也領兵救援，三方聚集了十幾萬的大軍共同狙擊冉閔的攻勢。

出生在隴西邊境的羌族首領姚弋仲知道這些盟友們都不是省油的燈，打起來全沒好下場，就準備帶領自己的族人撤出中原戰場，回到地勢險要的關中一帶發展。不料他原來的老朋友、依附東晉的氐族首領蒲洪也瞄上了這塊地盤，蒲洪盤踞在枋頭，離洛陽不遠，雙方各懷鬼胎，不久姚弋仲就先發制人，命令姚襄率五萬人馬進攻蒲洪。

蒲洪背後有東晉撐腰，湊了十幾萬大軍把姚襄的五萬人消滅了三萬。後趙將領麻秋見蒲洪的勢力大，就率手下向他投降。蒲洪十分高興，找人算了一卦，卦象顯示姓裡面有草頭和付字的人將來會稱王，於是他就改姓為苻，自稱大將軍兼三秦王。並加封麻秋為軍師，對他十分器重。

麻秋能耐不大，心眼兒可不少。他早有害死苻洪自立的野心。不久他請苻洪吃飯，在酒裡下毒要害死他，苻洪在麻秋家吃飽喝足了回去後才發現自己中毒了，但為時已晚，苻洪趕緊讓人把大兒子苻健叫到自己身邊囑咐他說：「我之所以沒有進關中，就是在觀望中原的戰況，以為能取得最後的勝利，現在不幸被小人所害，我死後你要抓緊時間入關！」剛一囑咐完苻洪就死了。

苻健先不發喪，率領自己的親兵去抓捕麻秋，麻秋正在家等著苻洪的死訊呢，想不到等來的卻是殺氣騰騰的苻健。苻健一進麻府，二話不說逮住麻秋就給砍了。

苻健給父親報了仇後，發現苻氏是諸路軍閥中實力最差的，就趕緊向各路神仙多送重禮多說好話，主動去掉了自己頭上「大將軍」和「三秦王」的名號，傳令部下在枋頭大建官邸，並開荒種地，裝出一副老實巴交的樣子，不讓別人起疑心。兩個月後，苻健偷偷命令全體族人星夜起兵前往關中，命令弟弟苻雄在黃河以北率領五千軍隊做伴動，並對大家說：「這次我是孤注一擲了，如果不成功，你們就要全部死在黃河以北，而我們就要全部死在黃河以南，將來到了黃泉都見不著面了。」當大家啟程後，苻健下令把路過的橋樑全部搗毀，以示有去無回的決心。

在大家都沒注意的時候，苻健就率領氐族人溜到了關中，趕走了當地的土匪和軍閥，建都長安，自稱秦天王大單于，史稱前秦。苻健封自己的弟弟苻雄為丞相，抓緊發展經濟，不再過問中原的戰事。

姚弋仲眼看著煮熟的鴨子飛跑了，氣得七竅生煙，但關中地勢險要，易守難攻，他只能望洋興嘆。不久，石祗的求援信發來，姚弋仲沒辦法，只好讓姚襄率領部隊夾攻冉閔。三路大軍合在一處向冉閔的陣營壓過來，冉閔正準備親自出擊，部將王泰勸阻說：「現在救援襄國的大軍都到了，如果陛下親自出戰的話容易遭到夾攻，我看這些人雖然表面上和睦，心裡可都有自己的小算盤，我們不如堅守待變為好。」

冉閔聽後連連點頭，這時候旁邊有個冉閔寵信的牛鼻子老道叫做法饒的，不知好歹地插了一句：「陛下包圍襄國都一年了，一點成績也沒有。現在敵人出來了卻又不出戰，這樣還有什麼威信來號令將士？」

冉閔聽了他的話惱羞成怒，把袖子一挽下令道：「我戰心已定，違令者斬！」就傾巢出動，向姚襄和石琨的連接地帶發動進攻。

遠在幾里外的燕將悅綰聽到魏軍進攻的消息後，命令部下在馬尾巴上綁上大樹枝，進攻的時候帶起漫天的塵土，魏軍不清楚敵人有多少騎兵，正迷惑的時候石祗也下令出城進攻冉閔的大營，四路大軍一合圍，將冉閔的十萬部隊都裹在裡面，魏軍被殺得落花流水，十萬大軍全部被殲，冉閔只率領著十幾名騎兵逃掉了。

十萬大軍全軍覆沒以及皇帝冉閔不知下落的消息傳到鄴城後，冉魏的文武百官為了爭奪權力自相殘殺，老百姓也趁機毆鬥，見誰不順眼就殺，見好東西就搶，鄴城頓時一片大亂。冉閔回來看到滿城的慘狀羞愧難當，下令將法饒父子凌遲處死，慢慢才把局勢控制住。

石祗轉危為安後，眾路援兵一一告辭，他又發起昏來準備消滅冉魏，派遣部將劉顯率領七萬大軍進攻鄴城。由於冉魏內亂，情報工作沒人管，劉顯的軍隊殺到離鄴城只有二十里路的時候冉閔才發現。冉閔急忙下令召王泰過來商議對策，王泰因上次冉閔沒有採納自己的忠言而對冉閔心生不滿，以生病為由拒絕去見他，冉閔碰了一鼻子灰，認為王泰有心給自己難堪，於是下令將王泰斬首，並且滅了他的三族，然後親率大軍迎戰劉顯。

劉顯一路上耀武揚威從沒碰到對手，突然被冉閔迎頭一擊，七萬人死了四萬，不得已向冉閔乞降，並表示願意以石祇的首級為見面禮。冉閔才放他一條生路。

劉顯回去後果然發動政變，佔領了襄國，把石祇和文武百官全部殺死，將石祇的首級獻給冉閔，冉閔大喜，下令把石祇的首級燒成灰撒在大路上示眾。至此後趙帝國滅亡，歷時二十三年。

石虎的最後一個兒子、無處可逃的石琨率領親族跑到建康企圖求得一條生路，東晉的大臣們都認為不能放過國家的仇人，下令將石琨這一干逃亡人員全部斬首，喧囂一時的石氏也隨著整個羯族的消亡而滅絕。

那位賣掉皇帝的劉顯後來還想自立為王，被冉閔發現後派兵進攻，劉顯逃回襄國自稱皇帝，又立了一批大將軍、大司馬什麼的，冉閔親率八千軍隊攻打襄國，劉顯的那些大將軍、大司馬爭先恐後地開城投降，劉顯全家在亂軍中被殺。

冉閔消滅了他賴以起家的後趙，也除掉了他所有的大臣和朋友，這位四面受敵的孤家寡人卻認為天下已定，帶領一萬多親兵到常山、中山一帶的邊境打獵遊玩，正好碰上了早有準備的燕國慕容恪的大軍。

## 七

後趙大亂的時候，早有染指中原之心的燕國也趁機向南方蠶食，吞併了幽州北部，並悄悄地把國都搬遷到了薊城（今北京西部）。當冉閔去常山打獵的時候，時刻準備消滅冉魏主力的慕容恪立即行動起來，率領數萬騎兵將冉閔在常山的營地圍了個水洩不通。

冉閔的部隊都是步兵，還不到一萬人，但人人都是冉閔起家時親自訓練的精銳。而且冉閔這個人和同事相處得不咋地，對士兵卻十分愛護，將士們都願意為他賣命。當慕容恪的騎兵四面圍殺過來時，冉閔下令將步兵集中到一點衝鋒，總是能打破慕容恪的包圍，這樣連續接戰了十幾回，燕軍都吃了敗仗。

慕容恪吃不掉冉閔，心裡十分焦躁，親自到前線指揮作戰。在激戰中他發現魏軍總能躲開騎兵的衝擊，從他們的縫隙中逃走。慕容恪就從部隊中選出五千名優秀的騎射手，用鐵鍊把他們的戰馬連起來組成方陣。作為秘密武器到明天投入戰場。

第二天一早，慕容恪將部隊分為三隊，命令左右先埋伏好，並在陣前樹起了一杆大旗指示目標，而冉閔則率領手下搶先向慕容恪的中軍發起了進攻。

在四月的陽光照耀下，冉閔左手使一柄雙刃矛，右手使一杆連鉤戟，坐下一匹名叫朱龍、能日行千里的血紅色寶馬，帶頭殺向慕容恪的大旗。魏軍都被冉閔的神勇所感染，他們呼喊著震天的「萬歲」口號，奮不顧身地跟隨冉閔殺了過來。在常勝將軍冉閔的神威震懾之下，燕軍都不敢迎戰，四散逃命，但卻沒有冉閔的馬快，被他追上後一口氣殺死三百多人。

眼看冉閔的部隊殺到了慕容恪的大旗跟前，站在旗杆下的慕容恪命令中軍給五千連環馬讓開道路，魏軍初次碰到這種奇怪的兵種，左衝右突都殺不過去。這時慕容恪又下令左右伏兵一齊掩殺過來，魏軍被殺得大敗。

冉閔見勢不妙，急忙殺出重圍往東逃跑。在朱龍寶馬的幫助下，冉閔將追兵甩了二十多里。正想停下來休息休息時，朱龍寶馬卻因為跑得脫力而突然死掉了。不一會兒工夫燕國騎兵就追了過來，活捉了冉閔。

冉閔被押到慕容儁面前，慕容儁大聲斥責道：「你是趙國的大將，怎麼能滅掉自己的祖國自稱皇帝呢？」

硬漢子冉閔毫不示弱，回答道：「現在天下大亂，說老實話你們這些蠻夷之邦都想稱帝，我冉閔堂堂中原英雄，怎麼不能當皇帝？」

慕容儁被冉閔頂得啞口無言，下令痛打冉閔三百皮鞭，然後把他押到龍城看管起來。

慕容儁又下令慕容恪就地休整，另派慕容評率領一萬騎兵殺往鄴城。冉閔的小兒子冉智聽到老爸被抓的消息後堅持閉門不出，不久慕容軍又率領兩萬部隊前來增援，把鄴城內外的交通全部斷絕。

冉智壓根就沒想到老爹會打敗仗，鄴城裡也根本沒什麼戰時儲備，不久就發生饑荒，士兵沒東西吃，就抓城裡的女人殺了充饑。皇宮裡也斷糧了，無力奉養從前被石虎搜羅到後宮的那好幾萬美女。這些宮女都被冉智放了出來，任憑饑餓的士兵捕食。可憐數萬手無縛雞之力的如花少女，不是餓死，就是被無力保護他們的男人們吃掉，一個不剩。

很快鄴城裡就連女人也沒得吃了，士兵們只好獻城投降，冉智也作為士兵們的禮品，連同鄴城的文件檔案一道被送到薊城。自此冉魏國滅亡，歷時三年。

慕容儁得到冉魏的這些宮廷用具後，暗示文武百官推舉他稱帝，不久慕容儁就半推半就地當上了大燕皇帝，史稱前燕。他任命慕容恪為侍中，陽騖為尚書令，並下令在龍城把冉閔一家老小全部斬首祭祀祖宗。

東晉朝廷聽說慕容儁登基的消息後，一時還辨不清真假，就派遣使者前來問罪。慕容儁對使者說：「你回去告訴你那皇帝，我繼承了別人的衣缽，現在也是皇帝，和你們的皇帝平級，如果貴國還想和我國友好往來的話，下回的書信要對我使用尊稱。」隨後把東晉使者轟了出去。

前燕獨立的消息被證實後，東晉朝廷都不知該咋辦好。曾出兵滅掉成漢的荊州刺史桓溫要求擔綱北伐，但朝廷對桓溫很不信任，另找了一個文人殷浩主持朝政，排擠桓溫的勢力。

桓溫為人心高氣傲，本來就不服自命風流倜儻的殷浩。據說小時候桓溫和殷浩在一塊兒上學，桓溫買了一個竹馬，玩夠了扔掉後被殷浩撿去接著玩，由此桓溫就一直看不起殷浩，兩個人一直都在暗地裡勾心鬥角。

這時候羌族首領姚弋仲病死，臨終前囑咐兒子姚襄投靠東晉，被封為平北將軍。姚襄對前秦非常不滿，上書要求先討伐前秦。桓溫正愁找不到北伐的藉口，準備籠絡姚襄讓他擔任自己北伐的先鋒官。想不到殷浩也料到了桓溫這一招，他充分利用手中的人事任免權，讓姚襄擔任自己的親信、豫州刺史謝尚的副將，然後一變臉，自任大元帥，想藉姚襄的勢力給自己爭得威望，命令謝尚進攻前秦盤踞的許昌。

大臣們都拿不準文人出身的殷浩有沒有指揮作戰的才能，大臣王羲之（就是那位大書法家王羲之）和會稽王司馬昱都上表請求暫緩本次北伐，殷浩不聽，下令姚襄抓緊出兵。

姚襄剛接手新的部隊，正在抓緊訓練，接到出征的命令後就以部隊未訓練好為由請求暫緩出兵，這讓殷浩起了疑心，以為姚襄有叛變之意。殷浩疑神疑鬼，派遣刺客去行刺姚襄，並打算另外派人去接管姚襄的部隊。

刺客到了姚襄的大營，發現姚襄的部隊並沒有造反的意思，就去拜見姚襄把實情告訴了他。姚襄被驚了一身冷汗，於是嚴加提防。殷浩聽到刺客叛變的消息後，乾脆派遣心腹將領率領五千部隊準備偷襲姚襄，又被姚襄識破，設下伏兵將這些人全部殲滅。殷浩惱羞成怒，下命令叫姚襄進京，準備害死他。

姚襄的部將權翼作為使者被派到殷浩那裡打聽消息，殷浩就質問他說：「我和姚襄都是大臣，為什麼姚襄不聽我的調遣？」

權翼回答說：「姚將軍擁兵數萬，不畏艱險投靠晉朝，就是想做個盛世良臣。現在將軍聽信讒言，要加害於他，在下認為錯在您這裡，不在姚將軍。」

殷浩碰了個軟釘子，又強辯說：「既然姚襄真心歸從天朝，為什麼要殺我的人？」

權翼說：「有些小人存心挑撥您和姚將軍之間的關係，到姚將軍那裡搗亂，現在姚將軍已經為您剪除了他們，這是一件大好事啊。姚將軍也是人，怎麼會看不出來呢？」

殷浩無言可對，只好說：「我並沒有加害姚襄的意思，請你放心。」將權翼放走了。

殷浩又派遣間諜到長安打探消息，聽說前秦將領雷弱兒對苻健不滿，就派人向雷弱兒許以高官讓他謀殺苻健。雷弱兒假意應承，又把真相告訴苻健。苻健就讓雷弱兒將計就計引殷浩上鉤。

殷浩接到雷弱兒的信後命姚襄為先鋒，率領七萬

書聖王義之

大軍由壽春出發前往洛陽。但晉軍還沒走到雷弱兒的埋伏地點時，受夠殷浩的窩囊氣的姚襄就先翻臉，率領手下造反進攻殷浩的部隊，殺了殷浩一萬多人，繳獲了所有的輜重，然後放走俘虜讓他們給東晉朝廷捎去了一封信，信中把東晉朝廷上下臭罵了一通。然後姚襄領著族人在許昌豎起竿子，自稱大將軍大單于，盤踞在前秦、前燕和東晉的交界處，誰的節制也不受。

由此殷浩的名頭一落千丈，眾大臣在桓溫的帶領下，牆倒眾人推，一齊上書要求查辦殷浩，將其貶為平民，所有職務由桓溫接替，東晉開始進入「桓溫時代」。

殷浩在家裡還自命風流，經常找名流吟詩作賦，裝出一副八風吹不動的樣子。但沒人看見的時候就坐在椅子上發呆，用筆在空中連續寫「咄咄怪事」，始終不明白為什麼會失敗，希望將來還有被政敵桓溫起用的一天。後來桓溫又想起了殷浩，準備讓他當個閒職，殷浩聽說後大喜，趕緊筆走龍蛇寫了一大通阿諛奉承的好話，精心裝到信封裡要送給桓溫，不料殷浩又疑神疑鬼地擔心信箋裡有無錯別字，反覆拆開信封幾十次檢查，後來竟然把信紙弄丟了，單寄個空信封給桓溫。桓溫收到空信封後以為殷浩又玩什麼花樣，就不再徵召他，殷浩聽說後竟然氣死。

……

截至本章，匈奴劉氏、羯族石氏、鮮卑慕容氏、氐族苻氏、羌族姚氏，五胡當中都有英雄出場了。

# 四分天下大事記

**◉ 西元三三四年**

二月，遼西段氏大將段蘭、慕容翰與遼東慕容氏在牛尾谷決戰，慕容氏慘敗。慕容翰勸說段蘭退兵。

八月，成漢皇帝李雄死，養子李班即位。

十月，李雄兒子李期殺死李班，篡位。

十一月，後趙石弘禪讓皇位於丞相石虎，後被殺。

**◉ 西元三三五年**

九月，石虎遷都至鄴城。

後趙尊奉天竺佛圖澄為「大和尚」。

張駿討伐西域，涼州成為西域地區的宗主國。

**◉ 西元三三六年**

一月，慕容皝平定慕容仁叛亂。

後趙石虎大興土木，民不聊生。

**◉ 西元三三七年**

七月，石虎殺死太子石邃，另立石宣為太子。

十月，慕容皝自稱燕王，史稱前燕（建國四）。

◉ 西元三三八年

三月，後趙石虎與前燕聯合消滅遼西段氏。

四月，成漢大將李壽發動政變，廢掉皇帝李期，改國號為漢。

五月，後趙石虎進攻前燕，後趙包圍前燕首都大棘城。後趙戰敗。

十二月，後趙麻秋進攻前燕，於密雲中埋伏戰敗。

◉ 西元三三九年

三月，東晉庾亮北伐。

五月，代王拓跋什翼犍於參合陂會見下屬酋長。與前燕約婚。

七月，東晉大臣王導病死。

九月，後趙進攻東晉武昌，東晉大敗。

◉ 西元三四〇年

一月，前燕叛將慕容翰歸國。

三月，成漢李壽終止伐晉計畫。

◉ 西元三四一年

一月，慕容皝建龍城要塞。

三月，東晉戊戌土斷，國力增強。

◉ 西元三四二年

十月，慕容皝遷都龍城。

十一月，前燕慕容翰討伐高句麗，攻克高句麗首都。

## ◉ 西元三四三年

二月，高句麗向前燕稱臣。

三月，前燕慕容翰殲滅宇文部落主力。

八月，成漢李壽死，太子李勢繼位。

## ◉ 西元三四四年

一月，前燕慕容翰、慕容霸消滅宇文部落，統一東北地區。慕容翰被迫自殺。

## ◉ 西元三四五年

十二月，前涼擊敗西域焉耆國，控制西域。

## ◉ 西元三四六年

一月，前燕攻破扶餘國。

五月，涼州張駿病死，兒子張重華即位。後趙大將麻秋討伐涼州。

八月，涼州大將謝艾擊敗麻秋。

十月，東晉大將桓溫討伐成漢。

## ◉ 西元三四七年

三月，東晉桓溫攻陷成都，俘虜成漢皇帝李勢，成漢滅亡（亡國二）。

四月，涼州謝艾二敗後趙麻秋。

八月，涼州謝艾第三次擊敗後趙麻秋。

◉ 西元三四八年

八月，後趙太子石宣暗殺弟弟石韜，石虎用酷刑殺死石宣。

九月，燕王慕容皝病死，兒子慕容儁即位。

十月，石虎立十歲兒子石世為太子。

◉ 西元三四九年

一月，後趙石虎稱帝。邊境十萬高力衛士造反。

四月，後趙劉后害死燕王石斌。石虎病死，石世即位。劉后、張豺輔政。

五月，石遵討伐石世，殺死石世、張豺、劉后，自立為帝。石遵討伐石沖，活埋其將士三萬餘人。氐族蒲洪投降東晉。慕容霸上書請求南征。

六月，東晉征北大將軍褚裒北伐，被後趙李農擊敗。

十一月，石遵聯合石鑒、石苞、石琨準備除掉石閔，石鑒向石閔告密，石閔發動政變，處死石遵。石鑒稱帝。

十二月，石苞發動政變欲殺石閔，未遂被殺。石鑒聯合孫伏都造反未遂，石閔廢石鑒。石閔發出屠羯令，羯族基本滅絕。

◉ 西元三五〇年

一月，石閔殺石鑒，更名冉閔，在鄴城稱帝，史稱冉魏（建國五）。

姚弋仲進攻蒲洪，戰敗。

三月，石祗於襄國稱帝。前燕慕容霸攻陷後趙薊城。蒲洪被麻秋害死，兒子苻健即位。

四月，後趙大將石琨討伐冉魏。冉閔殺大將李農。

八月，冉閔擊敗石琨。冉閔徵兵三十萬。苻健進入關中。

十一月，冉閔包圍襄國。

## ◉西元三五一年

一月，苻健在長安自稱天王大單于，史稱前秦（建國六）。

三月，後趙姚弋仲慕容聯軍擊敗冉閔，全殲其十萬大軍。後趙劉顯追擊冉閔戰敗。

四月，後趙劉顯發動政變，殺死石祗，後趙滅亡（亡國三）。

八月，羌族姚弋仲投降東晉，東晉收復河南、淮北、山東。

## ◉西元三五二年

一月，前秦苻健稱帝。

三月，羌族酋長姚弋仲病死，兒子姚襄即位。

四月，前燕慕容恪於常山包圍冉閔，將其活捉，後斬之。

八月，前燕慕容評攻陷鄴城，冉魏滅亡（亡國四）。

十一月，慕容儁於薊城稱帝。

## ◉西元三五三年

九月，東晉殷浩北伐。先鋒姚襄造反，北伐失敗。

# 第五章　大哉前秦（西元三五二～西元三七六）

## 一

四世紀中期，中國出現了前燕、前秦、前涼和東晉四國並立的格局。四個國家的領導者都是二三十歲的年輕人，這些雄心勃勃的青年君主被命運推到了一起，很快就開始了新一輪的大戰。

首先發難的是東晉的重臣桓溫，他排擠殷浩勢力後順利地攬走了朝廷的大權。不久就下令繼續北伐，他兵分三路，一路沿漢水逆流而上，另一路由四川出發，沿三國時期蜀國大將魏延構思的出兵子午谷之路偷襲長安，並親自率領四萬主力進攻前秦。

聽說東晉這回由名將桓溫領銜，苻健絲毫不敢怠慢。他親自帶領五萬大軍，以丞相苻雄和太子苻萇為大將，在藍田迎戰遠道而來的晉軍。

苻健的兒子苻生，這次也隨軍出戰。苻生年齡只有二十歲，卻天賦異稟，力大無窮，能空手和猛獸格鬥，和駿馬賽跑，不過他生下來就瞎了一隻眼睛。苻生的爺爺蒲洪很不喜歡他，取笑他說：「瞎子另一隻眼不能流眼淚，是不是這樣啊？」想不到苻生竟拔出佩刀，把自己瞎了的那隻眼睛挖下來，弄得鮮血直流。於是苻生對爺爺說：「我這隻眼睛不是也流淚了麼？」他的行為把周圍的人都嚇得目瞪口呆。蒲洪就命令手下拿鞭子痛打他，但苻生嬉笑如常，根本不覺得痛苦。他還對蒲洪說：「我刀槍不入，你打不死我。」蒲洪痛罵他說：「你這樣的賤骨頭，只配當奴隸！」

誰料苻生卻說：「命賤賤不過石勒，他都當皇帝了。」把蒲洪噎得啞口無言。

苻健和桓溫兩軍在藍田展開決戰。戰鼓一響，苻生就單人獨騎殺了上去，在桓溫的軍隊裡來回衝突，逢人便殺，幾萬晉軍無人敢擋，只好對他放箭。但亂箭射到他身上便紛紛落地，眾人都大驚失色。

桓溫見苻生是如此神人，便命令部下不要理他，只管向前秦軍主力大營放箭。前秦的主力是騎兵，漫天箭雨裡哪有逃命的地方，前秦軍頓時陣形大亂，自相踐踏，在陣前督戰的苻萇中箭倒地，桓溫命令趁勢追擊，前秦軍大敗。苻生發現太子受傷，只好停止追殺，掩護大軍撤退了。

桓溫下令打掃戰場，卻命令弟弟桓沖乘勝追擊，桓沖殺到白鹿原，闖到了在這裡鎮守的苻雄部隊大營裡，桓沖下令立即突襲，苻雄怎麼也沒想到晉軍來得這麼快，又被殺得落花流水，稀里嘩啦，只好放棄陣地逃回長安去了。

桓溫率軍前進到了離長安只有四十里的灞上。苻健只拼湊了六千人防守長安，而讓苻雄率領主力在城外觀望，一旦不妙就趕快逃跑。在大好形勢下，長安周圍的前秦官吏紛紛向晉軍投降，老百姓也紛紛慰問晉軍。當地的老人們自從西晉滅亡後的三十多年裡還是頭一回見到晉軍，都哭泣說：「想不到今天還能看見官軍啊！」桓溫下令百姓照常工作娛樂，不必破費，周圍百姓的民心大定。

有一天，桓溫的大營來了個衣著破舊的讀書人，這個人套出了桓溫心裡的真正想法——桓溫壓根就沒有乘勝進攻長安的打算。

這個衣著如同丐幫弟子般的書生名叫王猛，他邋遢的打扮，渾身上下還散發一股臭氣，把守門的士兵熏得頭都大了，堅決不讓王猛進大營。王猛執意要求進去見桓溫，士兵堅決不讓，於是他們就在門前爭吵起來。

爭吵聲驚動了桓溫，他出來一看王猛雖然穿得破破爛爛，但儀表不俗，有一種英雄氣概，就邀請他到客廳裡交談。兩人天文地理、算術哲學，無所不談，桓溫問什麼王猛都對答如流，見解精闢，桓溫對他十分嘆服。不過王猛聊天的時候有個毛病，就是喜歡解開衣服捉蝨子消遣，周圍的衛兵都被他給逗樂了，但王猛卻毫不在乎，始終是旁若無人地一邊聊天，一邊隨意地解下衣服捉蝨子。

雙方談得非常投機，桓溫就問王猛：「我奉皇上的命令，率領大軍為百姓掃除賊虜，為什麼關中沒有英雄來歸附我呢？」

王猛回答道：「大人不遠千里深入敵境，但長安近在咫尺卻不進攻，百姓都不明白大人的意思，所以沒人來啊。」

桓溫本來的意思就是想靠北伐來樹立威望，籠絡人心，王猛的話一下子就說中了他的心思，桓溫默然不答，良久才說：「江東沒有人比得上您的才幹。」遂對王猛重金酬謝，並勸他和自己一道回南方，王猛推辭不受，飄然而去。

苻雄也看出了桓溫沒有進攻長安的意思，就命令部隊向桓溫發動反撲，雙方又在白鹿原展開了大戰。由於桓溫三心二意，部隊早被他弄得沒有了最

前秦名臣王猛

初的銳氣，此役晉軍大敗，損失一萬多人，桓溫趕忙下令堅守不出。

苻雄這邊也沒有能力繼續攻打桓溫的陣地，雙方就這樣相持著，時間一長，桓溫的軍糧供應發生了困難。這個時候恰逢麥收季節，麥子就要熟了，桓溫就命令手下準備收割關中的麥子作軍糧。苻雄也相當厲害，他下令將長安附近沒熟的麥子全部割去，叫晉軍得不到一粒糧食。晉軍沒糧食吃，這時又傳來派往子午谷偷襲的部隊被苻雄殺敗的消息，桓溫一看實在沒轍，只好下令撤軍。

苻健幸運地打贏了這一仗，但丞相苻雄卻因連日和桓溫鬥法心力交瘁而病死，苻健心痛不已，大哭了好幾天以至於嘔出了鮮血。苻健下令晉封苻雄的兒子、只有十六歲的苻堅為東海王，又任命大司馬雷弱兒為丞相，魚遵為太尉，苻生作戰有功晉升為大將軍。不久，在作戰中身受重傷的太子苻萇傷重而死。苻健只好立苻生為太子。

苻健在與桓溫的戰鬥中受了驚嚇，在連續死掉弟弟苻雄和兒子苻萇這雙重打擊之下一病不起，苻健臨終前命令雷弱兒和魚遵共同輔佐苻生治理天下。苻健死後，那位瞎了一隻眼的苻生順理成章地當上了皇帝。

苻生可以說是中國歷史上桀紂之後第一個能與之並列的殘暴皇帝，他平時隨身攜帶著六件法寶：鐵錘、鉗子、弓箭、大刀、鋸子、鑿子，以便隨時用來殺人解悶，在經過長安的時候苻生就喜歡對周圍的行人放冷箭玩。沒多久，當苻生心情不好的時候碰到了皇后，他順手一刀就將她的腦袋割下來，然後又跑到後宮，把路上碰到的妃嬪、官員和傭人都抓起來，親自動手將他們隨機鋸斷腿、剖腹、斬首、挖出胎兒一口氣殺了五百多人。

諸大臣們沒想到新皇帝這麼可怕，性格剛直的丞相雷弱兒親自上殿勸說，苻生當面一口答應，等雷弱兒前腳剛走苻生後腳就下令將他滿門抄斬，從此大臣們沒一個敢再提意見了。

既然大家都沒意見，苻生就另立大臣辛牢為丞相，還在宮裡大擺宴席給文武百官壓驚。眾人酒至半酣，苻生自己先喝醉了，脫掉衣服就在宴席上跳起舞來。新任丞相辛牢覺得皇帝這個樣子有些失禮，就想勸苻生先歇會兒。苻生勃然大怒道：「我下令要一醉方休，你怎麼還不醉？」就從身邊摸出弓箭來一箭把辛牢射死。旁邊的大臣酒全都被嚇醒了。苻生對大臣們說：「接著喝，誰喝不醉，辛牢就是榜樣！」

於是所有的大臣都拼命喝酒，人人都大杯猛灌嘔吐狼藉，直到遍地都是嘔吐物，幾乎將辛牢的屍體淹沒的時候，苻生才放他們回去。

苻生的舅舅強平對苻生的所作所為實在是看不下去，就進宮不停地叩頭，請求皇帝多愛惜大臣。苻生嬉皮笑臉地摸出鑿子，趁舅舅不備，一鑿將他的腦袋鑿穿。

強平是強太后的弟弟，強太后對弟弟的死感到羞愧難當，於是她就絕食身亡。

苻生對這些人如此反對自己感到很奇怪，就對國人發了一道詔書，上面寫著：「朕受上天的指派，君臨萬邦，盡職盡責，嘔心瀝血，自即位以來，並沒有什麼做得不對的地方，卻有很多人躲到暗處誹謗我。其實我殺的這些人都是證據確鑿的亂臣賊子，而且我殺了還不到一千人，就說我殘暴。但我再怎麼殘暴，長安大街上的行人也沒見少，沒見哪個逃亡啊？這個世界上能夠做到執法嚴明、秉公辦事的人已經不多了，除了我還有誰呢？」

有這樣可怕的皇帝在位統治是周圍的鄰國所求之不得的，不久許昌的姚襄就帶兵進攻平陽，要求苻生給他讓出一條回歸隴西故鄉的路。年齡只有十幾歲的東海王苻堅勸阻說：「姚襄是當世人傑，如果放他回隴西，就如同讓蛟龍進入大海，不可控制。不如誘以厚利，等他不防備的時候殺死他，以絕後患。」苻生就派使者去找姚襄談判。姚襄根本不願意接受前秦的制約，還把苻生的詔書撕碎，殺死使者，掉過頭來進攻長安。

上躥下跳的姚襄早已經把周圍的國家給惹煩了，東晉大將軍桓溫也看他不順眼，率大軍進駐洛陽，與姚襄隔著黃河對峙。桓溫站在黃河大堤上，望著落日餘暉照耀下的敵軍，心中感慨萬千，對部下說：「讓神州沉淪，成為百年廢墟的罪魁禍首，其實都是我們漢人自己啊。」

## 二

羌族首領姚襄盤踞在三國交界的許昌，大家都看他不順眼。懷著復興大志的桓溫先發制人，率領大軍進攻姚襄。姚襄知道桓溫的厲害，就先把主力藏在山裡，派人告訴桓溫說：「先生名震天下，我願投靠天朝，在前面迎接您的到來。」

桓溫看出來姚襄有詐，便回答道：「我這次來的目的就是為了收復中原，和你無干，你要降便降，想打就打，派使者有什麼用？」把使者趕走。

姚襄見自己的計謀被桓溫識破，只好硬著頭皮沿河擺下陣形。桓溫身披重甲親自督戰，姚襄被晉軍殺得大敗，死傷數萬人，不得不帶領幾千殘餘騎兵倉皇逃跑。

姚襄對將士和百姓都很好，大戰後傳言姚襄受傷而死，沒來得及逃跑的數萬羌族百姓都抱頭痛哭。桓溫看到此情此景，心裡十分感慨。他召集投降的羌族將領詢問姚襄的為人，羌將們紛紛說：

「姚襄雄武聰明，像孫策一樣，而且比他還要剛勇。」桓溫付之一笑。

元氣大傷的姚襄逃到了平陽，集結殘兵準備再一次進攻長安。苻生就派遣大將苻黃眉帶領部將鄧羌和東海王苻堅，發兵一萬五千迎戰。姚襄堅守不戰，鄧羌就對苻黃眉說：「姚襄敗在桓溫之手，銳氣盡失，不過他為人急躁，我軍只要到陣前辱罵他的祖宗八代，他必定會殺出來，這時再進攻必定能抓住他。」

鄧羌率領三千騎兵前來罵陣，姚襄果然傾巢而出，鄧羌掉頭就跑，姚襄連追幾十里，最後被引進苻黃眉的包圍圈，前秦眾軍一合圍，姚襄又被殺得大敗。

姚襄的坐騎叫做黧眉，在戰鬥中受重傷而死，姚襄被苻堅的手下活捉，苻堅下令將姚襄斬首。姚襄的餘黨在他弟弟姚萇率領下向苻堅投降。

苻黃眉獲得大勝，跑去找苻生邀功。但苻生對此不感興趣，卻因為苻黃眉跑來影響了他研究殺人武器的興致而當眾把苻黃眉大罵一通。苻黃眉大怒，就把心一橫打算起兵推翻苻生，不料他的計畫被苻生發現而遭到滅族。

苻生對殺人的研究越來越深入，某一天他和一個妃子在城樓上觀光，那個妃子看到一個過路的男子氣質高雅，隨口讚揚了幾句。苻生就派人將那個男子的人頭割下來送給妃子當禮物，從此皇宮周圍白天也沒人敢隨便走動。

由於苻生從小就瞎了一隻眼睛，所以他對「殘」、「缺」、「偏」、「小」、「隻」、「少」、「無」、「不」這些字非常忌諱。凡是說話時提到這些字的人掉腦袋的機率都很大。有一次太醫為苻生看病，需要加些人參，苻生嫌人參太小。太醫說：「小小一點就夠用了。」苻生認為他在譏笑自己的眼睛，下令把太醫挖掉眼睛然後斬首。

這還不算，後來苻生又修練到了說話就殺人的境界。某天晚上，苻生吃棗吃多了，第二天起來牙痛。太醫給他診斷了以後對他說：「陛下沒別的病，就是棗吃多了。」苻生大怒，說到：「莫非你在皇宮裡有眼線，知道我吃棗？」下令將太醫處死。

苻生上朝時，喜歡隨手抓住一個大臣就問：「我是什麼樣的天子？」被問的大臣回答：「陛下聖明，賞罰得當，天下一齊謳歌太平。」苻生大怒：「你為什麼要諂媚我？拉出去斬首！」然後又問第二個人。第二個大臣看到前面那位的下場，趕緊回答道：「陛下十分英明，只是刑罰嚴峻了些。」苻生勃然大怒：「你敢如此誹謗我？」第二個大臣也被拉出去砍了頭。

如果某一天苻生發了善心下令散朝，大臣們就摸著自己的腦袋互相慶賀，恭喜大家多活了一天。

苻生的變態行為越演越烈。他喜歡在大殿上活剝牛羊的皮後，看它們如何在宮殿上奔跑。他還喜歡把囚犯的臉皮剝下來，然後命令這些沒臉皮的人唱歌跳舞。又讓宮女和太監當眾性交，自己和大臣們在一旁觀看他們表演。凡是不服從的人就親自動手施以砍腿、挖子宮、鋸腦袋、鑽頭等慘烈而又奇怪的刑罰。

長安流傳這麼一首奇怪的童謠：「東海有魚化為龍，男便為王女為公，問在何所洛門東。」苻生聽後以為是魚遵要造反，下令將魚遵一家滿門抄斬。

東海王苻堅聽說魚遵僅僅因為姓魚就全家被滅門，趕緊派遣心腹到皇宮裡打探情況。心腹回來稟報說：「昨天皇上喝醉了，對左右說『阿法兄弟（就是苻堅和苻法）不可信，明天一定要除掉他們！』」

苻堅就派人轉告哥哥苻法，苻法一聽，心說這還了得，趕緊聯合苻堅率領數百名家將偷偷地殺進了皇宮。皇宮裡的衛士們盼星星盼月亮終於盼來了造反的人，趕快倒戈幫忙，苻堅順利地殺到了苻生的面前。

苻生這會兒還醉著呢，他眯眯瞪瞪地問左右說：「來的都是些什麼人？」

侍者回答：「有人造反了！來的都是造反的人！」

苻生一聽就下令說：「既然是造反的，為什麼不跪下？不跪就斬首！」

侍者們和苻堅的手下將士聽了苻生的話都轟然大笑，他們一擁而上將苻生捆起來殺掉了。

大功告成後，就要論功行賞，那麼誰來當皇帝呢？苻法和苻堅兄弟倆互相推讓，苻法說：「弟弟是嫡子，該當大位。」苻堅則推辭說：「哥哥年歲在前，該繼大統。」大臣們也相持不下，就請苻雄的正妻苟太后來決定。

苟太后是苻堅的母親，當然主張立自己的兒子。於是只有二十歲的苻堅接管了這個爛攤子。

苻堅即位後，馬上自去帝號，仍稱大秦天王，諸大臣各降一級。實施低調的發展戰略，以圖醫治苻生留下的創傷。

苟太后一直對苻法懷有戒心，某一天，她趁苻堅不在時賜苻法自盡。苻堅其實心裡對苻法也很顧忌，他回來後就藉此機會落個好人緣，和苻法喝了一場訣別酒，送他上路。

去掉心頭之患後，苻堅終於可以放開手腳大膽改革了。他為人大度，性格豪爽，很快就使大臣們從苻生的陰影裡走了出來，積極為苻堅辦事。一大批能人從四面八方聚集到了長安。

苻堅的弟弟苻融只有十幾歲，聰明穎悟，過目不忘，他的文章清雅壯麗，是當時文化界珍稀的收藏品。他還擅長騎射，飽讀兵書，是長安有名的神童。苻堅從小就和弟弟苻融一塊玩耍，知道他的才能，任命他為侍中，總管內外大事。苻融執法嚴明，剛正不阿，大臣和百姓對他既敬服又畏懼。

苻堅最得力的朋友兼助手卻是那位出身貧寒的書生王猛。當苻堅尋訪人才時，王猛還在終南山隱居。他氣質深沉，和樂天派苻堅脾氣正好相反，然而兩人卻一見如故，惺惺相惜。苻堅得到王猛後心裡非常高興，他興奮地對大臣們說：「我終於找到自己的孔明了！」

氐族人有很多還不清楚孔明是個什麼東西，毫無背景和勢力的漢人王猛被苻堅如此器重，前秦的那些政治老人們對這個年輕人都頗有微詞。大臣樊世是曾經跟隨蒲洪打天下的四世老臣，他一直看不起王猛，總想找王猛的茬。有一天兩人在大街上碰面，樊世不懷好意地說：「我們辛辛苦苦打下來的天下，怎麼就讓你這傢伙來吃白飯呢？」

王猛很生氣，也頂了他一句：「我不但要吃白飯，還要讓你來親自給我做飯呢！」

樊世大怒，指著王猛的鼻子大罵道：「你等著，我一定要把你的腦袋掛在城門上，不然我誓不為人！」

王猛把這件事告訴了苻堅，苻堅說：「一定要殺了這個老傢伙，不然文武百官就都不聽話了。」過幾天上朝時樊世又提起了這件事，抓著王猛的衣領要揍他，苻堅大怒，下令將樊世斬首，於是大臣們看見王猛後再也不敢指手畫腳了。

王猛被苻堅任命為京兆尹。王猛和驍騎將軍鄧羌兩人連手打擊豪強，整頓朝綱。大臣強德是太后的弟弟，一向飛揚跋扈，他喝醉了就在長安強搶民女。王猛下令將他逮捕後就地正法，苻堅趕忙派遣使者去赦免強德，侍者還沒趕到，強德的腦袋就給獻上來了。幾天內，長安城裡的權貴豪強們，被斬首、判刑的就有二十多人，長安城面貌煥然一新。那些欺壓百姓慣了的豪強們都不敢出門，苻堅大為震驚，對大臣們說：「我現在才知道天下有法這個字啊。」

不久，王猛又被任命為吏部尚書，專門糾察各級別的官員，又被加封為太子詹事。兩個月後，苻堅又提拔王猛為左僕射，最後，王猛被任命為輔國將軍兼僕射，成為僅次於苻堅的第二把手。年僅三十六歲的王猛一年之內五次升官，權傾朝野，凡是敢說他壞話的苻堅一律降罪，這是歷史從來沒有過的。苻堅又任命弟弟苻融擔任侍中左僕射，做王猛的副手，在眾大臣的盡心輔佐下，前秦勤儉治國，興修水利，秋天雖然發生了大旱，卻沒有給國家造成災害。從此前秦一天天富強起來。

## 三

佔據華北地區、控制著黃河以北廣大地區的前燕是當時最強大的國家，前燕的太原王慕容恪、吳王慕容霸、襄陽王慕容軍、上庸王慕容評，還有慕輿根、陽騖等都是十六國時期一等一的武將。慕容儁早有統一全國之心，他任命慕容評為征南將軍，在河南北部日夜訓練部隊，時刻準備入侵中原。

不過這時候慕容霸卻出了點小狀況。某一天慕容霸出門遊玩，不慎從馬上摔下來把門牙都摔光了。慕容儁本身就很不喜歡他，聽說這件事後，有心要捉弄他，便賜慕容霸改名為慕容缺，慕容霸嫌「缺」字太難聽，請求將「缺」字去掉右半邊，給自己改名叫做慕容垂。

慕容儁正要進攻東晉時，他的表哥——當年幽州名將段蘭的兒子段龕，率領部下佔據山東廣固

（今山東淄博），自稱齊王，向東晉稱臣，聯合東晉進攻前燕燕郎山，慕容儁就任命慕容恪為征討大都督，陽鶩為副都督，率大軍討伐段龕。

段龕率領三萬大軍在濟南迎戰慕容恪，被慕容恪打了個大敗。慕容恪繼續進攻，將段龕團團包圍在廣固城。

慕容恪沒有乘勝下令攻城，而是在城池周圍修築營壘和段龕耗時間。部將們都不明白他的意思。慕容恪解釋說：「用兵有急緩之道。如果敵人勢力強大，外有強援，我軍有腹背受敵的危險，那就必須抓緊攻城。但如果我強敵弱，敵人沒有援軍，我軍能攻克的話，則不如圍困敵人，等待他們餓死。兵法上說的『十圍五攻』就是這個道理。如今段龕主力還沒受到損失，將士尚未離心，濟南之戰不是因為敵人戰鬥力不強，而是因為段龕指揮不當，現在他們憑險據守，上下齊心。我們如果要進攻的話，幾十天也能攻下來，但我軍傷亡一定會很大。自建國以來，兵刃不息，每當我想到這些就夜不能寐，怎麼能讓你們輕易去送死呢？不能拿你們的命來換取我的功名啊。」

將士們都十分感動，就連當地的老百姓也紛紛幫忙給他們送糧食。慕容恪的大軍把段龕包圍了十個月，廣固城裡的糧食都吃完了，只好抓老百姓吃。段龕決定賭一把，於是率部隊出城來找慕容恪決鬥，慕容恪下令在陣前擺上熱的酒肉，段龕的手下好幾天都沒吃東西了，一聞到酒肉的香味就紛紛開小差逃跑。只剩下段龕一個人逃了回去。

這時慕容恪才下令發起進攻。城樓上的守軍看到投降的戰友有吃有喝的，就捉住段龕舉白旗投降。慕容恪未損一兵一卒，佔領了廣固。

慕容恪順勢南下，進攻琅琊（今山東臨沂）。守衛琅琊的晉軍沒想到燕軍來得這麼快，都還沒做準備呢，只好倉皇後撤，慕容恪一口氣攻陷譙（今河南商丘）和沛（今江蘇沛縣），佔領了山東全境，晉軍竟然無一敢抵抗。

山東平定的消息傳來後，慕容儁就從薊城遷都到鄴城，下令全國普查人口，要求每戶只准留一個男人，其他人全部要上戰場，準備在兩個月內湊夠一百五十萬人進攻洛陽。大臣紛紛勸阻，慕容儁就是不聽。

這時候，燕國的幽州刺史乙逸被調到京城做官，乙逸夫婦坐著破車前來上任，在城門口碰到了兒子乙璋率領數十名隨從衣著華麗地前來迎接他。乙逸大怒，不和兒子說一句話。回到家裡大罵了乙璋一頓，認為他這樣招搖將來要出大禍。須臾使者前來宣布乙璋升官，職務比老子乙逸還大一級。乙逸感慨道：「我從小就修身養性，克己復禮，現在只是沒犯什麼大錯而已。乙璋專好奢華，不事節儉，官職比我還要大，這難道是乙璋的幸運嗎？還是世風日下的原因呢？」

大臣封弈將這件事報告給慕容儁，慕容儁聽了後半晌不說話，下令暫緩實行龐大的徵兵計畫。

不久，東晉豫州刺史謝萬在桓溫的指使下又發動了一次北伐，派遣徐州刺史荀羨和泰山太守諸葛攸進攻前燕莊平，前燕泰山太守賈堅只有七百士兵，荀羨卻率領一萬軍隊前來攻城。賈堅率部下出城迎戰。眾將說：「敵人十倍於我，不如堅守。」賈堅說：「堅守也不見得就能取勝，還是打吧。」於是賈堅身先士卒，手下的七百壯士也是人人奮勇，殺死荀羨一千多人，然後回來守城。

荀羨命令大軍攻城，燕軍堅守不住，賈堅對部將說：「我從小就立志功名，卻每次都背大運，難道是命運的安排嗎？與其屈辱而生，不如拼搏而死，現在事態危急，諸位先逃命，我會為你們斷後的。」

眾將士感激他平常的恩義，都要求和晉軍血戰到底。賈堅說：「你們快走，如果我要逃跑的話，自然能逃得掉。大家不要管我，快去給皇上報信，讓他快派援軍！」於是賈堅單人獨騎站在城門橋上，對蜂擁而至的晉軍放箭。晉軍畢竟人馬太多，有人跳下河把橋砍斷，賈堅連人帶馬掉到護城河裡被晉軍活捉了。

賈堅被五花大綁地帶到荀羨面前，荀羨質問道：「你爺爺和你爹都是晉朝的大臣，你為什麼要背棄祖宗投降敵人當漢奸呢？」

賈堅昂然道：「晉朝自棄中華，又不是我叛變的，老百姓沒有主心骨，但他們還要活命，只能依靠強大的一方。你們走的時候把百姓丟得乾乾淨淨，現在又回來指手畫腳，說我們是漢奸，我既然已經成為燕臣，接受了我祖國的俸祿，怎麼能叛變呢？」於是絕食而死。

晉軍耽誤了幾天，這給了前燕反擊的機會，前燕青州刺史慕容塵馬上率軍又奪回了茌平，晉軍大敗，荀羨打了敗仗一生氣，就生病而死。慕容評也率領五萬大軍殺往東阿，以優勢兵力強攻諸葛攸的兩萬軍隊。諸葛攸不敵慕容評的精兵，也只好狼狽撤退。

這時候，東晉北伐軍的統帥謝萬率軍慢吞吞地才走到下蔡。謝萬是世家子弟，為人高傲，在軍營裡一路高歌，故作風流，就是不知道撫恤將士。謝萬的哥哥謝安派人告誡謝萬說：「你是元帥，應該多接觸士兵，怎麼能如此高傲呢？」

聽了哥哥的話，謝萬把眾將喊到軍營裡來，手裡耍弄著一柄鐵如意，如同修練《葵花寶典》一樣亂舞，突然停下來，把鐵如意朝某人身上一指，嘴裡說：「唰！你死啦！」

眾將官還以為來了個神經病。發出一片噓聲，自行散會。

不久兩路兵敗的消息傳來，謝萬一聽，也不給部將打招呼就先行撤退，將士們一看主帥往回走了，也趕緊四散逃跑，謝萬一個人回到建康覆命。前燕趁勢佔領了許昌、潁川，東晉這次小規模的光復行動就此流產。

擁有慕容恪和慕容垂等名將的前燕久經沙場，綜合實力要比擁有王猛和苻融等娃娃將軍的前秦更勝一籌。但在這時，慕容儁卻身染重病，醫治無效，眼看就要死去了。

慕容儁也知道自己時日無多，下令急召慕容恪進宮囑咐後事。慕容儁摒退左右，對慕容恪說：「我大限已到，只怕過不去了。現在秦和東晉還沒有平定，太子還小，國家多難，我準備傳位於你，怎麼樣？」

慕容恪回答說：「太子雖然小，也比半路接班的人當皇帝好，我怎麼能當如此大任呢？」

慕容儁大怒，說：「我們兄弟之間，還要這樣虛情假意嗎？」

慕容恪從容地說：「陛下既然認為我有治理天下的能力，為什麼我就不能輔佐少主治理天下呢？」

慕容儁心裡非常感激：「既然有你當周公，我還擔心什麼呢？太子還小，希望你能像接受劉備託孤的諸葛亮那樣輔佐他，我就安心了。」不久慕容儁又召集慕容評和大臣陽騖、慕輿根下達遺命，命令他們在慕容恪的領導下輔佐太子，說完就死了。

只有十一歲的太子慕容煒（這個字是暐，據柏楊說是昧字的古體，就暫時按他說的為準吧）繼任燕國皇帝，慕容儁的老婆可足渾氏擔任太后，慕容煒任命慕容恪為太宰，慕容評為太傅，陽騖為太保，慕輿根為太師，一眾老臣輔佐朝政，倒也相安無事。

但是慕輿根有很多別的想法，私下裡他對慕容恪說：「現在主上弱小，太后把持朝政，殿下要防止意外事件啊。而且平定天下都是殿下的功勞，兄終弟及是公理，殿下應該自登大寶，才是大燕的洪福。」

慕容恪愕然道：「你喝醉了嗎？怎麼在這裡胡說八道呢？我和你都受先帝的囑託，你怎麼能有這種想法？」

慕容恪把這件事告訴了慕容垂，慕容垂勸說慕容恪殺死慕輿根。

慕容恪不願同室操戈，說：「國家新遭不幸，又有強鄰在旁，顧命大臣互相誅殺，是國之大忌啊。」

## 四

前燕皇帝慕容暐登基時年紀還很小，大權落在了慕容恪手裡，這就引起了太師慕輿根的不滿。慕輿根嘗試著煽動慕容恪發動政變，結果遭到慕容恪的嚴詞拒絕。慕輿根一不做、二不休，乾脆跑到太后可足渾氏那裡進讒言，以慕容恪和慕容評有心造反為由，要求太后發兵捉拿二人。

太后可足渾氏是一個昏庸的老婆子，聽了慕輿根的讒言就要抓人，慕容暐反倒明白一些事理，對可足渾氏說：「二位都是先帝親自挑選的賢才，既然能託之以國，必然不會輕易造反，難道太師就沒有造反的可能嗎？」一番陳詞把太后說得又懷疑起慕輿根來。慕輿根趕緊又造謠說：「現在天下大亂，四面受敵，國家越大越難管理，不如回遼東為好。」

這回連可足渾氏都煩了，將慕輿根轟了出去。

慕容恪聽說後，知道慕輿根已生異心，連忙秘密召見慕容評，二人向可足渾氏上表要求罷免慕輿根。倒楣的慕輿根被打入天牢秘密處死。

平民百姓都不了解情況，聽說皇帝死了，太宰和太傅又合謀殺了太師，一傳言還以為首都發生政變，是不是又要打內戰了？頓時全國大亂，那些鮮卑族老百姓為了逃避傳說中的戰亂，紛紛扶老攜幼向東北逃亡，把鄴城附近的道路堵得水洩不通。

大臣們都非常緊張，只有慕容恪鎮定如常，上下班路過鄴城大街時只帶一名隨從。部將以時局動盪為由建議慕容恪多帶些衛士，慕容恪說：「現在人心浮動，應該以穩定軍心為主，為什麼要自相驚擾呢？」於是不聽大家的勸告，不久又任命被慕容儁疏遠的吳王慕容垂為鎮南將軍，帶領兩萬騎兵到河南邊境巡查。老百姓們看到鄴城安靜如常，知道沒什麼大事，就都放下心來，回家踏實生活、安心工作了。

慕容儁死後，野心勃勃的東晉大臣桓溫又制定了詳細的北伐計畫，聽說這件事後大失所望，下令停止北伐計畫，對部將們說：「燕國有慕容恪這樣的棟樑之將，他不來滅我們就是萬幸了。慕容恪不死，北伐就不可能成功。」

既然無法北伐，為了抵禦前燕將來的進攻，桓溫上書要求遷都到洛陽以方便打仗。偏安一隅的東晉小朝廷早就沉醉在江南的花花世界裡，根本無心遷都到戰亂的中原，就下詔給桓溫說：「自永嘉以後，我們暫時遷都到建康，只等著趕走敵人後就遷都，所以，在沒趕走敵人之前，還是先不要遷都了吧。」把桓溫氣得無可奈何。

東晉既然無法北伐，就只好等著前燕來南征。掌握軍政大權的慕容恪平息內亂後，並沒有驕傲自滿，而是更加謹慎小心。國家政事無論大小都和慕容評、陽騖反覆商量，從來沒有獨斷專行，他為人虛心，任人唯賢，凡經他推薦的大臣都在相應的崗位上發揮了應有的作用。而且慕容恪推薦的官員一旦犯了錯誤，不管和他有無關係，都先自罰俸祿若干，這種連坐規則在一千六百多年前是很難得的。於是這些官員在工作中無不細心負責，生怕犯了錯誤連累慕容恪。

桓溫遷都未果的消息傳出後，慕容恪認為洛陽戰略位置非常重要，一旦東晉加強防禦對自己沒好處。於是和慕容垂率領數萬精兵突襲洛陽。

到了城下，慕容恪下令強攻。經過數日的血戰，雙方傷亡都很大，慕容恪的部將建議他暫緩一緩。慕容恪回答道：「洛陽城雖然高大堅固，但其背靠東晉，一旦遷延日久敵人源源不斷，我軍銳氣一老就危險了。這次一定要不惜代價拿下來！」

在漫天箭雨之下，慕容恪親自擂鼓，前燕軍隊士氣大振，後面的士兵踩著前面士兵的屍體不要命地往前衝殺，終於攻進城裡，雙方展開激烈的巷戰。東晉守軍後繼無援死傷殆盡，前燕在付出巨大的傷亡代價後終於拿下洛陽，而此時洛陽發出的關於燕軍進攻的告急文書卻還沒有送到建康呢。

攻陷戰略要地洛陽後，前燕的軍事擴張達到了高潮。慕容恪和慕容垂趁勢揮兵西進，出其不意佔領澠池，又大舉進攻前秦。前秦剛渡過苻生動亂時期，也沒能力反擊前燕，苻堅只好率領全部兵力死守關中。慕容恪見前秦防禦嚴密，只好收兵回鄴城，任命慕容垂為大將軍，鎮守兩面受敵的洛陽，只給慕容垂配備了一萬軍隊，結果直到前燕滅亡，前秦和東晉始終沒人敢回來報仇。

慕容恪以洛陽為基地，繼續痛打東晉，不久又進攻兗州和宛城（今河南南陽），東晉守軍都不戰而降。在一連串勝利的鼓舞下，慕容恪又派兵進攻襄陽。

當燕軍剛殺到襄陽城下時，傳來一個不好的消息：慕容恪病危。燕軍只好匆匆回國，半路上被晉軍追擊，部隊遭到了損失。這是慕容恪掌權時前燕唯一一次戰敗。

慕容恪突然生病，而且病情非常嚴重。臨終時他對慕容暐說：「臣聽說最好的報恩方式就是推薦有才能的人。吳王文武雙全，不亞於管仲、蕭何，是將相之才，陛下千萬要將國事委託於他，國家方能安寧！」言迄而終。

慕容恪死了，被前燕壓制得喘不過氣來的東晉和前秦終於喘了一口氣。而對他又尊敬又畏懼的娃娃皇帝慕容暐也認為終於去掉了一個心腹大患，以後可以為所欲為了，慕容恪前腳一死他後腳就把慕容恪制定的所有規矩統統廢除掉。慕容暐比他爹還討厭慕容恪舉薦的慕容垂，安排給慕容垂一個車騎將軍的無兵權閒職，另立自己的弟弟，十歲的慕容沖為大司馬管理國家。不久四世託孤的老臣陽騖也死了，四個顧命大臣只留下一個最不成器的慕容評和可足渾氏沆瀣一氣，共同糟蹋如日中天的大燕國。如果說輔佐苻堅的王猛可以比作是輔佐劉備的諸葛亮的話，慕容恪之於慕容暐更相當於輔佐阿斗的諸葛亮。慕容恪當權這幾十年最大的疏忽就是沒有好好培養侄兒皇帝慕容暐和眾位大臣，把自己當作前燕的頂樑柱，對國政管得過嚴，以致他死後君臣的逆反心理迅速滋長，使四國裡面最有希望完成統一的前燕頭一個完蛋。

桓溫聽說慕容恪死了，馬上重新拾起擱置多年的北伐計畫。他帶領弟弟桓沖，率領大軍五萬，以建威中郎將檀玄為先鋒，並派遣前燕叛將段思為嚮導，向前燕發起了東晉歷史上規模最大的一次北伐。燕國派遣大將慕容忠率領兩萬軍隊前來抵擋，桓溫率軍一陣猛殺，將軍紀渙散的燕軍殺得全軍覆沒，主將也被活捉。晉軍一路進攻，所向披靡，一口氣殺到了金鄉（今山東金鄉），戰況之順利讓桓溫自己也感到意外。但戰線一長軍糧供應就成了困難，桓溫就在黃河和汶河之間挖了三百里運河，將補給源源不斷地由建康運到前線。

晉將對這種遠端運送補給的方式心有顧慮，認為容易被燕軍偷襲糧道，只有桓溫拍著胸脯打包票，認為慕容恪已死，慕容垂又遭疏遠，前燕早已經無人，不用害怕，眾將心懷狐疑。

事情果然不出桓溫所料，燕國朝廷又派遣大將慕容厲為大都督前來迎戰，又被桓溫輕鬆擊敗。桓溫下令軍隊抓緊前進，一路上經過的城市紛紛倒戈投降，桓溫一口氣殺到離鄴城只有三百里的枋頭（今河南淇縣）。

太傅慕容評這會兒可是全無招數，還是太后可足渾氏想了個辦法，建議全體遷都回龍城，並向前秦求救，許諾事成之後割讓虎牢關以西的土地給前秦。慕容暐一聽認為這是個好辦法，也不準備打仗了，下令全體收拾東西回老家。

賦閒在家的慕容垂聽說要搬家的消息後，進宮向慕容暐請戰。安慰小皇帝說晉軍主力是步兵，我們有馬車，如果打了敗仗再逃跑他們也追不上的。慕容暐同意了他的建議，慕容垂帶領著弟弟范陽王慕容德率領五萬人馬前來抵禦晉軍，他們在半路碰上了前秦的兩萬騎兵，三方一道在枋頭紮營。

## 五

身肩重任的慕容垂和桓溫在枋頭對峙。大名鼎鼎的桓溫並不把慕容垂放在眼裡，當時的慕容垂在中原還是個無名之輩。慕容垂也知道桓溫的厲害，畢竟燕軍是連敗之師，就先掛起免戰牌，又偷偷地讓弟弟慕容德率領一萬騎兵深入晉境襲擊桓溫的糧道。

桓溫也不願意這樣耗著，就下令兵分多路向慕容垂大舉進攻。慕容垂則集中手頭的騎兵，專門伏擊千餘人一組的晉軍，打了就走，反正敵人也追不上。這樣讓晉軍連續吃了幾個敗仗，連晉軍的嚮導段思也被活捉斬首了。桓溫被耍得暈頭轉向，卻總是摸不著慕容垂的主力。

不久，經過艱苦行軍的慕容德終於摸到了金鄉運河，佔領了運河上的水閘，不許運糧船通過。沒幾天桓溫就吃不上飯了，只好下令燒光輜重立即連夜撤退。

燕軍獲得意外的勝利，當然精神大振。諸將紛紛向慕容垂請纓要求追擊。慕容垂卻不慌不忙地對大家說：「桓溫用兵如神，這次退卻必定會派名將勁兵斷後，追擊不見得能打贏。不過敵人害怕我軍追擊，必定會日夜兼程逃跑。我們不如在敵人的屁股後面跟著，等他們跑累了再打也不遲。」於是讓主力回去請功，自己只帶領慕容德率領八千騎兵循著晉軍撤退的腳印慢慢地溜達。

桓溫的主力是步兵，就算逃命也跑不過燕軍的騎兵。晉軍不眠不休連跑了七百里，半路上又累又餓，好不容易跑到了晉燕兩國的邊境上，桓溫才下令全軍停下來休整。

燕軍的偵察兵發現了晉軍的大營，慕容垂就分兵一半給慕容德讓他繞到晉軍前面埋伏起來，自己率領四千騎兵殺向晉軍大營。晉軍跑了好幾天，正是士氣最低落的時候，當然抵擋不住慕容垂的精兵，只好且戰且退，正好跑進慕容德的埋伏圈。慕容垂兄弟倆前後夾擊，晉軍頓時精神崩潰，只好各自逃命。亂軍中八千燕軍竟然消滅了敵人三萬多人。晉軍只有一萬多人從鬼門關裡逃了出來。

看熱鬧的前秦援軍覺得自己在枋頭之戰中沒幫什麼忙，很過意不去，就跟著慕容垂一溜小跑撿半路扔掉的裝備，正好碰上東晉的敗軍。這又是一陣好殺，晉軍又有萬餘人掉了腦袋，最後只有六七千人跟著桓溫死命逃回了建康。

慕容垂一戰成名，成為鮮卑族的大英雄，太傅慕容評馬上感覺到自己的地位出現了危機，就處處給慕容垂小鞋穿，不給立功的將士們發獎金。慕容垂又生氣又傷心，就和慕容評在宮殿裡大吵起來，觸怒了垂簾聽政的可足渾氏。可足渾氏本來就和慕容垂有仇，結仇的原因也很奇特，慕容垂的皇妃段氏性格剛烈，不願意討好可足渾氏，妯娌之間的關係很緊張。後來可足渾氏當了太后，就藉口段氏在宮廷裡放蠱，把段氏抓進大牢裡活活打死。而且指定慕容垂娶可足渾氏的妹妹當續弦，兩個關係自然不會好。慕容垂思念前妻，經常去老丈人家裡懷舊，時間一長沒出嫁的小姨子感覺慕容垂心地厚道，就暗地裡以身相許。兩人私通的消息被太后的妹妹知道後就進宮訴苦，可足渾氏和慕容評一商量，準備布置陰謀處死慕容垂。

慕容垂英俊瀟灑，才華滿腹，兼之禮賢下士，以誠待人，是鄴城年輕人的偶像。參與太后和慕容評陰謀的很多人都跑來向慕容垂告密，催促慕容垂先發制人，除掉握有兵權的慕容評，慕容垂卻認為寧可自殺也不願意骨肉相殘，危機就在這不停的爭執中逐漸來臨。

文武雙全的慕容令是慕容垂的大兒子，此時他還不清楚發生了什麼事，對慕容垂說：「父親心情不好，是不是因為皇上年幼，太傅忌賢妒能，有功高震主的危險呢？」

慕容垂非常驚訝，回答說：「是啊，我好不容易為國家化解了這次災難，想不到功成後竟然無立錐之地。你既然知道我在想什麼，有什麼好的主意嗎？」

慕容令早就胸有成竹：「這次太傅恐怕要動真格的。咱們不如先逃到龍城，佔據一方，等著皇上醒悟。如果皇上不諒解，我們也可以把守龍城天險自保，這個主意如何？」

慕容垂採納了慕容令的建議，帶著自己的追隨者往龍城方向逃跑，到了邯鄲，慕容垂的小兒子慕容麟卻起了悔意，偷偷逃回鄴城向慕容評告發親爹要謀反，慕容評就派部隊追殺慕容垂一行。燕軍追到了范陽，被萬夫不當的慕容令單人獨騎嚇退。

慕容令就對慕容垂說：「本來要逃到東都舉事，現在秘密已經洩露，不如逃到苻堅那裡去吧。」拿不定主意的慕容垂只好聽任兒子擺布，一行人又逃回了鄴城。到了城外，慕容令又建議慕容垂偷襲鄴城，慕容垂認為這個計策過於大膽，沒聽從他的建議，大家偷偷地渡過黃河，斬殺守衛，逃到了前秦。一行人有慕容垂、慕容令，慕容垂的兒子慕容寶、慕容農、慕容隆、慕容恪的兒子慕容楷、小姨子小段氏等，只有慕容垂的正妻，太后的妹妹被他扔回了鄴城。

苻堅早就有進攻前燕的想法，這回聽說威震天下的慕容垂前來投誠，苻堅親自率領文武百官到郊外迎接，把慕容垂大力表揚了一通。並賜予重賞，慕容令和慕容楷等都被加封為將軍，前秦的老百姓也聽說過慕容垂的大名，這回慕容垂到長安的消息更是婦孺皆知。

苻堅每次上朝時都當著百官的面近乎肉麻地吹捧慕容垂，時間一長王猛就有些嫉妒了。他偷偷地向苻堅進言說：「慕容垂父子乃人中龍虎，必不肯久居於人下，將來萬一有差錯必生異心，最好早點除掉為上！」而樂天派苻堅則對他的話頗不以

前秦瓦當上有
「大秦龍興化牟古聖」字樣

為然，呵呵一笑說：「我現在正在收納四海英雄，這樣的天下奇才都要殺，將來誰會為我打仗呢？況且匹夫尚且一諾千金，何況國王？」不久又加封慕容垂為冠軍將軍。

前秦幫助前燕打敗了東晉後，兩國之間交流逐漸頻繁起來。雙方互派大使明裡改善關係，暗地裡其實都是幹著間諜的勾當，不久前燕就派遣梁琛前來刺探前秦國情。

苻堅接見了梁琛，讓他敦促慕容評趕快交出當時許諾的虎牢關以西的割地。梁琛又會見了王猛，在長安住了一個多月，為欣欣向榮的前秦國勢所震驚。回到鄴城後梁琛就對慕容評說：「苻堅最近日夜操練軍隊，肯定對我國不懷好意。從前桓溫入寇我國，他們發兵支援不見得是好事。最近吳王又跑到長安，太傅最好早做準備！」

慕容評對此不以為然，譏笑梁琛說：「既然苻堅不是笨蛋，他該知道燕強秦弱。又怎麼會相信我國的叛臣，自毀秦燕兩國和睦的關係呢？」

慕容暐又召見了梁琛，詢問他前秦的情況和苻堅、王猛君臣的為人。梁琛回答說：「苻堅多謀善斷，王猛名不虛傳，現在吳王又歸順他們，將來不免有伍子胥之禍。最好加強洛陽、太原和壺關的防備！」

慕容暐聽了以後嚇了一跳，趕緊召見慕容評。慕容評洋洋得意地說：「秦國經濟實力衰弱，不知道什麼時候就會垮臺。吳王逃過去正叫做『寒蟬抱枯楊，不久一塊死』。梁琛這個人真是庸人自擾，杞人憂天啊。」

慕容暐認為慕容評說的有理，就不再對前秦加以防備。

不久苻堅派遣使者石越前來索要虎牢關以西的割地，慕容評極盡奢華裝修宮殿，向石越展示前燕的富有。石越對此付之一笑，他不卑不亢地對慕容評說：「敝主還望貴國早日交出所許之地。」

慕容評大概是受了張儀的影響，對石越說：「那大概是路邊的行人隨口胡說的吧。鄰居之間互相接濟互相幫助是人之常情，據我所知好像沒人說過要割地的話啊？」

石越大怒：「難道大人就不怕兩國之間兵戎相見嗎？」

慕容評呵呵冷笑：「剛才將軍也看到了，我國物產豐富，國力強盛，真正打起仗來，誰笑到最後還不一定呢。」

## 六

石越回到長安後把前燕拒絕割地的事情向苻堅做了彙報，苻堅正愁討伐前燕師出無名呢，聽了石越的報告，馬上下令由王猛統兵三萬進攻洛陽。

洛陽守將慕容築聽說前秦要大舉進攻，立刻派使者向鄴城告急。這時候已經到了十二月份，鄴城正準備過年。慕容評看了告急文書後，認為苻堅不自量力，就把告急文書往廢紙堆裡一丟，傳令等過了年再說。

慕容築等了一個月，援軍就是不來。這時王猛派人來勸降，慕容築尋思了半天，心想像慕容垂這麼有能耐的人都投降了前秦，自己肯定也撐不了多久，於是檢點軍隊，開門投降。王猛取得大勝，留下鄧羌鎮守金墉城，

戰事結束後，王猛帶著禮物親自去看慕容垂。慕容垂開始並不知道王猛對自己不懷好意，還以

為王猛為人彬彬有禮，就大擺宴席招待王猛，並把兒子託付給他。在酒宴上，王猛對慕容垂說：「在下即將遠離京城，先生準備送給我點什麼嗎？讓我看到您的禮品就想起您？」

慕容垂被他搞得莫名其妙，就解下自己貼身的佩刀作為禮物送給王猛。想不到王猛回去後就下令全軍立即啟程殺往洛陽，到了洛陽後王猛花重金買通慕容垂的侍衛讓他把慕容垂的佩刀送給慕容令，並讓人仿照慕容垂的口氣寫了封書信，說：「我父子奔入關中無非是為了逃命，不料又招到王猛的嫉妒。秦王雖然表面上對我們厚道，內心卻不可捉摸。現在聽說燕國已經悔悟，所以我決心回國，現在已經走在半路上了。你也要趕快逃跑！如果不相信的話，可以以我的佩刀為證。」

慕容令沒出席慕容垂招待王猛的宴會，一看爹的佩刀也不是假的，他反覆琢磨了一天，才偷偷地跑出軍營，打算投奔鄴城。王猛下令守衛故意放慕容令過河，然後立即將慕容令叛變的消息上報苻堅，並設法讓慕容垂知道。慕容垂聽說兒子跑了，只好也星夜逃跑，半路上被追兵抓獲。苻堅親自解開慕容垂身上的綁繩，安慰他說：「您國家失和，才投靠於我，貴子也是好人，知道歸依祖國，倒也不便譴責。只是燕國馬上就要滅亡，慕容令去了也不見得就會興旺，只是沒福氣而已。而且父是父子是子，本來就不應該連坐，何必如此狼狽呢？」反而對慕容垂更加信任。而逃到鄴城的慕容令被慕容評當作奸細抓了起來，押往龍城東北六百里的沙城幹苦役。

倒楣的慕容令到了沙城後發現自己上當了，氣憤之下，就糾集一批失意的苦力準備造反，想不到又被他的弟弟慕容麟告了密。慕容令只好單人逃跑。他跑到一個叫做薛黎澤的地方被殺。

王猛聽說苻堅放過了慕容垂，知道這次珍貴的機會白白喪失，心情不佳，對慕容垂更加仇視。

對於王猛使用卑劣手段陷害慕容垂這件事歷代史學家都頗有微詞，司馬光對王猛的看法就非常差。他說：從前微子投靠周朝，商朝就革命了；由余投靠秦朝，西戎就衰弱了；伍員投靠吳國，楚國就失敗了，陳平投靠漢朝，項羽就自殺了；許攸投靠曹操，袁紹就被滅了；可見敵國的棟樑為我所用是天賜的良機。而王猛知道慕容垂時間一長就會有反意，只不過其時燕國還沒被滅，慕容垂才高功大，無罪見疑，逃到秦國，沒發現什麼異心就要被殺，是助紂為虐，堵塞人才之門，怎麼能這樣做呢？所以苻堅尊重慕容垂來收買人望，親近慕容垂來聯絡感情，恩寵慕容垂來引誘民眾，信任慕容垂來拉攏人心，沒什麼不妥的。王猛為什麼念念不忘要殺死慕容垂，做出這種市井小人的勾當？就像嫉妒慕容垂分走苻堅對他的寵愛而進讒一樣，怎麼是高雅的君子的作為呢？

不過看看後來的走勢就覺得王猛這個人真的很有戰略眼光。他敢於對慕容垂下重手的理由就是慕容垂這個人早晚都要造反，晚打不如早打，現在沒有異心不代表以後不會沒異心。這樣看王猛的思路和周瑜算計諸葛亮的道理一樣。只不過慕容垂的腦筋比諸葛亮差得太遠，所以有梟雄氣質的慕容垂只有再三接王猛的小鞋穿了。這一次真的是險到了極點，人算不如天算，王猛再聰明也算計不到苻堅居然會不追究慕容垂的罪過，結果十五年後慕容垂斷送了苻堅的性命。

王猛這一次雖然沒有整死慕容垂，卻斷送了燕國最有希望的明日將星慕容令。後來慕容家族的滅亡，和慕容垂後繼乏人有很大的關係，如果慕容令沒被王猛陷害死，三十年後哪個國家最終會定鼎中原還不一定呢。

不久，苻堅又命令王猛率領十員大將向前燕發動總攻。他在灞上給王猛送別，苻堅就問：「現在我委託你進攻關東，由壺關到上黨這條路到鄴城最近。我會帶領輜重支援你，現在部隊將行，還有什麼要說的嗎？」

王猛拍拍胸膛打包票：「這仗肯定是必勝無疑了。還望趕快準備功勞簿，統計首級好記功。」說罷頭也不回，帶領主力奔壺關去了。

慕容暐聽說前秦要來進攻後，命令慕容評率領精兵三十萬前往壺關禦敵。慕容評走後，慕容暐問文武百官說：「聽說秦軍統帥是王猛，太傅能打贏嗎？」

大臣們大都是慕容評的親信，紛紛吹捧說：「秦國兵少將寡，怎是我百戰鐵騎的對手？王猛徒有虛名，肯定不是太傅的敵手，秦人看見我三十萬大軍，就得嚇得連夜逃跑，這仗不用打就贏定了！」只有從前的駐秦使節梁琛在一旁唱反調：「打仗輸贏與否取決於謀略，並不取決於人數。秦軍既然敢來怎麼就會不敢打呢？」他的話一出口就招來皇帝和大臣們的一頓群毆，隨後被關進了監獄。

慕容評帶著三十萬軍隊亂哄哄地殺向壺關，部隊才走到潞川（今山西潞城）哨兵就發來壺關遭遇王猛突襲失守的消息，慕容評就下令在潞川紮營，嚴陣以待等著秦軍的到來，準備打持久戰，把敵人耗死。

王猛還沒見著，燕軍大營裡已經怨聲沖天了。原來慕容評當了幾年的太傅變得嗜錢如命，他到了潞川後就把附近的山林和水源都封了起來，下令凡是在此砍柴或挑水者都必須交買路錢。不久慕容評帳篷裡的錢帛就堆得像一座山，慕容評這回可真發了大財。

統兵殺到潞川的王猛和部將們聽說這個消息後，不禁哄堂大笑。王猛對部將說：「慕容評真是個奴才，有這種人領軍，就帶一億人也必敗無疑，何況才三十萬人？這次我們贏定了。」就下令部將郭慶率領五千騎兵星夜繞過潞川，放火燒掉了位於後方的燕軍糧倉。三十萬人馬的糧草輜重足有數十萬噸，熊熊大火照亮了整個夜空，連數百里外的鄴城都看得見。

慕容煒看到火勢知道不妙，就派使者去罵慕容評說：「這一仗關係大燕的生死存亡，你不撫恤戰士卻還要勒索他們。打贏了仗大燕府庫裡的東西還不都是你的？還擔心沒錢花嗎？這仗萬一要是打輸了，你搞的這些錢準備往哪裡放？」

慕容評丟了糧草，經小皇帝的這一激真是又羞又惱。就向王猛下戰書準備發動總攻。第二天一大早，王猛把全體將士都召集起來對大家說：「諸位深入敵後，如果不勝則必死無疑。這一仗關係國家存亡，希望大家齊心協力！」然後把所有的財寶都分給手下，命令秦軍把鍋都砸了，把糧食都扔掉，在王猛的帶領下殺向燕軍大營。

燕軍的兵力是秦軍的六倍之多，這一仗雙方打得極其艱苦。前秦萬夫不當的大將鄧羌和張蠔手持長矛在王猛左右反覆衝鋒陷陣，旁若無人，兩人都殺死了數百敵兵。這一仗從早晨殺到中午，慕容評統帥的燕軍慘敗，被殺被俘的竟然有十五萬多人。慕容評只好單人獨騎落荒逃向鄴城。

王猛下令乘勝進攻鄴城。前秦大軍沿途軍紀嚴明，對百姓秋毫無犯。受夠了前燕官僚壓迫的百姓們都奔相走告說：「想不到太原王又回來了（太原王就是已經死去的慕容恪）！」王猛聽後非常感慨，對部將說：「慕容恪天下奇才，真是古今罕見啊。如果他還在世，燕國豈有今日之變？」於是備下重禮，親自到慕容恪陵前拜謁。

王猛抓緊進攻，一路上勢如破竹。鄴城的守軍獻城投降，慕容評和慕容煒只好狼狽逃跑，半路上被強盜襲擊走散了，慕容煒被強盜活捉獻給了王猛。前燕滅亡。

# 七

前燕滅亡後，投降前秦的鮮卑貴族都被苻堅封了高官，慕容垂想起從前受到過的白眼，經常見面就諷刺挖苦他們，不給這些昏官好臉色看，尤其是那個慕容評，慕容垂經常攛掇苻堅殺掉他。前燕過來的大臣就託和慕容垂關係好的人幫他們說情，認為將來大燕還有復興的一天，這些人都是起事的基礎，建議慕容垂以大局為重。慕容垂總算被說動，對別人也開始和顏悅色地打招呼了。只是慕容評還經常受他的氣，苻堅不捨得殺人，就任命慕容評為范陽太守，讓他離慕容垂遠遠的，免得他被慕容垂害死。

苻堅調王猛回長安擔任丞相，主管全國的政治經濟。王猛治國嚴謹，執法嚴明，真正做到了能者上、平者讓、庸者下的境界。又積極開荒囤糧，訓練部隊，沒幾年就把滿目創痍的國家經濟恢復起來，達到了「八王之亂」以來的最好水準。

王猛得到了苻堅的絕對信任和支持。苻堅讓太子苻宏和兒子苻丕把王猛當父親一樣看待，而且當著大臣的面對王猛說：「朕和您之間雖然有君臣之分，卻比親生兄弟還要親。劉備遇到孔明，自稱如魚得水，而劉備看到我和您現在的情況肯定會自愧不如啊。」

經濟發展了，就有實力繼續對外擴張。苻堅剛消滅了仇池地區的羌族殘部，就傳來消息說苻堅從小就賊怕的那位東晉大將桓溫因病而死，苻堅十分高興，就下令發兵進攻東晉益州。這時候東晉的一幫大臣正忙著瓜分朝廷大權，誰也不敢在這個時候離京打仗。苻堅以絕對優勢奪取了整個益州，總算洗雪了當年兵敗白鹿原的恥辱。

痛毆了東晉後，苻堅又掉過頭來攻打涼州。秦軍輕而易舉就打敗了涼州軍，活捉了五千名涼州重甲步兵（還記得從前打敗匈奴漢國的涼州軍麼？主力就是這種重甲步兵，是涼州的特殊兵種）。苻堅就派遣使者把這些俘虜都放了回去，涼州看到前秦的強大，只好向前秦停戰稱藩。

前秦實力越來越強，只可惜這時王猛卻得了重病，眼看就要死了。王猛臨終前對苻堅說：「微臣承蒙陛下的賞識，才能光大我朝，天下之大，十居其七，平燕定蜀，易如反掌。但善謀者不見得善成，善始者不見得善終，創業難，守業更難。晉雖然遠走江南，但畢竟是正統，而且國內安定，沒有可乘之機。微臣聽說親近的朋友和友好的鄰居，是成家立國者最重要的珍寶。微臣死後，陛下千萬不要去進攻晉朝，切記鮮卑和羌人才是我們真正的敵人，他們將來總有一天會造反，切記一定要除掉他

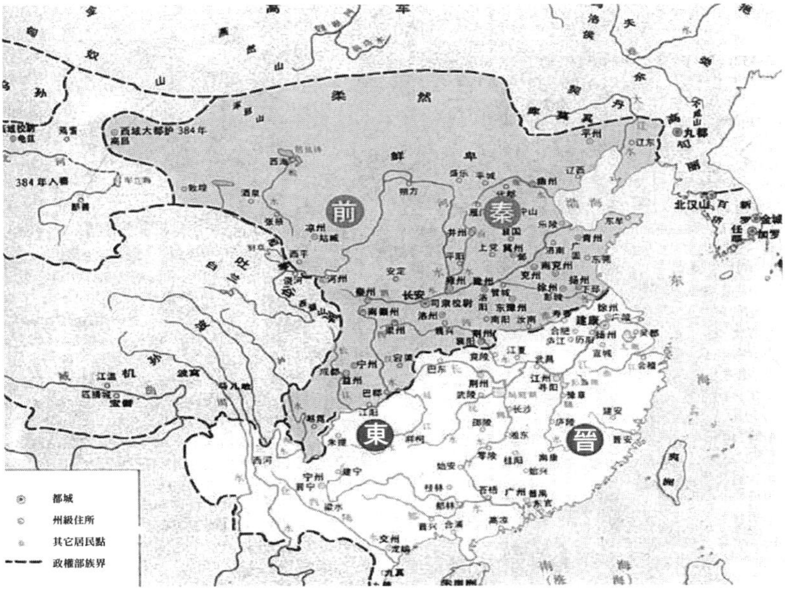


淝水之戰前東晉、前秦對峙圖

們，不要誤了大秦的江山！」說完就去世了，終年五十一歲。

王猛出身貧苦，靠自己的能力當上了異族的丞相，把氐族這個藉藉無名的部落發展成吞食天地的大國。他能力出眾，不只是表現在政治上，還在於他深遠出色的戰略眼光，準確地預測出三十年後的走勢，慕容垂這樣的梟雄在王猛手裡如猴子一般被耍來耍去。他一生平叛亂、滅前燕、伏涼州，從無敗績，為前秦立下不世的功勳。王猛無論文治武功都是十六國時期最能幹的大臣。柏楊把他看作和管仲、商鞅、諸葛亮、王安石、張居正等齊名的中國歷史上最偉大的政治家之一。

王猛的死對苻堅的打擊很大。苻堅仿效劉禪加封諸葛亮那樣封王猛為武侯，並下令全國哀悼三天，老百姓也很懷念王猛平常待人的寬容，紛紛自發到長安悼念他。

聽到王猛去世的消息後，涼州又開始蠢蠢欲動要脫離前秦的管制。

當年屢敗後趙的前涼實力在四國之中最小，但前涼卻擁有不次於王猛、桓溫和慕容恪的名將謝艾。在少年國王張重華的治理下，前涼的小日子過得倒也有滋有味，不過好景不長，張重華的母親馬氏在後宮和張重華的同父異母的哥哥張祚勾搭成姦，醜事敗露後，張重華羞憤難當，竟然被活活氣死，只活了短短的二十四歲。表哥張祚趁機篡奪了王位。

張祚是個極其荒淫無恥的好色之徒，他即位後就大肆姦淫宮中女子，不論美醜大小通吃，上至張重華四十多歲的老媽馬氏夫人下到張重華的所有妹子以及不到十歲的女兒，還包括張重華和張重華他爸倆人的那些妃子們，都成了張祚的床上嬌娃。

張祚心裡很清楚自己名聲太臭，很害怕前涼重臣或宗室發動政變推翻他的統治，尤其對那位用兵神鬼莫測的謝艾更是又恨又怕，就設下圈套將謝艾給殺害了。

謝艾被殺引起了人們的公憤。不久，駐守枹罕的前涼宗室張瓘率領大軍進攻姑臧。姑臧城裡的軍民沒人肯為張祚出力，等張瓘兵臨城下時，大臣宋混發動政變，把張祚困在宮裡，結果宮裡侍衛也要捉拿他。張祚走投無路，躲進了御廚房，被御廚們用菜刀給宰了。

張瓘、宋混等擁立張重華的兒子、只有七歲的張玄靚為涼王。張瓘自封大司馬，宋混自封僕射，兩人合作一道把持大權，這種蜜月自然不會長久。張瓘腦子裡總覺得靠政變發家的宋混不可靠，宋混也瞧著擁有兵權的張瓘十分不爽，不久張瓘就徵召涼州各地部隊發兵姑臧準備捉拿宋混。宋混聽說後，就在地方部隊還沒到之前跑到城外的警備部隊裡發表了一大通演說，說動兩千涼州重甲步兵進攻張瓘的官邸。張瓘抵擋不住，全家被迫自殺，自此涼州大權又被宋混把持。不久宋混病死，又把權力讓給了弟弟宋澄。沒多長時間張瓘的弟弟中護軍張邕又發動政變，殺死宋澄全家，然後和他叔叔中領軍張天錫一起重新把持住了大權。

張邕的稟性和張祚差不多，也是過於好色，不久就和張玄靚的祖母馬氏勾搭上了。張邕比張祚更擅長殺人，大臣們被他殺得都不敢上朝。

張邕的叔叔張天錫又發動政變率領四百重甲步兵進攻張邕，逼迫他自殺，結果張天錫自封冠軍大將軍，單獨把持朝政。不久張天錫感到張玄靚這個小涼王橫在自己面前，讓他施展不開，就乾脆帶兵殺進宮裡處死張玄靚，對外說張玄靚得急病死了，然後自立為大都督兼涼州牧，並派使者向前秦、東晉通告既成事實。

涼州經過這幾場動亂，僅有的一點家底也都敗光了。張天錫同他前面的幾個亂臣一樣也沉湎於酒色，不幹正事。王猛剛死，他居然認為吞併中原的時機到了，暗地裡訓練將士，準備進攻前秦。

苻堅聽說後，就派遣兩名使者前來責問張天錫。張天錫認為事已洩露，於是一不做二不休，把兩名前秦使者捆起來一陣亂箭射死。苻堅大怒，派大將毛當、姚萇率軍十三萬討伐前涼。張天錫臨時拼湊了八萬軍隊前來迎戰，結果兩軍還沒碰面士兵就跑得差不多了。張天錫只好退回姑臧城死守，城裡軍隊又嚷嚷著要造反，張天錫實在沒轍，只好向前秦投降。前涼政權歷時五十七年而滅亡，是十六國裡面混得最長的了。

前秦滅了前涼，還接收了前涼在西域的領土，中國境內除東晉以外就只有河套的代國不受其節制了。

代國本來就不算在十六國裡，而且它的疆域也不固定。它和匈奴鐵弗部關係不好，兩家連年交兵，代國和前燕是鐵杆盟國，鐵弗部首領劉衛辰不敵代王拓跋什翼犍，就乾脆向前秦稱臣，請前秦出兵干涉。苻堅派遣宗室苻洛率領鄧羌、張蠔等大將，領兵三十萬討伐代國。

鐵弗部有了前秦撐腰，代國便逐漸落到了下風。代王拓跋什翼犍硬著頭皮派遣外甥劉庫仁率領十萬軍隊前來迎戰，被前秦軍擊敗，代國只好全體逃亡到了陰山。半路上拓跋什翼犍的侄兒造反，將拓跋什翼犍一族幾乎全部殺光，並自封代王。

拓跋什翼犍有一個剛剛滿月、名叫拓跋珪的孫子，被母親賀蘭氏藏到劉庫仁帳篷裡躲過了大屠殺，因而得以倖免。

劉庫仁知道自己實力弱小，就向秦軍投降，並請前秦幫助消滅反叛勢力。苻堅出兵消滅代國反叛勢力後將代國分為兩部分，以黃河為界，河西歸劉衛辰，河東歸劉庫仁。劉庫仁在軍營裡秘密撫養拓跋珪，等著他長大後復仇。

……

燕、晉、秦、涼四國紛爭的階段歷經二十年，大家各有名將，互有優劣，經濟實力也比較均衡，和一百年前的三國時期很相似。唯一不同的是三國一統的結局早已注定，而四國之間的命運卻被造化小兒捉弄得毫無規律可尋。

# 大哉前秦大事記

## ◉西元三五二年

一月，前秦苻健稱帝。
三月，羌族酋長姚弋仲病死，兒子姚襄即位。
四月，前燕慕容恪於常山包圍冉閔，將其活捉，後斬之。
八月，前燕慕容評攻陷鄴城，冉魏滅亡（亡國四）
十一月，慕容儁於薊城稱帝。

## ◉西元三五三年

九月，東晉殷浩北伐。先鋒姚襄造反，北伐失敗。
十一月，前涼王張重華病死，兒子張曜靈即位，張祚篡位，自立為涼王。
十二月，張祚殺大將謝艾。

## ◉西元三五四年

二月，姚襄投降前燕。東晉桓溫率四萬軍隊北伐。
四月，桓溫與前秦在藍田會戰，前秦大敗。桓沖進攻苻雄於白鹿原，前秦戰敗。桓溫佔領灞上。
五月，桓溫會見王猛。桓溫與苻雄在白鹿原會戰，桓溫戰敗。苻雄擊敗東晉子午谷援軍。苻健用割麥計逼走桓溫。
六月，桓溫撤軍。前秦追擊桓溫於潼關，桓溫戰敗。前秦丞相苻雄病死。

十月，前秦太子苻萇病死。

◎ 西元三五五年

四月，前秦立苻生為太子。

六月，前秦皇帝苻健病死，苻生即位。

七月，前涼張瓘造反。

八月，前涼宋混發動政變，殺死涼王張祚。張玄靚即位。

十一月，前燕慕容恪進攻青州段龕。

十二月，苻生殺丞相雷弱兒。

◎ 西元三五六年

一月，慕容恪擊敗段龕於淄水。段龕被慕容恪圍於廣固。

二月，前涼向前秦稱藩。

七月，桓溫北伐，進攻洛陽姚襄。

八月，桓溫與姚襄在洛陽城外決戰，姚襄慘敗。姚襄逃奔平陽。

十一月，慕容恪攻破廣固，活捉段龕。前燕吞併山東半島。

◎ 西元三五七年

四月，姚襄進攻前秦。

五月，前秦苻黃眉進攻姚襄，姚襄戰死，弟弟姚萇投降苻堅。王猛投靠苻堅。

六月，苻堅、苻法發動政變，殺死苻生。

七月，并州軍閥張平向前秦投降。

十一月，前秦苟太后設計殺死苻法。

◉ 西元三五八年

三月，前秦進攻張平。張平、張蠔投降前秦。

十二月，東晉荀羨北伐，進攻前燕泰山，戰敗。

◉ 西元三五九年

六月，前涼宋混發動政變，張瓘被迫自殺。

八月，東晉諸葛攸進攻前燕，戰敗。

十月，東晉謝萬北伐，戰敗。前燕佔領河南東部到安徽北部一帶。王猛一年五遷。

◉ 西元三六〇年

一月，前燕皇帝慕容儁病死，慕容暐即位。

二月，前燕慕輿根準備政變，被慕容恪發覺處死。

◉ 西元三六一年

四月，前涼宋混病死，弟弟宋澄把持大權。

九月，前涼張邕發動政變，殺死宋澄。

十一月，前涼張天錫發動政變，張邕被迫自殺。

◉ 西元三六三年

八月，張天錫處死張玄靚，自立為王。

◉ **西元三六四年**

三月，東晉庚戌土斷，實施《庚戌制》，國力增強。

◉ **西元三六五年**

三月，前燕慕容恪攻佔東晉洛陽。

◉ **西元三六七年**

五月，前燕慕容恪病死。慕容垂遭到排擠。

十月，前秦齧梨之變，五公爵聯合叛變。

◉ **西元三六八年**

王猛平定五公爵叛變。

◉ **西元三六九年**

四月，東晉桓溫北伐，進攻前燕。

七月，桓溫佔領枋頭。前燕派慕容垂迎戰。

九月，慕容德切斷桓溫糧道，桓溫撤退，半路遭慕容垂和前秦聯軍伏擊，桓溫慘敗。

十一月，前燕慕容垂遭忌，投奔前秦。

十二月，王猛進攻前燕洛陽。

◉ **西元三七〇年**

一月，王猛佔領洛陽。

六月，王猛率軍六萬討伐前燕。

八月，前燕慕容評率軍三十萬迎戰。王猛佔領壺關。
十月，王猛和慕容評決戰潞川，慕容評慘敗。
十一月，王猛佔領鄴城，慕容煒被俘，前燕滅亡（亡國五）。

◎西元三七一年
一月，苻堅遷徙十五萬鮮卑人到關中居住。
四月，王猛擊敗張天錫於枹罕。

◎西元三七二年
八月，王猛正式就任前秦丞相。

◎西元三七三年
七月，桓溫病死，謝安執政。
十月，前秦進攻東晉益州。
十一月，前秦佔領漢中、成都。

◎西元三七五年
七月，前秦王猛病死。

◎西元三七六年
八月，前秦十三萬軍隊進攻前涼。前涼軍譁變，張天錫被俘，前涼滅亡（亡國六）。
十月，前秦三十萬軍隊進攻代國。
十一月，代國大將劉庫仁與前秦苻洛決戰石子嶺，代國戰敗。代國全體遷移至陰山。代王拓跋什翼犍滿門被侄兒拓跋斤殺死。劉庫仁借前秦兵平叛。劉衛辰、劉庫仁隔河而治。

前秦統一東北、華北、漠北、西域、朝鮮半島，成為中國歷史上規模空前的大帝國。

# 第六章　單于折箭（西元三三七～西元三八五）

## 一

四世紀後期，一個規模空前的大帝國前秦在中原大地上崛起，它在沒統一江南之前的國土就超過了全盛時期的漢朝。在天朝的感召下，周圍的小國紛紛向其稱臣納貢。先後有高句麗、新羅、大宛、高車、康居、吐谷渾、天竺、倭國、琉球等六十二個國家先後來到長安拜訪送禮。長安成為國際化的大都市，朝廷裡也盡是些羌、氐、鮮卑等各族官員。前秦各族官員、百姓在苻堅的個人魅力統領下，形成了一個極具包容力的大熔爐。統一江南便成為苻堅最大的心願。

消滅代國後不久，苻堅就對東晉的戰略要地襄陽發動了猛烈的進攻。他派遣苻丕、慕容煒帶兵七萬出魯陽，慕容垂、姚萇帶兵五萬出南鄉，苟池、毛當帶兵四萬出武當，楊安、石越帶兵一萬為先鋒，四路大軍共十七萬人不久在襄陽城前會齊，雙方隔著漢水開始布陣。

東晉守將朱序靠著漢水天險，認為對方沒有水軍，很難順利地渡江而來。不料石越卻帶領五千騎兵在隆冬季節星夜淌水過河。朱序猝不急防，竟然被石越的五千騎兵攻破了外城，搶走了一百艘戰艦。苻丕等秦軍主力趁機靠岸登陸，不久慕容垂也平安渡河，十幾萬軍隊一齊向襄陽內城殺過來，襄陽城危在旦夕。

形勢危急之下，朱序的母親韓氏也帶著家丁登上城頭協助防守。老太太親自繞城走了一圈，發現西北角的城牆修得不夠牢固，就調撥城裡所有的婦女花了一天的時間圍著西北角又修了一圈城牆。第二天秦軍果然將西北角攻破，才發現裡面另有一道城牆，十分洩氣，攻勢慢慢地延緩下來。

苻丕心中不快，手下急忙開導說兵法有云十則圍之，不如把周圍的居民都搬遷到北方，將襄陽慢慢困死。苻丕認為這是個好主意，就下令在周圍修築營壘，將襄陽城團團圍住。東晉時任荊州刺史、桓溫的弟弟桓沖本來率領著七萬大軍準備救援襄陽，卻被秦軍浩大的聲勢嚇退，離戰場遠遠地觀望起來。

前秦大軍圍困襄陽大概有一年，長安那邊就有人說閒話了。大臣李柔認為苻丕十七萬軍隊花一年時間竟然攻不下小小一個襄陽，是不是都跑武當山旅遊去了？就要求苻堅治苻丕的罪。苻堅很生氣，派使者送給苻丕一把劍，對他說：「到明年還打不下來，你就自殺，不必回來再見我了！」苻丕挨了一頓臭罵，只好下令強攻襄陽。但襄陽守軍在朱序靈活的指揮下，不光牢牢地守住了城，還殺傷了大批的敵軍。

苻丕攻城不下，就下令部隊先撤退，往城裡派遣了間諜，花重金買通襄陽的北門守將，放秦軍進城。朱序抵擋不住被俘，被押到長安受審。

苻堅派大將梁成鎮守襄陽，然後親自提審朱序，審了半天，他對朱序是越審越喜歡，認為朱序臨危不降，是個有氣節的人才，就任命其為尚書，反而把那些叛變投降的人給斬首示眾。

在進攻襄陽的同時，苻堅又對東晉徐州一帶發起了東部攻勢。在兗州刺史彭超率領下，前秦七萬軍隊進攻東晉的淮陽、盱眙、彭城一帶。東晉主力都忙著給襄陽解圍，實在是顧不上東線戰況，只有右將軍毛虎生拼湊了五萬部隊坐鎮堅守。毛虎生不敢和秦軍開戰，彭超的軍隊順利地把彭城包圍起來。

東晉兗州刺史、謝安的侄兒謝玄手中卻有一支王牌部隊。他在長江邊的北府（今江蘇鎮江）訓練了一支很有戰鬥力的部隊，號稱北府兵，實施最嚴格的訓練方法，配備最好的武器，是十六國時期最精銳的步兵。聽說彭城被圍的消息後，謝玄主動請纓到東線作戰。

謝玄手頭的北府兵總共只有一萬多人，這次全部上陣。謝玄發現敵人對彭城的包圍十分嚴密，就率部隊進攻秦軍的糧倉。等彭超率主力援救的時候，彭城堅守的軍民趁機逃了出來，在北府兵的掩護下安全撤退到了江南。

這時秦軍又開始進攻四川東部，毛虎生緊急抽調自己的部隊去四川作戰，如此一來建康以北竟然沒有成規模的防禦部隊。彭超率軍佔領了無人防守的彭城，又抓緊向南穿插，沒幾天就殺到了離廣陵只有一百里的三阿（這應該是當時北軍打到距離建康最近的一回了）。東晉這才發現形勢有些不妙。這時苻堅又加派圍攻襄陽的毛當、毛盛率兩萬騎兵星夜前來增援，東晉也調集了預備兵力四萬由衛將軍毛安之率領前來加強廣陵的守衛。被夜間趕到的毛當的騎兵突襲，四萬軍隊竟然全軍覆沒。

這時東晉在東線只有謝玄手中的一萬多北府兵能調動了，謝玄率領這支部隊步行一百里前來解三阿之圍。彭超和前秦後將軍俱難一開始壓根就沒把這支部隊當回事，一接觸才發現對方戰鬥力相當驚人，彭超、俱難的六萬人被殺了個大敗，只好向盱眙方向撤退，不久又被跟在屁股後面的謝玄軍追上，彭超、俱難又被打敗，不得不退守淮陰。

東晉發現這支北府兵小分隊戰鬥力竟然如此之強，當然喜出望外，謝安的弟弟謝石也率領水軍趕來增援。謝玄趁漲潮之際坐船半夜燒掉淮陰大橋，彭超、俱難沒來得及撤退的部下幾乎全部被殲，彭超、俱難倆人死命逃過淮河，又退守到淮北。結果被下了船的北府兵一陣好殺，六萬軍隊終於全軍覆沒，彭超和俱難隻身逃回了長安。

苻堅自登基以來還沒經受過如此慘敗，氣憤之下要治彭超的罪，彭超羞愧難當，只好自殺謝罪，俱難被貶為平民。苻堅任命毛當為徐州刺史，毛盛為兗州刺史，正準備在東線再發動一次進攻時，突然接到幽州苻洛造反的消息。

苻洛是苻健的哥哥的兒子，他的戰功可不低，當年指揮三十萬大軍討伐代國的時候，鄧羌、李柔、朱肜、張蠔都還是他手下的部將，至於慕容垂、姚萇、毛當這些人還都不怎麼出名呢。

苻洛對苻堅沒有重用自己而心懷不滿，正巧他的手下幕僚平顏對現在的職位也不滿，雙方一拍即合，苻洛便在自己的封地幽州扯旗造反。苻洛自稱大將軍秦王，任命平顏為幽州刺史，並向周圍鮮卑、烏丸、高句麗、百濟、新羅等附庸國下令要求隨軍出征。小國們認為苻洛不是正統，沒有願意跟他幹的，苻洛只好一人出征，帶領七萬大軍進攻長安。

苻堅一開始還想勸說苻洛退兵，派使者勸誘苻洛，許諾說如果苻洛退兵的話就把幽州割讓給他。誰知苻洛竟大言不慚地對使者說：「你回去告訴東海王，幽州太偏僻，不足以容納萬乘之尊。必須到關中才可以繼承高祖的事業。如果他在潼關迎接我的話，可以加封三公。」

苻堅大怒，派遣大將竇沖、呂光率軍四萬，宗室苻融為大都督率軍三萬分兩路在中山攔截敵人，又派石越率領一萬騎兵從蓬萊渡海偷襲幽州。還沒等石越殺到，竇沖就和苻洛展開了決戰，苻洛一夥人戰敗被活捉。苻堅嚴厲地數落了苻洛一頓，也不想殺他，就把他發配到涼州去當了個小官。

經過這場內亂，苻堅對親戚們產生了不信任感。為了防止禍起蕭牆，苻堅下令讓苻丕鎮守鄴城，苻暉鎮守洛陽，將氐族人分散到全國各地去居住。這些氐族人在浮華的長安待慣了，都不願意出遠門，苻堅好說歹說才把他們勸走。在灞上送別的時候，苻丕率領三千氐人和親屬灑淚而別，大家都痛哭失聲。苻堅的秘書宦官趙整，撫琴作歌一首，在一片哭聲中他的歌聲分外悲壯：

阿得脂，阿得脂，
伯勞舅父是仇綏，尾長翼短不能飛。
遠徙種人留鮮卑，一旦緩急當語誰！

苻堅心裡已經對親屬們產生了疑慮，因此他看到這場面後只是笑笑沒說別的。

屢戰屢勝的苻堅生活中自然少不了阿諛奉承，在文武百官們的恭維吹捧下，他的生活也變得逐漸奢華起來。苻堅屢次下令把當年後趙遺留在襄國的金銀器具拉來自用，又大造軍艦武器，在上面鑲嵌後趙遺留的金銀財寶。慕容垂的子侄們在聚會時紛紛對慕容垂說：「秦王自恃強大，轉戰不休，從東北打到西南，民不聊生。王猛死後，法制廢弛，現在又大修軍艦，極盡奢華，只怕大禍不遠，現在正是結交豪傑的時候，對將來復興大燕是有幫助的。」慕容垂微笑不答。

# 二

王猛死後，前秦的法制觀念逐漸地廢弛，再加上苻堅這個天生的樂天派當皇帝，歌舞昇平的長安城下已經隱藏著巨大的危機。

不久，苻法的兒子苻陽、王猛的兒子王皮聯合擔任尚書郎的東晉降將周颺準備發動政變，被苻堅發覺，把他們都逮了起來，苻堅親自過堂審問。

苻堅先審苻陽，苻陽回答：「我的父親不該加以處死，我只是為父親復仇！」

苻堅心裡覺得有愧於苻法，不由得默默無言。

王皮說：「我父親生前是丞相，立下大功，我現在卻窮得吃不上飯！」

苻堅聽後歎息道：「丞相臨終前的全部遺產只有十頭牛，讓你種地為生，千萬不要去當官。知子莫若父，自然有他的道理。」

苻堅最後問周颺，周颺回答：「我吃著晉朝的飯，當然要為晉朝做事，還問什麼？」

苻堅下令把這三人全部放走。

前秦所面臨的危機最重大的一個就是擴張太快，抓的俘虜太多，對俘虜待遇又太好。中國有句古話「非我族類，其心必異」，苻堅對此卻始終沒有清醒的認識。通過這次未遂政變就可以看到前秦帝國這個大系統裡還存在著舊賬未清、功臣沒加優撫、俘虜管理不嚴等很多嚴重的大問題，這些都是可能誘發大矛盾的導火索。

苻堅自己並不覺得有問題，他認為國家富強得很，人民安定得很吶。經過三十年的經濟發展，是既有錢又有人，就只剩下一個東晉總掛在國家版圖之外，怎麼看都覺得礙眼，苻堅對此當然感覺很不爽。某日就召開軍政高級幹部大會，討論武力統一東晉事宜。

會上，苻堅洋洋得意地對大臣們說：「建國快三十年了，天下將統一，只有東南一點還在抗拒天威，現在我統計了一下部隊，可以調動的有九十七萬，我親自出征討伐晉國，大家看怎麼樣？」

大臣們頭腦並沒有跟著皇帝一起發燒，左僕射權翼頭一個站起來反對，他說：「從前紂王這麼昏庸，但他的朝廷裡有賢人的時候武王也不敢進攻。現在晉國雖然弱小，但國內還沒有什麼危機，微臣認為不可以討伐。」

大將石越也堅決反對，他說：「謝安和桓沖都是出色的人才，目前晉朝君臣和睦，內外齊心，況且有長江天險，民心所向，竊以為現在還不能討伐。」

苻堅聽了以後心裡很不痛快，他辯解說：「從前武王伐紂的時候占卜顯示此戰必敗，後來不還是打贏了？至於那個長江天險，從前夫差和孫皓也靠這個東西，結果還是亡國了。現在以我軍的人數來看，把鞭子扔到長江就可以截斷長江的流水（成語「投鞭斷流」的出處），還怕他的天險幹什麼？」

大臣們還不死心，又一通猛勸：「那些國家的領導人都是荒淫無道，對敵人來說消滅這些暴君都是舉手之勞。現在晉國和我國相比並不見得一無是處。希望陛下還是先整飭內政，化解風險，多積糧，多攢錢，等著晉國發生內亂時再討伐它也不晚！」

大家七嘴八舌亂哄哄鬧成了一片，把苻堅給惹火了，他大聲說：「這就像在馬路上蓋房子一樣，什麼時候也沒法完工。你們都出去，我自個兒想辦法！」

大傢伙兒一看苗頭不對，趕緊灰溜溜地排隊出門，只有苻融留下來沒走。

苻堅一看苻融留下來了，以為他是專門支持自己的，就興沖沖地對他說：「自古能決定大事的，不過一兩人。剛才人多嘴雜，太招人煩，現在我們兩個商量商量吧？」

沒想到苻融卻是來勸阻他的。苻融說：「現在討伐晉國有三大不利：一是天時對我們不利；二是晉國安定，我們無機可乘；三是最近戰況不利，我軍有畏敵之心。凡是說不能打的大臣，都是陛下的忠臣，希望陛下仔細考慮。」

苻堅聽了他的話以後感到十分失望，便反駁苻融說：「你這樣悲觀，真讓我失望！我擁兵百萬，糧草如山，就算我不是明君，也不能說是昏君啊。我乘連捷之勢攻累敗之國，怎麼能打不下來？又怎麼能留著這個隱患給我的後代帶來麻煩？」

令苻堅感到驚訝的是，苻融竟然動情地落下了眼淚：「晉國還沒到滅亡的時候，這是事實，不承認不行。現在勞師遠征，並不見得有必勝的把握。而且微臣最擔心的不在這裡，而是陛下最寵信的鮮卑人和羌人。其實他們都是我國的仇敵，他們表面上對陛下示好，那是衝著我們國家的強大來的。一旦我軍精銳盡出，老於前線，恐怕內地將有不可預料的變化，一旦這樣，到時候後悔也來不及了！微臣資質愚鈍，說的話當然不足為憑，但王猛丞相是天下奇才，陛下把他當作自己的諸葛孔明，難道陛下忘了丞相臨終前的遺言了嗎？」

苻堅也火了：「你想過我國和東晉的實力對比沒有？我以百萬大軍進攻，就像秋風掃落葉一樣順利，為什麼你們都要來反對呢？」

接下來苻融說的一席話簡直讓人懷疑他更像一個八十歲的老儒生：「知足不辱，知止不殆。古往今來，窮兵黷武的人沒有不滅亡的。而且國家是夷狄出身，正朔不會歸我們，東晉雖然微弱，到底是中華正統，天意必定不會滅亡它。」

苻堅狠狠挖苦了苻融一頓：「風水輪流轉，帝王的命運本來就沒有常理，誰品德高尚就是誰的！劉阿斗也是漢朝的正統，怎麼讓魏國給滅了？你之所以不如我的原因就是不懂得變通！」說完就丟下苻融關門進去睡覺了。

苻堅回到宮中，太子苻宏也勸他說：「現在東晉國家穩定，如果戰況不佳的話恐怕會喪失陛下的威信啊。」

苻堅的妃子張夫人也說：「妾身聽說天地萬物，都取法自然，黃帝制服牛馬是順應它們的性子，大禹治水得成是順應水勢的方向，后稷種植五穀是順應了天時，武王伐紂是順應了民心，所謂順天者昌逆天者亡，現在大家都說東晉不可伐，陛下何必要逆天而行呢？」

苻堅最寵愛的小兒子苻詵也勸諫說：「兒臣聽說國家興亡與否取決於賢人是否得勢，大臣們都贊同的觀點陛下卻要反對，令人十分不解。」

苻堅已經聽不進去這些老套觀點，他不耐煩地回答說：「從前秦滅六國，難道那六國之主個個都是暴君？婦女小孩又怎麼知道國家大事？」

當然，苻堅的宏偉計畫也不是沒人支持，還沒資格參與上次會議的京兆尹慕容垂就竭力鼓吹說：「弱肉強食，以大吃小是自然界的規律，怎麼是不可捉摸的東西呢？陛下既然想了就去做，顧慮這麼多幹什麼？從前晉武帝討伐東吳，同意的就兩三人，如果聽從了大家的意見，怎麼能統一全國呢？」

苻堅聽了這番話自然龍顏大悅，對慕容垂說：「能和我平定天下的只有你啊！」立即賞慕容垂五百匹綢緞。

兗州刺史姚萇也專門回來為苻堅打氣。有了這兩位的支持，苻堅就下令準備南征。他命令在全國上下每十個男人裡抽調一人當兵，又挑選二十歲左右的富家子弟三萬多人作為自己的親兵，這幫人打扮得光鮮鮮的，號稱「羽林郎」。

苻融後來又跑到軍營裡勸說苻堅：「鮮卑和羌人都是我們的仇敵，就等著我國發生事變好趁機興風作浪，他們的所謂策劃我看都沒安好心。陛下挑選的這些少年都是富家學生，沒經過實戰的鍛鍊，只會順著陛下的意思說空話。現在陛下輕信他們來決定大事，微臣只怕謀劃不成，必有後患，到時候後悔也晚了！」

苻堅還沒說話，周圍的小青年個個是辯論能手，幾句話就把可憐的苻融說得張口結舌，無言以對。苻融論辯輸了，只好怏怏而回。

不久，苻堅就任命苻融為先鋒，張蠔、梁成、慕容垂為副將，率領二十五萬大軍先行，自己又帶領六十多萬步兵，二十七萬騎兵，一共集結了一百一十多萬重兵發動了有史以來世界上單方面兵力最大的一次戰爭。

## 三

在苻堅親自策劃指揮下，史上最強大的戰爭機器把方向校準到了項城（今河南沈丘）。苻堅認為此戰必勝，就下令加封東晉皇帝為尚書左僕射，謝安為吏部尚書，桓沖為侍中，為了等他們來的時候有房子住，現在就先為他們蓋官府了。

苻融的二十五萬先遣軍已經發兵而去。苻堅又把手頭的主力部隊逐一分配，親自授予進攻西線的姚萇「龍驤將軍」的稱號，並對他說：「朕曾經擔任過龍驤將軍，才有了今天的業績，所以朕從來沒有把這個稱號送給過別人。現在朕把這個官職送給你，希望你能努力戰鬥。」

等姚萇拜辭後周圍的大臣們才提醒說：「君無戲言，這恐怕不太吉利啊。」苻堅才深表懊悔。

走在半道上的慕容垂早就打起了自己的小算盤。慕容楷和慕容紹一起對慕容垂說：「我主最近驕傲自滿，是亡國的預兆。復興大燕的希望就繫在這裡了。」慕容垂也得意地說：「是啊，需要大家齊心協力才能成功啊。」

但話又說回來。既然打贏的可能性很大，那些大臣們為什麼還要聲嘶力竭地反對呢？善於聽從部下意見的苻堅這會兒為什麼又要力排眾議？除了上至王猛下至百姓對漢人政權有意無意地羨慕和自卑以外，前段時間呂光遠征西域造成的影響也不小。原來苻堅滅前涼後，歸屬前涼的西域諸國不清楚前秦的實力，都準備造反自立。親中原的車師、鄯善就向苻堅要軍隊討伐，苻堅就派遣呂光帶領十萬軍隊前去救火。苻融當然又不滿意了。他的說法和漢唐老臣的觀點一樣：「西域過於荒遠，征服來的人民不一定聽從號令，佔領來的土地不一定就能種糧食，從前漢武帝輕率西征，得不償失，陛下不要重蹈覆轍。」結果呂光一點不給他面子，跨過河西走廊，穿越大漠順利地擊敗焉耆，趕走龜茲國王，自己鎮守龜茲，倚仗著山高皇帝遠，儼然一個土皇帝。苻堅看了戰報後就想，東晉再難打也沒有西域難打，而我軍的戰鬥力必定超過勞師遠征的呂光部隊，呂光以十萬部隊就可以稱雄西域，我以百萬部隊怎麼就不能佔領東晉呢？於是苻堅內心的好勝欲望越發膨脹，不久就徹底爆炸，進攻開始。

苻融的先鋒走了沒幾天，耐不住性子的苻堅也親自操刀上陣，就連想看熱鬧的張夫人也跟著上了戰場。苻堅的戰車叫雲母車，裝修得富麗堂皇，在三萬羽林郎的護衛下真的是格外威風，近百萬主力就這樣浩浩蕩蕩地走向了戰場。當先鋒到達前線的時候，苻堅已到項城，涼州兵才到咸陽，蜀漢軍剛剛沿江而下，冀州軍剛調動到彭城。前秦百萬軍隊的調度呈現一片混亂之勢，就連苻堅自己可能也沒弄清楚自己到底有多少兵馬。

苻堅統帥一百多萬軍隊來進攻的消息傳到建康後，東晉的大小官員個個嚇得面無人色，只有謝安一如既往地從容鎮定。他立即開始運籌帷幄，東晉的西線夏口有擁兵十萬的桓沖把守，這地方暫時不用擔心，對於迎戰東線苻堅的主力，謝安派出謝石為征討大都督，謝玄為前鋒，又讓兒子謝琰和桓沖的親戚桓尹為副將，率領八萬部隊迎戰前秦軍。這其中就有謝玄的看家寶貝，五千北府兵。東晉的八萬軍隊和苻融的二十五萬先鋒部隊在壽陽形成了對峙。不久，謝安又派遣水軍將領胡彬率領五千水軍前來增援，在壽陽雙方兵力對比為二十五比八．五。

一切安排妥當後，謝安又開始了他最擅長的清談，不再管戰場形勢。當謝玄跑來問有沒有什麼安排時，謝安隨口說了一句「已經另有安排。」然後就出去遊山玩水下圍棋去了，留下一個摸不著頭腦的謝玄獨自發呆。桓沖聽說後派遣三千精兵來加強建康的防衛，被謝安全部擋了回去，他說：「我早有安排，不缺人手，這些兵桓將軍還是留著自己用吧。」急得桓沖對部下說：「謝安高人雅量，但就是不懂得打仗，現在大敵當前還是這麼悠閒，又讓些孩子去打仗，人還這麼少，國家的將來可想而知。看來我要改行當胡人囉。」

秦軍在先鋒官苻融的指揮下，很快就攻佔了東晉的壽陽（今安徽壽縣），活捉了守將徐元喜。苻融一看東線戰事很順利，就調遣慕容垂帶領三萬部隊進攻西線的鄖城（今湖北鄖縣）。東晉將領胡彬聽說壽陽兵敗的消息後，只好帶著五千水軍往東撤退，半路上被前秦將軍梁成率領五萬軍隊包圍在洛澗（今安徽淮南東）。秦軍在胡彬陣地周邊修築了層層疊疊的柵欄以切斷他的糧道。謝石和謝玄的部隊在洛澗以東二十五里處擺下陣勢，但害怕梁成的勇猛，不敢貿然進攻。沒兩天胡彬的糧食就吃光了，就派出使者請求謝石快想辦法。

東晉權臣謝安

正巧送信的人被苻融的偵察兵逮住，苻融得到這個情報後，認為是件好事，就派人通知遠在一百七十公里外的項城的苻堅，告訴他「敵人很少，快點過來別讓他們跑了。」苻堅一聽當然很高興，就把主力留在項城，自己帶領八千羽林郎秘密來到壽陽，和苻融商量怎麼吃掉對方。

這時候苻堅的仁慈心又上來了，為了對方的生命著想，苻堅就派遣在襄陽被俘的東晉將領朱序去勸說謝石投降。但朱序到了東晉的營地後，並沒有按照苻堅的意思照辦，而是把前秦的防禦部署向謝石和盤托出，並對謝石說：「現在只有苻堅和苻融在這裡，如果百萬秦軍都來了那就大勢已去了，所以就趁現在他們還沒集結趕快上去揍一頓，如果擊敗了他們的前鋒，那麼敵人必定會士氣大降，下一步作戰就有利了。」

謝石並不清楚朱序說的是真是假，有這等好事當然不敢妄斷。還是謝玄拍桌子起來，下令在廣陵待命的劉牢之率五千北府兵出場，直取梁成在洛澗的主陣地。驕橫一世的梁成怎麼也沒想到東晉會先發制人，五萬部隊還沒發動就被擊潰了，梁成本人也把腦袋上繳給了東晉。

謝石一看戰況不錯，就下令水陸兩軍同時向壽陽進發，雙方又隔著淝水開始對峙。苻堅站在壽陽城樓上眺望晉軍，看到敵人軍紀嚴整，又看到對面八公山上風吹過來，草木晃動，隱隱如有千萬軍隊，這才真正害怕起來。對苻融說：「這是勁敵啊，怎麼說是弱旅呢？」

秦軍在淝水西岸構築起了防禦工事，晉軍無法渡河。謝玄就向苻融下戰書說：「先生把軍隊沿河列陣，這是長久的打算，不如這就開打過癮。如果貴軍能稍微後退一些，給我們讓開登陸的場地，等我們上岸再打怎麼樣啊？」

秦將都認為我眾敵寡，硬靠也把他們靠死，紛紛建議不給晉軍讓路。苻堅卻想了個辦法說等敵人半渡的時候用鐵騎衝擊，肯定會大勝。這個想法得到了苻融的支持，苻堅就下令全軍後退。

哪知道軍令傳遞的不到位，士兵們把後退理解成了撤退，大家丟下武器就往回跑。朱序突然在後面大喊到：「秦軍敗了！秦軍敗了！」

秦、晉淝水之戰

這個消息一傳十，十傳百。剛才還井然有序的戰鬥陣形頓時崩潰，亂兵如潮水般湧向後面督陣的苻融。

## 四

與晉軍在淝水對峙的秦軍把後退的命令當成了撤退，又在實施中把撤退變成了逃跑，這可讓沒打過仗的苻堅大開了一回眼界。同樣驚訝的苻融趕緊跑到亂軍中想維持秩序，結果被潰兵衝倒。晉軍趁機快速渡河，謝石、謝玄、謝琰、桓尹、劉牢之等都爭先恐後地前來趁火打劫，被亂兵踩個半死的苻融到底沒逃過一刀。秦軍大敗，自相踐踏，東晉兵趁勢追擊，秦兵死者不計其數。

苻堅的手下的羽林郎應該是最先逃跑的部隊。他乘坐的雲母車在軍中實在是太顯眼，東晉軍就一齊向苻堅的車子射箭。苻堅在亂軍中無法躲避，背上中了一箭，只好換了匹馬隻身逃到了淮北才碰到了護送張

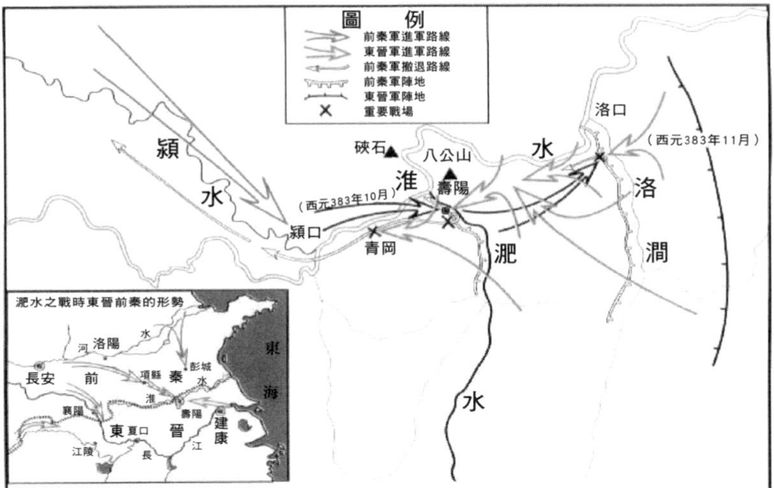


淝水之戰形勢圖

夫人逃命的小部隊。半路上餓得受不了，到老鄉家裡要了一碗米飯，一條豬腿，苻堅吃得十分高興，誇獎說：「就算神仙做的飯也沒這麼好吃！」下令賞賜這位老鄉十匹綢緞，十斤棉花。

老鄉推辭不受說：「天上的飛龍，過膩了在天池裡安逸的生活，結果在凡間找不到水喝而渴死。從漢靈帝開始，中原經過了兩百多年的戰亂，都不想再打仗了，誰知道陛下卻厭倦了安定的生活，非要發動戰爭尋找刺激。小人是陛下的子民，陛下是小人的父親，哪兒有兒子請父親吃飯還要錢的道理呢？」

苻堅這回算是懊悔到了極點，對張夫人說：「朕如果聽從了大臣們的良言，怎麼會有今日之敗？如今還有什麼面目去面對天下？」黯然投奔最近的慕容垂的大營而去。

亂軍之中的朱序倒很有頭腦，事先聯絡上了被俘的徐元喜，又拉著倒楣的前涼王張天錫，劫持了苻堅的雲母車投奔了東晉，這夥人後來都被封為高官。謝石清點戰果，向謝安告捷。

正蹲在深山老林裡面和幕僚下棋的謝安接到了捷報，本來因棋運不佳而皺眉的他看完戰報後更是滿臉陰沉，把戰報往床上一丟繼續下棋，幕僚心下犯疑，就問謝安戰況如何，謝安這才慢吞吞地回答說：「娃娃們到底把敵人打跑了，可惜以後沒時間下棋了。」等把客人送走後謝安才徹底放鬆了心情，走路踉踉蹌蹌，過臺階的時候把木屐的齒都碰斷了。

這場中國歷史上規模最大的戰爭就這樣稀里糊塗地落下了帷幕。它帶給中國的影響卻超過好幾個世紀。光成語就留下了一大串，「投鞭斷流」「草木皆兵」、「風聲鶴唳」「不知屐齒之折」……就像赤壁之戰使中國的統一延遲了七十年一樣，淝水之戰卻讓中國維持了二百多年的南北分治的局面，帶給老百姓無窮無盡的苦難。

回過頭來看這場戰爭，只能說前秦敗得糊塗，東晉贏得僥倖。苻堅也夠倒楣了，同樣是滅燕、滅前涼、滅代國的那些人，竟然被他們屢次打敗的東晉給反咬一大口，有時候研究歷史還真的不能不相信運氣。實際上東晉並無太多打贏的理由，謝安所謂的魏晉風度反而讓人產生視死如歸的感覺。和吳末帝孫皓、陳後主、李後主一個道理。如果苻堅多動點腦子或少動點腦子，在以成敗論英雄的歷史風雲榜上謝安恐怕要和賈似道、馬士英劃一塊去了。至於前秦為什麼會打輸的原因，我認為除了運氣以外別的解釋都太牽強。只能說從來沒指揮過戰鬥的苻堅就應該老老實實地回項城待著，換個慕容垂、苻融、張蠔甚至梁成來指揮這二十五萬部隊，哪一個都能把謝石打個團團轉。到時候就算有八十個謝安一塊蹲到深山裡下棋東晉也輸定了。

至於所謂的前線對敵兵力太少，不該後退等理由都過於虛弱，雙方兵力對比至少也是二十五比八，慕容垂打仗從來都是大踏步前進大踏步後退也沒見啥時候混亂過，還是一句話，沒有金剛鑽的苻堅就不該親自攬下這瓷器活，本來就沒有指揮大部隊的能力，人多瞎胡鬧、雞多不下蛋，人越多撤退起來就越難管。苻堅躍躍欲試地來，在壽陽城上幾乎尿褲子，後來又狼狽地逃跑，他由進攻時的冒險主義，蛻變成防禦中的保守主義，最後蛻化成退卻中的逃跑主義。

這一仗對前秦來說根本不算什麼，吃敗仗的是先鋒，而且最多損失十萬人。考慮前秦開始所取得的小勝，前秦和東晉的損失比例其實相當，如果苻堅不在前線，即使二十五萬先鋒全部死光光對他來說也算不上啥，勝敗乃兵家常事，他還可以發動一輪又一輪比淝水之戰還要猛烈的進攻。但是事實卻不是這樣，前秦因為先鋒的失敗而土崩瓦解，這就不得不讓人好好琢磨這個國家的根基了。也許這本來就是個建築在流沙上的城堡，根基已經徹底銹蝕，雖然看起來很雄偉壯觀，但只要流走一粒沙子就會把整個的國家徹底埋葬。

最後，總結一下淝水之戰對於十六國的意義。淝水之戰造成的直接後果就是萬分精彩的十六國後期歷史，跨越一百四十年的五胡十六國時期在這裡分界。從劉淵建立漢國到現在這段歷史姑且稱之為有序的亂世，南方大致穩定，北方是一波波地改朝換代，而淝水之戰後期才是真正的無序的一碗麵條般的亂世。十幾股勢力為了各自醜惡的目的，發動一次次無休止的大混戰。

被臨時抽調到西線作戰的慕容垂安然撤退，被慕容垂打怕了的桓沖軍也不敢進攻。三萬軍隊沒損失一兵一卒。慕容垂的一幫子侄都勸說慕容垂趁機殺死苻堅，世子慕容寶就乾脆對慕容垂挑明：「我們國破家亡，無論天命還是人心都把復興大燕的重任委託給了父親。但是時機還沒成熟，現在秦王吃了敗仗投靠我們，是上天賜給我們復國的時機，千萬不能錯過。希望父親不要因為從前的恩義而放棄江山社稷！」

慕容德也說：「是秦滅掉了燕國，現在秦弱了我們算計它，此乃天經地義。報仇雪恨，不是負心的表現，兄長千萬不要優柔寡斷。如果現在殺死秦王，佔據鄴城，進攻關中，長安也就不是苻家的天下了！」

而慕容垂的回答也真正是坦蕩君子的表現：「大家的意見都很有道理，但是他信任我才投奔我，怎麼能加害他呢？從前我為慕容評所逼，天下之大竟然無立錐之地，是秦王收留了我，把我當作貴賓來接待。後來被王猛算計，百口莫辯，而秦王卻能真心地容忍我，這種恩德怎麼能忘記？如果上天真的拋棄了苻家，也不怕他不滅亡，不如保護他度過這段危機，等將來有機會了再說，既不辜負良心，也不辜負祖宗。但是，如果氐人的運氣真的到頭了，我將只復興燕國的領土，絕對不會去取關中的一塊土地。」於是將自己的兵權上交給了苻堅。

慕容垂保護著苻堅回到洛陽，半路上收容了十多萬潰兵。到了澠池慕容農又建議慕容垂早點離開苻堅去河北，回到長安就不好脫身了。慕容垂領會了他的意思，就對苻堅說：「北方邊境的亂民聽說我軍戰績不佳，都有蠢動之意思，微臣願意去安撫他們，順便再拜祭拜祭祖廟。」

苻堅一聽有這等事，就讓慕容垂趕快去看看。結果權翼卻阻撓說：「打了敗仗四方會起異心，需要把名將重兵放在首都來震懾四方，穩固基礎。慕容垂勇略過人，當世豪傑，從前為逃命而來，怎麼捨得當一個冠軍將軍？就像豢養的鷹一樣，餓了就找主人要食物，飽了就要四下張揚。陛下您重視小恩而忽略社稷，微臣認為慕容垂這次必不回來，關東必會大亂。請陛下三思。」

苻堅則堅持認為自己剛吃敗仗的時候慕容垂都沒有威脅他，這回估計也應該沒問題，就責怪權翼多事，下令放慕容垂北行。權翼沒辦法，就派刺客埋伏在橋下準備刺殺慕容垂。結果慕容垂又留了一手，換個地方紮了個草筏子渡河過去了。

表一　十六國前期各國興亡表

| 國別 | 開國時間（西元） | 開國者 | 民族 | 都城 | 亡國時間（西元） | 政權存續時間 | 滅其國者 |
|---|---|---|---|---|---|---|---|
| 成漢 | 三〇四 | 李雄 | 氐 | 成都（今四川成都） | 三四七 | 四十四 | 晉 |
| 漢趙 | 三〇四 | 劉淵 | 匈奴 | 平陽（今山西臨汾） | 三二九 | 二十六 | 後趙 |

| | | | | | | | |
|---|---|---|---|---|---|---|---|
| 後趙 | 三一九 | 石勒 | 羯 | 襄國（今河北邢臺） | 三五一 | 三十三 | 冉魏 |
| 前涼 | 三二〇 | 張茂 | 漢 | 姑臧（今甘肅武威） | 三七六 | 五十七 | 前秦 |
| 前燕 | 三三七 | 慕容皝 | 鮮卑 | 鄴城（今河北臨漳） | 三七〇 | 三十四 | 前秦 |
| 冉魏 | 三五〇 | 冉閔 | 漢 | 鄴城（今河北臨漳） | 三五二 | 三 | 前燕 |
| 前秦 | 三五一 | 苻健 | 氐 | 長安（今陝西西安） | 三九四 | 四十四 | 西秦 |

## 五

淝水之戰後慕容垂找藉口離開了苻堅，快到鄴城時他寫信給鎮守當地的長樂公苻丕，說自己馬上要到這裡來了，趕快給安排食宿。

前秦姓苻的一幫人裡除了苻堅外都看出來慕容垂不是個善類，苻丕也這麼認為。他收到信後準備調集兵馬圍剿慕容垂，他的手下幕僚姜讓認為慕容垂反形未露，貿然殺掉他會喪失人心，苻丕聽從了姜讓的建議，於是擺下酒席準備看情況行事。

正巧慕容垂的手下也建議慕容垂把苻丕給做掉，結果被慕容垂以準備不充分為由給謝絕了，接到苻丕邀請赴宴的書信後，慕容垂也真敢來，帶著一幫子侄堂堂正正地走進宴會廳，一見面場面就十分尷尬。

這絕對是場貨真價實的鴻門宴，雙方各懷鬼胎，尤其是苻丕和慕容垂的部將們都躍躍欲試，宴會上的氣氛十分緊張。湊巧的是這兩天位居隴西的鮮卑族乞伏氏和洛陽一帶的丁零人翟斌相繼造反，苻堅下令派慕容垂討伐叛亂的丁零人，並讓苻丕為他做後勤保障工作。慕容垂正好借坡下驢，藉口回去準備打仗告辭而退。

慕容垂出了大門，苻丕的參謀們就炸了窩。大將石越認為不可讓慕容垂帶兵，他對苻丕說：「國軍剛吃敗仗，民心不安，心懷不軌的人就想著造反，所以丁零一起事沒幾天就聚集了數千人。正是說明了這個道理。慕容垂是故燕國的英雄，一直都有復興祖國的野心，現在再資助給他部隊正是如虎添翼，到時候後悔也來不及了。」

而苻丕的想法卻與石越剛好相反，他說：「慕容垂在鄴城就像附骨之蛆一樣討厭，恐怕將來必有危險。不如把他趕得越遠越好。而且丁零人首領翟斌為人兇狠，必定和慕容垂死戰到底，到時候我再去撿現成的，這才是當年卞莊子殺老虎的妙計。」於是不聽石越的建議，撥給慕容垂兩千老弱殘兵，又命令心腹部將苻飛龍為監軍，帶領一千精銳騎兵，並對苻飛龍說：「慕容垂為三軍元帥，你就是慕容垂的元帥，到時候再見機行事。」叫苻飛龍時刻監視著慕容垂的行蹤。最後還要求慕容垂留下慕容農、慕容楷、慕容紹為人質。

慕容垂準備了幾天，臨走前要求苻丕允許自己拜祭一下祖廟，苻丕沒有同意，慕容垂就換上便服偷偷地進去，看守的官吏認識他是慕容垂，不許他進去，慕容垂大怒，殺死守吏，一把火燒掉傳達室，揚長而去。

這下子石越可找到了藉口，趕緊求見苻丕說：「慕容垂竟然敢侮辱殿下，公然縱火殺官，這說明他造反了，應該趕緊除掉他。慕容垂對燕國都不肯忠心，怎麼能盡忠於秦？現在不除掉他，將來一定是心腹大患！」

誰知道一開始吵著要殺慕容垂的苻丕關鍵時候竟然優柔寡斷起來，對石越說：「從前父親淮南之敗，慕容垂親自侍衛，這時的功勞可不能忘了。」急得石越火冒三丈，對部下說：「苻丕父子好為小恩小惠，而不顧國家大局，必定會被慕容垂搞死。」

慕容垂離開了鄴城，走到安陽就藉口兵力不足磨蹭起來。他在當地招募兵馬，不久就籌集了八千人的軍隊。可憐的苻飛龍還不知是計，傻呆呆地看他招兵買馬。還是鎮守洛陽的平原公苻暉看不下去，催促慕容垂趕緊進軍。慕容垂就對部將們說：「我對苻氏絕對效忠，而他們卻一而再、再而三地陷害我，是什麼道理？」小兒子慕容麟就建議除掉苻飛龍。慕容垂就對苻飛龍說：「現在敵人離我們很近，應當白天休息晚上行軍，好出其不意。」苻飛龍又一次不知是計，委託慕容麟為自己編排陣形。慕容麟就把一千名騎兵分散在部隊裡，每五個人配一名騎兵，讓慕容寶在前面帶路，慕容隆在後面斷後，半夜行軍時慕容麟一敲戰鼓，大家一齊動手，將苻飛龍和一千名騎兵的腦袋全部剁了下來。

這時慕容垂才發現慕容麟確實是個人才，從前對他的不快一掃而空，對他委以重任。

苻暉老等慕容垂的增援也等不來，只好命令麾下大將毛當征討翟斌。翟斌手下的大將慕容鳳也是慕容垂的族侄，前燕滅亡的時候他才十一歲，卻從小立志復國，積極結交鮮卑遺民，大人們見了他都要低頭小心說話。權翼看見這個娃娃時就批評他說：「小孩子不要賣弄自己，你爹當年就是這樣不識天命而死的！」不料慕容鳳竟然橫眉怒目地回答說：「先父為國盡忠，盡到了人臣的責任，先生的話怎麼是忠義之人能說出口的呢？」把權翼臊了個大紅臉，過後連忙對苻堅說慕容鳳剛勇慷慨，但是狼子野心將來必為後患，結果反被苻堅笑話一通。當丁零人造反的時候慕容鳳也投靠了翟斌，毛當來挑戰的時候慕容鳳就對大家說：「我今天要為先王報仇，今天必定斬此氐奴！」就親自披甲上陣，一個照面就把毛當砍下馬來，丁零兵乘勝進攻，將毛當手下一萬多人全部殺死。不久慕容垂到了滎陽，慕容鳳就勸說翟斌尊奉慕容垂為盟主，慕容垂推脫慕容煒尚在長安，就自稱大將軍燕王，封慕容德為車騎將軍，翟斌為建義將軍，聚集了二十多萬人，慕容垂認為洛陽易攻難守，回頭殺奔鄴城而去。

慕容垂在殺苻飛龍的時候，就偷偷告訴在鄴城做人質的慕容農、慕容楷、慕容紹等趕快逃跑。時值大年二十八，鄴城上下都忙著過年，慕容紹就跑到馬廄裡偷出了幾百匹馬在鄴城外等著，到除夕夜慕容農和慕容楷趁著看守慶祝新年的時候都摸黑跑了出來，大家一口氣跑到幾百里外的列人城，等春節早晨苻丕大宴賓客的時候找人去請他們，才發現都不見了，找了三天才得到他們逃跑到列人城的消息，而且已經造反了，把苻丕氣得七竅生煙。

慕容農有了戰馬，就地招募烏桓部落的人當兵，烏桓人和氐人關係甚惡，當然踴躍報名，三五天就召集了幾萬的隊伍，他們砍樹幹為武器，用衣服當旗幟，居然也形成氣候，不久攻破館陶，收繳了大批兵器輜重，慕容農就自封為驃騎大將軍。

苻丕自然看他不順眼，就派石越帶領一萬多人前來討伐。慕容農就對大家說：「石越智勇雙全，是前秦名將，不去打南方的部隊回來對付我，是害怕父親而輕視我。他必定不會防備，可以對付。」就下令在列人城外狙擊石越。

石越的部隊是前秦精銳，陣形嚴整，衣甲鮮明，讓拿樹枝當武器，爛衣服當旗幟的慕容農的軍隊自慚形穢。慕容農就乾脆來個眼不見為淨，讓部隊白天不要作戰，晚上再去打。而石越一見慕容農的乞丐軍，不禁哈哈大笑，又見慕容農白天不敢出擊，認為是害怕自己，對慕容農更加輕視。

到了晚上，慕容農精選了四百敢死隊偷襲石越的營地，石越可沒想到白天蔫了吧唧的慕容農會變臉，晚上營地裡根本沒設防。慕容農的四百敢死隊東砍西殺，所向披靡，慕容農趁機下令全軍突擊，秦軍大敗，石越還沒穿上褲子就掉了腦袋。慕容農派人將石越的腦袋獻給慕容垂，慕容垂很是滿意，任命慕容農為正式的驃騎大將軍，並和慕容農的軍隊在鄴城外會合。至此苻堅派出去鎮守鄴城和洛陽的前秦勇將毛當和石越全部陣亡，前秦軍心大亂，人心徹底浮動。

這時候的苻丕還對慕容垂抱有幻想，又派姜讓勸說慕容垂：「過而能改，今猶未晚。」慕容垂這個老油條回答得也很好：「我受秦王的厚待，不忍和您兵戈相見，不如給您讓一條路，放您回長安，然後秦燕兩國永為盟好，這主意不錯吧。」姜讓知道慕容垂不可能歸順，當著慕容垂手下的面痛罵了他一頓，慕容垂腆著臉欣然接受，還送給他很多禮品，把他送回了鄴城。

慕容垂又給苻堅寫信闡述讓苻丕回去的理由，把苻堅氣得哭笑不得，也寫信回罵他。不過罵歸罵，苻堅卻沒有一點兵力過來支援，因為他自己現在也是熱鍋上的螞蟻，被另一位慕容公子打得團團轉。

## 六

慕容垂包圍鄴城的同時，慕容煒的弟弟、擔任北地長史的慕容泓也偷偷招募了幾千名鮮卑人跑到華陰造起反來。他趕走了當地的駐軍，自稱大將軍，推舉慕容垂為丞相。華陰離長安只有百十里路，苻堅這回是真害怕了，對權翼說：「朕好後悔沒聽先生的建議，讓鮮卑人如此猖狂，關東的地盤看來我沒法要回來了，可是慕容泓又怎麼辦呢？」就任命巨鹿公苻睿為衛將軍，帶領五萬軍隊討伐慕容泓。權翼認為苻睿雖然勇猛，但用兵過於大意，因此又保薦左將軍竇沖和龍驤將軍姚萇為副將一道出征。部隊剛一開路又接到急報說平陽太守慕容沖也造反了，招募兩萬軍隊進攻前秦的蒲阪。苻堅只得把竇沖調去討伐慕容沖，臨走還帶走了苻睿兩萬人。

慕容泓聽說苻睿來討伐他，又有姚萇當參謀，心裡很害怕，就帶著部下準備投奔關東的慕容垂。苻睿一見敵人要逃，趕緊下令乘勝追擊。老狐狸姚萇就勸阻說：「鮮卑人都有想回故土的打算，所以都紛起造反，最好把他們都放走算了。要知道即使倒提著老鼠的尾巴，老鼠也會咬到人手的，他們發現自己處於絕境，必然會做困獸之鬥，萬一失敗了，秦王那裡不好看。」

苻睿才不管這套，下令乘勝追擊。狡猾的姚萇知道苻睿必敗無疑，就帶著自己的手下尾隨在後面。慕容泓被追得沒法子，就在半路設下埋伏，冒失的苻睿正好撞進去被殺，慕容泓得以從容地逃之夭夭。

姚萇也沒想到苻睿竟會戰死，知道自己闖了大禍，收殮了苻睿的屍體就趕緊向苻堅請罪。苻堅聽說愛子被殺，氣得暴跳如雷，竟然一反平時寬厚的姿態，把姚萇派來的使者全部殺死。姚萇知道不妙，收拾了行裝一溜煙地逃到隴西，聯繫當地羌族豪強一塊兒造反，不久就糾集了五萬多戶人，姚萇就自稱大將軍大單于，他認為自己才是正宗的秦國，就把國號也叫做秦，史稱後秦。

苻睿被殺，姚萇又造反了，沒人管的慕容泓又活躍起來，打消了投靠慕容垂的念頭，又殺回長安了。可巧被竇沖打敗的慕容沖也率領八千騎兵前來投奔慕容泓，慕容泓的部隊很快就達到了十幾萬。

慕容泓有了實力，說話口氣也大起來，派使者對苻堅說：「吳王（指慕容垂）已經平定了關東，你可以趕快準備好大駕，把我的皇帝哥哥放回來，我就帶著鮮卑人離開關中，兩國正好以虎牢關為界，永結盟好，不亦美哉？」把苻堅氣得直打哆嗦，就叫慕容煒出來，對他痛罵了一頓說：「現在慕容泓的國書上竟然這樣寫，你要走就走好了，我給你準備盤纏，可是你的這些親戚全都是人面獸心，怎麼能說出這麼無恥的話來？」

慕容煒嚇得趕緊跪下磕頭，咚咚撞得腦袋淌血，眼淚鼻涕流了一地，苻堅一看又心軟了。安慰慕容煒說這都是那些小子的做法，和你無關，就給慕容煒恢復了官職，和原來的待遇一樣。

不過這個慕容家裡最不成器的小子現在也算有了血性，他偷偷地給慕容泓寫了詔書託人送出去說：「我像籠子中的鳥一樣，不會再出來了。而且我是大燕的罪人，死一千遍也不足惜。現在任命吳王慕容垂為丞相，中山王慕容沖為大司馬，你為大將軍。如果我死了，你是下任皇帝。」

慕容泓接到了慕容煒的詔書，當然高興至極，下令掉轉矛頭進攻長安。在半路上將士們嫌慕容泓執法過於苛刻，就發動兵變殺死慕容泓，立慕容沖為皇太弟，繼續進攻長安。慕容沖為人狠毒，這支造反部隊很快就變了性質，燒殺搶掠無惡不作。

自稱正宗秦王的姚萇佔領了北地華陰一帶，苻堅就親自帶領兩萬軍隊討伐姚萇。將姚萇的部隊包圍在一條山谷裡，山谷裡沒有水源，姚萇喝不著水，正絕望等死的時候突然天降大雨，姚萇部隊所在的谷底水深三尺，幾百步之外的苻堅大營只積了一寸來高的水。後秦軍以為是得到了上天的保佑，頓時士氣大振，一口氣殺破苻堅的包圍，趕快逃得遠遠地叫苻堅再也追不上。等姚萇回到了根據地，就又招募了七萬軍隊再次進攻長安。苻堅派部將楊壁迎戰，被姚萇擊敗，將領全被活捉。

苻堅在關鍵時刻吃了敗仗，長安防守頓時變得薄弱起來。幸虧洛陽的苻暉帶著打剩下的七萬軍隊逃回長安，苻堅才有了點實力。剛打聽到慕容沖在長安東面二百里的驪山鎮守，就派遣苻暉帶領五萬軍隊去挑戰。慕容沖下令把抓來的婦女放到牛馬上當作人肉盾牌在前面擋箭，苻暉抵擋不住，只好撤回長安，慕容沖進駐阿房宮，把長安城團團包圍。

姚萇聽說慕容沖要討伐長安，部將們都認為應該先攻克長安，作為基本，再考慮下一步發展，只有姚萇對大家說：「不必，燕人造反是因為都有了思鄉之心，如果有機會的話必定不會在關中長留，我就在長安附近等著機會也不晚。」就帶著一些部隊在長安附近觀望慕容沖和苻堅的戰況，準備著撿便宜。

第二天，慕容沖出來挑戰，苻堅爬到城樓上一看，鮮卑軍黑鴉鴉一片看不到邊，苻堅大為驚奇：「這些白虜都是哪裡來的？怎麼這麼強大？」又看到了老姘頭慕容沖，苻堅就問他：「你這奴才只配放牛放羊，為什麼到這裡來送死？」慕容沖回答：「奴才就奴才吧，我這奴才發現了當奴才的苦惱，準備和你換換呢。」

苻堅還想說點好話勸他退兵，就派人送給慕容沖一件錦袍。慕容沖不客氣地收下，叫使者對苻堅說：「皇太弟有令：孤將取得天下，怎麼會考慮一件錦袍的小恩小惠？如果你知道天命的話就放下武器把皇帝送出來，自然會赦免苻氏一族。」把苻堅氣得昏倒，對部下說：「我真後悔當時沒聽王猛和苻融的忠告，讓白虜今天如此猖狂！」

在長安裡的鮮卑人還有一千多。其中有慕容紹的哥哥慕容肅，慕容垂的小兒子慕容柔，慕容寶的兒子慕容盛。慕容肅就秘密聯絡慕容煒準備發動政變。某天就找人告訴苻堅說兒子要結婚，請苻堅來祝福一下，準備在宴會上派伏兵殺死他，不料那天下大雨苻堅沒去成。消息一洩露，苻堅這才明白姓慕容的沒一個靠得住的，對鮮卑人徹底絕望，下令把長安城裡所有的鮮卑族男女老少全部殺死，只有慕容柔和慕容盛趁兩軍對戰的時候逃了出來。

慕容沖聽說慕容煒死了，非常高興，趕緊在阿房稱帝，史稱西燕。不過這個西燕實在太小，再加上沒有什麼固定的土地和百姓，是一個流寇國家，而且存活時間太短。十六國裡面根本就沒算上西燕。

## 七

盛極則衰，勢盈而竭。曾經不可一世的前秦，在淝水之戰結束後不到一年的時間就徹底坍塌，名義上歸屬前秦的領土雖然還有并州和西域，而實際上苻堅能指揮得動的只有長安和鄴城兩塊地方。這節骨眼兒上，東晉趁機收復了西蜀和漢中。包圍鄴城的後燕慕容垂斷絕了苻堅和青州的聯繫，不久青州也被守將半賣半送地給了東晉。和慕容垂一道造反的乞伏國仁，在沒人管的大好形勢下擁兵十幾萬，佔領了隴西，切斷苻堅和西域的聯繫；長安以北被姚萇的後秦所佔據；最讓人頭痛的是近在阿房的西燕慕容沖，如蝗蟲一般，他的部隊竄到哪兒就燒殺到哪兒，路過的地方全都變成了廢墟，留給苻堅的地盤僅有長安城周圍方圓百十里大小。

前秦全盛時期曾經擁有一百多萬大軍，現在這些部隊大都成了敵人，領兵的將軍都想在亂世中保存實力撈點東西，真正捨得在患難時期拉兄弟一把的寥寥無幾。苻堅還四處發帖子要求別人勤王，讓鎮守并州的張蠔去鄴城幫忙，張蠔藉口兵力太少，不願動身。苻堅又下詔書給遠在龜茲的呂光，叫他趕快來萬里以外的長安救火。呂光倒是趕緊起身，就是沿途帶了幾十萬老百姓，還搜刮了大批的珍寶，用兩萬多頭駱駝來拉，走了一年才到敦煌。

既然沒人幫忙，苻堅只好硬著頭皮自己動手解圍。他任命苻暉為大都督，負責指揮和慕容沖交戰，結果卻是屢戰屢敗，苻堅當眾責罵他說：「別人都說你是我苻家的大才子，竟然連白虜小兒都打不過，還活著幹什麼？」

苻堅只是說說氣話，想不到苻暉回去後真的自殺了，苻堅心裡非常後悔，幾天都吃不下飯。將士們也非常痛惜，紛紛向苻堅寫下請戰書，誓與長安共存亡。

現在苻堅手下的將士和百姓才是真正被他的魅力所感染的信徒，苻堅堅持了一輩子的仁義現在終於得到了回報，這些人對鮮卑人恨之入骨，真敢和慕容沖拼命。一天晚上慕容沖偷襲長安得手，一萬多人殺進城南，雙方展開了激烈的肉搏戰，士兵用武器和敵人拼命，觀戰的老百姓沒兵器就撲上去用牙咬，半夜裡抱住腦袋就啃的樣子煞是嚇人，就這樣咬死了一千八百人，西燕軍才狼狽撤退，百姓們還不解恨，就把這一千八百具屍體全部放大鍋裡煮熟分吃。第二天，苻宏又率軍進攻阿房，西燕軍想起昨天晚上敵人大吃活人的樣子就害怕，無心戀戰，被苻宏乘勝進攻，一次就斬首三萬餘級。

慕容沖連吃敗仗，就另想辦法，派弟弟慕容永襲擊長安周圍的小村鎮，見村莊就燒，見人就殺，斷絕長安的後勤補給。苻堅趕緊派部將苟池和俱石子帶兵軍隊來救，中了慕容永的埋伏，亂軍中苟池和慕容永單挑不敵被殺，俱石子見退路被慕容沖封死，就率領殘部向東投奔了鄴城。

俱石子跑到鄴城才發現這裡戰況也很吃緊。慕容垂已經佔領了外城，苻丕只把守著巴掌大的市區。慕容垂攻打了大半年，挖封鎖溝、築衛城、決漳河水淹等各種方法都用了一遍，鄴城還是拿不下來。

戰況沒有進展，慕容垂心裡不高興，出城打獵散心，順便到從前石虎建造的後花園裡喝酒解悶，被苻丕聽說後派軍偷襲，把慕容垂困在裡面，幸虧慕容隆帶領騎兵緊急救援才把慕容垂給搶了出來。

翟斌可沉不住氣了，丁零人原本就是一群流寇雇傭兵，誰給的錢多就給誰賣命，仗打得不順利，翟斌就有另投門庭的想法。他先上門去找慕容垂，來了個獅子大開口，要求加封自己為尚書令，還要慕容垂給他修建府第。慕容垂的參謀們認為翟斌狼子野心，貪得無厭，紛紛建議慕容垂下手除掉他。慕容垂的觀點和對付苻堅時一樣，那就是絕對不先開第一槍。他對部下說：「貪必亡，驕必敗，從前大家立誓在先，翟家人又有戰功，還是等他自我毀滅吧。」就下令給翟斌說：「翟王的功勞當居第一，但國家危難，政府還沒有辦公的場所，翟王的官府還是先緩一緩的好。等佔領鄴城，四方平定的時候再議也不遲。」

沒好處的事翟斌可不幹，一聽房子以後再分，翟斌就起了異心，安排手下準備決堤淹慕容垂的軍隊，又派人秘密聯絡苻丕，約定時間夾攻。只是鄴城到處是慕容垂的眼線，一抓到證據慕容垂馬上翻臉，把翟斌一家都逮起來砍了腦袋，只有翟斌的侄兒翟真成了漏網之魚。翟真對慕容垂恨之入骨，他在半路上收容了不少逃散的丁零人，準備投奔鄴城，又被包圍鄴城的慕容寶和慕容隆截住大殺一陣，翟真只好帶領殘軍逃奔邯鄲。

丁零人流竄到鮮卑人的後方，慕容垂趕緊派慕容楷和慕容農追擊。翟真發現後面有追兵，就將精銳埋伏在道路兩旁，指揮老弱殘兵回頭應戰。慕容農感覺不對勁，對慕容楷說：「我軍行軍辛苦，而且敵人竟然沒有精兵斷後，恐怕有詐，不如先安營休息一會兒。」慕容楷認為翟真連日戰敗，已經沒有精銳可言，就不聽慕容農的勸阻，結果闖進丁零人的包圍圈，幾乎全軍覆沒，慕容農拼了死命將慕容楷救出來，撿了條命逃回了鄴城。

翟真帶領部下佔領了中山，他四處進攻慕容垂的後方糧道，成為慕容垂的心腹大患。經過這場變亂，慕容垂也無力再進攻，就決定放苻丕一條逃回長安的路，下令全軍暫退，在附近主抓經濟建設。但苻丕就是不領情，拼死守城，讓慕容垂又碰了一鼻子灰。

在丁零人沒日沒夜的襲擾下，慕容垂部隊的軍糧逐漸供給不上，慕容垂的部隊餓死了不少人，而且整個河北地區也是一片蕭條，死屍成了市場上的搶手貨。吃完這批人後，慕容垂下令禁止民間養蠶，收集了一批桑葚，暫時解決了軍糧問題。而鄴城就沒那麼好運了，苻丕的士兵沒吃的，只好吃松木，還不捨得吃，留些松木餵戰馬，雙方就是在這種艱難的局面下相持著。

為了保護輜重，慕容垂只好分出慕容麟和慕容農兩支精銳押運糧食，清剿狼群般的丁零騎兵。慕容麟認為保護糧食的任務太窩囊，就留下主力運糧，和慕容農兩人挑選了幾千精兵行軍數百里偷襲中山。丁零人看到燕軍兵少，就一窩蜂出來打算群毆，慕容農對慕容麟說：「丁零人個個剛勇，就是翟真太懦弱，躲在門口不敢出來。我軍就集中進攻他，必勝無疑。」就下令親兵直取翟真，翟真果然嚇得掉頭就跑，那些殺出城外的丁零人看見主將跑了，只好也掉頭回城。大家在城門下擠成一團，自相踐踏，被活活踩死的不計其數。燕軍趁機混到城裡，佔領外城，翟真只好出城逃跑，半路上被親信殺死，另立翟真的堂弟翟成為主將。丁零人的攻勢才算稍稍抑制。

主持東晉大權的謝安也像他的歷屆前任一樣派軍北伐，先後收復了四川、漢中、兗州、青州四大塊地盤，戰績卓著。就在慕容垂和苻堅拼命時，謝安任命謝玄為總指揮分數路進攻河北，負責進攻鄴城方向的就是赫赫有名的劉牢之的兩萬北府兵。

燕軍剛從鄴城撤退，晉軍接踵又來進攻，苻丕只好硬著頭皮派軍迎戰，不料他的人馬根本就不是劉牢之的對手，雙方一接火前秦軍就被打得大敗。這時慕容垂又補充了一批糧食，重新包圍了鄴城。苻丕的參謀就建議苻丕假意獻鄴城給東晉，但要求東晉以增兵帶糧救援為回報。苻丕沒法子只好依計給謝玄寫信求和，謝安認為這筆買賣合算，便越級指揮劉牢之去接收鄴城。裝備精良的北府兵確實厲害，慕容垂在鄴城的防線頃刻被他們打破，慕容垂只好帶兵向北撤退。劉牢之緊緊咬在慕容垂的屁股後面猛追。

慕容垂對手下說：「秦晉兩軍一是騎兵，一是步兵，配合不佳，肯定會戰敗的。」就命部隊把輜重丟棄在橋頭，劉牢之的北府兵狂追了二百里，看見燕軍丟下很多好東西，就紛紛散開爭搶。慕容垂趁勢反擊，把晉軍包圍在橋頭大開殺戒。兩萬北府兵堵在橋上逃不掉，被殺死、淹死了大半，劉牢之仗著騎了匹好馬跳過河去才撿了一條命。

經過此役之後，東晉朝廷徹底嚇破了膽，再不敢對黃河以北心存妄想。

不久，傳來了長安被攻陷的消息。

# 八

孤立無援的長安遭到慕容沖的重重圍困，苻堅在全城軍民的支持下還在做他的困獸之鬥。有一回苻堅的女婿楊定趁西燕軍隊掠奪後發動進攻，只帶了兩千五百騎兵就去突襲慕容沖的陣地，慕容沖的手下正在清點擄掠的戰果，沒防備楊定的突襲，一次就被對方抓了一萬多俘虜。苻堅這回再也不留情面，下令把這一萬多人全部活埋。自此慕容沖看見楊定的旗號就害怕，無論打不打仗都穿上重鎧，再也不那麼隨便了。

但前秦的這些戰術上的勝利都無法彌補戰略上的失敗，苻堅始終沒有打破慕容沖的封鎖。在慕容永的掃蕩下，長安城的後勤補給也跟不上了，無論部隊還是百姓都沒有糧食吃。

夏天到來了，苻堅竟然沒有收穫到一粒麥子，再加上持續數月的旱災，長安城裡的水井大都乾涸見底。在可怕的饑餓襲擊下，西燕這樣的強盜國家靠搶糧食和流民照樣過的挺滋潤，而困守長安的前秦形勢就很不妙了。老百姓晚上到大街乘涼都帶著菜刀，等著看哪個鄰居先餓死了，沒餓死的人就擁上去分他的肉。苻堅也沒啥好吃的，有一回苻堅狠下心來殺了頭羊，捨不得自己獨吞，就喊大臣們進宮來分享。而大臣們吃完了肉都趕快告辭，回家到後立馬就摳喉嚨把沒消化的肉吐出來，好分給老婆孩子打打牙祭。

沒東西吃的前秦軍戰鬥力迅速下降，慕容沖總算取得了優勢。不久慕容沖向長安大舉進攻，苻堅親自上城督戰，慕容沖下令手下的神射手放箭，苻堅身披重甲，身上被射得像刺蝟一樣，終於有幾支箭穿透了苻堅的重甲。苻堅渾身都是鮮血但就是堅持不下城頭，周圍的士兵也拼死保護，慕容沖攻了一天也拿苻堅沒辦法。

長安周圍的活著的村民被慕容沖搜刮得生不如死，有很多冒險給長安送糧的，大都被慕容永給截殺，苻堅就對冒死趕來的村民說：「聽說百姓都為仰慕我而來，雖然忠心可嘉，但現在是危難之秋，不是一兩個人能改變的。假如神明保佑，將來能有和平的那一天，請大家珍惜自己的生命，等待新君主的到來，不要徒勞無功，死在野獸的手下，那樣太不值得。」

但老百姓實在是被慕容沖搜刮得太慘了，紛紛請求到西燕大營裡去放火做內應：「我們願犧牲自己的生命效忠陛下，報效國家，如果上天有靈能成功一回的話，就算死去也心滿意足了。」苻堅這回也不怎麼推辭：「大家的忠誠我心領了，但時運不利，恐怕對戰局無益，這是白白看你們送死，演變到這個局面都是天意，大家好自為之。」

為了掩護那些放火的百姓，苻堅派出七百騎兵準備接應，誰知那些百姓放完火以後風向突然發生變化，又回頭燒過來，放火的老百姓幾乎全部被燒死了。苻堅十分痛心，親自設靈堂祭奠這些死去的百姓，死者家屬和將士們號啕大哭，哭完之後，將士們死守長安的決心更加堅定了。

長安西部的新平（今陝西彬縣）是通往隴西的嚥喉要道，苻堅敢於死守長安的主要原因之一，就是手頭還有這條後路，能逃到青藏高原氐族的發源地。在長安剛被圍困的時候，後秦姚萇就發兵包圍了新平，他並不急著進攻，想靠長時間圍困把新平勸降下來。但從前新平曾經有人造反，苻堅平亂後把這件事寫到城牆上，新平的居民都很羞愧，想著有一天能洗刷這個恥辱。新平太守苟輔曾準備投降姚萇，他所有的參謀一齊阻止說：「從前田單靠一城復興齊國，現在我國的城市還超過一百，為什麼要投降呢？大臣對君主盡忠，兒子對父親盡孝，這是做人的基本準則。從前我們不長眼，誤信叛賊，現在願以全城將士的鮮血來洗刷這個恥辱！」於是苟輔就下令死守新平。

姚萇在城外壘起土山，城裡也壘土山對抗，姚萇開挖地道，城裡也對著挖地道。雙方一會兒在地下打，一會兒在山頂用弓箭對射，姚萇損失了一萬多人。苟輔感覺這樣還不過癮，又使計策向姚萇詐降，姚萇到了城門口才回過味來，趕緊逃跑，苟輔趁勢追擊，差一點抓住他，又殺了姚萇一萬多人。

這樣圍圍打打過了半年多，新平城裡也快沒糧食了，更要命的是箭也不多了。姚萇耍起了最擅長的陰狠手法，他派人給苟輔送信說：「我這個人一向敬重忠臣義士，怎麼會記您的仇呢?先生趕快領著城裡的老百姓投奔長安吧，我只是對這座城感興趣而已。」苟輔感到姚萇是個好人，半夜帶領全城一萬五千多老百姓投奔長安，半路上被姚萇的部隊包圍，為了給在攻城中陣亡的將士報仇，姚萇下令把所有百姓無論男女老少全部活埋。

新平失守的消息傳到長安，苻堅可真急了眼了，趕忙讓女婿楊定出去打出一條逃往隴西的通道，結果楊定被慕容沖設下埋伏活捉。苻堅心裡清楚，長安城已經不可能守下去了，就讓太子苻宏守城，自己率領數百人和張夫人、小兒子苻詵及兩個女兒突圍，跑到長安以西的五將山（今陝西禮泉縣北）躲了起來。

苻堅這一顛兒，本來發誓與長安共存亡的前秦軍頓時失去了主心骨，不久慕容沖又一次向長安發動進攻，前秦守軍樹倒猢猻散，苻宏帶領著幾千人向東晉投降，後來被東晉處死。權翼帶了幾百名官員投奔後秦，繼續當他的太平官。慕容沖攻進長安後下令屠城，城裡的老百姓沒地方跑，只能伸長脖子等著挨刀。

苻堅逃到五將山的消息被姚萇知道了，就派騎兵搜山抓人，苻堅的隨從四處逃散，只有十幾個忠誠的衛士跟著他。苻堅神色自若，坐著等姚萇的追兵過來捉他。

姚萇把苻堅關在新平的一座寺廟裡（今陝西彬縣南靜光寺），並派使者對苻堅說：「我主順應天命，您還是趕快禪讓吧，我主好封你個大官當當。」進而威逼苻堅交出玉璽。苻堅大罵說：「姚萇這小羌崽子也敢威逼天子？他逆天而行，將來一定不得好死，禪讓是聖人之間的禮法，姚萇這樣的叛徒怎麼能效仿？玉璽已經送給東晉，不在我這裡。」

苻堅心中已存必死之心，但死在從前特別恩寵的姚萇手裡卻讓他的心都要碎了。他反覆地痛罵姚萇是個寡廉鮮恥的小人，罵夠了之後他就自己動手殺死了兩個女兒。姚萇討了個沒趣，一狠心，派人將苻堅勒死，張夫人和苻詵也隨之自殺。只有姚萇的手下平常懷念苻堅待他們的好處，都為之流下傷心的淚。苻堅死的時候四十八歲。

苻堅是中國歷史上最傑出的君主之一，他的敗亡並不會抹煞他所建立的功績。我們應該用全面的眼光來看他那爭議頗多的個人魅力和民族和解政策，不管成功與否，都是世界歷史上偉大的嘗試。柏楊先生把苻堅、李世民和康熙並稱為中國歷史上最偉大的君主之一。

說了這麼多，苻堅為什麼會敗亡呢？秦始皇以後各朝代滅亡的原因百分之九十都是由於腐敗，而前秦則是那鳳毛麟角的百分之十。司馬光認為：苻堅敗亡並不是因為放縱姚萇和慕容垂。當年許劭評論說曹操是治世之能臣，亂世之奸雄，如果苻堅能夠保持謙虛謹慎、不驕不躁的作風，那麼慕容垂和姚萇都是國家棟樑，怎麼會叛亂呢？苻堅之所以敗亡，就是因為勝利來的太容易而滋生出驕傲自滿情緒。

當年魏文侯問李悝吳國滅亡的原因時，李悝回答說是因為連戰連捷，魏文侯認為連戰連捷是國家的福氣，怎麼會滅亡呢？李悝就說仗打得太多，百姓就會疲憊不堪，勝利太多，君主就會得意忘形。得意忘形的君主統帥疲憊不堪的人民，沒有不滅亡的。苻堅就是個活生生的例子。

苻堅的墓地現在位於陝西彬縣西南三十里的水口鎮九田村，墓塚保存較好，占地面積約四五百平方米，當地人稱之為「長角塚」。說苻堅原是游牧民族，長角即取義於畜牧牛、羊的意思。至今苻堅的墓前猶存墓碑一座，上刻「前秦國王苻堅之墓」。

苻堅死的那天標誌也著中國最混亂的歷史時期的開始，中國境內相繼出現八國並立、九國並立、十國並立甚至十一國並立的局面。只可惜這些喧囂一時的君主們初衷雖然美好，他們的後人卻大都因為祖輩的奢華而遭滅門，連同他們的族人一道為這亂世殉葬。只留下一片片古戰場孤立在蕭瑟的秋風秋雨中為後人憑弔，並使人聯想起那「江山如此多嬌，引無數英雄競折腰」的不朽名篇。

# 單于折箭大事記

◉ **西元三七七年**

七月，東晉謝安擔任尚書僕射司徒侍中兼五州大都督，把持軍政大權。

◉ **西元三七八年**

二月，前秦苻丕領兵十七萬，進攻東晉襄陽。

七月，前秦彭超領兵七萬，進攻東晉彭城、淮陽、盱眙一線。

◉ **西元三七九年**

二月，苻丕攻克襄陽，活捉守將朱序。

四月，前秦佔領四川。

六月，東晉謝玄擊敗彭超，取得東線戰役的勝利。

◉ **西元三八〇年**

三月，前秦苻洛在幽州叛變。

五月，前秦苻融、竇沖、呂光、石越平定苻洛叛變。

六月，苻堅發苻氏宗族鎮守全國各地。

◉ **西元三八二年**

九月，前秦呂光發兵十萬征討西域。

十月，苻堅下令準備進攻東晉，引發大臣爭議。

## ⊙ 西元三八三年

五月，東晉桓沖進攻前秦襄陽。

八月，前秦苻堅發兵一百一十餘萬，向東晉發起全線進攻。東晉發兵十八萬迎戰。

十月，苻融佔領壽陽。前秦、東晉爆發淝水之戰。前秦戰敗，苻融戰死，前秦軍撤退。

十二月，前秦乞伏國仁在隴西勇士堡造反，擁兵十餘萬。前秦慕容垂造反，進攻洛陽。丁零人翟斌造反，殺死洛陽大將毛當。

## ⊙ 西元三八四年

一月，慕容垂和翟斌合併，慕容垂自稱燕王。後燕建立（建國八）。進攻前秦鄴城。前秦慕容農造反，殺死鄴城大將石越。慕容農歸順後燕。

三月，前秦慕容泓造反，自稱濟北王。西燕建立（建國九）。前秦慕容沖造反。前秦苻睿姚萇討伐慕容泓。苻睿戰死，苻堅逼走姚萇。

四月，姚萇自稱萬年秦王。後秦建立（建國十）。慕容沖投靠慕容泓。

五月，姚萇佔領前秦北地，擁兵十餘萬。

六月，苻堅進攻姚萇，姚萇大敗逃跑。西燕發生政變，慕容泓被殺，慕容沖上臺。姚萇進攻苻堅，苻堅戰敗。

七月，後燕慕容麟佔領中山。前秦洛陽守將苻暉放棄洛陽，帶領七萬人投奔長安。苻暉和慕容沖在驪山交戰，苻暉戰敗，慕容沖佔領阿房。後燕發生翟斌事件，翟真逃跑。前秦呂光平定龜茲。

八月，東晉謝玄北伐，佔領徐州。

九月，謝玄佔領兗州。慕容沖包圍長安。

十月，前秦青州守將向東晉投降。後燕基本佔領河北。苻丕向東晉求和，提出以糧食換土地計畫。姚萇進攻前秦新平。

十二月，苻堅殺前燕皇帝慕容暐。

## ◉ 西元三八五年

一月，西燕慕容沖在阿房稱帝。西燕和前秦在長安交戰，西燕戰敗，損失三萬餘人。後燕慕容麟、慕容農進攻丁零人翟真於中山，翟真兵敗被殺。

三月，前秦苻暉被迫自殺。前秦苟池與西燕慕容永在驪山交戰，苟池戰死。前秦呂光啟程回國。

四月，東晉劉牢之北府兵進攻後燕，在五橋澤中慕容垂埋伏，東晉戰敗。後秦姚萇佔領新平。屠城，活埋一萬五千平民。

五月，苻堅離開長安，逃至五將山。

六月，西燕慕容沖佔領長安，前秦太子苻宏投奔東晉。文武官員投奔後秦。慕容沖屠城，平民死亡人數不詳。

七月，後秦姚萇俘虜苻堅。

八月，苻堅被殺。

# 第七章　英雄折腰（西元三八五～西元三九八）

## 一

苻堅被殺後，死守鄴城的苻丕並不知道這個消息。謝安遵守諾言，分給苻丕大批糧食，為了防止他反悔，謝安趁苻丕帶三萬人出去運糧食的時候指使在鄴城外休整的劉牢之佔領鄴城，以造成既成事實逼迫苻丕走人。苻丕當然不答應，賴在鄴城郊區不走，本來成為秦晉之好的雙邊關係頓時變得萬分緊張。

謝安嫌苻丕待在鄴城礙事，就派遣大將檀玄向苻丕發動進攻，但是檀玄出發後謝安突然身患重病，失去主心骨的檀玄當然打不過苻丕，劉牢之一看檀玄敗了，只好乖乖地讓出鄴城，撤回南方去了。這麼一來，心力交瘁的苻丕總算回到了鄴城。

不久，東晉大權臣謝安病死，休整得差不多的慕容垂又掉回頭來進攻鄴城，苻丕這回再也守不下去了，只好帶領著鄴城軍民六萬多人前往潞川投奔并州的張蠔，直到這時苻丕才知道長安失守、苻堅被殺的消息，於是他帶著悲憤的心情在晉陽稱帝，傳令大赦天下。而奮鬥一生的慕容垂也終於佔據了已是一片廢墟的故都鄴城。慕容垂在鄴城舉行了簡樸的即位儀式，正式稱帝。

新科皇帝慕容垂圍著鄴城轉了一圈後，覺得鄴城實在太破，不堪為都。於是他下令把中山作為陪都，把行政機構都安排在那裡，立慕容寶為太子，加封慕容德為尚書，慕容楷為僕射。下令修改宗譜，刪掉從前死命迫害他的老太后可足渾氏，又追封自己那位被可足渾氏害死的髮妻段氏為成昭皇后，現任老婆小段氏為正宮皇后。制定了今後發展的宏偉藍圖，重點進攻東北和山東，清剿前秦餘黨，只求恢復前燕的領土，絕不再踏進關中一步。

在慕容農的指揮下，後燕軍隊進展順利，不久就收復了龍城，消滅了佔據龍城的土著居民，又擊敗了不聽話的高句麗，重新收復了遼東半島。慕容農在龍城制定法律，休養生息，遼東又逐漸恢復了生機。和一片狼藉的中原形成了鮮明的對比。

中原大地一片混亂的時候，與慕容垂一道扯旗造反的乞伏國仁倒是落了個清靜自在，周圍都在打仗沒人管他，乞伏國仁就自稱大將軍，平地修起一座城池，命名為勇士堡（今甘肅榆中），也建立了一個秦國，史稱西秦。這樣一來，就擋住了奉命來中原勤王的呂光的去路。

擁兵十萬討伐西域的呂光接到苻堅的勤王詔書後帶領軍隊一路觀光到姑臧，再往前走就發現旗號都變樣子了。向當地人一打聽才知道苻堅早就死了，呂光就趕走當地官吏，自稱涼州刺史，建立了後涼。

這時候居住在陰山一帶臣服前秦的鮮卑大酋長劉庫仁已死，劉庫仁的兒子劉顯一向就看著老爹劉庫仁收容的拓跋珪不順眼，打算著把拓跋珪給抓起來處死，拓跋珪的母親聽說後，把年僅十六歲的拓跋珪藏到馬廄裡，半夜裡拓跋珪偷了匹馬跑到幾百里外舅舅賀訥的部落裡，向賀訥尋求庇護。賀訥一看外甥來了，就向周圍部落報信，要求大家共同推舉拓跋珪為王。於是幾百名各部落酋長共同在河套地區的牛川聚會，共推十六歲的拓跋珪為代王，將首都定在盛樂（今內蒙古和林格爾）。劉顯聽說拓跋珪得勢後，嚇得趕緊連夜逃命去了，拓跋珪沒費多少工夫就恢復了原來代國的疆土，他尊奉慕容垂的後燕為宗主國，從此拓跋珪的代國這個不起眼的小部落聯盟在大漠中逐漸地繁衍生息，開始打量周圍的世界。

至此，中國境內八國並立。根據綜合實力的大小排序為：東晉帝國白癡皇帝，鮮卑後燕帝國慕容垂、羌族後秦王國姚萇、氐族後涼王國呂光、鮮卑西燕帝國慕容沖、氐族前秦帝國苻丕、鮮卑西秦王國乞伏國仁、鮮卑代王國拓跋珪。

前秦帝國瓦解後，新成立的這些小國馬上就開始了另一輪的廝殺。十六國後期的戰爭規模都比較小，不再有前期那樣動輒數十萬對數十萬的大會戰，但戰爭的強度和慘烈程度都是前期人物望塵莫及的。首先發難的就是被諸國包圍的如假包換的流氓國家西燕。佔領長安的慕容沖感覺長安是個好地方，房子大，地面又平坦，如果跑去投奔慕容垂，兩個皇帝見了面，自己的皇位八成坐不穩，於是他就不顧眾人的反對，下令修復長安的宮殿，打算在這裡長住下來。

不久，貪婪成性的慕容沖就對姚萇佔據的新平垂涎三尺，他派尚書高蓋領兵五萬，苻堅的女婿楊定為先鋒進攻新平，結果被姚萇打得大敗，高蓋率領殘部投降，楊定趁亂逃脫，跑到了隴西，也收集人馬自立為王去也。

慕容沖不願意回故鄉，這回又吃了敗仗，他的部下可不幹了，當年就是這幫人收拾了慕容泓，把皇位給了慕容沖的。既如此，再殺一回皇帝也不打緊呀。不久，慕容沖的左將軍韓延和段隨連手發動政變，處死了慕容沖，韓延立部將段隨為主，自去帝位改稱燕王。

皇帝換了姓，那些姓慕容的將軍們心裡自然不爽。不久，慕容永就聯絡部將慕容恒（慕容垂手下萬夫難擋的小將軍慕容鳳就是他的寶貝兒子），又發動政變殺死韓延和段隨，另立慕容恒的兒子慕容凱為帝，然後率領著鮮卑男女老少四十多萬人浩浩蕩蕩地向東而去，準備或者投奔慕容垂或者回龍城。半路上慕容恒的弟弟慕容韜又發動政變，刺死了慕容凱，還要再殺慕容恒，被慕容恒發覺，另立了慕容沖的兒子慕容瑤為帝（慕容沖不過才活了二十來歲，他兒子也就剛斷奶）。慕容韜只好投奔慕容永，準備擁立慕容永為王。這邊的大傢伙都不願意追隨小娃娃慕容瑤，大都投奔慕容永而去。慕容永活捉了慕容瑤，也不管他年紀幼小，就給一刀殺了，然後另立慕容泓的兒子慕容忠為皇帝。大家就這樣一路熱熱鬧鬧地走過去，當大隊人馬走到聞喜（今山西聞喜）時，又改變了主意，不想投靠慕容垂，而是就地安營紮寨。慕容永授意部下殺掉了慕容忠，然後他給自己封了大將軍的頭銜，向慕容垂稱藩。

慕容永佔領了聞喜，苻丕自然不答應。慕容永對苻丕的整個并州興趣都頗濃，他要求苻丕給自己讓出一條路，好讓自己去河北，別看理由編得冠冕堂皇，實際上就是大白天來明搶苻丕的地盤。姓苻的本來就和姓慕容的有不共戴天之仇，對慕容永的要求自然不會答應。苻丕派遣俱石子領兵討伐慕容永，前秦軍和西燕軍為了爭奪并州開始大打出手。自苻堅開始前秦軍就是「逢鮮不勝」，這次也不例外，患有「恐鮮症」的前秦被慕容永打得慘敗，俱石子也戰死了，苻丕精銳盡喪，只好帶領幾千騎兵逃到洛陽。這時的洛陽已經歸屬東晉，和當年淝水之戰的時候情況大不一樣，苻丕被一向虛弱的東晉軍殺得大敗，自己也掉了腦袋，苻丕這前秦最後的一脈到此斷絕。慕容永繼續前進，也不去騷擾晉陽的張蠔，而是佔領長子（今山西長子），就地稱帝，不再受慕容垂的管束。

跟隨慕容永的慕容柔和慕容盛叔侄倆見慕容永擅自稱帝，知道後燕和西燕之間已是勢同水火，就密謀去投奔慕容垂。半路上碰到一幫車匪路霸要搶劫他們兩個，慕容盛（年十五歲）就對這幫毛賊們說：「我堂堂七尺男兒，水火不怕，你們小小盜賊也想攔我麼？不信的話就舉著箭頭站在百步之外，看我的箭法，如果我射掉箭頭你們就快點滾蛋，如果射不掉我投降就是。」盜賊們都不相信他真這麼牛，都爭著想親自試上一把，於是有人跑到百步之外舉箭站定了，等著慕容盛開弓放箭。慕容盛一箭射去，不偏不倚正好把強盜手裡的箭頭射斷，盜賊們都非常佩服他，便對慕容盛說：「先生是貴人，我們只不過想開開眼而已。」就從包袱裡面拿出白銀若干，資助叔侄兩個逃跑。

慕容柔和慕容盛叔侄倆逃到了中山，受到慕容垂的熱情接待。慕容垂向他們打聽慕容永的情況，慕容盛就地畫圖，講解生動，滔滔不絕。慕容垂嘖嘖稱奇，認為這位十五歲的小孩子將來必有建樹。慕容柔和慕容盛叔侄倆棄暗投明，只是苦了留在慕容永那裡的那些沒逃出去的慕容家人，慕容永得知這兩個人逃跑的消息後，就下令把國內所有慕容廆的後人不分男女老幼全部殺絕，這樣一來，西燕的地盤上，除了慕容永自己，其他姓慕容的全都死光光了，從此後燕和西燕之間也就變成了絕對仇敵。

## 二

苻丕和東晉在洛陽作戰失敗被殺後，前秦的政權並沒有滅亡。當年苻丕即位後幹的第一件事就是向天下發出詔書，聲討叛賊慕容垂和姚萇。詔書到處，群情激憤，包括東晉在內的各個國家各派勢力一齊回應。只不過回應歸回應，真正捨得動用自己的實力為他人做嫁衣裳的沒幾個。慕容垂的拳頭天下最硬，此人不去招惹別人就已經是上上大吉了，當然沒有哪個活膩了的傢伙敢到慕容家族的頭上動土，慕容垂也發誓絕不染指關中，倒是關中的姚萇因為苻丕的空頭帖子倒了大楣。

西燕東遷後，姚萇順理成章地接管了慕容沖的地盤。進駐長安後，姚萇就宣布在此稱帝，並大赦天下。他立兒子姚興為太子，擺下盛宴慶祝自己的勝利。酒至半酣，姚萇突然對文武百官說：「從前諸位和朕地位平等，大傢伙兒一塊給苻堅賣命，現在忽然變成了君臣關係，我們是不是太無恥了些？」

眾大臣個個面紅耳赤，有幾個擅長溜鬚拍馬的傢伙趕緊說：「陛下現在是天子，上天都不以陛下當他兒子而感到恥辱，臣等怎麼會因為當陛下的大臣而感到羞恥呢？」這番話把姚萇給說樂了。俗話說，快樂的日子往往都不會長久，姚萇在長安沒過上幾天舒服日子，苻丕發出討伐帖子後，前秦鎮守原前涼軍事要塞枹罕的狄道太守苻登還真帶兵來攻打姚萇了。按輩分算，苻登是苻堅的族孫，不過他們之間的關係也和慕容永與慕容垂之間的關係一樣，也是繞了七八個大彎的油瓶親，看他的職務就是個很普通的官員。這回苻丕病急亂投醫四處亂撒帖子，苻登一接到皇帝親筆寫的詔書，立馬響應號召，帶領五萬大軍前來討伐姚萇。

後秦鎮守上邽的姚碩德是姚萇的弟弟，遭到苻登的猛烈進攻後，他馬上感覺到這支部隊的戰鬥力很強，趕緊向姚萇求援。姚萇並沒把這五萬軍隊放在眼裡，他大大咧咧地帶兵前來解圍，一交戰才知道苻登的厲害，被苻登狂殺兩萬多人，姚萇本人也被苻登的部將射成重傷。姚萇沒法子，只好下令全軍往長安逃跑。

苻登的這五萬軍隊是當年前秦征討西涼後留下鎮守的精銳部隊，又經他多年訓練，戰鬥力相當強，這支部隊存在的唯一目的就是給苻堅復仇。為了激勵士氣，苻登讓將士們在盔甲上刻著「死」

和「休」兩個字，表示對姚萇的仇恨已經到了一死方休的程度，這樣的軍隊自然所向披靡。

苻登還把苻堅的牌位供奉在一輛華麗的戰車上，四周打上青色的頂蓋和黃色的旗幟，派三百士兵護衛，每到作戰的時候就帶領全軍在牌位前痛哭一場，禱告說：「昔日陛下在五將山遇難，讓這些羌賊害死了陛下，都是我苻登的罪過。現在我只有五萬軍隊，補給也不多，但我們都有為陛下報仇的決心。請陛下在天之靈庇佑我們每戰必勝，為陛下報仇雪恨！」

有這樣的決心，這樣的毅力，奸詐無比的姚萇也拿苻登沒辦法，更絕的是苻登還有非常厲害的殺手鐧。或許是受了居住在西域的羅馬人的影響（據說有一支羅馬軍團的後裔在西漢時遷移到了甘肅，他們就擅長運用這種當時稱作「魚鱗陣」的歐式戰陣，讓漢朝開了眼界），苻登創造出了一種步騎結合的戰陣，號稱「方圓大陣」。使用長槊和鐵鉤的步兵排列成密集的陣形抵擋敵人（主要是騎兵）的衝擊，使用長刀重劍的騎兵作為機動力量在陣裡穿插，彌補防禦的漏洞，或伺機突擊敵人的步兵。這樣一來，苻登的部隊無論進攻還是防禦都像一座刀山，更像是一隻巨大的鐵刺蝟，渾身都是刺，別管對方是騎兵還是步兵都衝不得也打不得。如此一來，姚萇和苻登打仗自然是狐狸咬刺蝟，無處下嘴。

苻登趕走了姚萇，像尖刀一樣插在長安和上邽之間。由於苻登來得太急，後勤供應不上，苻登每次和姚萇打仗都仔細收集屍體給軍隊當糧食，還美其名曰「熟食」，對手下士兵說：「你們不用擔心糧食跟不上，上午出去打仗，下午就有『熟食』吃，保證行軍打仗都有力氣。」於是每次戰鬥結束苻登的手下都爭相打掃戰場，收集屍體來加工「熟食」，仗越打越有精神。

姚萇聽說後，就趕緊給姚碩德送信說：「你要是再不撤回長安來，恐怕你的麾下都要被苻登吃光了！」姚碩德也知道保住腦袋要緊，急忙放棄上邽逃奔長安和姚萇一道死守。苻登的軍隊乘勝進攻，聲威大震。在長安附近山區落草當山大王的楊定、竇沖等原苻堅的部下都紛紛投奔到苻登的軍隊裡。不久苻丕戰死的消息傳來，苻登就被大臣們擁立為皇帝，接過了前秦的最後衣缽。

苻登的即位儀式沒有鋪張浪費，而是有滿腔的怒火和悲憤。苻登即位的第二天就派遣楊定為先鋒進攻長安，走到涇陽時和姚碩德的部隊遭遇，又將姚碩德打得大敗，姚萇拼了老命才把姚碩德救回來。

在苻登連戰連捷的鼓舞下，周圍一些零星的反姚勢力也活躍起來，原前秦雍州刺史徐嵩就是其中之一。姚萇費了老鼻子勁兒活捉了徐嵩，然後就親自審問他，徐嵩痛罵姚萇：「你姚萇罪該萬死！從前你被押上刑場，是先帝親手把你救下來的，後來你歷任要職，位高顯赫。豬狗尚知報養育之恩，你卻親手弒君，羌族人怎麼是這樣的東西？你識相的話就趕快殺我，先帝有靈必定讓你不得好死！」姚萇大怒，把徐嵩斬首三回，將徐嵩的所有士兵全部活埋，命令手下將徐嵩的妻子輪姦致死。這還不解恨，他又跑去挖了苻堅的墳墓，把苻堅的屍體拖出來打了三百皮鞭，剝光衣服用荊棘包起來再埋到墓裡。

苻登聽說後勃然大怒，帶領部下死命地進攻長安，姚萇把安定作為抵抗苻登的大本營，雙方都像輸紅了眼的賭徒，在武都展開了慘烈的拉鋸戰。經過數十場混戰，姚萇敗多勝少。但姚萇用兵狡猾，機動靈活，領著部隊繞來繞去，總是能把苻登在正面交戰中取得的優勢給抵消掉，時間一長，雙方都拼得筋疲力盡。苻登帶了一萬多人在後秦軍營前拱來拱去，總是就差那麼一點點卻攻不破姚萇的防線。苻登非常喪氣，就下令士兵在姚萇軍隊四周放聲大哭，後秦軍被哭得莫名其妙，姚萇就說：「他們哭你們也哭啊，反正我們比他們人多。」於是全體後秦士兵也開始號啕大哭，後秦軍人數比外面哭的苻登的人要多好幾倍，苻登被對方哭嚎得沒趣只好下令撤退。

姚萇屢戰屢敗，發現前秦軍每次打仗前都要集體向苻堅的靈位祈禱，以為是敵人得到了苻堅神靈的暗中保護，就想入非非也在自己的軍營裡樹起苻堅的塑像，命令後秦軍在打仗前也向苻堅祈禱一遍。姚萇的祈禱文寫得非常滑稽，就連他自己的親兵聽到都忍俊不禁：「微臣的哥哥姚襄曾經唆使微臣為他復仇，昔日新平之禍，其實是執行了姚襄的命令，不是微臣的罪過。苻登是陛下的遠親，還要為陛下復仇，微臣又怎能對不起我的兄長呢？而且陛下曾經授予微臣『龍驤將軍』的稱號，就是鼓勵微臣將來復仇，微臣怎麼敢違抗呢？現在為陛下樹立神像，早晚供奉，希望陛下不要追究微臣的罪過。」

第二天，苻登和姚萇又要開戰，苻登發現姚萇軍中也樹立起了苻堅的塑像，這讓他哭笑不得。苻登對姚萇說：「身為大臣卻害死君主，還想讓君主來保佑自己，這有什麼用呢？」姚萇自知理虧，不敢回答。苻登又大聲說道：「弒君逆賊姚萇為什麼不敢回答？你敢和我單挑麼？」姚萇仍然不回答，苻登就下令進攻，姚萇又一次吃了個敗仗。晚上姚萇的部隊亂了營，姚萇認為是苻堅顯靈作祟，就下令把苻堅塑像的腦袋砍下來送給苻登。

## 三

姚萇在和苻登的作戰中屢戰屢敗，求神拜佛也不甚靈驗。後來姚萇乾脆什麼神都不認，就地耍無賴，開始向苻登施展起他最擅長的運動戰術。當苻登的攻勢越來越凌厲的時候，姚萇的部下建議姚萇和苻登決一死戰，姚萇就回答說：「與窮寇賭勝負是兵家大忌，看我的錦囊妙計吧。」等苻登再次進攻時，姚萇就帶著三萬鐵騎襲擊苻登存放輜重的大界村。苻登前段時間打仗太順利，沒想到姚萇還有反戈一擊的本事，大界村裡根本沒留什麼防備，被姚萇活捉了五萬多老百姓。

苻登的皇后毛氏當時正在大界村，她親自帶領幾百人抵抗，毛氏的箭法很好，殺死後秦軍七百多人，一直把箭放光才束手就擒。姚萇看到毛氏長得年輕漂亮，就想污辱她，毛氏抵死不從，痛罵姚萇一通後被殺。

正在進攻安定的苻登得到了後方被襲的消息，趕緊帶兵回救，後秦將領趕緊向姚萇請命趁亂突襲苻登的主力。姚萇反而對手下說：「苻登雖然後方遭襲，但部隊陣形沒亂，這時候進攻得不了好，還是放過他們算了。」於是領著三萬大軍從苻登行軍路線的縫隙中溜回安定，讓苻登再次撲空。

在長時間的作戰中，苻登的反姚陣營逐漸地出現了裂痕。有一次苻登派楊定到隴西一帶作戰的時候楊定在外面竟然自稱秦州牧兼隴西王，苻登正在用人之際，不得不默許楊定的叛逆行為，這樣一來，原本就鬆散的反姚力量更不踏實了，苻登用人不善的弱點逐漸暴露出來。

不久，詭計百出的姚萇就讓安定守將向苻登詐降，直腸子苻登對這個並不高明的計策竟然深信不疑，就下令準備行裝去接收安定。苻登手下羌族部將雷惡地聽說後，急忙勸阻說：「姚萇陰險狡詐，千萬別相信他們的話！」苻登將信將疑，就下令回營。姚萇從前認識雷惡地，聽說他阻止了苻登後，遺憾地對手下說：「可惜，這個老羌油子跟了苻登，我的妙計成不了啦。」就下令埋伏的部隊撤離陣地。雷惡地知道後免不了在苻登面前自誇幾句，苻登就認為雷惡地雖然見解高明，但對自己有「不敬」之意，自然要想辦法收拾他，雷惡地只好帶部下投降他的本族姚萇。

這個雷惡地為人並不安分，沒多久姚萇手下鎮守長安東北和西燕交界處的大將魏揭飛造反，自稱沖天王，帶領三萬大軍進攻長安，雷惡地也趁機響應，一時間長安周圍戰雲密布。姚萇聽說後，就準備親自進攻。手下紛紛勸阻說：「陛下今天是怎麼了？不擔心六十里外的苻登，卻去進攻六百里外的魏揭飛？」

姚萇胸有成竹地回答說：「苻登不是一天兩天能消滅的，我的城市也不是苻登一兩天內就能打下來的。雷惡地智謀過人，如果南應魏揭飛，西聯苻登，三方一合攻，只怕長安以北都不是我的了。」藝高膽大的姚萇就親點了一千六百名精銳騎兵前去進攻魏揭飛。姚萇他們走了沒多久，就看見大批叛軍黑鴉鴉地殺了過來。

魏揭飛看見姚萇才帶了千把人就敢來找他的麻煩，以為會有伏兵，急忙下令後軍抓緊前進，不久，增援隊伍也一團團匯到叛軍裡來，魏揭飛的陣營不久就聚集了三萬多人。這陣勢讓後秦軍都捏了一把汗，只有姚萇看見叛軍的增援部隊一撥撥地開過來，反而顯得非常高興，眾人都不明白皇帝在笑什麼，姚萇就解釋說：「魏揭飛煽動百姓造反，參與的是什麼樣的人都有，就算我能打敗魏揭飛，他的餘黨也不見得就能全部歸案。現在魏揭飛竟召集所有的叛軍過來迎戰，我把他們一舉消滅了，東北的叛亂就算徹底平定了。」大家嘴上都說高見，心裡卻在暗自好笑。

魏揭飛和姚萇對峙了大半天，姚萇還是不進攻，魏揭飛才確信姚萇沒設埋伏，就下令全軍向姚萇的陣地突擊。這時姚萇才緩緩舉起號旗，原來姚萇事先在魏揭飛陣地後面的樹林裡埋伏了五百騎兵，趁叛軍往中間集中的時候混到裡面，魏揭飛的部隊很多是叛變的後秦軍，旗號都一樣，人一多更是看不出來。姚萇一下令，叛軍陣形頓時大亂，自相殘殺，都不知道誰在打誰。姚萇趁勢發動突擊，叛軍只好四處逃散，互相踐踏，魏揭飛還不清楚是怎麼回事就掉了腦袋。戰鬥結束後一清點，姚萇的一千六百人竟然殺了叛軍一萬多人，剩下的全部繳械投降。姚萇就命令俘虜在叛軍營地裡，每兩節柵欄間種一棵樹以做紀念，後來姚萇故地重遊，發現這些小樹苗都長成了大樹。姚萇也很有些得意，對當年參戰的老兵說：「我自上陣以來，和人打仗，從來沒打過這麼快捷、這麼順利的仗，用一千多人，消滅對方三萬，可見用兵不在數量多少，難道兵多就一定能打勝仗麼？」

叛軍的另一個頭頭雷惡地聽說魏揭飛的人馬被姚萇用一千六百人就給滅了，只好向姚萇乞降，他對姚萇說：「我一向認為自己是智勇雙全的人物，但每次碰到姚天王就施展不開。人比人，氣死人，不服不行啊。」姚萇待之如初。

等姚萇平定了東北，苻登才醒過味兒來，錯過這樣一個大好機會讓苻登萬分沮喪，就下令再次發動進攻。姚萇帶領軍隊抵抗，正面作戰還是打不過苻登，姚萇下令退兵，沒想到一向反應遲鈍的苻登這回卻在後面緊追不捨，把姚萇趕得只好往東撤退。姚萇感覺形勢不對，連忙下令停止後退，迎戰敵人，姚碩德不明白是怎麼回事，就問姚萇說：「陛下一向反對打硬仗，喜歡用計謀，這回硬仗失利卻還要和敵人硬碰硬，是什麼原因呢？」

姚萇胸有成竹地回答說：「苻登用兵遲緩，從來不打聽敵人的虛實，現在卻一反常態把我往東趕，可見東面必定有內應。現在我們往東走不少路了，追擊的這批人必定希望我軍和敵人在東面的內應打仗，他們好休息休息，那麼追兵的戰心就會下降，而我軍被追了這麼一段路，大家都很窩火，想發洩發洩，這是士氣旺盛的表現，此時反擊，必定得勝。」說著就下令全軍突擊，果然人人奮勇，個個爭先，前秦軍被殺得大敗而逃，後秦軍則敲著得勝鼓回到了長安。

姚萇剛一坐下，就下令設好埋伏，他給手下人分析說：「那個內應看到他們的計謀沒有得逞，必定會心中不安，一會就會過來打聽情況，而那些心裡沒鬼的人最多只會派個使者過來慰問，那麼，一會兒誰親自來誰就是內應。」果然，過了一會兒就有個大臣前來打聽姚萇的戰況，姚萇立即下令將他捆個結實。那個大臣連呼冤枉，姚萇下令去抄家，結果在他家搜出了很多通敵的信件，那個大臣才無話可說。

為了慶祝本次勝利，姚萇大擺酒宴。大臣們對姚萇打仗不喜硬拼的做法都不以為然，紛紛議論說：「如果陛下的兄長姚襄在世的話，必定不會讓苻登這小子如此猖狂，陛下打仗太保守了。」

姚萇聽後哈哈一笑，對大臣們說：「我有四個方面比不上我兄長，第一，他身高八尺，英明神武，人見人敬，我不如他；第二，指揮十萬人馬，就能和三國周旋，縱橫天下，所向無敵，我不如他；第三，文武雙全，多才多藝，博古通今，我不如他；第四，待人真誠，上下一心，人人效死，我不如他。我唯一比哥哥強的一點就是我多謀善斷，所以哥哥戰死了，而我卻當了皇帝。你們怎麼想呢？」那些發議論的大臣頓時張口結舌，無言以對。

不久姚萇生了重病，把軍權交給弟弟姚碩德代理，自己在軍營裡養病。苻登聽說姚萇生病的消息後喜出望外，趕緊給苻堅敬上好香獻上好供品，並下令大赦，百官晉爵二等，然後帶領全軍孤注一擲進攻安定。苻登的人馬離安定只有九十多里路，姚萇聽說了，就帶兵出戰，並在苻登將要經過的地方設下陣地，不久苻登的方圓大陣就壓了過來，當苻登發現姚萇的陣地已設在自己面前時，他不敢進攻。雙方又開始長久的對峙。

這時姚萇的主力卻繞過苻登的軍隊，又佔領了苻登的老營，繳獲了大批好東西，苻登一聽老營遇襲，心裡很慌張，只好下令撤退。這時姚萇又來了一招搞笑動作，他下令全軍悄悄地在苻登屁股後面跟著，不准說話，等苻登撤回老營一看，姚萇的軍隊又消失得無影無蹤。這時派出的偵察兵回來告訴苻登說，前頭和苻登對峙的姚萇大營裡面根本就沒有人。

苻登大驚失色，立即下令尋找姚萇的主力，這時天已大亮，前秦軍才發現背後全是姚萇的旗號。苻登連忙下令突擊，到跟前才發現那些只不過是一堆插著的旗杆而已。

原來老狐狸姚萇帶領人馬跟在苻登屁股後面走了半天，覺得沒意思，就跟苻登開了個大玩笑，在陣地背後插了很多旗杆，然後全體回去睡大覺。

苻登折騰了一天一夜，連姚萇的影子都沒看到，實在是衰到極點，苻登的幾句獨白讓人覺得他既可笑又可憐：「彼何人也？去令我不知，來令我不覺，謂其將死，忽然復來，朕與此老羌同世，何其厄哉！」

## 四

苻登和姚萇在關西死拼了八年，姚萇終於笑到了最後，苻登無可挽回地落了下風。苻登平時待人太小氣，有本事的人都受不了他，自然是叛的叛、逃的逃。就連苻登最倚重的竇沖也向他要求加封自己為天水王，苻登不同意，竇沖來了個一不做二不休，乾脆扯旗造反，自稱秦王，徹底和苻登決裂，這樣一來，在關西地區就有四個秦國同時並立，自認正統的苻登殺雞儆猴，先拿竇沖開刀，不久苻登就率軍進攻叛徒竇沖盤踞的野人堡。竇沖抵擋不住苻登的攻勢，情急之下向後秦求援。姚萇正準備親自出擊，部下尹緯勸阻說：「陛下德高望重，不宜親自帶兵，而太子姚興宅心仁厚，遠近聞名，但尚無戰功。希望陛下能藉這個機會鍛鍊鍛鍊太子。」姚萇同意了他的觀點，派二十來歲的姚興出戰。姚興指揮部隊跟他老子姚萇一樣靈活，他沒有去野人堡進攻苻登，而是直接殺向苻登的大本營胡空堡。苻登得到消息後，只好撤下野人堡的包圍回軍救援。姚興聽到野人堡解圍的消息後，急忙率軍撤出胡空堡，在半路設下埋伏，姚萇打仗是標準的運動戰術，一般不設什麼埋伏，苻登習慣了這一套，平時行軍當然也就不怎麼防備，敵人這回換了主將，老皇曆就過期了。苻登的輕敵讓他吃到了苦頭，被初生牛犢姚興殺得大敗。姚興也不追趕，回長安去了。

姚萇聽到姚興打勝仗的消息後，終於放心了。於是他下令尹緯等大臣進宮接受遺詔，並對姚興說：「這些大臣都跟隨我多年，心地忠誠，有詆毀他們的千萬不要相信。你只要做到對待親屬講究恩德、對待大臣講究禮節、對待政事講究信用、對待人民講究仁愛，無論什麼時候都不要忘記這四條，我就放心了。」

大臣們急忙問姚萇如何對付苻登，姚萇說：「我用兵一生，從來不敢和苻登硬碰硬，現在姚興一仗就擊敗了他，諸位還用擔心嗎？」說完就死了。

姚萇死後，姚興並沒有馬上發喪，而是先接見邊防大將，把各方面都安撫好。鎮守在與前秦接壤的邊境地區的姚碩德接到姚興的請柬後，他的手下說：「將軍您威名顯赫，兵多將廣。現在恰逢亂世，必為新主所疑，不如先投奔苻登再看情況吧。」這些人的目的顯然是想勸說他自立為王。

姚碩德還是很有眼光，當即斥責那些勸他的部下說：「太子心地寬仁，待人有禮，現在苻登還沒剿滅就開始骨肉相殘，那是自取滅亡。我就算死也絕不這樣做。」就親自去長安會見姚興，姚興果然贈送厚禮好言相勸，雙方皆大歡喜，姚興順利地接過了政權。

苻登聽說姚萇死了，非常高興，對手下說：「姚興這個小娃娃，我這回抓住他一定用樹枝抽他的屁股！」就帶領主力傾巢而出，只留下太子苻崇鎮守雍城（今陝西寶雞一帶）。

姚興聽說苻登來了，就在馬嵬堡布下防禦陣地等著，並派尹緯把守馬嵬堡旁的一座橋。苻登殺到時尹緯下令不准出戰，把河水堵起來，苻登的部隊喝不到水，三成的士兵乾渴而死。苻登只好硬著頭皮強攻尹緯的陣地，姚興就通知尹緯說：「苻登這回發瘋了，還是堅守為上。」尹緯一聽就說：「先帝剛去世，人心惶惶，這次一旦讓敵人得了上風，肯定大勢已去！」就下令全軍突擊，在水源旁邊展開了殊死的搏鬥。前秦士兵蜂擁而上，只為了能撲到河裡喝口水，後秦軍隊就拼死阻攔。惡戰從清晨打到黃昏，前秦軍大敗，趴到水裡而死的不計其數。晚上，苻登的部隊亂營，全軍潰散。苻登只好單人獨騎逃回雍城。到了城下才發現，膽小的苻崇聽說老爹吃敗仗了竟然帶頭逃跑，留給苻登一座空城。苻登只好也狼狽撤退，半路上收集了點潰兵，苻登帶著這點兵力撤到馬毛山去打游擊，並向名義上依附前秦的西秦討救兵。被姚興知道了，姚興親領大軍前來圍剿馬毛山游擊隊，苻登一開始還以為是西秦的援軍，滿心歡喜地出來迎接，等見了面才知道是收拾他的。姚興沒費力氣就活捉

後秦國主姚興

了苻登，將其就地斬首，然後揚長而去。

前秦最後的光杆太子苻崇跑得比誰都快，竟然一口氣跑到了湟中（今青海西寧），直到確信沒人追他，才安下心來當他的皇帝。沒多久，他就被附庸國西秦趕出湟中，苻崇無處可逃，只好回頭向盤踞在隴西一帶的山大王楊定苦苦求救。看在從前關係不錯的面子上，楊定總算發了一回善心，糾集兩萬軍隊進攻西秦，被西秦殺個慘敗，兩萬人被斬了一萬七，還有三千當了俘虜，苻崇和楊定也沒跑掉，全部被殺。曾是世界上最大國家的前秦到此徹底亡國，頑強掙扎的苻氏一族也黯然退出歷史的舞臺，族中男人被殺絕，被擄走的女人變成敵人軍中的玩物，在若干年後也都相繼死去。

關西地區少了前秦這個害群之馬，頓時清淨了許多。姚興登基後，全力發展經濟，醫治連年的戰爭創傷，居然也把後秦建設得有模有樣。

下面再回頭看看打得最熱鬧的慕容一家子。

十六歲的少年天子拓跋珪即位不久就把國號改為魏，代王也就變成了魏王。逃跑的劉顯安頓下來後又想算計拓跋珪，他就擁立拓跋珪的弟弟拓跋窟咄為代王，準備進攻盛樂。消息傳來，盛樂城人心惶惶。因為人們都知道拓跋珪沒多少部隊，自然打不過氣勢洶洶的劉顯。拓跋珪的手下有人準備綁架拓跋珪向劉顯投降，幸虧被拓跋珪發覺，才得以倖免，但如何對付劉顯，拓跋珪心裡面也很沒底，沒法子，他只好向宗主國後燕求援。

北魏當時還是個不起眼的小國，慕容垂也不太在意它，手一揮就讓慕容麟去增援。拓跋珪和慕容麟聯合起來向拓跋窟咄的部隊發動進攻，拓跋窟咄不敵後燕的百戰鐵騎，只好單身逃跑。沒想到去路已被慕容麟切斷，拓跋窟咄只好去投奔拓跋人的死敵劉衛辰。劉衛辰也沒怎麼客氣，把拓跋窟咄抓起來斬了。拓跋窟咄的殘部只好又回過頭來投奔了拓跋珪。慕容垂認為拓跋珪還算個人才，就加封他為西單于。拓跋珪不願意太引人注意，就推脫說自己年紀太小，不勝其職，謝絕了慕容垂的加封。

劉衛辰和拓跋珪都向後燕稱臣進貢，慕容垂的對策就是哪個強就打壓哪個，弄得這兩位整天都如芒刺在背，不得不費盡心思討好後燕。不久，劉衛辰向後燕進貢一批好馬，被劉顯看上了，於是他派兵在半路上把馬給搶走了。劉衛辰只好向慕容垂訴苦，慕容垂勃然大怒，正巧拓跋珪也正為劉顯咄咄逼人的態勢而大傷腦筋，想請求後燕出兵進剿劉顯。這樣一來，三方是一拍即合，慕容垂就派遣慕容麟和慕容楷帶兵討伐劉顯。劉顯雖然人多地廣，但戰鬥力遠非後燕騎兵可比，剛一交手就吃了大敗仗，拓跋珪又率兵上前一通猛揍，劉顯的軍隊幾乎全軍覆沒，劉顯只好單人獨騎投奔西燕去了。拓跋珪繳獲了劉顯的所有的輜重和幾千萬頭牲畜，和後燕軍隊一道坐地分贓，雙雙滿載而歸。

北魏從此開始逐漸強大起來，拓跋珪仍舊保持低調不去招惹後燕，而是派兵向西面和北面擴張地盤，既搶了大量的東西又鍛鍊了軍隊，不出兩年他就連續收服了弱水附近的庫莫奚、高車、叱突等部落，儼然成為朔方一帶的霸主。不久，拓跋珪就對中原的花花世界起了覬覦之心。

懷有征服天下之心的拓跋珪派遣他的表哥、後來過繼給拓跋什翼犍的拓跋儀去向後燕進貢，拓跋儀拜見了名震天下的慕容垂，慕容垂對拓跋珪沒親自來很不滿意，就質問道：「魏王為什麼不親自來？」

拓跋儀回答道：「先王（指拓跋什翼犍）和燕曾一道向東晉稱臣，大家都是兄弟，微臣代表我主而來，不算失禮。」

慕容垂十分不滿：「朕今天兵強馬壯，威加四海，怎麼能和從前一樣？」

拓跋儀從容回答：「陛下如果不修德禮，只知道誇耀武力，只可惜這是將軍們管的事，微臣對此不甚了解。」

慕容垂遭到拓跋儀的公然頂撞，氣得緩不過氣來，但他生來嘴笨，說不過拓跋儀，只好放他回去。拓跋儀回去後就對拓跋珪說：「燕帝年老昏庸，太子懦弱無能，慕容德自負才華，將來肯定不願委身在太子之下。一旦慕容垂死了，燕國必定內亂，到時候就可以趁火打劫了，現在還不行。」拓跋珪認為他說的有道理，就暗地裡抓緊訓練部隊，等著和後燕決裂的那一天。

不久，拓跋珪的弟弟拓跋觚朝覲慕容垂，他在退朝後被一幫小慕容們攔住敲詐勒索，讓拓跋觚給他們搞點好馬來，拓跋珪不答應，就和後燕斷絕了友好關係，另和西燕結盟。拓跋觚後來逃跑，又被慕容寶追獲。北魏和後燕關係逐漸惡化了。

## 五

前秦失勢後，擁有中原最強大騎兵的慕容垂順理成章地當上了北方的霸主。自東晉謝安死後，更是沒人敢惹他。除了西燕盤踞的并州以外，後燕已經基本恢復了前燕的版圖，來自同宗的西燕慕容永就成為後燕慕容垂下一步要討伐的目標。

西燕的軍事實力比後燕小得多，又沒有後燕那樣人才濟濟的陣容。不過後燕集團也並非鐵板一塊，由於慕容寶、慕容麟等鷹派把持外交工作，他們大搞霸權主義，態度極為強橫。一鳥入林，百烏噤聲，屈服於後燕威壓的勢力雖然不少，可真正願意為其賣命的則不多。實力弱小的西燕反而和東晉、北魏、後秦、丁零等難兄難弟的關係相對處得要好一些。慕容垂要收復并州就要先剪除西燕的這些幫兇，東晉一時難打，北魏表面上還是後燕的附庸，後秦又太遠夠不著，這樣盤踞在河南一帶的丁零殘餘就成了後燕要討伐的目標。

當年在河北北部和後燕打游擊的丁零領袖翟成後來終被慕容麟等消滅，分布在河南一帶的丁零人在翟成的弟弟翟遼領導下繼續和鄰居幹仗，南攻東晉，北打後燕，兩國都看丁零不順眼，紛紛出兵打擊，但這些丁零人行動詭秘，不斷挑撥後燕和東晉的關係，在他們中間忽順忽叛，洛陽一帶其實是三方混戰。丁零歸順哪一方，另一方就要被其他兩家合攻。翟遼趁勢坐大，跑到滑台（今河南滑縣）自稱大魏天王，也設立文武百官，儼然一副中原正統的架勢。後燕和東晉兩方終於決定暫停戰爭，攜手對付丁零。不久東晉派出徐州刺史朱序和大將劉牢之兩路夾擊翟遼，翟遼看到這回東晉要玩真的，只好撤出滑台，轉而進攻後燕的鄴城。半路上翟遼病死，由兒子翟釗繼任。

鄴城是後燕名義上的首都，慕容垂自然不會坐視丁零人亂來。就徵召大軍十萬，要御駕親征丁零。翟釗也知道慕容垂的厲害，趕緊向後燕的死敵西燕求援。慕容永接到丁零的求援信後，召開緊急會議商量對策。侍郎張騰說：「後燕和丁零實力相差很大，丁零必敗無疑，如果我們出兵援救的話，還有三足鼎立的希望，這樣才能牽制強大的後燕。這時我們再發兵直取中山，白天派出疑兵，晚上就沿路紮放火把，讓後燕軍隊產生疑心，不知道我軍往哪裡去，這時再和丁零人前後夾擊，必定能擊敗後燕。」

慕容永認為他講的很有道理，正要出兵增援，尚書鮑遵卻說：「後燕和丁零打仗，倘若丁零得勝，則去一後燕來一丁零，是前門驅狼後門進虎。不如緊守關隘，靜候其變，二虎相爭，則必有一傷，到時我軍再進攻勝利者，是以小搏大的買賣，張騰的計謀損失太大了。」結果本來想幫忙的慕容永就打消了出兵的念頭，派人告訴翟釗說不幫忙啦。

翟釗被西燕陷害，氣得七竅生煙，但後燕前鋒迫在眉睫，翟釗只好硬著頭皮率軍在黎陽隔著黃河防禦慕容垂。不久後燕大軍雲集在黃河北岸，和丁零軍隔河對峙。

丁零士兵大都是流寇出身，穿著打扮上很是講究，後燕軍看到翟釗的部隊氣勢囂張，大都面有懼色。慕容垂卻安然一笑，對手下說：「這些小娃娃有什麼本事，諸位只管跟著朕打仗就是了。」

第二天，慕容垂突然下令拔營全軍前往黎陽以西四十里的上游。抓緊建造了一百多個牛皮筏子，運了一批部隊大聲鼓噪著要渡河。翟釗看到慕容垂向西去了，也趕緊領兵在對岸跟著，生怕跟丟了，看見有人要渡河，就趕緊下令嚴防死守，不准這些皮筏子過河。但到了半夜，慕容垂卻派了一支部隊又回到東面老營渡河。翟釗發現中計，趕緊下令全軍速回老地方進攻渡河而來的後燕軍。翟釗剛把渡河過來的這些人給包圍住，就發現後燕主力已經紛紛從上游原路渡過河來，慕容農等率領大軍已經殺過來了。時值七月酷暑，可憐的翟釗像猴子一樣被慕容垂耍來耍去，連續跑了好幾個四十里，當然不是以逸待勞的後燕大軍的對手，後燕大軍兩下一合攻，丁零軍隊頓時全軍潰敗，翟釗只帶領幾百騎兵逃回黎陽。他們剛想坐下喘口氣歇息一會兒，後燕先鋒慕容農已經追到黎陽城下，翟釗只好帶領幾百騎兵保護妻兒老小往北逃跑，在山上躲了起來。

慕容農乘勝追擊，看到山勢艱險，他就對手下說：「翟釗倉促進山，攜帶的糧草必定不多，不會在山裡待很久。但我軍如果把山團團困住，翟釗是寧願餓死也不會出來的。不如先假裝撤退，騙他下山，翟釗自然就擒。」慕容農就下令撤退，留下一批眼線。才走了沒幾里，翟釗就匆忙出山。慕容農趕緊轉身進攻，丁零敗軍不是對手，翟釗的妻子兒女都被後燕活捉，翟釗一人死命逃出，投奔西燕去了。後來慕容永看他不順眼，就找個藉口把翟釗給殺了，長時間困擾後燕的丁零之患終於被根除了。

存心看熱鬧的西燕萬沒想到丁零人這麼不堪一擊，後燕這隻老虎不光沒受傷，反而更猖獗了。不久，慕容垂就下令向失去丁零這座靠山的後燕發動了進攻。

剛聽到慕容垂發兵的消息，小慕容們都持保留意見，認為慕容永國內比較安定，而後燕連年戰爭，士卒疲憊，這時如果貿然進攻，很有可能重蹈當年苻堅的覆轍。只有慕容德對大家說：「慕容永是我國的宗室，卻要冒認帝位，混淆正宗，如果不消滅的話，對民心軍心都很不利，儘管士兵們都很疲憊，也會同意的。」慕容垂聽了以後非常贊同，對大家說：「司徒之言正合我意。雖然我老了，但拿出多年征戰的看家本領，也足夠消滅他們了，絕對不會把這個傢伙留下來貽患子孫！」他就力排眾議，發兵七萬分三路進攻西燕。北路軍出井陘關進攻晉陽，南路軍防備後秦援兵，中路軍由慕容垂自己親率，以鄴城為大本營，直取西燕首都長子。

慕容永見慕容垂大兵壓境，趕緊派尚書令刁雲、車騎將軍慕容鍾帶領五萬人馬在潞川鎮守，嚴陣以待等著慕容垂過來，可是等了一個多月，慕容垂只在鄴城外面瞎轉悠就是不進攻。時間一長，慕容永就開始疑神疑鬼，認為太行山一帶雖然險峻，但騎兵一樣可以通過，生怕慕容垂會出奇兵從太行山一帶偷襲過來。就把主力調過去把守太行山隘口，正面的台壁只留下侄兒小逸豆歸帶領一萬多人鎮守。

得到西燕主力調走的情報後，行軍打仗一直慢吞吞的慕容垂突然發力，下令五萬大軍突襲台壁。兩燕一交戰，主力不在的西燕不是敵手，勉強抵抗兩下就撐不住了，後燕軍把台壁團團圍住。

慕容永聽說軍情有變，趕緊下令太行山主力回援，又拼湊了些軍隊，共湊足五萬前來給台壁解圍，不料領兵的兩位西燕大將刁雲和慕容鍾看到圍城的後燕大軍的神勇，都嚇得向慕容垂繳械投降。於是叛變的這幫人反穿了衣服，立刻就加入了後燕軍，後燕軍戰力陡然增強了許多，就繞過台壁直取長子。慕容永只好率領西燕殘餘軍隊進行攔截。

慕容垂事先偵察了地形，在戰場附近的山澗旁埋伏了一千騎兵，等慕容永進攻的時候，慕容垂下令部隊暫且撤退，等西燕軍跨過山澗後立即反擊，埋伏的部隊趁機截斷山澗上的橋樑，後燕軍四面八方地包圍上來，西燕軍爭相往回逃跑，先跑的到了山澗收腳不住，都被後來的潰兵推下去填了山溝。這一仗西燕又是大敗，損失八千多人，慕容永帶領殘軍逃回長子關門死守。慕容垂步步進逼，把長子團團包圍。

慕容永逃回長子後就把叛將刁雲和慕容鍾的家人全部殺死，然後把太子留下守城，自己準備逃到後秦尋求政治庇護。西燕侍中蘭英勸阻說：「從前石虎討伐龍城，太祖（指慕容皝，就是慕容恪成名的那一仗）死守不撤，終於擊退敵人。現在慕容垂年近七十，厭倦廝殺，不可能連年進攻我們，應該堅守此城靜待其變。」

慕容永是個沒主見的人，聽了這個建議後就打消了逃跑的念頭，他以傳國玉璽為質押向東晉求救，東晉將領不敢自作主張，趕緊逐級上報，等到東晉高層經過研究決定發兵的時候，後燕已經圍困長子兩個月了。

# 六

被慕容垂團團包圍的慕容永急得如同熱鍋上的螞蟻，不知道如何是好，眼看著東晉援軍遲遲不來，以為是東晉嫌自己上供的東西太少，又派遣太子去東晉當人質求救，不料太子半路上被慕容垂的巡邏兵抓獲。慕容永一看偷雞不成反蝕把米，只好轉而又向後燕的附庸國北魏求援。

這時候北魏也有自己的活要幹。拓跋珪知道慕容垂滅掉西燕後下一個目標準保會是自己，就趕緊先下手剿滅周圍邊境上的一些游牧勢力和百年世仇劉衛辰。當拓跋珪進攻弱水的時候，別的游牧民族都繳械投降，只有柔然（就是北史中所說的蠕蠕，當時北魏還沒有正經的文字，再往北的民族名字只能靠祖傳音譯了，以至於後來有人考證出柔然、蠕蠕、丁零、鐵勒、敕勒都是一家人）不服北魏的管轄。拓跋珪就帶領大軍深入戈壁追殺柔然，柔然人全部落向西撤退，拓跋珪連追六百里，發現攜帶的糧草不夠了，拓跋珪就問大家：「如果殺掉副馬，能當三天的糧食嗎？」眾將七嘴八舌地回答：「夠了！」

拓跋珪鼓勵大家說：「柔然人趕著牲畜帶著糧草逃奔了好幾天，每到有水源的地方就要停下來休息。我用輕騎兵追擊，算上日夜行軍里程，三天一定能夠追上他們。如果追不上他們，我們也不用回來了。」於是大家丟掉所有的輜重，日夜兼程，終於在夜幕來臨之時在大磧南床山追上了柔然部落。柔然人萬萬沒想到北魏軍真敢在這荒無人煙的大戈壁灘上玩命，當即被殺得慘敗，餘部都向北魏軍投降，拓跋珪下令把柔然首領全都押往雲中關起來。

拓跋珪在回首都的路上接到了劉衛辰進攻的消息，原來劉衛辰聽說拓跋珪勞師遠征柔然的消息後，就集中全部的兵力、大約八九萬人由兒子直力鞮帶領進攻北魏都城盛樂。這時的拓跋珪手頭只有五六千人。但那位直力鞮卻是百年不遇的大笨蛋，竟然在紮營的時候遭到拓跋珪的突襲，直力鞮大敗，單人獨騎逃跑回去了。拓跋珪乘勝追擊，在五原（今內蒙古包頭以西）一帶渡過黃河，直逼劉衛辰的首都。劉衛辰只好領著兒子們抓緊時間逃命，在半路上劉衛辰被部下所殺，他的首級也被部下們拿去向拓跋珪邀功請賞。拓跋珪俘虜了劉衛辰宗族五千多人，把他們押解到黃河邊，在黃河的怒濤聲中將他們逐個斬首，然後將他們的屍體全部丟進了渾濁的黃河水裡。

劉衛辰的小兒子劉勃勃艱難地擺脫掉北魏軍的追趕，逃到了陝北一帶的叱干部裡。拓跋珪派使者去向叱干部要人，叱干部大酋長就把劉勃勃藏起來對使者說：「劉勃勃國破家亡，無處可逃的時候到我這裡來，我寧願和他一塊死，也不會把他送給魏國！」拓跋珪只好作罷。劉勃勃被叱干酋長安排到後秦做事，在後秦的邊防部隊裡擔任了普通一兵，後來他逐漸升官，叛離後秦，並創建了胡夏國。他改姓赫連，成為縱橫西北、令人聞風喪膽的「殺人魔王」赫連勃勃。

拓跋部落的仇敵鐵弗人總算被基本肅清了，這一仗北魏繳獲了三十多萬匹馬，四百多萬頭牛羊，狠狠地發了一大筆，國家由此富強起來。

通過魏國的發跡史可以看出來，拓跋珪這個人特別好賭。先是鏟平柔然時敢於拿自己的性命做賭注穿過茫茫戈壁去追擊，就不想想萬一迫岔了道會怎樣。後來他和劉衛辰決戰時也是這樣，幸虧對方統帥是個大笨蛋。當然也不排除劉衛辰有誇大兵力之嫌，在當時一個部落很難拿出八九萬人來搞部落戰爭的，否則真無法想像只用五六千人就打敗了敵方八九萬人的拓跋珪是個什麼心態。一著不慎就有可能身死國破，拓跋一族就在這樣整天玩命的打打殺殺中慢慢熬出了頭，還有更多的家族沒能熬過去而沉沒在兵荒馬亂的歷史泥沼中。下面，就到了十六國後期的經典戰役之一的「參合陂之戰」，看看這位敢玩命的國王的表現。

拓跋珪接到慕容永的求救信後反應倒是很快，馬上帶領五萬軍隊跨過鄂爾多斯大草原前來救急。就在北魏軍剛通過河套地區時，頂不住後燕心理戰攻勢的西燕守城軍隊紛紛呼兒喚女，開門投降，混亂中慕容永和一幫大臣都被叛軍殺死。

消滅西燕之後，後燕國力達到了鼎盛時期，而年近七十的慕容垂卻變得年老昏庸，準備把大權交給太子慕容寶代理。後燕第二代子弟中可謂人才濟濟，自恃清高的慕容德，野心勃勃的慕容麟，溫文爾雅的慕容農，獨當一面的慕容隆，還有慕容恪的兩個兒子慕容楷和慕容紹，個個能力出眾，文武雙全。偏偏這個慕容寶卻是裡面最不成器的，為了獲得掌權的威望來震懾諸位弟弟，慕容寶迫切需要一次戰功來證明自己。正巧趕上那位敢在太歲頭上動土的拓跋珪為了救援西燕而進攻，這就給了慕容寶一個立功的機會，於是慕容寶就竭力攛掇他爹向北魏宣戰。

慕容垂也覺得當年拓跋儀對自己十分無禮，就派遣慕容寶為統帥，慕容農和慕容麟為副將，帶領八萬精銳後燕大軍進攻北魏的五原，並讓慕容德和慕容紹帶領一萬八千騎兵在後面接應。

這樣一支堅強陣容帶領的九萬八千的精兵卻遭到慕容垂手下參謀高湖的勸阻：「魏和燕世為姻親，互相幫忙，歷史悠久。從前因為要不到馬而扣留他弟弟，理虧在我。拓跋珪自小歷盡艱難，為人陰鷙深沉。而且最近連戰連勝，不一定好對付。而皇太子年富力強，性格莽撞，現委派他當統帥，必定會認為魏國太弱小而輕視他。萬一不如所想，導致傷亡慘重，希望陛下仔細考慮！」這個觀點卻觸怒了慕容垂，慕容垂竟然免去高湖的官職，下令治他的罪。

拓跋珪得到後燕精銳盡出的情報後，一開始也有些慌張，參謀張兗就建議說：「大燕現在還陶醉在滑台和長子大捷的光環裡，必定對我們懷有輕視之心。我們如果主動向敵人示弱，就有消滅他們的可能了。」於是拓跋珪下令收拾部落牲畜向西渡河，逃到一千多里外的地方避開後燕軍隊。不久後燕大軍就到了五原，招降了歸順北魏的三萬多居民，還收割了一百多萬斛的穄麥，慕容寶就下令就地造船準備渡河。

慕容寶果然把河對岸的北魏軍完全不放在眼裡，這些船一造就造了三個月。等基本造夠了在黃河演練時，天賜北魏一陣暴風，把數十艘後燕戰船颳到北魏陣營裡。北魏軍一次活捉了對方三百多士兵。

提審這些士兵時，拓跋珪想出了個鬼主意，他對這些士兵說慕容垂已經死了，叫他們把話帶給慕容寶。最近一段時間拓跋珪專門在五原到中山間的交通要道上布下巡邏兵，專抓後燕的信使，結果連續好幾個月，慕容寶和慕容垂之間都沒有聯繫上，慕容垂連慕容寶在哪裡、幹什麼都不知道。那些被釋放回去的後燕士兵把拓跋珪教他們說的話告訴了慕容寶，慕容寶還將信將疑，這時拓跋珪又把抓獲的後燕信使押到河堤上向後燕軍喊話說：「你爹已經死啦！乖兒子還不快回去？」

拓跋珪知道後燕軍心已經動搖，就把魏國全部的成年男子都徵召入伍，派弟弟拓跋虔領兵五萬，拓跋儀領兵十萬，拓跋遵領兵七萬，分東、北、南三路合圍燕軍，同時後秦姚興的援軍也逐漸逼近。後燕軍中一個叫靳安的術士對慕容寶說：「天時不利，燕軍必定大敗，快點走興許還能免災。」慕容寶不聽，靳安非常失望，對周圍的衛兵說：「你們都將棄屍於荒野之中，永遠不能回鄉了！」

靳安可怕的預言飛快地在軍中流行起來，不久，慕容麟手下一個賊大膽的名叫慕輿嵩的人以為慕容垂真的死了，就準備造反另立慕容麟為主，後來被慕容寶發覺，他便把慕輿嵩等一律處死。雖然慕容麟沒有參與其中，但慕容寶和慕容麟兩人之間的關係已經非常惡劣，全軍再無戰心。慕容寶覺得這仗打得實在無趣，就下令連夜燒掉渡船，向中山撤退。

魏軍沒有渡船，只好乾看著後燕軍收拾東西逃跑。慕容寶等認為魏軍不可能追擊，便沒有設置斷後的部隊。八天以後，步騎混合的後燕軍已經離開五原數百里，五原的氣候突變，北風大起，黃河在一夜之間全部封凍。拓跋珪喜出望外，把所有的輜重都留下，挑選兩萬多最精銳的騎兵踏冰渡河，日夜兼程沿著後燕軍撤退的路線追擊下去。

## 七

身心俱疲的慕容寶離開了五原，倉皇地向中山撤退，已經走了整整十一天。這一天，死氣沉沉的後燕軍行軍到了參合陂（今內蒙古岱海，具體位置在山西大同外長城正北方。是內蒙古著名的旅遊勝地，為遼、金、元、清幾個朝代的皇室獵場。）。

這是一道典型的黃土高原上的山脊，高高大大，南北走向。往中山撤退的後燕軍正自西向東艱難地翻越這道來時並不難爬的高坡。下午，近十萬筋疲力竭的軍隊終於爬到了山頂，卻再也沒有了下山的力氣。

這時的天氣十分陰沉，一陣狂風從西面山下向山頂吹來，沿途捲起漫天的塵土，形成一道長堤似的黑氣，慢慢地翻過山頂，向癱坐在東坡上的後燕大軍壓過來，直到把全軍都覆蓋上，無論是統帥大將還是普通士兵都被這險惡的天象所震懾住了。一個名叫曇猛的隨軍和尚趕緊求見慕容寶說：「此風暴虐，甚是不祥。是魏兵將至的預兆，最好多布置些防禦人手！」。慕容寶卻認為已經離開戰場十幾天了，魏軍不可能找到他們，只是微笑不答，他旁邊的那位總想對慕容寶表現自己清白的慕容麟卻跳出來指責說：「有英明神武的殿下在，有人才濟濟的武將在，橫行沙漠誰敢攔截？曇猛你竟敢在此妖言惑眾，不斬你不足以謝殿下！」

曇猛氣得大哭道：「從前苻堅以百萬之眾進攻江南，還有淮南之敗，正是由於不信天道恃眾輕敵的緣故啊！」

大帳裡吵吵鬧鬧的聲音驚動了慕容德，他趕緊過來勸架說姑且聽一回曇猛的意見也無不可。於是慕容寶撥了三萬人給慕容麟到後方防禦，自己帶著主力又往前挪了挪，在一條小河邊宿營。

慕容麟嘴上唯唯答應，心裡面總覺得曇猛胡說八道，自己就四下遊玩，絲毫沒有做防備。到了半夜黃霧瀰漫，飛沙走石，天空、月亮、星辰都被遮住，慕容寶也有點害怕，派出了幾個哨兵出去偵察，結果哨兵們在外面轉了一圈，紛紛埋怨慕容寶不體恤士兵，這麼惡劣的天氣還叫他們出來活受罪，找個沒人看見的地方支起帳篷睡大覺去了。

日夜兼程走了四天的魏軍在黃昏時終於趕到了參合陂。剛到山腳，早有事先偵察到後燕軍宿營

參合陂

地的探馬過來報告情況，拓跋珪知道翻過山就是後燕軍大營，就趁著颳大風能見度低的時候在山坡西側安營紮寨，讓手下好好休息一下準備明天的廝殺。

凌晨時分，拓跋珪下令拔營前進，全軍士兵人人銜枚，戰馬個個鐵嚼勒口、棉布包蹄，在參合陂的山頂結好陣勢，居高臨下地俯視著燕軍大營，靜靜地等待日出時刻的來臨。

太陽出來了，和惡劣的昨天相比，今天的天氣十分晴朗。懶洋洋的後燕軍一大早起來準備列陣出發，才發現朝陽映照下的西面山上全是森然一片的刀光！還沒穿好衣服的後燕士兵頓時大亂，四下尋找衣服武器，拓跋珪下令突擊，兩萬多北魏鐵騎如同山崩一樣衝殺下來。褲子還沒提上的後燕軍驚慌失措，任憑魏軍來回衝殺，死傷慘重。沒被追上的後燕士兵死命往前面的無名小河裡跳，想游到對岸逃生，只是數萬人都這樣想，平常只有涓涓細流的小河頓時塞滿了逃命的人。人馬互相踐踏，先想起來游過河去的聰明人都當了後來人的鋪路石，被踩死、淹死的人有成千上萬。也是天滅後燕，從南方迂迴過來包抄的北魏拓跋遵的五萬軍隊正好趕過來截住燕軍逃命的去路，前後一堵，好不容易逃過河來的四五萬人頓時精神崩潰，紛紛繳械投降。九萬八千人的大軍，真正逃出去的只有幾千人，其他戰死的戰死，投降的投降。慕容寶、慕容農、慕容麟、慕容德等有好馬的都跑掉了，留下個斷後的慕容紹活活被亂軍踩死。

這一仗下來，魏軍大獲全勝，繳獲的糧食輜重堆成了山。拓跋珪清點了一下俘虜，從裡面挑出了一些文人才子自己留著用，其他人則準備給發些糧食錢財遣送回國。一位叫做王建的參謀阻止說：「燕人強盛，現在他們傾國而來，我軍幸有上天保佑方得大勝，不如把他們全部殺死，那麼敵人就會國庫空虛，再打就輕鬆多了。」拓跋珪一聽很有道理，就下令把俘虜的四萬多人全部活埋。

這一招果然厲害得緊，這十萬大軍是慕容垂起家的骨幹力量，一戰全部敗亡，可以說這一仗奠定了慕容氏滅亡和北魏崛起的基礎，從此後燕元氣大傷，一蹶不振，再也無力和從前的附庸北魏爭鋒，直至散夥。北魏又俘獲大批糧食錢財，足以支持長時間的戰爭。

慕容寶等人狼狽地逃回中山，才知道慕容垂好端端地活著。被北魏殺怕了的慕容寶不甘心失敗，又慫恿老爹親自出馬討伐北魏。慕容德也對哥哥說：「敵人倚仗著參合陂大捷的威風，有看輕太子的意思。希望陛下天威降臨，消滅他們，不然將來一定是後患。」

年已七十的慕容垂只好從病榻中爬起來，拿自己的老命來給這些不肖子孫打點前程。只是後燕精銳盡喪，一輩子從沒打過敗仗的慕容垂又太過自負，一時間竟然沒有可替補的預備役部隊，剛招募的新兵指揮起來遠不如舊部那樣稱心如意。情急之下只好調遣鎮守龍城的慕容隆和蘭汗前來中山作戰。慕容垂又得到這支生力軍才稍稍有些滿意，就留下慕容德鎮守中山，自己帶領剩餘的全部力量發兵雲中，目標直指北魏剛佔領的重鎮平城（今山西大同）。為了達到突然襲擊的目的，慕容垂的軍隊在毫無人煙的地方行走，一路上開山架橋，直抵平城之下。

北魏鎮守平城的是拓跋珪的弟弟拓跋虔，自從上次打敗後燕以來就不再把他們放到眼裡。他一見到這批不知道是從哪兒冒出來的軍隊，自然要上去痛打。後燕軍都被北魏軍殺寒了膽，看到拓跋虔出陣都面有懼色，不敢前進，只有慕容隆的龍城兵沒和北魏交過手，各個奮勇爭先，拓跋虔抵擋不住，被後燕軍殺死。慕容垂趁機佔領平城，威震北魏全境。

拓跋虔是北魏名將，竟然一戰敗死，那些歸順北魏的小部落聽說燕軍竟然如此強大，都不禁懷有二心，紛紛和後燕軍互相通信，約定時間內應。拓跋珪急得束手無策，成天團團轉。

後燕軍乘勝追擊，又路過了去年的傷心地參合陂。只見那巍巍山坡上，無名河谷中，戰死者的屍體堆積如山，旁邊的萬人坑裡的新土仍然像是昨天剛埋上的一樣。跟隨行軍的尚有數千死裡逃生的老兵，當時的廝殺場面仍然歷歷在目，想起來還都有後怕，怎能不讓人傷心欲絕？

慕容垂下令擺出香案，親自設祭。這一次來的新兵裡不少人的父兄就死在參合陂之戰魏軍的屠刀下，全體燕軍不由得失聲痛哭，聲動天地，慕容垂看著遍地腐爛的屍體，聽著將士們無助的痛哭，又想起蹉跎歲月的無情和後繼乏人的無奈，不由得萬念俱灰，一口鮮血噴出，沾滿蒼蒼鬚髮。這位戰無不勝、十三歲就當先鋒官的鮮卑族英雄的生命從此走到了盡頭。

慕容垂一病不起，還堅持著行軍，他坐在馬車裡又前進了三十里，終於支持不住，下令讓慕容寶等先鋒馬上回來交代後事。十天以後，這位軍事天才壽終正寢，終年七十一歲，是十六國時期最長壽的帝王。

慕容寶害怕遭到北魏軍突襲，下令不准洩漏慕容垂死掉的消息，並立即向中山撤退。失去統帥的後燕軍一路淒涼地回到中山。拓跋珪也不知道慕容垂到底死了沒有，不敢進攻，只好放他們從容回去。

後燕新任皇帝慕容寶是個喜好賣弄的傢伙，和幾個弟弟相比，他氣量最狹小。從前慕容垂的皇后小段氏曾經對慕容垂說：「太子雖然儀容秀美，但性格優柔寡斷，如果是太平時期還能當個守成之主，可惜現在國運艱險，不是蓋世英雄恐難當大任。而且慕容麟為人奸詐狠毒，他日必為後患，這本來是陛下的內事，希望陛下仔細考慮！」而一向很尊重她的慕容垂卻為此大發雷霆，指責段氏如同晉獻公的驪姬，小段氏只好暗自落淚。沒想到慕容寶在宮中廣布眼線，他知道到這件事後對小段氏懷恨在心，等自己當了皇帝後就指使慕容麟威脅小段氏說：「太后經常說陛下不能繼承大統，現在不還是當上了？你這老不死的還是趕快自殺，免得滿門抄斬！」

小段氏大怒道：「你們兄弟竟然逼迫母親自殺，怎麼能守護先主家產？我死後，國破家亡就在眼前！」說完自盡。

## 八

慕容垂死後，狠毒昏庸的慕容寶繼承了後燕的皇位，曾經最有希望的後燕頓成一盤散沙，只是便宜了它的死敵北魏。得到慕容垂去世的消息後拓跋珪立即出擊，發兵四十多萬進攻後燕邊境重鎮晉陽。并州守將是剛從參合陂逃生的慕容農，他的手下見魏軍勢大頓時失去戰心。等慕容農出城迎戰時他們就關上城門打出白旗投降，不許慕容農進城。在城外和慕容農交戰的拓跋珪一看情況有變，趕緊下令突擊，慕容農身受重傷，只好向中山方向逃跑，半路上被魏軍追殺，隨從四處逃散，只有三名騎兵護送慕容農逃回中山。

慕容寶聽說晉陽失守，并州陷落，急忙召集部下商議對策。大臣苻謨說：「如今魏軍強盛，轉戰千里，一旦來到平原則更非敵手，必須派重兵悍將扼守關隘，阻擋敵鋒，冀州方可無慮。」

慕容寶認為他說的很有道理，大臣眭邃卻反對說：「不妥不妥，魏軍都是騎兵，往來剽悍。但靠馬來攜帶糧草最多只能支撐半月。不如下令各城市民眾堅壁清野，固守不出，敵人靠騎兵劫掠為生，一旦找不到糧食，支持不了倆月就會撤退了。」

慕容寶一聽，得，又是一種觀點。這時又一位大臣封懿說：「諸位見解都有道理，但不如我的高明，如今魏軍數十萬遠道而來，百姓震恐，我軍宜以逸待勞，趁其立足未穩，迎頭痛擊，則可大勝。」

於是眾人開始吵吵吵，慕容寶聽得頭昏腦漲，無法決定，只好向慕容麟求教。慕容麟就綜合了一下大家的觀點說：「各位的想法都有道理。魏軍蜂擁而至，勢不可擋，最好就是示弱以誘敵，堅守中山不出門，打持久戰。等敵人疲憊後再進攻，沒有不勝利的道理。」

慕容寶就喜歡慕容麟的計策，不用出門就能讓敵人吃敗仗，這多好啊。於是下令緊閉城池，堅守不出，坐等著魏軍的到來。不久魏軍攻陷常山，殺出井陘關在河北大平原四下出擊，縱橫馳騁。河北各城市守軍一看連皇帝都不敢和北魏打，自己更連個屁都不敢放，紛紛投降或逃跑。冀州全境只留下了中山、鄴城、信都（今河北冀縣）三座大城市歸後燕所有，其餘地盤全部歸了北魏。本來可以依靠縱深的大後方和北魏周旋的後燕就在慕容麟一句不出門的政策下丟失了半壁江山，國土被北魏分成了遼東和山東兩塊，還有河北中間這三座城。

拓跋珪也沒想到後燕潰敗得這麼高效。急忙分出拓跋儀帶兵五萬進攻鄴城，王建進攻信都，自己帶領主力總攻中山。有慕容隆鎮守的中山果然難打，拓跋珪強攻了好幾天都沒有效果。拓跋珪就對部下說：「我知道慕容寶不敢出門追擊，必定憑藉城郭堅固。打急了我死的人多，打鬆了我耗的錢多，不如先拿下鄴城和信都，然後回頭進攻中山就容易多了。」於是又向中山猛攻了一陣，然後帶領全軍撤離陣地，轉而進攻信都。慕容寶認為還是慕容麟有眼光，魏軍果然都撤退了。不過他又怯於剛才一仗魏軍的勇猛，就下令停止追擊，大擺宴席，坐等其他各路燕軍前來報捷。

拓跋珪一路殺往信都，信都守將就是當年單挑殺死前秦名將毛當的慕容鳳。皈依慕容垂後慕容鳳身經二百五十七場惡戰，能力不下後燕任何小輩，慕容垂對他深為讚賞。但讚賞歸讚賞，慕容鳳出身庶族，一直不為慕容垂所重視，總是作為慕容德等人的副手出場。拓跋珪分兵進攻河北諸鎮時，大批守將都棄城而逃，唯有時任冀州刺史的慕容鳳死不撤退，和進攻信都的王建鬥智鬥勇，王建攻打了七十多天始終拿不下來。慕容鳳一直守到軍糧耗盡，又得到拓跋珪主力前來增援的消息，慕容鳳氣得大罵不發援兵的慕容麟，沒辦法只好帶領手下半夜棄城投奔中山。慕容鳳他們半路上碰到北魏巡邏兵，驚動了拓跋珪的主力前來圍剿。慕容鳳帶的人太少，當然不是拓跋珪三十多萬人的對手，他們陷入重重包圍，力竭被殺，信都城終於失守。

拿下信都後，拓跋珪就掉轉矛頭準備進攻鄴城。鎮守鄴城的正是後燕最能打的慕容德。慕容德的幾個哥哥在世的時候他一直沒沒無聞，慕容恪、慕容儁、慕容垂相繼去世後，慕容德的能力才逐漸顯露出來，成為慕容家族後期的中流砥柱。拓跋儀來進攻時，慕容德就主動出擊，派宗室慕容青突襲魏營。拓跋儀遠道而來沒設防，只好撤退。慕容青請求追擊，慕容德阻止說：「古人不打無準備之仗，魏軍有四不可追：敵多騎兵利在野戰者一；深入進犯機動靈活者二；前鋒戰敗後軍未失者三；敵眾我寡敵強我弱者四。而我軍有三不可動：本土作戰損失財物者一；攻而不勝渙散軍心者二；城池未固防禦薄弱者三。現敵遠道而來，糧草不濟，不如堅壁清野等敵人自退。」於是抓緊整頓城防，並向老夥計姚萇的兒子後秦姚興處求援。

拓跋的虎符

拓跋儀兵力強大，慕容德堅守了大半年也沒取得優勢。只好想辦法分化瓦解敵人內部。正好拓跋珪憂慮鄴城久攻不下，派遣舅舅賀賴盧帶兵增援。賀賴盧自認為是拓跋珪的長輩，一直看不起南方軍統帥拓跋儀，從來不聽他的指揮，他在鄴城外另立旗號，儼然是第二統帥。拓跋儀也樂得不管他，兩人之間明爭暗鬥，想方設法給對方小鞋穿，關係十分緊張。

兩個統帥之間不和，手下的關係也不會好。拓跋儀的行軍司馬丁建負責兩統帥之間的聯繫，自然兩頭受氣，就準備秘密聯絡慕容德。沒幾天鄴城颳起了大風，白天都看不見人。賀賴盧下令在軍營裡紮起數丈高的大火炬照明，丁建看見後就挑唆拓跋儀說：「賀賴盧準備造反，現在已經開始燒營了！」拓跋儀出門一看好大的火！就下令趕緊拔營逃跑。賀賴盧一聽說拓跋儀跑了，不禁莫名其妙，乾脆也下令收拾東西逃跑。丁建就跑到慕容德那裡說他們都跑了，慕容德趕緊派遣慕容青帶領七千騎兵由丁建帶路，追擊落在後面的賀賴盧，果然大勝，繳獲了大批輜重，扭轉了鄴城的戰局。

慕容寶得到慕容德獲勝的消息後非常高興，這時北魏國內發生叛亂，拓跋珪準備回師平亂，就向慕容寶求和，許諾退還失地。慕容寶一聽有如此好事，認為魏軍大敗在即，就不准求和，下令大舉募兵，把宮女和倉庫裡的金銀都拿出來招聘武林高手，頓時中山附近的盜賊無賴街頭混混雲集京城，連同原有軍隊，湊集了步兵十二萬、騎兵三萬六千人的大軍，沿滹沱河北一字擺開，以巨鹿為指揮所，切斷了魏軍的糧道。

拓跋珪求和未果，又不知道國內虛實，只好下令全體部隊立即撤到滹沱河南岸集結，和慕容寶對峙。慕容寶一看魏軍陣形嚴整，心裡惴惴不安，還是慕容隆有頭腦，建議派敢死隊夜襲。晚上慕容隆就在招募的人裡精心挑選了一萬名高手，讓他們帶著火種半夜渡河順風放火。

魏軍被切斷糧道，軍心不安，突遭打擊頓時大亂，自相踐踏。後燕的敢死隊員本來就都是殺人放火的行家，不久四下火起，拓跋珪幾乎光著屁股逃跑，衣服和鞋子都被敢死隊員給瓜分了。不過這些高手們打著打著就開始以搶東西為目的，急著坐地分贓，然後就因分贓不均互相大打出手。逃出來的拓跋珪遠遠看到燕軍內訌，急忙命令手下點上火把擂集合鼓。不久魏軍潰兵逐漸集結，拓跋珪下令騎兵突擊，正在分贓內鬥的敢死隊員大敗。在對岸觀戰的慕容寶以為拓跋珪有神明相助，也不管敢死隊的死活，下令全軍撤回中山。

魏軍一看對面不光沒人把守，還給他們留下了渡船，自然非常感激，立即渡河追擊撤退中的後燕軍。慕容寶一看後面有人追擊，頓時嚇破了膽，帶領兩萬騎兵拋棄大軍獨自逃跑。拓跋珪的軍隊追上燕軍主力，失去統帥的後燕步兵頓時崩潰，都害怕被魏軍抓走活埋，紛紛四散逃命。魏軍人少沒繳獲什麼好東西，大殺一通後退兵。不久天降暴風雪，十萬失散的後燕軍幾乎全被凍死在逃往中山的路上。

## 九

慕容寶拋棄了將士自己逃回了中山，回頭一看主力都沒回來，他認為自己很幸運，就和慕容麟、慕容隆商量下步計畫。慕容隆就說：「拓跋珪用兵經年，銳氣盡喪，軍隊損失大半，而且國有內亂，人人思歸。而我軍將士卻懷恨參合陂之敗，日夜準備雪恥。希望陛下早做決斷。」

慕容寶認為慕容隆說的有理，就下令他帶軍出戰，不料慕容隆退下後，慕容麟認為自己的預言落空，惱羞成怒，又全力阻止慕容隆出戰。沒主見的慕容寶只好派人向拓跋珪求和，表示願意送回拓跋觚，並割讓常山以西給北魏。拓跋珪本來就想停戰，這回主客倒轉，還白得一大塊土地，當然很樂意了，於是他下令全軍暫退。

慕容隆等聽說慕容寶向北魏求和後，就進殿對慕容寶慷慨陳詞：「如今坐守孤城，頹勢難挽，微臣等願以死決戰，而陛下卻屢次制止，這是坐等滅亡的做法。而且受圍多日，指望敵人主動撤退，現在敵我實力相差這麼大，敵人必定不會撤退。如今外有強敵，內有奸賊，微臣手下將士共蒙恥辱，今日出戰，如上天保佑擊敗敵人，說明我命不該絕，如果老天不保佑，希望陛下照顧好我的母親！」說完也不向慕容寶告辭，大步流星回到軍營，披上戰甲帶兵出戰。

躲在幕後的慕容麟看見慕容隆大怒出宮，就派出親兵搶先把住城門，貼出告示宣布擅開城門者死。慕容隆等無法出門，自然暴跳如雷，逐漸起了殺慕容麟之心。慕容麟也知道慕容隆不懷好意，就私會禁軍統帥慕容精，要求他殺死慕容寶立自己為帝，被慕容精嚴詞拒絕。慕容麟惱羞成怒，殺死慕容精，帶部下開城當強盜去了。

慕容寶可不知道怎麼回事，只知道慕容麟因什麼原因造反了，擔心他殺到龍城佔據後方，就召集慕容隆和慕容農商量準備放棄中山撤到龍城。慕容隆極力反對說：「我慕容一族披風冒雪奮鬥百年，才得到這點基業，陛下難道要看著它毀在自己的手上麼？先帝征戰一生打下來的地盤，不到一年就全部丟光，這難道不是辜負麼？如今強敵在旁，內亂不止，微臣本不該多此一說，但龍城地薄民貧，一旦退守如何復得中原？陛下請先走，微臣願在中山死戰到底！」

膽小鬼慕容寶見慕容農和慕容隆不願意撤退，只好囁嚅著說：「朕若走在半路被敵人襲擊，沒有諸位愛卿在，誰來保護朕啊？」

慕容隆和慕容農也不好再說什麼，紛紛黯然退出，下令全城收拾東西準備撤退。眾將士大都不願意撤退，慕容隆就宣布願走者，願留者，願辭職回家者悉聽尊便。於是全城樹倒猢猻散，有的跟隨主力回龍城老家；有的往南去投奔慕容德；有的收拾收拾準備投降；還有很多哪裡也不去，固守中山等著北魏軍的到來。

慕容農的部將谷會歸進諫慕容農說：「城裡的兵士家屬大多喪命於參合陂一戰，正等著魏軍來拼命，不過是慕容麟屢次制止，不能出氣。如今皇上北行，大夥商量著皇帝姓慕容，將軍也姓慕容，準備尊奉將軍為主，與魏軍死戰，希望將軍順從民意，擊退敵人，重整山河，為死去的將士們報仇！」慕容農頓時變臉，拔出佩刀要殺谷會歸，旋而黯然長歎，不忍下手，喃喃自語說：「倘若如此，不如去死。倘若如此，不如去死……」也不管谷會歸如何，自回軍營安排撤退去了。

龐大的撤退行動開始了，慕容寶在慕容隆、慕容農的保護下帶領一萬多人逃往龍城。拓跋珪聽說慕容寶跑了，感到莫名其妙，就派王建去打聽。王建一看中山四門大開，行人川流不息，進進出出的什麼人都有，就回去稟告拓跋珪說慕容寶果然跑了。時值黃昏，拓跋珪擔心士兵進城亂搶東西，就下令不准一人進城，等天亮再去。

第二天，拓跋珪帶著魏軍大吹大擂地去接管中山，到了城外才發現四門緊閉，城上軍隊分外嚴整。拓跋珪下令強攻數次都被打了回來。他更加覺得莫名其妙，就立起巢車，對城上的守軍喊話說：「慕容寶已經放棄你們逃走了，你們這些百姓何苦自尋死路？還是放下武器投降吧！否則定斬不饒！」

守衛們齊聲回答說：「我等百姓無知，從前參合陂一戰屍骨未寒，我等都是他們的遺屬，既然投降是死，不投降也是死，所以不願投降，況且城裡不是無主，姓慕容的這麼多，去一個還能立第二個，難道你們魏人就能殺光我們麼？」

拓跋珪大怒，也十分懊悔，看見當時建議活埋燕軍戰俘的王建在一旁，就呸的一聲吐了他一臉唾沫，然後急忙下令部下長孫肥帶兵追趕慕容寶一行。

倉皇逃命的慕容寶半路上也是冤家路窄，正碰上四處擄掠的山大王慕容麟。慕容麟還以為慕容寶是來討伐他的，於是雙方就地開始一場大戰。慕容麟雖然人多勢眾，但架不住理虧，敵不過憋著一肚子氣的慕容寶，只好往山裡逃跑。慕容寶這邊也是死傷慘重，一路零零散散到了薊城就只剩四百多人了，前方碰到了龍城方面前來接應的他的兒子慕容會。

慕容寶有好幾個兒子，老大是能百步穿楊的慕容盛，老二就是這個慕容會，還有個小兒子慕容策。除了慕容策母親出身名門外其他兩位的母親都是丫環。當年慕容垂對慕容盛和慕容會都很看中，尤其欣賞韜略過人的慕容會，專門指派他去鎮守龍城舊都以示看重，慕容垂臨死時特別囑咐慕容寶立慕容會為世子。但慕容寶卻對只有十二歲的小兒子慕容策特別溺愛，慕容盛因為自己無緣當世子，也不想讓慕容會當，就攛掇慕容寶立慕容策，慕容寶還怕眾人不服，又去請教慕容麟。唯恐天下不亂的慕容麟當然極力贊成，以便自己將來好控制局勢。結果慕容會和慕容盛都對此懷恨在心。後來慕容會趁鎮守龍城之機暗地裡招兵買馬，別人凡帶兵去龍城的一律藉口北方不安定把兵留下，這樣慕容會的實力逐漸變大。後來北魏進攻中山，慕容寶急召慕容會率部增援，慕容會巴不得老爹死了好自立，便託詞說部隊還沒訓練好磨磨蹭蹭半天不動身，但一聽說慕容寶失勢要來龍城，慕容會的辦事效率頓時提高了無數倍，馬上帶領兩萬大軍前來接應。

當下父子相見，不是抱頭痛哭，而是各懷鬼胎。慕容會總流露出老爹有難全虧自己相救的意思，又因為當初父親沒立自己當世子，三句話中就有兩句帶刺。慕容寶受不了，等兒子退下後他急忙召集慕容農和慕容隆商量，兩人都說慕容會還小，獨斷一方慣了自然脾氣暴躁，將來必定聽話云云。慕容寶可是心裡很害怕，準備免去慕容會的兵權給慕容隆，慕容隆害怕生變急忙推辭。

慕容隆暗自擔心的生變果然很有道理，第二天北魏的追兵就殺到了薊城。慕容寶準備閉門死守，慕容會反對說：「兒臣手下的龍城兵訓練多年，正為今日而來。如今陛下大駕光臨，人人奮勇，是敵人自來送死。兵法有言：『歸師勿遏』，又云：『陷於死地而後生』，此戰必定大勝。看我的吧。」於是帶領手下出陣，分派慕容農和慕容隆兩軍為左右，三路合攻，魏軍果然大敗，慕容隆心裡窩火，一口氣殺出一百多里，繳獲大批輜重而回。

經此一戰，慕容會更加驕橫，慕容隆免不得從旁邊訓導，慕容會對其自然更加反感，他覺得一旦回到龍城，慕容農和慕容隆必定位高權重，自己必定失勢，太子的位置就更沒戲了，於是他就準備陰謀作亂。慕容會的手下也不喜歡昏庸的慕容寶，感覺野心勃勃的慕容會更投他們的脾氣，便紛紛鼓噪慕容會抓緊動手。

慕容寶的左右侍從也非常憎惡跋扈無禮的慕容會一夥。他們對慕容寶說：「慕容會因為沒當上太子，心理一直不平衡，而且他文武過人，恐怕將來必有後患。」慕容寶則擔心會引發兵變，就請教慕容農和慕容隆，兩人都說：「如今強敵在旁，社稷危難，慕容會一直鎮守舊都，威名赫赫，如果反跡未露就擅自處死，不只是傷及父子關係，還大損燕國威望。」

慕容寶長歎一聲說：「慕容會反心已定，諸位心懷仁恕，不忍先下手，到時候他一旦反叛，必定先殺諸位，然後殺我，諸位到時候可別後悔啊。」

## 十

慕容寶密謀收拾慕容會的消息不脛而走，一個名叫仇尼歸的大臣覺得慕容會這小子有前途，就暗地通知他說：「將軍的父親已有異心，正和二王密謀免除您的兵權。不如誅殺二王，自立為太子才是上策。」慕容會一聽就派仇尼歸帶人去殺慕容隆和慕容農。慕容隆被殺，慕容農身受重傷，但仍抓住仇尼歸當人質，逃到山裡去了。

慕容會聽說仇尼歸被抓，害怕當面對質，就惡人先告狀，跑到慕容寶那裡說：「慕容農和慕容隆陰謀造反，微臣已經除掉他們了！」慕容寶也知道慕容會不懷好意，便假意安慰說：「我也很懷疑二王，殺的好！殺的好！」

第二天，慕容會下令全軍撤離薊城前往龍城，並把慕容隆的屍體裝上大車，嚴加看管，慕容寶被半拉半軟禁地裹挾而去，半路上碰到慕容農押著仇尼歸前來歸案。慕容寶假裝大怒，下令把慕容農捆起來，開始審問。

大帳中，慕容會得意洋洋地呵斥慕容農，慕容寶看見慕容會走近，急忙給身邊部將慕輿騰使眼色，慕輿騰會意，突然拔出佩刀用力向慕容會腦袋上砍去。噹的一聲，慕容會的頭盔被砍成兩半，救了他一命。慕容會也機靈，知道老爹翻臉，轉身往後就跑。慕輿騰知道不妙，趕緊解開慕容農的繩索，扶著慕容寶和慕容農就跑，一口氣跑到龍城關門死守。驚魂未定的慕容會一看老爹往龍城跑了，趕緊帶兵在後面追。跑到龍城外叫慕容寶出來，要求他殺死慕容農，立自己為太子。慕容寶當然不同意，慕容會就命令手下向城上大喊大叫嚇唬他爹。龍城守軍見慕容會如此無禮，各個摩拳擦掌要打仗，慕容寶就下令開門出戰，慕容會雖然人多，但頂不過對方正在火頭上，頓時被殺得大敗。慕容寶的大臣高雲帶著一百名死士突擊慕容會的中軍，慕容會全軍潰散，只好帶領十幾名騎兵往中山逃跑，後被憤怒的中山守軍殺死。慕容寶認為高雲有膽量，就收他為義子，改名為慕容雲。

被拓跋珪團團包圍的中山守軍擁立留守的慕容宗室慕容祥為太守，慕容祥只是個很普通的皇族。在拓跋珪大軍包圍下，中山守軍抵死不降，拓跋珪也拿他們沒辦法。時間一長部隊軍糧就成了問題，拓跋珪只好下令在冀州作戰的魏軍都暫時撤退到常山一帶，縮短漫長的補給線。

慕容祥一看魏軍撤退了，認為自己以孤城和敵人全國對抗，功勳卓著，威望昭昭，就在中山稱帝，把北魏的人質拓跋觚也殺了。慕容寶還沒死，慕容祥公然稱帝，官員百姓自然不服。慕容祥就殺人立威，一個月就殺了五百多官員皇族，大家立即就沒意見了。慕容祥兇暴好殺，中山城裡人人自危。不久發生饑荒，百姓準備出城割麥子，慕容祥認為百姓收糧有通敵之嫌，不准任何人出城，中山城裡餓殍滿地，大街上都是死屍。不久慕容祥也覺得過意不去，就派五千多軍隊出去找糧食。

一直在中山附近和丁零人打得火熱的強盜頭子慕容麟聽說中山空虛，就帶軍來偷襲，中山城裡的百姓正盼著有人來解救，甭管來的是什麼人一律都當作救命稻草，趕緊開門迎接。慕容麟趁機改變形象以救世主的身分來到中山，將慕容祥處死，然後就地稱帝。中山城裡的百姓們現在只求一飽，誰當皇帝都在其次，趕緊出去收麥子。

在常山觀望的拓跋珪聽說中山又搞內訌，就派部將長孫肥帶七千人去偷襲中山，慕容麟就出來和長孫肥交戰，不料拓跋珪趁長孫肥和慕容麟開戰時派遣拓跋遵帶軍把中山附近的麥子全部割光。這樣一來中山軍民都沒有糧食吃，慕容麟軍心震動，只好帶領兩萬多手下和拓跋珪決戰。拓跋珪最不怕的就是這個慕容麟，雙方一交手，慕容麟的兩萬烏合之眾被殺掉九千多，還有一萬多事先就逃跑了。慕容麟只帶領幾十名騎兵去投奔鎮守鄴城的慕容德，中山終於被北魏佔領。

慕容麟跑到鄴城後又建議慕容德放棄鄴城到南方去發展，慕容德也知道鄴城遲早會失守，就放棄鄴城前往黃河南岸的滑台。慕容麟果然有先見，慕容德前腳一走後面拓跋儀的大軍就跟了上來佔領了鄴城，並緊咬住慕容德的後軍不放。慕容德凌晨到了黃河岸邊，颳了一夜風後的黃河全部封凍，慕容德一行趕緊通過，等北魏軍追上來的時候已到中午，太陽又把冰河曬化，拓跋儀只好眼睜睜地看著慕容德一行人從嘴邊溜走。到了滑台，慕容麟勸說慕容德稱帝，慕容德就順水推舟先當個燕王，史稱南燕。

過不慣安定生活的慕容麟在慕容德這裡又準備發動政變謀反，被慕容德發覺，輕鬆地就把這個無兵無勢的傢伙給殺掉了（這傢伙如果早點死了後燕或許還有救）。

慕容寶早就和慕容德這邊斷絕了消息，聽說拓跋珪在白登山打獵，就留長子慕容盛在龍城，派慕輿騰領前軍，慕容農為中軍，自帶後軍共三萬人準備偷襲拓跋珪。結果軍隊剛一出門，後軍統帥、從前慕容隆的衛士長段速骨就糾集歹人擁立慕容隆的兒子為統帥，追殺慕容寶，慕容寶非常害怕，帶著十幾人去投奔慕容農。慕容農的中軍聽說後軍造反了，乾脆也就地造反。慕容農和慕容寶就投靠前軍慕輿騰，不久三軍盡反，慕輿騰、慕容農、慕容寶三人帶著幾十名親信死命逃往龍城，後面就是三萬叛軍猛追。三個人好不容易逃到龍城，慕容盛一看知道爹又惹事了，趕緊把他們請進來。

龍城守將、慕容寶的舅舅蘭汗私下結交段速骨，準備獻城投降。第二天段速骨等叛軍鼓噪攻城，慕容農一看叛軍勢大，就偷跑出城準備逃到慕容德那裡，被段速骨活捉。段速骨就押著慕容農為人質發起進攻，守軍一看慕容農被抓，都失去戰心，慕容寶、慕容盛和慕輿騰等只好往薊城逃跑。段速骨下令將慕容農斬首，立慕容隆的兒子為皇帝，蘭汗為參謀。沒幾天蘭汗就偷襲段速骨的府邸，把段速骨等一宗幫兇統統殺光，然後擁立小太子慕容策，並派使者去請慕容寶回來。

慕容寶傻愣愣地就要去赴任，慕容盛說：「蘭汗是否忠誠現在還不好說，萬一他有異心就麻煩了，不如走小路去投靠丞相（指慕容德）。」慕容寶一幫人就偷偷地去投奔慕容德，到了鄴城一打聽才知道慕容德早就放棄鄴城跑到滑台去了，沒辦法大家只好接著往滑台跑。到了黎陽，一幫人趴到河堤下面，派個衛兵找到個砍柴的一問，哇，原來他們投靠的丞相已經當皇帝了。慕容寶一行只好又往回跑，半路上慕輿騰和慕容盛發生了爭吵，慕容盛一氣之下把慕輿騰給殺了，慕容寶也不敢怪罪他，這一小隊人馬就這樣在河北大地上如喪家之犬一樣漫無目的地走著，最後又回到了龍城。

蘭汗聽說慕容寶又回來了，先派使者歡迎慕容寶的歸來，同時和弟弟加難商量對策，加難就建議除掉慕容寶。慕容寶覺得這麼長時間蘭汗還這麼歡迎自己，果然是個大大的忠臣，就坦然地跟著使者回到龍城，一進城慕容寶和慕容策等就被加難等人殺死，蘭汗自稱大將軍兼大單于，當上了後燕的皇帝。

蘭汗兄弟本來還想殺慕容盛，慕容盛的老婆是蘭汗的女兒，慕容盛就央求妻子去蘭汗那裡苦苦求情。蘭汗最終放了慕容盛一馬，放棄了殺慕容盛的計畫。加難則認為慕容盛將來必是後患，為此他和蘭汗反覆爭吵，慕容盛趁機挑唆，蘭汗兄弟的關係逐漸惡劣。

這一年龍城半年沒下雨，蘭汗心裡有鬼，認為是慕容寶的鬼魂在作祟，就跑到慕容寶墳前拜祭，說陛下受難都是我兄弟之過，應當受此天譴。加難聽說後怒不可遏，帶領部下出城造反，被蘭汗擊敗倉皇逃跑。

蘭汗打跑了弟弟後感覺心情不錯，就下令大擺宴席，慕容盛聽說後急忙召集舊部，把蘭汗等一夥人全部殺死。不久，歷盡坎坷的慕容盛即位。後燕經過這數場內鬥，再也無力爭鋒中原。

……

在中國活躍一時的鮮卑慕容家族自此基本謝幕，把舞臺讓給了同族的拓跋家族。

# 英雄折腰大事記

## ◉ 西元三八五年

一月，西燕慕容沖在阿房稱帝。西燕和前秦在長安交戰，西燕戰敗，損失三萬餘人。後燕慕容麟、慕容農進攻丁零人翟真於中山，翟真兵敗被殺。

三月，前秦苻暉被迫自殺。前秦苟池與西燕慕容永在驪山交戰，苟池戰死。前秦呂光啟程回國。

四月，東晉劉牢之北府兵進攻後燕，在五橋澤中慕容垂埋伏，東晉戰敗。後秦姚萇佔領新平。屠城，活埋一萬五千平民。

五月，苻堅離開長安，逃至五將山。

六月，西燕慕容沖佔領長安，前秦太子苻宏投奔東晉。文武官員投奔後秦。慕容沖屠城，平民死者人數不詳。

七月，後秦姚萇俘虜苻堅。

八月，苻堅被殺。東晉權臣謝安病死。苻丕撤離鄴城，前往晉陽。後燕佔領鄴城。後燕收復龍城。

九月，苻丕在晉陽稱帝。乞伏國仁修建勇士堡，自稱大單于，建立西秦（建國十一）。呂光進攻姑臧。

十月，西燕五萬軍隊進攻後秦，戰敗。

十二月，後燕定都中山。

◉ 西元三八六年

一月，拓跋珪自稱代王，北魏建立。後燕慕容垂稱帝。

二月，西燕內亂慕容沖被殺，西燕宗室互相殘殺。

三月，西燕東遷至長子。慕容永稱帝。

五月，姚萇佔領長安，稱帝。

十月，西燕進攻前秦，佔領并州。苻丕被東晉殺死。前秦苻登進攻後秦。

十一月，前秦苻登稱帝。西燕和後燕翻臉，成為仇敵。

十二月，呂光自稱大都督兼大將軍，建立後涼（建國十二）。

◉ 西元三八七年

一月，後燕擊敗東晉，吞併山東半島。前秦、後秦相攻不絕。

◉ 西元三八八年

一月，東晉大臣謝玄病死。

六月，西秦乞伏國仁病死，兒子乞伏乾歸繼位。

◉ 西元三八九年

北魏屢破戈壁諸國，逐漸崛起。

◉ 西元三九〇年

一月，西燕慕容永進攻洛陽，被東晉朱序擊退。

◉ **西元三九一年**

七月，後燕扣留北魏使者拓跋觚，雙方交惡。

十一月，北魏滅鐵弗部落，殺死鐵弗酋長劉衛辰，屠殺其五千親屬。劉衛辰小兒子劉勃勃投奔後秦。北魏統一漠北河套地區（今內蒙古西部、外蒙古大部，新疆東部一帶）。

◉ **西元三九二年**

六月，後燕滅丁零。

◉ **西元三九三年**

十一月，後燕進攻西燕。

十二月，後秦姚萇病死，姚興繼位。

◉ **西元三九四年**

四月，前秦苻登和後秦姚興在馬嵬堡決戰，前秦慘敗，苻登逃入馬毛山。

七月，後秦姚興與前秦苻登在涇陽決戰，苻登兵敗被殺。前秦苻崇在湟中繼位。

八月，後燕攻陷長子，慕容永被殺，西燕滅亡（亡國七）。後燕佔領并州，達到極盛時期。

十月，前秦苻崇進攻西秦，兵敗被殺，前秦滅亡（亡國八）。

◉ **西元三九五年**

五月，北魏向後燕宣戰，進攻後燕五原。後燕慕容寶帶精兵九萬八千人征討北魏。

十月，後燕軍士氣低落，向中山撤退。北魏乘勝追擊。

十一月，後燕慕容寶與北魏拓跋珪決戰參合陂，後燕慘敗。四萬餘戰俘被北魏活埋，僅數千人逃脫。

## ◉西元三九六年

三月，後燕慕容垂進攻北魏平城，殺死守將拓跋虔。慕容垂病死參合陂，慕容寶即位。

五月，慕容寶、慕容麟逼殺太后小段氏。

八月，北魏拓跋珪發兵四十萬進攻後燕，佔領并州。後燕內閣不和。

十月，拓跋珪佔領常山，後燕冀州守軍望風逃散，河北僅餘中山、信都、鄴城三城。

十一月，北魏兵分三路進攻後燕三城。

## ◉西元三九七年

一月，北魏攻陷後燕信都。後涼禿髮烏孤叛變獨立，建立南涼（建國十三）。涼州大亂。

二月，後燕慕容寶率軍十五萬七千修築滹沱河防線，被北魏擊敗。後燕軍戰死十三萬。

三月，後燕慕容麟叛變未遂，帶兵出逃。後燕從中山大撤退，慕容寶逃往龍城。北魏軍包圍中山。

四月，後燕慕容會發動政變，殺死慕容隆。慕容寶逃到龍城，慕容寶和慕容農平定慕容會叛亂，慕容會被殺。

五月，北魏退兵，中山慕容祥執政專橫，民不聊生。後涼段業叛變獨立，建立北涼（建國十四）。

七月，後燕慕容祥在中山稱帝，後被慕容麟殺死，慕容麟在中山稱帝。

十月，慕容麟放棄中山投奔慕容德，北魏佔領中山。

十二月，後燕鄴城守將慕容德放棄鄴城，前往滑台。

◉ 西元三九八年

一月，後燕慕容德自稱燕王，建立南燕（建國十五）。北魏佔領鄴城。北魏吞併冀州。

二月，拓跋珪狩獵白登山，接見秀容川酋長爾朱羽健。

三月，龍城乙連兵變，慕容農被殺，慕容寶四處流浪。

四月，龍城守將蘭汗誘殺慕容寶，自稱大單于。

七月，後燕慕容盛發動兵變，殺死蘭汗。

十月，慕容盛稱帝，後燕退出中原競爭。

# 第八章　涼州風雲（西元三九七～西元四一三）

## 一

無窮無盡的亂世帶給老百姓們無窮無盡的苦難。為了躲避連綿不斷的戰爭和三五年來一回的饑荒，百姓們只好背井離鄉、扶老攜幼希望尋找到一片能養家糊口的世外桃源。涼州，就是北中國僅有的一片樂土。

回師參與中原大戰的前秦十萬西征軍首領呂光到了涼州，被新崛起的西秦攔住歸路，呂光的手下就勸說他就地稱王。呂光也不願意去北方賭命，他看到涼州這塊地方還不錯，就自稱天王大單于，改國號為涼，史稱後涼。

呂光是武將出身，一直是苻堅身旁的重臣。他給前秦做事被人管的時候還好一點，一獨立缺少了監督，呂光多疑好殺的脾氣就逐漸暴露出來。呂光初來涼州時助手杜進幫了他很多忙，大小事務都由他辦理。呂光的外甥從關中過來投靠他，呂光就問道：「中原人認為我為人怎麼樣啊？」他外甥就回答說：「只聽說有杜進，沒聽說有舅舅。」呂光疑心病一上來，就找個藉口把杜進殺了。

呂光還自認為自己執法嚴明，是件好事。一次呂光請大臣們吃飯，吃著吃著就在宴席上又自吹自擂起他的新法來。大臣們個個都恭維說果然是萬世基法，聖人之道，只有參軍段業正色道：「明公用法太嚴峻。」呂光譏笑說：「非也非也，真是書生之見，昔日吳起無恩而楚國強大，商鞅嚴刑而秦國復興，可見執法嚴明是必須的啊。」

段業從容回答道：「吳起不得善終，商鞅身死族滅，都是因為太殘酷的原因。明公剛開創基業，效仿堯舜還來不及，卻要去效仿吳起和商鞅，怎麼能得到百姓的擁護呢？」呂光啞口無言，急忙堆起笑臉感謝他，內心卻對段業非常記恨。後來段業又寫了九首詩七篇文章十六篇時論來勸諫呂光，呂光有了前車之鑒，只是口頭表揚，心裡絕不再相信。段業沒辦法，只好跑到姑臧郊外的山溝裡隱居去了。

攔住後涼通往中原去路的西秦因為實力太弱小，經常遭到呂光的欺負。西秦王乞伏國仁死後，兒子乞伏乾歸即位，呂光聽說後又要趁火打劫，派兒子呂纂為中路進攻金城（今甘肅蘭州），部將梁恭為東路攻枹罕（今甘肅臨夏），弟弟呂延為西路攻臨洮（今甘肅岷縣）。別的兩路還好說，西路的呂延是呂光手下第一員猛將，接到命令後也不管其他兩路，首先發兵，一路所向披靡而來。乞伏乾歸的參謀們認為呂延英勇無敵，不如先向東撤退，避開呂延的鋒芒。乞伏乾歸卻反對說：「勝敗之分，在於用兵是否機動靈活，不在於士兵的多少。昔日曹操破袁紹，陸遜破劉備，都是先謀後戰，以少勝多。呂光的軍隊雖然眾多，但都無章法，呂延雖然勇猛，但毫無機心。我把全部兵力集中進攻呂延，其他各路必定潰敗。」正說著外面使者接連報告說金城、枹罕、臨洮失守。乞伏乾歸聽說後，就派遣心腹假扮逃兵告訴呂延說：「乞伏乾歸軍隊潰敗，往東跑了！」呂延一聽機會難得，就親自點兵要去追擊，參謀們阻止說：「乞伏乾歸勇略過人，不大可能會無故自亂。而且前方道路艱險，最好布下陣形，步騎互相掩護以防萬一。」

呂延根本不吃這一套，他最不信的就是這幫書生。也不管他們怎麼想，就自點輕騎兵脫開主力追擊而去。結果到了前方峽谷，呂延中了埋伏被亂箭射死，全軍覆沒。呂光聽說呂延戰死，果然神色沮喪，下令全軍撤退，乞伏乾歸趁機收復失地，又把枹罕等地給搶了回來。呂光經過這一敗，就有些降伏不住周圍的土著勢力了。

青海東部也居住著不少鮮卑人，都是百年前逐漸從東北遷徙過來的。其中還有慕容皝的親哥哥吐谷渾，在青海一帶組建了吐谷渾部落。這裡我們要說的是另一支鮮卑部落禿髮部。

當年呂光立國的時候四處討伐，平定了不少小部落，禿髮部就是其中的一個。禿髮部現任大酋長禿髮烏孤的父親就是在和後涼的戰鬥中被殺的。禿髮烏孤日夜想著報仇，可惜實力相差太大不是後涼的對手，只有暗地積蓄兵力等待時機。後來禿髮部在和周圍小部落的作戰中多次取勝，就在群山環抱的廉川修建了部落的都城廉川堡（今青海西寧東南）。

城堡建成後，禿髮烏孤攀登上城南的山頂俯瞰新的首都，不禁悵然淚下。部將石亦幹就勸解說：「大王所憂愁的不就是和呂光的世仇嗎？現在呂光年老，和西秦屢戰屢敗，正是我輩出頭的時候啊。」

禿髮烏孤認為有理，不久後涼的使者前來加封禿髮烏孤為征南將軍，命令他帶領自己的族人去討伐西秦。禿髮烏孤就對使者說：「呂王從前靠著強權才得到了涼州，不能做到以德服人，一意貪暴，導致國土分崩，生靈塗炭，後涼垮臺就在眼前，我怎麼能違背天下蒼生的意願來接受這種不義之官？帝王的崛起不是天定的，也沒有什麼常理，無德者必亡，有道者必興，這是千古不易的真理，我將順應民意來擔任天下的主人。」然後他下令把使者送來的禮物都留下，邀請他出席自己的就職典禮，禿髮烏孤自稱大單于兼西平王，歷史上把這個國家稱為南涼。不久，剛當上南涼君主的禿髮烏孤就發兵進攻後涼。

呂光一聽像禿髮部這樣的蕞爾小邦竟然敢造反，不禁大怒，馬上派大軍征討，結果在街亭被南涼軍打得大敗，南涼軍迅速跟進佔領了金城。後涼聽說西北地方又來了個新的競爭者，邊境城市紛紛倒戈，南涼很快就得到了樂都、湟河、澆河三郡。不久，禿髮烏孤下令遷都到樂都，深入到西秦和後涼中間，互成犄角對頂。不久禿髮烏孤在作戰中馬倒摔死，弟弟禿髮利鹿孤繼位，南涼遂成為後涼的勁敵。

南涼的反叛尚未平息，緊接著又蹦出來個北涼。匈奴部落首領沮渠羅仇跟隨呂延討伐西秦時擔任後涼軍中武將，呂延戰死後心性多疑的呂光為了洩火，把戰敗的責任推卸給沮渠羅仇，認為他面相不好而將其殺死，這一下導致了沮渠羅仇之子沮渠蒙遜的造反。

沮渠蒙遜這個人從小就狡猾善變，而且上知天文下知地理。呂光認為他是個人才，沮渠蒙遜聽說後，知道呂光認為是人才的人一般都活不長，就成天酗酒罵街迷惑呂光。沮渠羅仇的追悼會來了一萬多人，有不少後涼的便衣和官兵，防止匈奴人藉機鬧事。追悼會上沮渠蒙遜也來了，別人認為沮渠蒙遜是個酒鬼，都看不起他，不料他突然站出來大哭道：「我父親對呂王忠心不二，豈料呂王老年昏聵，荒虐無道，將我父親無辜殺害。我怎麼能不繼承父親的遺志，讓他安心而去呢？」

那些便衣官兵紛紛露出本相要殺死沮渠蒙遜，憤怒的人們一擁而上，把他們全部殺死祭靈，然後他們擁立沮渠蒙遜為首領，正式宣布造反了。

沮渠蒙遜的哥哥沮渠男成聽說弟弟造反了，也帶領手下造反，圍攻後涼的酒泉。酒泉太守是被呂光排擠出京城的段業，他一開始還準備抵擋匈奴人的進攻，後來看到連手下都同情他們，段業心裡非常感慨。沮渠男成又派來使者說願意推舉段業為領袖，段業倒是很動心，就半推半就地擔任大都督兼涼州牧，成為北涼的首任君主。

沮渠蒙遜打仗很厲害。三人聚集後，段業就指派沮渠蒙遜進攻祁連山下的西城（今甘肅敦煌東）。鎮守西城的是呂光的侄子呂純，沮渠蒙遜到了城下就算到數日內必有大雨，他下令疏浚西城旁的河道準備堵水。河西走廊一向乾旱，呂純看著沮渠蒙遜瞎忙活不禁暗暗好笑，正在他看笑話的時候突然天降暴雨，大水從祁連山上沖下來形成山洪，洪水被沮渠蒙遜把河道一堵轉到西城方向而去，頓時整個西城陷入一片汪洋，呂純無處可逃，只好投降。於是周圍的敦煌等城市紛紛向沮渠蒙遜投降。段業又讓沮渠蒙遜進攻張掖，張掖守軍聽說來進攻的是個能呼風喚雨的神人，嚇得連夜棄城逃跑。段業趁機跟進，佔領了張掖城。

段業還想繼續追擊後涼敗兵，沮渠蒙遜就說：「歸師勿遏，窮寇勿追，此乃兵法要訣，不能不知道。」而段業則不以為然，帶兵繼續追擊，半路上中了呂光的大兒子呂纂的埋伏，被打得大敗。戰敗後段業很有感觸，對沮渠蒙遜說：「我有了你這樣的高人，就像漢高祖有了張良一樣啊。」

## 二

平靜的涼州突然風雲變幻，後秦姚興、西秦乞伏乾歸、後涼呂光、南涼禿髮利鹿孤、北涼段業五股勢力一道雄起，相互攻伐，忽而聯合，忽而翻臉，打了個不亦樂乎。這五大巨頭再加上下面的西涼李暠和後文中出場的胡夏赫連勃勃，合稱涼州七國，這些國家存在的唯一意義就是和鄰居打架。

不久，處在五國中間的後涼就首先發生內亂。國土分崩離析的呂光在眾叛親離的打擊下絕望地死去，臨死前自稱太上皇，立次子呂紹為天王，任命長子呂纂為太尉，三子呂弘為司徒。呂光對兒子呂紹說：「如今國家多難，群寇環伺，我死後你讓呂纂掌握兵權，呂弘掌管朝政，自己只管清靜無為，委託兩位兄長，足以自保。如果你們不聽我的話，互相猜忌，恐怕國家滅亡就在眼前。」然後又囑咐呂纂和呂弘說：「呂紹為人忠厚拙樸，只是因為出身正統才擔任國家元首。你二人一定要死保弟弟，方能在亂世中活下去。呂纂性情粗暴，我一直很擔心，切記不要聽信讒言！」呂光說完後當天晚上就病死了。

呂光的想法很有道理，提的意見和建議也都很正確，但幾個兒子聽不聽得進去就是另一回事了。呂光一死，他的遺言就等於是放屁一樣煙消雲散了。為了穩定民心，呂紹決定先不發喪看看情況再說，而呂纂卻偏不給他面子，領著手下跑到靈堂裡號啕大哭。呂紹一聽有人公然哭靈，跑過來一看是大哥，又看到呂纂領了一大幫人見了自己也不跪下，心裡發虛，就對呂纂說：「兄長位高威重，小弟願將位置相讓。」

呂纂這時相當客氣，陰陽怪氣地說：「陛下是一國之君，這樣說話不是把微臣陷於不仁不義之地麼？」雙方互相推讓，呂纂執意不受，帶著手下揚長而去。

呂光的侄兒呂超在旁邊冷眼觀察，等呂纂走後就告訴呂紹：「呂纂手握兵權，戰功赫赫，先主死後就肆意張狂，此人走路龍行虎步，目視天頂，將來必有異心，希望陛下早做決斷。」

為人懦弱的呂紹終究不肯先發制人，他對呂超說：「先帝遺言我從不敢忘記，就算二位兄長有異心，我也不會去圖謀他們，不要再說了。」

對呂紹感到不滿的呂弘也派人告訴呂纂說：「主上過於暗弱，國家在亂世中難以維持，兄長不要拘泥於這些小節。」呂纂一聽呂弘也支持自己，就密謀發動政變，並約好晚上他帶領幾百親兵進攻皇宮北門，呂弘帶人進攻東門。

支持呂紹的呂超聽說呂纂造反了，急忙跑到軍營裡點齊兩千軍隊前來護駕。結果士兵一看造反的是最高統帥呂纂，都臨陣倒戈加入叛軍，呂超頓時變成光杆司令，只好向呂纂投降。

皇宮衛士本來就不多，呂紹一看大勢已去，便命令侍衛都放下武器出去投降，臨走讓他們把內宮大門關上，自己走到最高的凌霄閣上縱火自焚。

呂纂和呂弘會師後看到國王自焚了，就找人趕快救火，哥倆就蹲在門口商量如何分贓。呂纂還假意表示要把王位讓給呂弘，呂弘可不敢接受哥哥的饋贈，堅決推給呂纂。呂纂就下詔書說先帝本來的旨意就是呂纂為王，結果呂紹篡改聖旨，罪該萬死，幸虧現在水落石出云云。於是文武百官加封一級，各自皆大歡喜，人人稱賀。

征東將軍呂方是呂光的弟弟，也就是這幾個傢伙的叔叔，負責守衛南涼邊境。姑臧政變後他進京打探情況，和他關係不錯的呂弘就向呂方賣弄自己的戰績，遭到呂方一頓臭罵。呂方回去後，呂弘就憤憤地對手下說：「這個老東西，將來一定要收拾他！」

呂弘還沒來得及收拾別人，呂纂就開始忌憚起這個弟弟來，時刻想著把呂弘先收拾了。呂弘也覺得自己有些功高震主，就先發兵進攻呂纂，被呂纂打得大敗，呂弘只好單人獨騎逃出京城，準備投奔南涼，半路上經過呂方的防地拜見叔叔。呂方大哭道：「天下這麼大，你為什麼要到我這裡來？」一下令左右把呂弘捆起來送給呂纂。呂纂派力士把呂弘殺掉。

幾個弟弟都死光光，呂纂這回可真的當上了孤家寡人，他認為國內已定，就染上了酗酒的毛病，大臣們反覆勸諫他都不聽。上次準備殺呂纂的呂超被貶到外地擔任太守。呂超私自發兵劫掠境內的鮮卑人，被鮮卑酋長告到呂纂那裡。呂纂就把呂超叫過來罵道：「你這傢伙淨給我惹是生非，一定要殺了你，天下才能安寧！」

呂纂本來只是嚇唬嚇唬他，沒成想還真把呂超給嚇破膽了。呂超就聯繫在朝中當中領軍的哥哥呂隆讓他猛灌呂纂，呂纂喝得酩酊大醉，被手下放到步挽車裡拉回去，呂超就帶了幾個親兵埋伏到路旁刺殺他。步挽車到了拐角，呂超跳出來拿劍往車裡刺去，呂纂雖然喝醉了，但看外面的情形也知道呂超要和他拼命，急忙跳下車來和呂超格鬥，一個踉蹌就衝著呂超的劍尖撲了過去，被捅了個透心涼。呂光的兒子們到此全部滅絕，國家由呂光的侄兒呂隆、呂超把持。

呂超認為自己殺戮太重，不願為王，把王位讓給了弟弟呂隆。於是呂隆自稱天王，走上後涼的領導崗位。後涼經過這幾場內亂，很快就徹底衰弱下去，再也無力和鄰國爭鋒。

這頭說完，再回來看沮渠兄弟支持的北涼段業。段業是標準的儒生，為人迂腐，一向毫無威信，大臣都不聽他的指揮。段業尤其癡迷算卦巫術，研究起來日夜不眠，人人厭惡。

北涼敦煌太守李暠是漢朝李廣的第十六代孫（李暠有個很有名氣的九代孫子李白，不過據說李白經常不認這個祖宗），這可是十六國裡為數不多的漢人皇帝。李暠小時候家裡比較貧窮，母親後來改嫁，李暠作為拖油瓶的一塊跟了過去，還是他母親有見識，認為李暠生有異相，沒給他改姓。後來他母親給他生了個同母異父的弟弟宋繇，兩人關係很不錯。後來李暠擔任敦煌太守的時候宋繇也跟過去給他當謀士。

段業手下的衛將軍索嗣很想去敦煌當太守，一心想把李暠趕下臺。他對段業說：「李暠心懷不軌，不可擔任敦煌太守。」段業就任命索嗣為敦煌太守，還撥給他五百騎兵叫他把李暠抓過來。索嗣到了敦煌後李暠本想出去迎接，宋繇就勸阻說：「段王昏庸無能，正是英雄男兒建功立業之時。將軍佔據一國之資，怎麼能拱手讓人？索嗣自認為是本地人，居民就會向著他，必定驕橫無備，將軍進攻必勝。」李暠就發動軍隊給了索嗣一個迎頭痛擊，索嗣可沒想到會挨打，只好帶著殘兵逃竄，正準備第二天上表要求段業討伐李暠時，李暠的奏章卻先送到了，請求段業殺死索嗣。段業本來就是個沒耳朵根子的傢伙，看了李暠的奏章，不由分說就下令把索嗣抓起來斬首，並派遣使者給李暠送禮壓驚，加封他為西涼大都督。李暠認為這個封號不錯，就下令選良辰吉日自封為涼公，大赦天下，不再受北涼的約束。李暠的小朝廷史稱西涼。

段業聽說李暠造反了，自然很不爽，開始懷疑周圍的大臣，最有能力的沮渠蒙遜就成為段業的首席懷疑對象。沮渠蒙遜害怕掉腦袋，就辭職回家歸隱，推舉門生馬權為張掖太守，不料馬權吃裡爬外，攛掇段業除掉沮渠蒙遜。沮渠蒙遜就讓心腹四處散播流言說天下碌碌，唯有馬權是個人才。段業一聽就對馬權產生了疑心，找個藉口把馬權殺了。

沮渠蒙遜一看段業太不成器，就對沮渠男成說：「段公碌碌，我尊奉兄長起事如何？」迂腐的沮渠男成趕忙拒絕道：「段業本來就沒有根基，是我們家立的，和自立為王沒什麼兩樣，而且他對我兄弟無比信任，背叛他似乎說不過去。」

沮渠蒙遜就向段業討了個外地太守的官職，段業也很樂意讓這個眼中釘早點走。沮渠蒙遜走之前約哥哥明天一道去郊外的蘭門山祭祀祖先，一面卻又派人偷偷告訴段業：「沮渠男成要造反，明天一定要到蘭門山去祭祀祖先請求保佑！」第二天段業早早在蘭門山等著，一看沮渠男成果然來了，段業立即發動伏兵抓住他，命令他自殺。

沮渠男成知道自己被老弟給陷害了，大呼冤枉也沒有用，只好就這麼糊里糊塗地奉命自盡，在旁邊看戲的沮渠蒙遜帶著段業的重賞和無比信任上路了，看來亂世裡只有梟雄才能成大事。

## 三

北涼段業殺了沮渠男成，沮渠蒙遜回去後就召集族人說：「兄長忠於段王卻無辜被殺，我們能不為他報仇嗎？當初擁立段王的是我們，現在為什麼不能把他趕下臺呢？」沮渠男成平常待人不錯，眾人群情激憤，殺向張掖城，把毫無防備的段業給逮了起來。

段業苦苦央求沮渠蒙遜說：「我本來孑然一身，毫無勢力，當初為您家所推舉。希望您能免我一死，讓我回南方去見我的妻兒。」沮渠蒙遜不答應，將其就地斬首。

後秦姚興是涼州諸國中實力最強的一個，能一戰而滅苻登，可見老狐狸姚萇的兒子就是不一樣。經過幾年的休養生息，關中地區又逐漸地恢復了往日的繁華。姚興趁著東晉發生內戰之機進攻中原，一度佔領了以洛陽為中心、南至漢水淮河一帶的廣大地區。不久，為了降低別人對自己的敵意，姚興又自去帝位，改稱秦王，安定的後秦吸引到了周圍的很多難民。

國力增強了，下一步如何擴張是個問題。往北肯定打不過北魏和南燕，南方的東晉實力也不小，西面的眾小國就成為姚興的下一個目標。首選對象就是誰都敢上去捏兩下的西秦乞伏乾歸。不久姚興就派遣征西大將軍、他的叔叔姚碩德發兵五萬討伐西秦，自己帶領主力在後面跟進，雙方在隴西對峙。

乞伏乾歸聽說姚興隨後就到，就集結手下說：「我建國以來屢戰屢勝，算無遺策，今姚興大軍殺來，軍勢強盛，這一帶都是山川，不適合我軍騎兵衝殺，不如誘敵深入到平原地帶決戰。國家存亡在此一舉，希望全體將士努力戰鬥，如果能消滅姚興，關中地帶就是我們的了。」於是他下令把手下六萬多騎兵連夜撤退到隴西平原。半夜行軍途中，突然四面颳起暴風，陰雲密合，西秦軍隊無故亂營，四下逃散，中軍士兵幾乎逃個精光。天亮後姚興的大軍迅速接近了亂成一鍋粥的西秦營地，乞伏乾歸一看大勢不妙，只好放棄軍隊逃回苑川。姚興一把就抓了三萬六千多俘虜，還繳獲了六萬匹戰馬。

姚興一路狂追，佔領枹罕，逼近苑川，乞伏乾歸手頭沒有一點兵馬，只好帶著幾百官員放棄苑川往金城逃跑。一路上跑得實在是筋疲力盡，乞伏乾歸就對大家說：「我本來是個庸才，被諸位推舉為國君，現在敗潰到這個地步，只好獨自歸隱，諸位就送到這裡吧。一會兒姚興來了，大家放下武器，投靠新主。自古沒有不滅亡的國家，也沒有不死的聖人，如果上天不滅亡我，將來能夠復興，大家有緣，還能相見。」然後和眾大臣痛哭一場，相互告別，乞伏乾歸帶領親屬投奔南涼的禿髮利鹿孤，眾官員向後秦追兵投降，西秦滅亡了（暫時滅亡而已，後面還會復興）。

南涼的禿髮利鹿孤聽說乞伏乾歸前來投靠，滿心歡喜。派弟弟禿髮傉檀來迎接他，並把他待為上賓。但大臣們都認為不宜和後秦結仇，禿髮利鹿孤猶疑不定。這時西秦故土的一些抵抗力量派人送信過來說後秦軍已撤退到關中去了，讓乞伏乾歸回來收復國土。禿髮利鹿孤害怕放虎歸山，就派三千軍隊過來監視乞伏乾歸的行蹤。乞伏乾歸也怕禿髮利鹿孤翻臉殺掉他，就對兒子乞伏熾磐說：「禿髮利鹿孤現在好壞難料，我如果留下來遲早會受害。如今後秦強大，姚興為人還不錯，我就去投奔長安做事吧。但要是全家都走，禿髮利鹿孤必會下手，只有把你留在南涼當人質了。不過不要怕，我去了長安有後秦撐腰，禿髮利鹿孤不敢加害你。」於是留下乞伏熾磐當人質，自己一人逃往後秦，禿髮利鹿孤果然沒有察覺。等發現的時候也已經追不上了，禿髮利鹿孤又不好對乞伏乾歸的兒子下手，只好吃下了這個啞巴虧。

乞伏乾歸到了長安，姚興很高興，為了表示對他的信任，又叫他回故國鎮守苑川。這樣一來，留在南涼當人質的乞伏熾磐就開始謀劃如何逃回去，他跑到半路上的時候被禿髮利鹿孤追了回來。禿髮利鹿孤準備殺死乞伏熾磐，禿髮傉檀勸他說：「兒子追隨父親是人之常情，不宜過分對待乞伏熾磐。」他的這番話救了乞伏熾磐一命。結果後來乞伏熾磐又一次逃跑，看守覺得連國王都不管，自己更樂得做好人，乞伏熾磐終於逃回苑川，和父親一道給後秦賣命。

南涼日漸強盛，禿髮利鹿孤感覺自己很有些能力，就準備稱帝，大臣們齊聲附和，只有禿髮傉檀勸阻說：「我國自古以來就是被髮左衽，從來不戴帽子和飾物；追逐水草而居，從來不修建城郭房舍；所以能稱雄沙漠，抗衡中原。如今陛下一心稱帝，雖然是順應民心，但建設都城，難以逃避兵災，修造倉庫，白白為敵人所圖。不如叫漢人還居住在城市裡，勸說他們種田織布為生；我們族人則仍席地而居，靠放牧牛羊為生。這樣既能發展經濟，儲存糧草；又能習練騎射，努力備戰。鄰國弱小了就可以圖謀之，鄰國強大了就可以躲避之，這才是長久之計。皇帝之稱有名無實，徒為別人詬病，其實是沒有什麼用的。」禿髮利鹿孤認為他說的有理，就改稱河西王，任命禿髮傉檀為大都督兼涼州牧。

後秦滅掉了西秦，開始選擇下一個進攻目標。禿髮利鹿孤的南涼正處在上升期，不好對付，北涼沮渠蒙遜陰險狡詐可謂「姚萇第二」也不好惹，內亂不止的後涼自然成為後秦的下一個目標。而那個靠政變上臺的後涼新天王呂隆一直都害怕有人推翻他的統治，成天神經兮兮，濫殺無辜，百姓過得叫苦連天，還沒等後秦找上門來，大批難民就潮水般地湧到後秦境內要求姚興發兵問罪。姚興就派遣姚碩德帶領六萬大軍討伐後涼，乞伏乾歸也帶著七千騎兵作為小頭目參加了戰鬥，後秦軍沒碰到什麼抵抗就包圍了姑臧。

呂隆見後秦來攻，就讓呂超率軍前去迎戰，又向西涼李暠、北涼沮渠蒙遜、南涼禿髮利鹿孤求援，三國各帶一支兵馬前來給後涼解圍。五國大軍在姑臧城下開始對峙，四涼戰後秦的搞笑戰役開始了。

不識好歹的呂超覺得敵人遠道而來一定旅途辛苦，自己以逸待勞肯定能打贏，就下令全軍出城突擊後秦軍營。後秦軍的骨幹都是當年和苻登打仗的老兵油子，作戰經驗十分豐富，雙方一交戰後涼軍就大敗虧輸四下逃散，六萬後秦軍如同砍瓜切菜一般到處追殺。後涼軍戰死一萬多，還有兩萬多繳械投降，呂超、呂隆在亂軍中撿了條命逃回姑臧死守。

周圍觀戰的諸路援軍一看後秦軍如此神勇，都嚇破膽啦，別說一個後涼，恐怕這四個涼國捆一塊也不是後秦的對手吶。西涼、南涼、北涼趕緊向後秦上表稱臣，恭賀後秦大敗後涼，還送上了很多禮品，大家心照不宣，三國不再干涉後秦和後涼的戰爭。只有呂隆還蒙在鼓裡，催促三個涼國抓緊進攻，一開始還興沖沖的三個國家都紛紛告病，這個肚子疼那個不舒服，沒人敢給後涼說話了。

後秦圍城超過了一個月，姑臧城內人心惶惶，後涼大臣們紛紛上書要脅呂隆向後秦求和。呂隆還不捨得，呂超已經給後秦打怕了，說敵人再不撤退過兩天大家就要餓肚子了，眼下先把敵人送走，條件慢慢談，都餓死的話連條件也沒的談了。呂隆只好派出使者卑詞厚禮要求後秦退兵，並抵押了一個兒子作為人質。正好姚碩德也快沒糧食了，便做了個順水人情，接受呂隆的求和。其實姚碩德自己也沒想到會一把打到後涼首都，於是他就帶著後涼的人質，回師長安向姚興報功請賞去了。

## 四

聽到後秦退兵的消息後，在一旁作壁上觀的南涼、北涼、西涼紛紛活躍起來，都認為是自己的功勞，胡說是後秦看見自己部隊的天威，軍心全無不戰而退。我們立了大功不能白來，那麼你後涼準備怎麼感謝我們呢？不久，環伺在側的南涼就開始首先發難，領軍元帥禿髮傉檀先拉下臉來包圍了姑臧，要呂隆拿出點贊助費才肯走，呂隆堅決不答應，於是南涼和後涼又開始狗咬狗。剛吃敗仗的後涼可不是南涼的對手，在姑臧城外又連敗幾把。不料南涼國內突然傳來禿髮利鹿孤病危的消息，急令禿髮傉檀回國繼位，禿髮傉檀只好撤下對姑臧的包圍匆匆趕回南涼。他剛到樂都就得報說禿髮利鹿孤病死，禿髮傉檀只好就地稱王，成為南涼第三任國王（南涼比較有趣的現象就是王位傳弟不傳子，三任國王禿髮烏孤、禿髮利鹿孤、禿髮傉檀都是一個爹生的）。

經過兩次大戰，姑臧城裡一片饑饉，一斗米價值銅錢五千，遍地是死屍，後涼先後餓死數十萬人。呂隆又怕有什麼變故，下令緊閉城門，不准閒雜人等隨便走動。苟活下來的百姓為了乞求守門兵卒放他們出城覓食，不惜把妻子兒女抵押給士兵當奴僕，每天守城的士兵們都能收到幾百名婦女。呂隆聽說後，害怕人心浮動，就下令把這些婦女都抓起來活埋。百姓們白天出城去找食物，後涼軍隊就在城裡活埋婦女，等百姓們晚上回來後才知道妻子兒女們都已不在人世了。呂隆拗不過百姓的請求，又將那些婦女兒童的屍體都挖出來返還，整個刑場屍如山積，到處是認屍的百姓，哭聲震天。

南涼禿髮傉檀剛一撤，北涼沮渠蒙遜後腳就前來問罪，又把姑臧城圍得水洩不通。後涼軍隊再厲害也架不住沒東西吃，呂隆只好厚著臉皮向南涼求援。沮渠蒙遜聽說南涼要來解圍，就和呂隆停戰講和下令回師，又給了他很大的一個面子，送給姑臧一萬斛大米以解饑荒。南涼軍走在半路上聽說北涼和後涼結盟了，一變臉不打北涼改打後涼，又把姑臧給包圍起來。緊接著沮渠蒙遜感到白送後涼一萬斛大米似乎很虧，也撕毀和約和南涼一塊把姑臧給包圍了。禿髮傉檀進攻南門，沮渠蒙遜進攻北門，兩家一唱一和輪流攻打姑臧。接著後秦也來湊熱鬧，發兵四萬在旁邊等城破後進去撿裝備。呂隆這回真正是山窮水盡，只好派呂超向後秦投降。後秦軍名正言順地接管姑臧，趕走了南涼和北涼軍，下令把姑臧城內那些餓得有氣無力的老百姓以及呂隆、呂超等人都遷徙到關中去住，又從關中遷了一批氐族人到姑臧居住。後涼至此滅亡，歷時十九年。

吞併了後涼的後秦成為西北勢力最大的國家，姚興也和他爹一樣野心勃勃。接下來進攻誰好呢？西涼、北涼、南涼都是自己名義上的臣屬，常言道伸手不打笑臉，找不到開戰的理由也是一件令人煩惱的事情，姚興只得從別的地方尋找突破口，研究了半天後他發現正和後燕打得不可開交的北魏，地廣人稀，是個良好的打擊對象。姚興就派弟弟姚平為先鋒，帶領四萬軍隊渡過黃河，前去攻打北魏的并州，姚興自己帶領主力在後面跟進。

拓跋珪接到告急文書，就派長孫肥帶領六萬騎兵為先鋒，自帶大軍隨後跟進。北魏軍隊在半路上碰到了後秦的二百名偵察兵，長孫肥下令全軍立即出擊，把這二百名偵察兵全部活捉，輕易地問出了姚平軍的位置，反過來姚平可就不知道北魏軍跑哪裡去了。長孫肥稍微等了一下拓跋珪的主力，然後大軍合圍，出其不意地把姚平的四萬軍隊包圍在汾河以東的柴壁（今山西臨汾）。姚平看到魏軍眾多，只好下令築城堅守等待援軍。

姚興得知姚平被圍的消息，親自率領四萬七千人前來救援，結果到了西岸的蒲阪後，不知道下一步是過去救人好還是襲擊北魏縱深好，結果拓跋珪連夜鋪設浮橋，帶領三萬軍隊渡過汾河給了姚興一個迎頭痛擊，後秦軍被殺一千多人，姚興只好往後撤退，結果這一撤就撤了四十里路。拓跋珪分兵把守柴壁附近的各處要道，發誓要困死姚平的軍隊。姚興只好在汾河西岸安營紮寨，和對岸的姚平相互呼應，可就是無法渡過河去。姚興也想學魏軍那樣架設個浮橋，結果一架就有魏軍從他們的浮橋上跑過來破壞掉後秦的工地，這樣反覆幾次，後秦的浮橋就是架不起來。姚興就跑到汾河上游紮了很多木筏，點上火順流而下想燒掉北魏的浮橋，被拓跋珪知道後就讓工匠趕製了一批大鉤子，等姚興的火筏子流過來時就鉤到對岸當柴火用，只一天鉤上來的木筏就堆積如山，北魏軍幾個月都不用去砍柴了。

僵持了三個月，被團團包圍的姚平箭盡糧絕，只好星夜突圍往南跑。姚興就在河西敲鑼打鼓點著火把給東岸的軍隊打氣。姚平還指望著姚興能攻下浮橋來接應，姚興則指望著姚平能力戰搶下浮橋脫險，結果哪個條件都不成立，北魏這些天來調集二三十萬大軍前來包圍姚平的四萬軍隊，姚平一動頓時人人喊打，哪兒能逃得掉？姚平一看知道再也跑不了了，就帶著手下準備游過汾河去，姚平的部下想逃命想瘋了也跟著往水裡跳，跳下水的人幾乎全部被淹死或凍死在湍急的汾河裡。不久北魏大軍四下合圍，後秦剩下的兩萬多人全部束手就擒。那些跳到水裡還沒被凍死的後秦士兵都被北魏軍隊用大鉤子鉤起來，可惜姚平已經撈不著了。

後秦此仗慘敗，四萬主力全軍覆沒。姚興的援軍眼看著友軍被殲而無力救援，全軍號啕大哭，聲震整個汾河河谷。經過這次大戰，朝氣蓬勃的後秦再也無力向東北擴展，把逐鹿中原的權力拱手讓給了北魏。後秦在涼州再也不敢像從前那樣飛揚跋扈，而是一蔫到底。姚興開始熱衷於鑽研佛法，尊奉鳩摩羅什、僧肇等和尚潛心翻譯佛經，並把佛教當作國教來推行。整個人也變得張嘴閉嘴都以慈悲為懷，後來東晉請求後秦返還被侵佔的土地，姚興大筆一揮，把上次戰爭佔領的新野十二郡都還給了東晉，後秦和東晉又開始結好。由於東晉東北邊的南燕國力弱小無力南侵，這樣一來東晉的整個北方邊境反而變得太平無事，正好可以專心致志不受外界干擾地打內戰。

只是涼州南方的東晉領地益州（今四川）又發生了巨大的變化。當時東晉發生桓玄叛亂，國土三分，桓玄霸佔長江中上游荊襄一帶，名義上尊奉東晉的劉牢之事實上控制著長江下游以北地區，東晉的實際領地只有長江以南、鄱陽湖以西巴掌大的一塊地方，就這點地方還爆發了孫恩、盧循發起的農民暴動，東晉的形勢可謂衰極。

隔著一個桓玄，東晉的手再長也指揮不著益州，益州刺史毛璩儼然成了一個土皇帝，可是這位土皇帝卻沒有一點皇帝命。毛璩聽說江南內戰打得熱鬧，就派遣弟弟毛瑗為先鋒，參軍譙縱當參謀，發兵三萬準備順江而下到長江中游的戰場上來分一杯羹。軍隊到了涪城，這些益州兵都不願意遠行去當炮灰，就準備除掉毛氏兄弟，擁立譙縱為主。有趣的是這個譙縱卻是個膽小如鼠的傢伙，聽說叛軍來找自己，他被嚇得跳河自殺，叛軍把他從水裡救上來，譙縱以為叛軍要殺死自己，嚇得磕頭如搗蒜，拼命乞憐了半天才知道是聘請自己來當領袖的。

三萬叛軍一下子就佔領了涪城，毛瑗逃回成都給毛璩報信，毛璩又拼湊了七千軍隊給毛瑗打算翻本，毛瑗和叛軍在廣漢交戰，被叛軍擊敗，七千人損失了大半，只好逃回成都死守，叛軍將成都團團包圍了起來。成都城裡的富戶們都害怕叛軍攻破城池後會搶奪他們的財產，就打開城門歡迎叛軍進城。毛璩和毛瑗無路可逃，都被叛軍殺死。

消滅了毛家兄弟後，譙縱自稱成都王，並分撥軍隊趁東晉管不著的時候大肆吞併東晉的土地，不久就佔領了東起白帝城、北到漢中的幾乎整個四川，史稱西蜀。不過這個西蜀規模太小，存活的時間活像只昆蟲的一生，實在太短，也就沒算到十六國裡面。

隨著西蜀的建立，神州大地又回到了九國並立的時代。

## 五

猖獗一時的後秦遭到北魏的迎頭痛擊，總算老實了些，後來朝中主戰派大臣、姚興的叔叔姚碩德病死，少年時曾經英風銳氣的姚興再也懶得舞刀弄棒。後來柔然又入侵北魏，為了避免兩面作戰，拓跋珪主動要求講和。這正中姚興下懷，趕緊同意簽署停戰協定，雙方繼續握手言和。

北魏和後秦一停戰，旁邊卻惱了一位後秦大將劉勃勃。當年拓跋珪滅掉鐵弗部後，殺死劉衛辰滿門，只有他的小兒子劉勃勃逃了出來，投奔到陝北的叱干部。叱干部的大酋長準備把劉勃勃獻給北魏，他的兒子叱干阿利勸阻說：「鳥雀聽到雷電的聲音也要跑到民房裡尋求庇護，何況劉勃勃國破家亡？就算不能容納他，也要任其自去，把他抓起來的話不是大丈夫之所為。」叱干酋長不同意，晚上叱干阿利就偷偷地和劉勃勃一塊逃命到後秦，在後秦邊防軍裡當起了普通的小兵。後來叱干部落受到連累被北魏滅族，兩人發下重誓要和北魏鬥爭到底，叱干阿利就成為了劉勃勃一生中最重要的朋友。

後秦邊防軍守將名叫沒奕于，他在一個偶然的機會裡看到劉勃勃，就知道此人必定能力非凡，便把自己的女兒嫁給了他，還提拔他做自己的參謀，經常讓他擔任覲見姚興的使者。劉勃勃身高八尺，英俊剽悍，口才又好，姚興百般詢問劉勃勃都對答如流。姚興暗自稱奇，就留下他擔任驍騎將軍，經常和他一道談論軍國大事，劉勃勃問一答十，見解精闢，深得姚興信任，不久姚興又加封劉勃勃為安遠將軍。

姚興的弟弟姚邕卻不看好劉勃勃這個人，他對姚興說：「劉勃勃是鐵弗遺族，天性殘忍，身上又負著國破家亡之大恨。陛下如此器重他，將來恐有隱患。」姚興聽後非常不高興，回答說：「劉勃勃有經綸天下之才，正能為我所用，我準備讓他為我打天下，為什麼要疏遠他呢？」於是不聽姚邕的忠告，派劉勃勃為沒奕于的副手鎮守朔方邊境，分撥給他鮮卑雜胡等三萬多戶人做部下。

姚邕聽說姚興分撥給劉勃勃重兵，急忙進諫阻止，姚興相當不滿。姚邕就說：「我和劉勃勃交往的這段時間裡，發現這個人對待上級傲慢無禮，對待手下殘忍嚴酷，不講情面，你對他好了他就看輕你，你對他孬了他就背叛你，將來必定是我族的心腹大患。」姚興認為他這回說的還有些道理，就暫時擱置了這一任命，沒幾天他又落實了這一任命，還加封劉勃勃為安北將軍。

劉勃勃得勢後，就把叱干阿利調到身邊當參謀。兩人聽到北魏和後秦通好的消息都勃然大怒，劉勃勃就起了叛心。不久柔然部落派使者向姚興進貢了八千匹戰馬，送馬的使者路過劉勃勃的封地，劉勃勃下令將這些馬全部沒收據為己有。劉勃勃有了戰馬後就通知他的老丈人沒奕于說自己明天要出來到高平川（今銀川一帶）打獵，請老丈人過來娛樂。沒奕于一聽女婿要請客，趕緊興沖沖地帶著部下來迎接。毫無戒心的沒奕于被劉勃勃收養的刺客殺死，他的屬下都繳械投降。

吞併了沒奕于的勢力後，劉勃勃就自稱天王大單于，和後秦決裂。他任命叱干阿利為御史大夫，自認為自己是末代的匈奴王（鐵弗人就是匈奴和鮮卑的混合種），因為匈奴是傳說中夏人的後裔，他就把夏作為自己的國號，史稱胡夏（這塊地方從此稱為夏，就是寧夏的前身）。中國境內自此十國並立。

劉勃勃擅長指揮騎兵，他的部隊經常在今天的陝甘寧交界處活動，來無影去無蹤，多次和後秦軍作戰都能利用騎兵的速度優勢將對方包圍後給予重大打擊，胡夏成為涼州地區新興的強大勢力。

劉勃勃的部下一致請求劉勃勃定都高平，劉勃勃則解釋說：「我國剛成立，軍隊還不多，姚興也不是庸才，如果對方齊心協力嚴防死守的話，關中是沒辦法打下來的。但如果我們專守一城的話，敵人必定傾盡全力進攻我之孤城，到時候敵眾我寡，很容易就會被滅。我軍若用騎兵忽東忽西，捉摸不定，攻其不備，讓他們救得了後面救不了前面，疲於奔命。而我軍則能就地採集糧草，四處補給。這樣不出十年，秦嶺以北、黃河以東都歸我所有。等把姚興徹底拖垮後再從容地去佔領長安，必定能勝利。從前軒轅氏也遷居無常二十多年，我們現在仿效一下古人又有什麼不可以呢？」於是眾人拜服。

胡夏軍在劉勃勃的指揮下如同鬼魅一般地大肆掠奪後秦的各處城池，後秦多名戰將都先後被殺，那些城市嚇得白天都不敢開城門。姚興這時候才認識到問題的嚴重性，他懊悔地對姚邕說：「我就是因為當初沒聽你的忠告，才落到今天這個地步啊。」

當初三個涼國向後秦稱藩的時候，只有南涼禿髮傉檀還堅持向後涼進貢。某日禿髮傉檀向姚興獻上三千匹馬和三萬隻羊，姚興大概是修練佛法修練昏了頭，認為禿髮傉檀是個大忠臣，一高興就把姑臧賞給了南涼。

消息一傳出，全國大譁。姑臧主簿胡威連夜進諫姚興說：「我國仰仗將士用命，奮戰五年，才奪得姑臧一地，地處偏遠，但百姓仍然能感受到陛下天威，兢兢業業，不敢有怠，方能在南涼、北涼、西涼的虎視眈眈下苟活至今。陛下怎麼能拿自己的土地和我等百姓去換取區區三千匹馬和三萬隻羊？陛下如果缺馬，只須一道命令發到姑臧，微臣馬上就能找到三千戶人家戶獻一馬，有什麼難處？昔日漢武帝傾天下之力方才開發出河西，來阻斷匈奴的右臂。今天陛下無緣無故就要將它放棄給鮮卑人，難道就不記得先王創業的苦處了嗎？」

姚興聽了也很後悔，就派遣使者阻止禿髮傉檀進城。結果禿髮傉檀早就料到姚興會後悔，便預先帶了三萬軍隊來接收姑臧，並且半威脅半哄騙地強佔姑臧。禿髮傉檀到了當年前涼張軌修建的宣德堂前，得意地對部下說：「古人云：作者不居，居者不作，如今我不費一兵一卒就得到了姑臧，這才相信古人有先見之明哪。從前張軌建造了這座宮殿，無非是想傳於子孫，永垂不朽。卻不知道後來秦軍渡河，舉國投降，後來的涼州主人，大都分崩離析，不得善終，這座宮殿到現在歷時百年，已經更換了十二個主人了。富貴無常，天命難定，世上又哪兒有不破敗的家、不滅亡的國呢？」

南涼禿髮傉檀併吞了姑臧，把姑臧當作自己的首都。胡夏劉勃勃想聯合他共同對付後秦姚興，就向禿髮傉檀求親，沒想到卻遭到了禿髮傉檀的拒絕，這下子可把劉勃勃給氣壞了，他一怒之下親自帶領兩萬騎兵進攻南涼，殺死南涼一萬多人，繳獲兩萬七千多俘虜和幾十萬頭牛羊然後撤兵。禿髮傉檀遭到如此打擊當然不服，帶領大軍在劉勃勃的後面窮追不捨，他的部將們勸阻說：「劉勃勃治軍有法，不可輕敵，但這回他帶著大批輜重，行軍必定緩慢，不如繞過他們到前面渡口事先埋伏好，切斷敵人的退路，必定大勝。」自命聖人的禿髮傉檀可不聽這一套，他認為劉勃勃一夥乃是烏合之眾，用兵雜亂無章，沒有規律，一定不敵自己的正規軍，就下令繼續追擊。

南涼軍隊追擊到陽武（今寧夏陽武），被劉勃勃掘開山頂的陳年冰川封住退路，胡夏軍乘勢大舉反擊，連追了八十里，殺死南涼軍隊數萬人。南涼的武將是役有七成都戰死了，禿髮傉檀在幾名親信騎兵的保護下溜走。戰鬥結束後，劉勃勃下令將南涼軍陣亡者的屍體都收集起來壘成一座小山，用土和冰塊把這座小山封起來，號稱骷髏台。

## 六

經過陽武大戰，胡夏劉勃勃擊敗了南涼禿髮傉檀，成為涼州實力最強的國家，其他國家對此是既高興又畏懼。牆倒眾人推，南涼可就倒楣了，其他國家不是想著聯合起來共同抗衡胡夏，而是策劃著如何趁火打劫逮住南涼吃大戶。不久後秦姚興就派大臣韋宗到南涼打聽虛實。韋宗和禿髮傉檀有舊交。這次禿髮傉檀親自接待他在賓館侃大山，從晚上吹到天明，古今中外無所不包。韋宗大為拜服，回去就對姚興說：「禿髮傉檀天縱英才，不需要積累經驗；聰明過人，不需要讀書學習。我現在才知道九州之外，豪強當中還有這樣的奇才啊。由此看來，涼州雖然新遭敗績，但禿髮傉檀權謀過人，不能輕易開啟戰端。」

姚興非常不滿：「劉勃勃的烏合之眾都能擊敗他，何況我稱雄天下的精兵？」韋宗說：「形勢是會變化的，本來就沒有定勢。盲目進攻者易敗，戒懼小心者難攻，禿髮傉檀之所以敗給劉勃勃不過是由於輕敵的原因。現在我大軍壓境，他必定會謹慎防守。微臣認為陛下的大臣沒有一個能比得上禿髮傉檀的。到時候就算出動大軍，也不見得就必勝。」

姚興根本聽不進去，他派兒子姚弼為大將，乞伏乾歸為先鋒帶領三萬軍隊來進攻盤踞姑臧的禿髮傉檀，又派左僕射齊難帶兩萬騎兵順便打擊一下烏合之眾劉勃勃。吏部尚書尹昭就說：「禿髮傉檀自恃地處偏遠，不如聯合同樣想討伐南涼的沮渠蒙遜和李暠一齊進攻，讓他們自相殘殺，方為上策。」姚興依然不聽。

姚弼到了姑臧就亂哄哄地排陣討戰，禿髮傉檀並不驚慌。他在戰前就把姑臧周圍三百里的平民和數萬頭牛羊都撤退到城裡，糧食和人員都不缺。看見後秦軍來了，就下令把城裡的牛羊都放出去，頓時姑臧城外漫山遍野都是亂跑的牛羊。姚弼的軍隊頓時亂了套，士兵都自行脫離隊形去抓牛羊當戰利品。禿髮傉檀趁機派部隊在後面突擊，後秦軍大敗，被殺七千多人，姚弼軍只好快快撤回，牛羊也不要了。

再說齊難那一路。劉勃勃聽說後秦來了兩萬騎兵，就把主力大踏步後撤，一直撤到河套地區。

齊難聽說劉勃勃跑遠了，不再擔心，下令軍隊分散擄掠。哪知道劉勃勃第二天又回來了，專挑後秦軍分散的小部隊圍殲，殺死七千多人。齊難聽說後，急忙集結軍隊撤退，又遭到胡夏軍的圍殲，他本人也被活捉了，剩餘的一萬三千人全部投降，於是關中以北的數萬戶百姓都向胡夏投降。

後秦經過這兩次大敗，實力大損，和南涼成了一對難兄難弟。原來被後秦吞併的西秦的太子乞伏熾磐趁機召集舊部跑到苑川自立為王，到山上打游擊，不久就發展到了兩萬多人，並趁後秦戰敗之機佔領了枹罕，隨後他將乞伏乾歸解救出來當頭領。不久，乞伏乾歸又自稱秦王，宣布重建西秦。加上西蜀，涼州附近七國混戰。此時中國境內十一國並立，達到了五胡十六國時代最混亂的頂峰，自此，《五胡錄》中的十六國悉數登場（算上代國、西燕和西蜀，應該是十九國），以後不再有新國興起。

姚興聽說齊難全軍覆沒，自然大怒，決心御駕親征劉勃勃，他帶領大軍準備在陝北一帶找到劉勃勃的主力進行決戰。劉勃勃只帶了兩萬騎兵和姚興在陝北周旋，把姚興的主力耍得暈頭轉向，每次都是就要抓住胡夏軍的時候總能被劉勃勃藉助騎兵的速度優勢從容逃走。

後秦軍人數眾多，從事後勤保障工作的人數十分龐大，劉勃勃抓住機會打掉了姚興的運輸隊，可憐的姚興只好派姚祥帶領主力去運糧食，自己帶著指揮機關就地等待。姚祥剛走，劉勃勃鬼魅般的騎兵就四面附上了身。姚興準備放棄自己管轄的禁衛軍，自帶輕騎兵去追趕姚祥的主力，韋宗就勸阻說：「御駕一動，軍心必定大亂。恐怕還沒追上姚祥就會被擒了。」姚興也知道厲害，決定把部隊集中起來賭一把。他就學習當年苻登對付他老子的方圓大陣，把手頭的軍隊排列緊密，徐徐後撤。劉勃勃的胡夏騎兵大舉進攻，從四周向中心反覆衝殺姚興的軍陣。後秦軍死傷慘重，姚興親自出陣督戰，後秦軍看見皇帝出來了，士氣大振，拼死保護姚興的車駕，雖然人馬損失大半，但陣形始終不亂，繼續艱難地往姚祥部隊的方向靠攏。劉勃勃見後秦軍如此頑強，其主力部隊又在不遠處，只好下令停止進攻，姚興才算撿了一條命逃回到長安。此仗下來姚興算是徹底嚇破了膽，這輩子連戰馬都不敢再騎，從此姚興就沒再出過長安城的大門。

劉勃勃指揮騎兵的造詣實在精純至極，和當年關中的姚萇與苻登這一對冤家相比，其用兵兼具姚萇的機動性和苻登的攻擊力，把騎兵的優勢發揮得淋漓盡致，絕對是十六國時期的超一流武將。不過幸好這個災星平生追求安逸，終其一生都在涼州打轉轉，沒有把令人畏懼的鐵弗騎兵帶到中原來，否則必定會有更多的人遭殃了。

劉勃勃擊敗後秦，又繼續南侵，進攻後秦的安定，俘虜了四萬五千多百姓。姚興派遣姚祥前來解圍，被劉勃勃殺得大敗虧輸，姚祥本人戰死，部下全部投降，姚祥的參軍王買德也當了俘虜。

劉勃勃早就對王買德的文才有所耳聞，一見面就對他非常欣賞，向他徵求消滅後秦的計策。王買德說：「後秦雖然新遭敗績，但仍是中原大國，實力不可小看，希望您能發展國力，不要過分冒險，和它打持久戰，才能勝利。」劉勃勃認為很有道理。就任命他為軍師，大小國事都找他商議。

國力強大了，總要有自己的根據地。平常行軍打仗時劉勃勃就很留意各處的地勢風水。有一次作戰時他來到了今天的陝西靖邊縣白城子村，十六國時期這裡還是一片肥沃的大草原，劉勃勃剛一駐足，就被眼前的一片優美風景所陶醉，不禁脫口而出：「好美麗的地方啊，背倚著廣闊的大草原，面前一條清澈的河流，這正是萬年的基業啊！」就下令徵發數十萬民工，任命叱干阿利為監工大臣，用了五年時間築起一座堅不可摧的都城。為了保證城牆的品質，築城用的泥土全用米湯和羊血煮合而成，在工程驗收時，叱干阿利派出親兵拿錐子把每一段城牆都鑽一遍，凡是鐵錐深入城牆一寸者，就殺死築城的工匠，拆除這個工匠所修造的這段城牆，把工匠的屍體壘到城牆裡重新築起來。劉勃勃聽到叱干阿利的驗收方法後大加讚賞，對大臣說：「朕此生必定會統一天下，君臨萬邦，就賜此城的名字叫統萬城！」為了表示將來征服天下的決心，又將統萬城的南門起名為朝宋門，東門為招魏門，西門為服涼門，北門為平朔門。

劉勃勃「一統天下、君臨萬邦」的口號並不是空喊著玩兒的，為了達到這個目的，劉勃勃又派叱干阿利監造各種堅固鋒利的武器。兵器造成拿來驗收時，叱干阿利就讓衛兵拿剛造好的戰刀來砍新做好的盔甲。凡是戰刀刺不穿盔甲者，就殺死造戰刀的工匠；凡是戰刀刺穿盔甲者，就殺死造盔甲的工匠。在這種恐怖政策的威懾下，一件件精緻的殺人武器被趕造出來。各種兵刃趕製完工後，叱干阿利又召集所有的工匠，為劉勃勃打造了五柄百煉鋼刀，上面繪有青龍和朱雀的花紋，得名「大夏龍雀刀」。在刀背上刻有文字：「古之利器，吳楚湛盧。大夏龍雀，名冠玄武。可以懷遠，可以柔逋。如風靡草，威服九都。」

征戰多年的胡夏國到今天才有了自己的首都。一幫文臣就忙著給新皇帝續家譜，但劉勃勃是匈奴出身，一直都是隨母親的姓，劉衛辰的老娘就是劉淵的孫女。劉勃勃認為這有違漢人的禮法。他認為帝王是上天的兒子，他的徽號必定和上天相連，就自創姓氏為赫連。就又下令自己的宗族都改

胡夏國使用的銅錢

姓鐵伐，取的是剛銳如鐵，足以伐人之意。赫連勃勃，這位十六國時期末代的匈奴王，以他兇殘無比的暴行為匈奴人在中原大地上逐漸消失的身影留下了最後的一道痕跡。

## 七

隨著後秦的衰落，姚興早就指揮不動那五六個附屬國了，為了促使他們互相殘殺，姚興就盡量挑唆別人打架，自己在旁邊看熱鬧。不久他就授予南涼的禿髮傉檀討伐四鄰的權利，唆使南涼去進攻北涼沮渠蒙遜，並保證自己絕不干涉。有了姚興的這個授權，禿髮傉檀美得不得了，趕緊帶領五萬騎兵去討伐北涼沮渠蒙遜。

禿髮傉檀可是南涼的聖人，屬於偶像級的人物。太史令景保卻勸阻說：「沮渠蒙遜為人奸險，深知兵法，陛下過於仁厚，此戰不見得就能勝，望陛下不要聽信後秦的讒言。」

禿髮傉檀聽了他的話後很不高興，反駁說：「我有五萬騎兵，沮渠蒙遜如果用騎兵攔截，他的國家本來騎兵就少，一定眾寡不敵。如果他使用步兵來攔截，則行軍速度上遠遜於我，我利用騎兵的速度優勢躲著他的步兵，不和他打就是了。」景保見勸說無效，就死拉著禿髮傉檀的馬韁繩阻止他出征，把禿髮傉檀給惹毛了，下令將他鎖起來行軍，並對他說：「這回如果我打贏了，就殺死你做紀念，如果打輸了，就加封你為萬戶侯。」

禿髮傉檀的大軍深入北涼境內，和沮渠蒙遜交戰。情況果然如同禿髮傉檀所料，沮渠蒙遜沒有多少騎兵，但步兵多得是，黑鴉鴉漫山遍野是南涼軍的好幾倍。原來沮渠蒙遜的部隊是騎兵和步兵混合編成的，在交戰當中，沮渠蒙遜利用騎兵牽制南涼騎兵，然後用步兵四面圍攻。一旦南涼軍要逃跑，就用騎兵上去和南涼軍纏鬥，等步兵來了再用步兵圍攻。這樣一來，北涼步兵總是如同影子一樣纏著南涼騎兵，反覆被包圍兩次後，南涼就受不住了，只好潰敗，禿髮傉檀單人逃跑，那個史官景保被沮渠蒙遜活捉。

北涼在和南涼的作戰中獲得大勝，還俘虜了禿髮傉檀的智囊景保。沮渠蒙遜很欣賞景保的才華，就勸他說：「先生深知天文地理，和我很投脾氣。從前漢高祖在平城戰敗，就認為婁敬有大功，而袁紹在官渡戰敗，反而把提醒他的田豐殺死。先生的謀略不下於那兩位，但貴主人究竟會是劉邦呢還是袁紹呢？」

景保說：「敝主雖然才能比不上漢高祖，但也遠遠勝過袁紹。根據我主一開始的許諾，估計就算封不到萬戶侯，也不會掉腦袋吧。」沮渠蒙遜認為他說的有理，就放景保回去。禿髮傉檀果然誠懇地向景保認錯，但封他做萬戶侯的承諾卻沒再提，只是給他賞了一些錢財了事。

沮渠蒙遜趁勢對南涼發起進攻，一口氣包圍了姑臧。南涼手頭一時抽不出兵來抵抗，老百姓和官員都急得團團轉，禿髮傉檀只好向沮渠蒙遜說好話求和，把自己的兒子送去當人質請求對方退兵，沮渠蒙遜這才罷手。禿髮傉檀害怕沮渠蒙遜再度反悔，乾脆放棄姑臧，自己帶領家屬大臣回樂都去了。沮渠蒙遜一聽白給他個大城市，當然不肯鬆手，回馬一舉將姑臧搶了過來，仍覺得不過癮，乾脆跟著禿髮傉檀撤退的步伐追到了樂都，要求禿髮傉檀再出點血才肯退兵。禿髮傉檀沒法，又送過去一個兒子當人質，沮渠蒙遜才像是吃飽喝足了似的一抹嘴撤軍。

南涼畢竟實力較北涼要強一些，休整幾個月後禿髮傉檀還想翻本，就又徵發了大批軍隊，還是編組成騎兵，準備大舉進攻北涼報仇雪恨。護軍孟愷進諫道：「北涼剛佔領姑臧，士氣正旺，不是進攻的時候。沮渠蒙遜擅長用兵，一旦我軍精銳盡出，他派奇兵偷襲我軍後路，到時候就危險了。」

禿髮傉檀並不知道自己上回敗在哪裡，便接著說道：「北涼軍是步兵，我軍是騎兵，如若敵人數量比我們少，可以突擊，如若比我們多，可以迅速撤離，有什麼可害怕的？」於是繼續不聽勸告，領騎兵殺向北涼。

南涼軍走在半路，望見前面遠遠地走來北涼的軍隊，果然又是步兵，人也不多。禿髮傉檀洋洋得意，指著前面那些灰頭土臉的北涼軍對部下說：「似如此之弱旅，明明是來白白送死，何必勞動我的鐵騎呢？」

北涼領軍前來的果然是沮渠蒙遜，他敢帶這點人來自然有他的道理。原來我們的這位天文學家早已算定今夜必有暴風雨，就是來看南涼的好戲的。時值黃昏，雙方互相對峙，安營紮寨。北涼軍搶先佔據了山頂，南涼軍無奈，只好在山溝裡宿營。

到了半夜，突然天色大變，黑霧瀰漫，狂風捲著暴雨劈頭蓋臉地打下來。涼州一向乾旱，如此惡劣的天氣還真不多見。沒多久南涼的營地就平地水深三尺，戰馬全部陷在泥潭裡無法出來。沮渠蒙遜趁著暴雨向南涼軍發起四面突擊，身披重甲的南涼軍在水中根本無法和北涼步兵肉搏，只好放棄戰馬兵器，護擁著禿髮傉檀狼狽地撤回樂都。沮渠蒙遜也不追趕，讓軍隊慢條斯理地收拾南涼軍丟棄的輜重。

禿髮傉檀上氣不接下氣地跑回了樂都，屁股還沒坐穩，後面北涼軍就緊跟著追了上來。原來北涼軍搜走了南涼軍所有的重兵器，等暴風雨過去後，騎著南涼軍丟棄的戰馬追了上來，大殺南涼軍的潰兵。像禿髮傉檀這樣騎著好馬的人跑得快，回到了樂都，那些靠兩條腿逃命的士兵就倒了大楣，在北涼軍的追擊下幾乎全部喪生。北涼軍接著又把樂都四面包圍，大聲鼓噪。禿髮傉檀被逼得無法，只好又放出去一個兒子當人質，向北涼求和。沮渠蒙遜這才悻悻地撤退。

經過這次大戰，南涼一蹶不振。接著西秦乞伏乾歸又趁火打劫，派遣乞伏熾磐向南涼發動進攻。禿髮傉檀硬著頭皮出戰，被乞伏熾磐擊敗，還被西秦搶走了十多萬牛馬。乞伏熾磐正準備繼續進攻樂都，突然接到從苑川傳來的消息：乞伏乾歸被侄兒乞伏公府所殺，乞伏公府殺了乞伏乾歸後，馬上就後悔了，由於害怕擁有兵權的乞伏熾磐回來找他算帳，只好連夜去投奔胡夏，他跑到半路被乞伏熾磐追上殺死，這樣一來也就救了南涼一命。乞伏熾磐就自稱大將軍，繼任西秦國家元首。

西秦發生大變，周圍國家都對南涼失去了興趣，開始眼紅西秦的地盤。先是後秦大臣們紛紛建議姚興進攻西秦，姚興謝絕說：「趁對方舉行國喪之時進攻，是沒有禮貌的行為。」一不准部下淌西秦的混水。

胡夏赫連勃勃聽說後秦不參與，有心分一口。軍師王買德勸阻他說：「乞伏熾磐遭到喪亂，我們卻要趁火打劫，不是君子的行為，何況陛下這樣的英雄呢？」於是胡夏也沒有動手。

既然大家不對西秦下手，那就只好等著西秦來收拾別人。不久，總算喘了口氣的南涼禿髮傉檀感覺國土流失嚴重，急需拓展疆域，增加稅收，正好西秦發生變化，沒人威脅側翼，就親率主力去討伐居住在青海湖以西的吐谷渾部落。這次出征戰績顯赫，繳獲了四十多萬頭牛羊。他沒想到西秦會在這當口兒給他帶來麻煩。

原來西秦的乞伏熾磐即位後，生怕周圍鄰國趁亂進攻，專門訓練了大批部隊等著。結果他心目中的假想敵一個也沒來，這樣他訓練的大批軍隊反而成了閒置資產。乞伏熾磐正在鬱悶中，禿髮傉檀的西征給他幫了大忙，乞伏熾磐趕緊把主力投了出去，進攻南涼首都樂都，一把就將無人把守的樂都給拿了下來。

正在興沖沖地絞殺吐谷渾部落的禿髮傉檀突然得到樂都陷落的消息，猶如晴天霹靂，幾乎嚇得他神經錯亂，好不容易靜下心來才知道自己已經變成了浪人。思量了半天，他決定避開西秦的鋒芒，繼續西行，佔領吐谷渾的土地另起爐灶。

禿髮傉檀把他的打算給士兵們一說，讓他目瞪口呆的是數萬南涼軍聽了以後，一商量，居然一哄而散，都回樂都去了。光杆司令禿髮傉檀待在那裡發了會兒愣，尋思了半天覺得自己以前曾經從刀下救過乞伏熾磐的小命，估計他還能放自己一條生路，就尷尬地回到樂都，向乞伏熾磐投降。到了

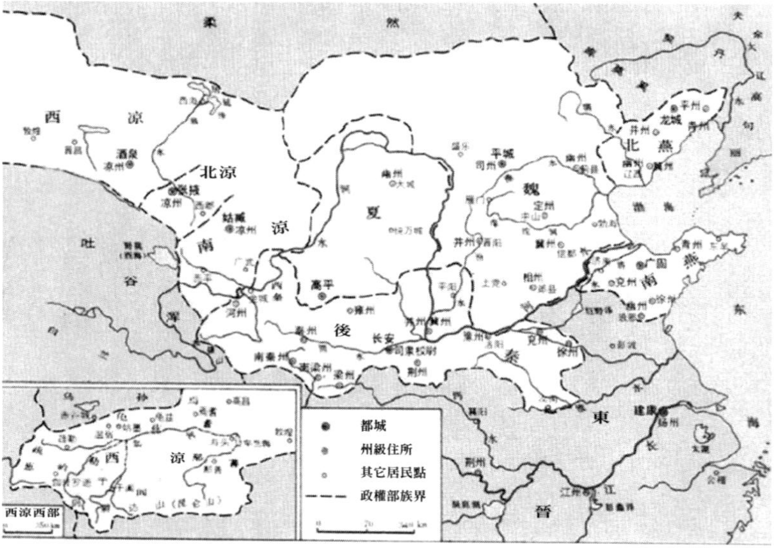


後秦、魏、南涼、北涼、南燕、西涼、夏、西秦、北燕並立圖

西秦，乞伏熾磐對他還真客氣，招待禿髮傉檀喝酒，結果一壺毒藥將其放挺。南涼自此滅亡，歷時十九年。

再次崛起的西秦在乞伏熾磐的領導下，勢頭咄咄逼人，瘋狂地進攻原來的母國後秦和鄰國北涼，三方之間不斷混戰，北涼還好受一點，後秦在胡夏和西秦的夾攻下被打得焦頭爛額。

隨著後涼、南涼、西蜀的先後滅亡，剩下的五國可是殺紅了眼，一國派出的軍隊只要見到另一國的軍隊，就立馬打起來，也不管對方從哪裡來，往哪裡去。這個時候的涼州才真正到了互相拼命、血戰到底、絕無聯盟的階段。巴掌大的地方就開了兩桌戰場，分別是北涼、西涼、西秦三國相互混戰和胡夏、西秦、後秦三國混戰。大家有實力就開打，沒實力就停戰喘息喘息，比起前期的聯盟對戰要熱鬧得多，也混亂得多。

涼州大混戰是十六國之亂世的最高階段。經過百年的惡戰，整個中國已經沒有半塊未遭到戰火洗禮的淨土。掙扎在社會最底層的勞苦大眾們歷盡了苦難，盼望著能有英雄出現，將他們從這無邊無際的苦海中拯救出來……

# 涼州風雲大事記

◎ 西元三九七年

一月，北魏攻陷後燕信都。後涼進攻西秦，戰敗。後涼禿髮烏孤叛變獨立，建立南涼（建國十三）。

二月，後燕慕容寶率軍十五萬七千修築滹沱河防線，被北魏擊敗，後燕戰死十三萬。

三月，後燕慕容麟叛變未遂，帶兵出逃。後燕從中山大撤退，慕容寶逃往龍城。北魏軍包圍中山。

四月，後燕慕容會發動政變，殺死慕容隆。慕容寶逃到龍城，慕容寶和慕容農平定慕容會叛亂，慕容會被殺。

五月，北魏退兵，中山慕容祥執政專橫，民不聊生。沮渠男成、沮渠蒙遜推舉後涼段業叛變獨立，建立北涼（建國十四）。

七月，後燕慕容祥在中山稱帝，後被慕容麟殺死，慕容麟在中山稱帝。

十月，慕容麟放棄中山投奔慕容德，北魏佔領中山。

十二月，後燕鄴城守將慕容德放棄鄴城，前往滑台。

◎ 西元三九八年

一月，後燕慕容德自稱燕王，建立南燕（建國十五）。北魏佔領鄴城，吞併冀州。

二月，拓跋珪狩獵白登山，接見秀容川酋長爾朱羽健。

三月，龍城乙連兵變，慕容農被殺，慕容寶四處流浪。

四月，龍城守將蘭汗誘殺慕容寶，自稱大單于。
七月，後燕慕容盛發動兵變，殺死蘭汗。
十月，慕容盛稱帝，後燕退出中原競爭。
十一月，東晉殷仲堪、桓玄借討伐劉牢之為名叛變，東晉四分五裂。
十二月，北魏拓跋珪稱帝。東晉流民孫恩造反。

## ◉西元三九九年

一月，南涼由金城遷都至樂都。
二月，段業自稱涼王。
七月，後秦佔領洛陽諸城。
八月，南涼禿髮烏孤醉酒而死，弟弟禿髮利鹿孤繼位。
十月，東晉三分，桓玄、劉牢之各據一方。孫恩佔領東晉朝廷屬下八郡。
十二月，後涼呂光病死，太子呂紹繼位。兄長呂纂發動政變，呂紹被迫自殺。呂纂自立為王。

## ◉西元四〇〇年

一月，西秦遷都苑川。後涼呂弘發動政變未遂，被殺。
四月，後涼進攻南涼，戰敗。
七月，後秦進攻西秦，西秦軍亂營潰散，乞伏乾歸投奔南涼，不久向後秦投降。西秦滅亡。
十一月，北涼李暠造反，建立西涼（建國十六）。
十二月，南燕慕容德稱帝。

◉ 西元四〇一年

二月，後涼呂超發動政變，殺死呂纂，立呂隆為王。
五月，北涼沮渠蒙遜殺段業，自立為王。
七月，後秦包圍後涼姑臧，後涼大敗。涼州四國聯盟瓦解。南涼、北涼、西涼向後秦稱臣。
八月，後燕天王慕容盛被殺，慕容熙繼位。

◉ 西元四〇二年

二月，桓玄攻陷建康，劉牢之投降。
三月，南涼都禿髮利鹿孤病死，禿髮傉檀繼位。
五月，後秦姚興進攻北魏并州。
十月，北魏大敗後秦於汾河谷，後秦損失四萬軍隊。

◉ 西元四〇三年

八月，南涼、北涼、後秦聯軍攻破後涼姑臧，呂隆投降後秦，後涼滅亡（亡國九）。
十一月，桓玄自稱楚帝。

◉ 西元四〇四年

三月，楚帝桓玄撤離建康。
五月，桓玄被殺。

◉ 西元四〇五年

一月，東晉北府兵收復江陵。後秦姚興尊奉佛教為國教，加封鳩摩羅什為國師。

二月，東晉益州譙縱叛變，建立西蜀（建國十七）。全中國九國並立。
九月，南燕慕容德病死，慕容超繼位。

## ◉ 西元四〇六年

六月，南涼吞併後秦姑臧。
十一月，南涼遷都姑臧。

## ◉ 西元四〇七年

五月，後秦劉勃勃造反。
六月，劉勃勃建立胡夏，自稱天王（建國十八）。全中國十國並立。
七月，後燕慕容雲殺慕容熙，自稱天王，北燕取代後燕。後燕滅亡（建國十九，亡國十）。
十月，胡夏劉勃勃進攻後秦、南涼。
十一月，胡夏分別與南涼、後秦作戰。南涼、後秦慘敗。

## ◉ 西元四〇八年

五月，後秦進攻胡夏、南涼，皆戰敗。
八月，東晉進攻西蜀，戰敗。
十一月，禿髮傉檀自稱涼王。

## ◉ 西元四〇九年

二月，乞伏乾歸逃亡，重建西秦。全中國十一國並立，為五胡十六國最亂時期。
四月，東晉劉裕進攻南燕。

拓跋珪被兒子所殺。

◉ 西元四一〇年

二月，東晉劉裕滅南燕，殺慕容超（亡國十一）。東晉收復山東半島。

五月，南涼三攻北涼，戰敗，放棄姑臧。

◉ 西元四一一年

三月，東晉平定孫恩、盧循之亂。

北涼佔領姑臧。

◉ 西元四一二年

六月，西秦政變，乞伏乾歸被殺，乞伏熾磐繼位。

十二月，東晉進攻西蜀。

◉ 西元四一三年

三月，胡夏劉勃勃遷都統萬城，改名為赫連勃勃。

# 第九章　劉裕北伐（西元四〇三～西元四二〇）

## 一

慕容垂死後，顯赫一時的鮮卑慕容家族很快就走了下坡路，強大的後燕也被北魏逐漸蠶食，分裂成遼東的北燕和山東的南燕兩個小國。下面要說的就是盤踞在山東半島的南燕。

慕容家族大內訌後，鎮守鄴城的慕容家族中的老一輩慕容德對沒落的家國深感痛心，不願意投奔東北去見小慕容們。在大野心家慕容麟的攛掇下，慕容德在滑台稱帝，建立南燕。但滑台地處中原腹地，四面都是慕容家的百年世仇，無險可守。為了在亂世中保存慕容家族最後的香火，慕容德帶著殘部輾轉流落到了廣固（今山東益都）。

廣固是百年前匈奴漢國大將曹嶷五十年前的根據地，地勢險要，自古就是兵家必爭之地。五十年前，慕容德的哥哥、戰爭天才慕容恪曾經圍困廣固一年而不克，這麼理想的地方自然成了慕容德遷都的首選。不久，慕容德就把廣固定為自己的新都。鑒於慕容德的「德」字用途廣泛，不易避諱，慕容德就把名字改為慕容備德。

慕容備德為人謹慎，不喜歡出門惹是生非，不久慕容備德就先後掃平了山東這塊無主之地的土匪流氓惡勢力，開始大搞經濟建設。南燕的發展有不少可圈可點之處，但最讓慕容備德頭疼的問題是他都六十九歲了還沒有兒子，宗族裡面又罕有近親可以託付，下任君主的人選問題深深困擾著慕容備德這個飽經風霜的老人。

前秦消滅前燕後，慕容備德遠赴塞外擔任張掖太守，他哥哥慕容納曾把妻子段氏託付給他照顧。後來慕容備德跟隨慕容垂參加淝水之戰，沒想到戰後的分手竟成了雙方的永別。淝水之戰後慕容備德和慕容垂造反，前秦朝廷下令追殺慕容備德在張掖的家屬，段氏當時正懷著孩子，也沒給放過去，被關進大牢等候處決。

獄卒呼延平當年在前燕當過小官，他很同情段氏，就和段氏一塊兒逃亡到了青藏高原的羌族居住區。在那裡，段氏生下了兒子慕容超。為了答謝呼延平，段氏就許諾將來慕容超要娶呼延平的女兒。在慕容超十歲那年，段氏身染重病無錢醫治，很快就去世了。段氏臨終前把慕容超叫到身邊，拿出了一柄包裹得很嚴實的金刀告訴他說：「你本來是鮮卑慕容家族的後裔，當年我們族人遭到前秦的追殺，才流落到此，你的叔叔慕容德就在東面的燕國。他走的時候，曾經把這柄金刀放在我這裡，作為將來天下太平後再見面時的憑證。我死後你就去投奔你的叔叔，他看在這件信物的份上，一定會收留你。」

不久呼延平也死了，只有十歲的慕容超就成了孤兒，他和呼延平的女兒相依為命。呂光建立後涼的時候前秦早就徹底完蛋了，沒人再追殺他們了，慕容超和他的小媳婦跟隨著附近的移民遷移到涼州居住。後涼被後秦消滅的時候，慕容超又遷徙到長安當了一個無業遊民。在那個兵荒馬亂的時代還未成年的慕容超小倆口竟然沒有死掉，也算是慕容家族的大幸了。

流落長安的慕容超不想引起別人的注意，就裝瘋賣傻地在長安市區靠行乞度日，長安的市民們見慕容超這人年紀不小了也不去打工掙錢養活自己的老婆，反而很投入地從事要飯的行當，自然都看不起他。只有慕容超的妻子從不嫌棄自己的丈夫。

姚興的兒子姚紹偶爾經過鬧市，碰到了乞丐慕容超，頓時感到此人不俗。姚紹就回去對姚興說：「長安城裡有個瘋乞丐，雖然衣著破爛，但儀表不俗，必定不是尋常之人，希望陛下能徵用這個人才。」

姚興就召見了慕容超，和他進行一番交談，慕容超故意東拉西扯，胡說八道，把姚興整得很沒趣。他對姚紹說：「常言道『繡花枕頭一包草』，現在才知道是什麼意思啊。」於是下令把慕容超趕了出去。那些平頭百姓聽說這件事後，見面都給慕容超讓兩步，慕容超正好得以自由來去，沒人管束。

有一天，慕容超正在大街上裝瘋，迎頭碰到一個名叫宗正謙的算命先生。宗正謙一抬頭看到慕容超後，大吃一驚，就對慕容超說：「先生乃是大貴之相，為什麼要混跡風塵呢？」然後也沒去通知慕容超的妻子呼延氏一聲就領著慕容超隱姓埋名，化裝逃到了南燕境內。慕容超拿出金刀去拜見慕容備德，慕容備德一看此刀果然不假，於是叔侄倆抱頭痛哭一場，之後慕容備德就加封慕容超為北海王兼驃騎大將軍，擔任自己的重要參謀。

兗州刺史慕容法一直都期待著慕容備德死後立自己為皇帝，沒想到這回來了個競爭者，心裡自然對慕容超很反感，他就在私下裡宣揚說：「當年漢朝的時候就有算命先生假冒太子，這回怎麼能保證他慕容超不會是個假的呢？」

慕容備德也不是沒有懷疑過，但看到慕容超和自己的那些遠親們相比無論長相還是氣質都和自己非常相像，因此他斷定這個慕容超不是假冒偽劣。而且慕容超對慕容備德非常孝順，對慕容備德的大臣和部下們也都以禮相待，朝廷內外對他的印象都很好。不久廣固發生大地震，慕容備德受驚嚇而死，臨終前把帝位傳給了慕容超。慕容超也沒對那些遠房慕容們太提防，任命慕容法為征南將軍，慕容鍾為大都督，一道治理朝政。

慕容超從小沒過過好日子，這回一下子當了皇帝，手腳都不知道放哪兒好了。大臣公孫五樓趁機賣力奉承，狂拍馬屁，慕容超覺得他的話句句在理，就把公孫五樓當作自己的心腹來看待。

公孫五樓在南燕諸大臣中口碑不好，以前慕容備德在的時候都很討厭他。這回換了主子，規矩就改過來了。慕容鍾知道慕容超信任公孫五樓，覺得這對自己沒什麼好處，就主動申請到青州當太守。大臣封孚勸阻慕容超說：「慕容鍾是國家的宗親，應當留居朝內輔政，公孫五樓功勳不足，不宜在朝中擔當重臣，如今慕容鍾在外，公孫五樓在內，微臣認為不妥。」這話公孫五樓可不愛聽，他就趁機勸說慕容超不要聽信封孚的話。慕容鍾聽說後，就對徐州刺史段宏說：「黃狗的皮毛，難道要拿來修補狐裘嗎？」

正好兗州刺史慕容法也對慕容超和公孫五樓都沒一點好印象，慕容超就搶先派軍隊進攻青州慕容鍾、兗州慕容法和徐州段宏。三個太守都沒防備皇帝會突然翻臉，只好四下流亡。

慕容超除掉了三個政敵，排除了重大隱患，就徹底地放鬆了。他把國家大事都交給公孫五樓來辦理，自己成天喝酒打獵，又下令恢復肉刑等嚴刑酷法，南燕很快就讓這對君臣活寶搞得烏煙瘴氣。當時公孫五樓兼任侍中、尚書、衛將軍，把持軍政和人事大權，他的兄長為冠軍將軍，叔叔為武衛將軍，一家子都吃定了慕容超，其他官員都望風即避。慕容鎮對慕容超說：「微臣聽說懸賞加封的時候，沒立功者不能封侯。如今公孫一家一門五侯，請陛下多考慮考慮。」慕容超大怒，朝慕容鎮發了一陣子火。至此文武百官都不敢再亂說公孫一家的壞話了。

既然說實話不能升官，那麼阿諛公孫一家就成了南燕官員們升官發財的熱門途徑，大臣們紛紛到公孫五樓那裡行賄，百姓看不順眼，編個順口溜說：「欲得侯，事五樓。」

皇位坐穩後的慕容超倒念念不忘流落在長安的呼延氏。姚興聽說以前的那個瘋乞丐成了現在的南燕皇帝，就把呼延氏軟禁起來，責令南燕稱藩，並進貢樂師若干。慕容超一聽可以把老婆要回來，也不管什麼正統不正統，立即進貢給姚興一百二十名樂師，尊奉姚興為君主，把老婆討了回來，加封她為皇后。

有了皇后在旁，喝酒娛樂就有伴了。但慕容超馬上就覺得少了一百多名樂師，宮廷音樂的水準降低了不少，於是他準備從東晉掠奪點南朝百姓當樂師。百官聽說慕容超有如此大膽的創意，都嚇了一大跳，紛紛勸說慕容超不要去招惹東晉以免自找麻煩。慕容超不聽，派軍隊到南方掠奪了兩千多人回來供其享樂。

## 二

南燕的第二任君主慕容超繼位後，不甘寂寞，公然掠奪東晉的百姓，挑起了邊境衝突。東晉和慕容家族十幾年沒打過仗了，慕容超的惡劣行徑引起了東晉官員裡的新貴、也是東晉的最後一任大權臣劉裕的注意。

東晉權臣劉裕

劉裕出身微賤，靠軍功逐漸成長為東晉重臣，這在注重門第出身的江南官僚圈子裡真個是鳳毛麟角。劉裕的母親生他時難產而死，劉裕的老爸因此認為劉裕是不祥之人，準備把他丟到荒野裡。幸虧劉裕的大嬸可憐他把他留下來撫養大。由於從小寄養在嬸嬸家，他的小名就叫寄奴。由於家裡無錢無勢，劉裕從小就沒有上過學，也不認識幾個字。長大後劉裕成了一個無業遊民，整天賭博打架，因手氣不好負債累累，成天被追債的人堵在家裡暴打。所以實在混不下去了，就以賣草鞋為名，天沒亮就跑出去躲債，天黑透才敢回家睡覺。再後來前秦討伐東晉，劉裕應徵入伍，參加了劉牢之領導的北府兵，小夥子長得高大魁梧，擅使一柄長刀，被東晉冠軍將軍孫無終相中，當了孫無終帳下的一名勤務兵，生活品質比別的小兵要好一些。

淝水之戰後，北方一片大亂，東晉的亂民孫恩、盧循也趁機造反，烽火席捲整個江東，北府兵投入到了如火如荼的剿匪戰鬥當中。一次劉牢之的兒子劉敬宣領兵討伐一支幾千人的亂民部隊，劉裕和其他的幾十個人一起被派出去偵察敵情，半路被敵人發現並遭到圍毆，其他人都死光光了，只剩劉裕一人，劉裕只好跳進河裡躲起來，幾個敵人準備下河來殺他，反被劉裕用長刀連殺數人，然後劉裕奮力跳到岸上，大聲呼喝，長刀掄圓了一路砍去，敵人成片成片地倒下。亂民們都被劉裕的神勇所震懾，他們頭頂上剛才還在焰騰騰燃燒的囂張氣焰頓時一滅到底，竟然一齊扭頭就跑，劉裕就提著長刀在後面猛追。恰好劉敬宣心裡惦記著偵察兵們的下落，親自出來打探情況，正巧看到劉裕一人追殺得亂民幾千人滿地亂跑的壯觀景象，不禁大為讚歎，他趕緊命令手下出擊，殺死一千多個敵人後勝利回師。劉裕從此得到重用。

孫恩、盧循領導的起義逐漸成為東晉朝廷的心腹大患，他們聚居在舟山群島，伺機就往大陸反撲，浙江一帶深受其害。人禍未平天災又起，江東發生了大旱災，光會稽（今浙江杭州）一地的人口死亡率就超過了四成，臨海、永嘉等地的人口幾乎全部死絕。當地的富人有錢也買不到吃的東西，大都身穿錦緞，懷抱金玉，閉門相望而餓死，孫恩一夥靠著搜刮死屍又狠發了一筆。東晉朝廷見孫恩實在太猖獗，就派給劉裕一些軍隊讓他前往浙江沿海剿匪。劉裕臨危受命，在和孫恩的作戰中屢立戰功，最後孫恩被迫跳海自殺，孫恩的妹夫盧循接過了造反的大旗。由於劉裕實在難以對付，盧循只好輾轉往南，一路乘船逃到了廣州，浙江沿海才算暫時平定。劉裕也憑藉戰功被提拔為下邳太守。

東晉荊州刺史桓玄是前權臣桓溫的兒子，和他爹桓溫一樣，桓玄也是個野心勃勃的傢伙，他控制著東晉鄱陽湖以東的領地。由於不滿意東晉朝廷所給的待遇，桓玄起兵造反，東晉朝廷派劉牢之前去討伐桓玄，沒想到劉牢之竟被桓玄說動而繳械投降了。桓玄的軍隊在毫無抵抗的大好形勢下攻陷了首都建康，桓玄自稱丞相，逼迫劉牢之自殺。不久桓玄就廢掉了東晉的無腦皇帝晉安帝司馬德宗，自稱楚帝，徵召東晉各地大臣進京來覲見新主子，劉裕也在眾官員之中接受了桓玄的檢閱。

在上下級的見面會上，桓玄一下子就看出位居末座的劉裕是個人才，有心籠絡他，每次舉辦宴會時必定召集劉裕陪同。但劉裕心中早就打算要收拾桓玄，他經常和內弟何無忌一道商量如何造反。不久，他就找了個藉口與小舅子何無忌一起渡江到了京口，逃回了北府兵的勢力範圍。

這時的東晉早已是四分五裂，鄱陽湖以東地區都是桓玄的勢力範圍，長江以北的淮河流域作為前線，一直受北府兵出身的軍方勢力統轄。東晉朝廷的命令只在江南一帶還管點用，這還是在三方聯合打壓了孫恩、盧循遊民軍的戰役後才真正管點用。後來桓玄佔領了建康，逼迫東晉皇帝退位，東晉朝廷已經是名存實亡了。不過亡了也好，回頭看看整個東晉歷經一百多年，共出了十一個皇帝，幾乎全是被世族官僚架空的精神領袖，沒有一個能夠完全掌權隨心所欲地發號施令，這也算是創造了中國歷史上的最高紀錄。

劉裕回到京口，就聯絡上了廣陵太守劉毅，他和劉毅、何無忌三個人召集親戚朋友，糾集了一百多人宣布造反。京口與建康只有一江之隔，桓玄的大臣們聽說劉裕只湊了一百多人就敢造反，都不把他們放在眼裡，只有桓玄非常擔心地說：「劉裕是當世的英雄，他從前賭博的時候曾輸得被別人當街打屁股，劉毅從前家裡窮得連一擔米都沒有，賭博的時候還敢下百萬的賭注，何無忌和劉裕脾氣相投，從小就是混在一塊兒的賭友，這三個人都是赤裸裸的賭徒，這次造反，要麼就穩吃全莊，要麼就全部賠光，怎麼能不讓人擔心呢？」就派出重兵渡江去圍剿劉裕。

劉裕這邊扯起造反大旗後，沒幾天工夫，就有一千七百多雜七雜八、和劉裕臭味相投的遊民無賴加入了劉裕的叛軍，這些人大都是從前北府兵裡退役的老兵油子。雖然劉裕的主力都是流氓，但這些人都絕對服從劉裕的領導，打起仗來個個奮勇，而原本戰鬥力很強的桓玄軍到了建康後已經逐漸變得腐化墮落，早就銳氣盡失，根本不是劉裕的對手，桓玄派出的這支部隊被劉裕殺得全軍覆沒。經此一戰，劉裕的叛軍聲勢大振。劉裕就像一塊巨大的磁石，吸引得方圓千里的散兵游勇都跑到京口來投奔他。

桓玄性情苛刻，喜歡聽奉承話，大臣們嘴上歌功頌德，內心裡卻是連聲詛咒，巴不得這個傢伙早點下臺，但顧忌到桓玄為人狠毒，沒幾個敢說朝廷如何如何不好的。經過這次大敗，桓玄才知道自己從荊州帶來的嫡系部隊早已不是原先那支戰無不勝的常勝軍了。他抓緊時間求神拜佛，乞求上天賜給他好運，不料老天也不開眼，連算幾卦都是大凶。桓玄心裡惶恐，連聲嘟囔說：「難道朕今天要滅亡了麼？難道朕今天要滅亡了麼？咦？不對啊？你們昨天還說朕的軍隊是荊州來的子弟兵，是不可戰勝的麼？國家是經濟穩定，民心安樂的麼？」

那些平日裡滿嘴阿諛之辭的大臣們現在都不敢吱聲，只有吏部郎曹靖之朗聲說道：「如今的國家並不是一片祥和，社會穩定，而是民怨神怒，危機四伏，微臣實在寒心。」

桓玄大為驚訝，問道：「既然如此，你為什麼事先不說出來呢？」

曹靖之長歎一聲道：「朝中大臣，齊聲頌揚說此刻天下太平，社會從來沒有這麼穩定過，就算是堯舜再世也自愧不如，微臣稍微有些異議就被指責為破壞安定團結的大好局面，怎麼敢多說話呢？」桓玄無言以對。

不一會兒有探馬來報說劉裕的軍隊已經全部渡過江來進攻建康。桓玄只得召集全部兵力也就兩萬多人前去抵擋。劉裕在戰船上就下令讓士兵們飽餐一頓，然後把剩下的糧食全都扔到長江裡，以示有去無回的決心，兩軍在建康城外展開大決戰。桓玄軍雖然人多，但軍官中很多都是北府兵出身，知道劉裕的厲害，任桓玄怎麼催逼就是不敢上前。劉裕軍站位在上風向，趁勢放起了大火，遮天蔽日的大火把桓玄軍全部籠罩住，桓玄軍自相踐踏，人越多越亂，劉裕軍趁機追殺，桓玄知道難以挽回，只好放棄建康往江陵方向逃跑。不久他眾叛親離，被荊州附近忠於東晉的游擊隊所殺。

桓玄一死，平定桓玄叛亂的劉裕一黨全都鹹魚翻身，搖身一變成了幫助晉安帝復辟的大功臣，這個晉安帝司馬德宗的白癡程度比晉惠帝司馬衷還要嚴重，司馬衷孬好還能發表一點自己的意見，而司馬德宗卻是個先天性聾啞兒，《晉書》裡其他所有皇帝的傳記中都詳細地記錄了他們的生平言行，唯獨這位仁兄的傳記例外，寫的都是他在位時候的風土人情。因為他一輩子從來沒說過話，連冷熱饑飽都不知道，就算史官們有生花妙筆也難以為他樹碑立傳。

司馬德宗這個傀儡中的上品正好給那些權臣們擅權專政提供了絕佳的溫床。劉裕掌權後加封劉毅為左將軍，主管淮河一帶，何無忌為右將軍，負責江東一帶，自封車騎將軍兼揚徐兗豫青冀幽並荊司梁益寧秦雍涼十六州大都督，主持中央工作，從桓玄手中接過了東晉大權的接力棒。

戰將出身的劉裕成為東晉新貴，手下人才濟濟，東晉朝政面貌頓時煥然一新。盤踞在廣州的盧循非常畏懼，就派人向劉裕求和。劉裕剛好也正打算休養生息，不想打仗，就決定招安盧循，任命他為廣州太守。為了答謝劉裕的盛情厚意，盧循派人給劉裕送來廣州特產益智粽，劉裕也贈送給盧循續命湯，傷痕累累的東晉總算能暫時喘幾口氣歇一歇，也沒有心思和精力去收拾剛剛叛變的西蜀譙縱了。

## 三

經過數年休整，東晉總算恢復了點元氣。為了檢驗一下所取得的成績，劉裕就派遣劉敬宣帶兵五千拿西蜀開練，劉敬宣一直打到黃虎嶺（今重慶）。譙縱聽說東晉來討伐自己，趕緊向後秦求援，表示自己願意向其稱臣進貢，姚興就派遣軍隊聯合西蜀拒守。經過長時間的對峙，劉敬宣始終沒找到對方防禦上的漏洞，軍糧耗盡後只好退兵，在回去的路上被後秦、西蜀聯軍追擊，軍隊損失過半，劉裕的第一次對外戰爭最終以失敗收場。

這次出兵只是一次試探，經過這次敲打，劉裕發現僅僅派了五千人的軍隊進攻西蜀都得求援，可見其兵力是極為空虛的。劉裕正準備親征西蜀，突然接到南燕慕容超在邊境上擄掠人口的急報，這可給了時刻準備著檢驗自己軍隊的訓練成果的劉裕一個好機會。劉裕就親率大軍出發討伐南燕。

劉裕決定征討南燕的消息傳出後，大家都認為西南沒平定不宜冒險向北出兵。但劉裕認為西蜀空虛，一時無法形成強大壓力，只要速戰速決，拿下南燕沒問題，就帶領大軍乘船北上，一直到下邳棄船上岸，步行到了琅琊（今山東臨沂）準備進攻。

琅琊和廣固之間隔著連綿起伏的沂蒙山，比較好走的路線就是往西到泰安，繞過沂蒙山經濟南進攻廣固。但劉裕採取了翻越沂蒙山過臨朐直指廣固的路線。眾人認為這樣做太冒險，因為翻過沂蒙山只有一條路，就是沂水北面的大峴山，山高七十丈，上面有一座穆陵關，道路窄得只能過一輛車子，號稱「齊南天險」。如果敵人扼守大峴山的話大家就等於是白跑一趟了。劉裕卻堅持認為從慕容超貿然挑起爭端這件事上就可看出他沒那麼厲害，不用擔心。

慕容超聽說劉裕來攻，趕緊召集眾將商量對策，公孫五樓就建議說：「晉軍輕裝而來，士氣正旺，最希望速戰速決。此刻我軍不宜和敵人正面交戰，不如把附近的禾苗都割掉，堅壁清野，然後死守大峴山和劉裕相持，消耗他們的糧食和銳氣。然後派騎兵截斷晉軍的糧道，此時再從兗州發兵東行，前後夾攻，必定大勝。」

慕容超對公孫五樓一向言聽計從，這回不知道為啥對他的意見是堅決反對。他對大臣們說：「敵人遠道而來，必定疲憊不堪，撐不了多長時間，而我佔據山東，鐵騎數萬，卻要堅壁清野來騷擾百姓，這不是在向晉軍示弱嗎？不如引誘他們深入境內，用鐵騎突襲，沒有不勝的道理！」

慕容鎮也勸說道：「陛下如果認為騎兵擅長在平地作戰的話，不如殺出大峴山反擊，就算打不贏的話也能堅守，不宜放棄天險留給別人。」慕容超還是不答應。慕容鎮出去後就對朝中的漢族大臣們說：「主上既不想出去反擊，又不願意堅壁清野，卻要坐以待斃，這不是三國時期劉璋的翻版嗎？如果估計沒錯的話今年我國就要滅亡了，我這樣的夷狄之人只有死路一條，你們都是中華人士，又可以認祖歸宗了，恭喜恭喜啊！」慕容超大怒，下令把慕容鎮關起來。

劉裕順利通過大峴山，不禁喜形於色。對手下說：「軍隊已經順利通過大峴山，前面就是廣固，後面卻是天險，一旦敵人截斷大峴山的話我們就沒有退路了。諸位一定要拼力死戰，方能取得勝利。」

慕容超指派公孫五樓帶領五萬軍隊鎮守臨朐，聽說晉軍已經過來，他又帶領四萬軍隊跟進。面對南燕佔據優勢的騎兵，劉裕準備了四千輛戰車，分置在軍隊的左右翼，用以阻截敵人騎兵的突擊。兩軍在臨朐城南大打出手，從早晨一直殺到中午都是勝負未分。劉裕的參謀胡藩就建議說：「燕軍精銳盡出，臨朐城內必定空虛。我願意帶領奇兵從小路進攻，這是當年韓信破趙的計策。」劉裕同意了他的計

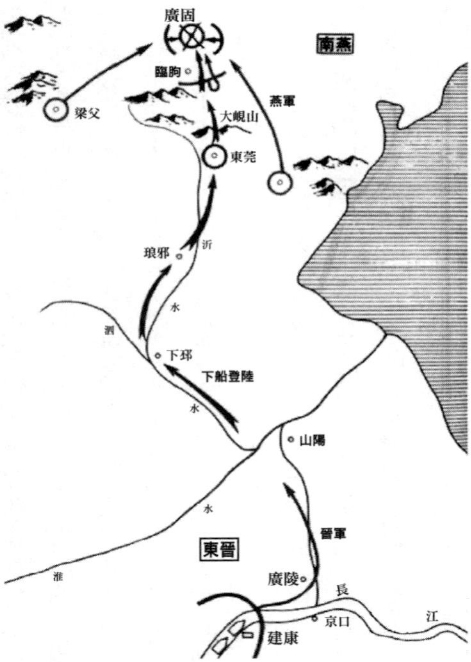


劉裕滅南燕路線圖

謀。胡藩帶著一支軍隊繞過戰場，突然出現在臨朐城後，自稱是從海上來的大軍。臨朐全城震驚，被胡藩順利佔領。南燕一聽後方臨朐失守，頓時軍心大亂。慕容超也不管其他人，放棄大軍單人獨馬逃到廣固。劉裕趁勢進攻，佔領了廣固的外城，慕容超死守內城，被劉裕團團包圍。

逃到內城後，慕容超才發現形勢不妙，急忙派遣尚書張綱去向後秦求援，又赦免了慕容鎮，任命他為大都督，並向他諮詢破晉的辦法。慕容鎮說：「陛下自喪天險，大敗而回，士氣全無。秦國與我們相隔遙遠，恐怕無法及時前來救援。不如拿出國庫裡的財產分給士兵，開門決戰，如果天命襄助的話還有破敵的機會。」慕容超正打算依計而行，旁邊的大臣卻不捨得拿出國家財產分給個人，便阻止慕容超分錢。於是慕容鎮的計畫又一次被擱置。

這時候後秦的姚興正被赫連勃勃殺得團團轉，根本沒能力援助慕容超，但自己的屬國遭難，宗主國至少也要表表姿態，姚興就派使者對劉裕說：「慕容家族和我家是世代的友好，現在晉朝竟然敢進攻他們，如今我國已經在洛陽集結了十萬鐵騎，晉軍再不撤退的話我的大軍就要進攻了！」

劉裕一聽不樂意了，把後秦使者喚過來說：「你回去告訴姚興，我本來準備滅燕以後休息三年，然後再到關中收拾他，不過你們願意現在來送死，那就叫你那鐵騎快點來吧。」

秦使大怒，拂袖而去。劉裕身邊的部將都捏了一把汗，趕緊跟他說：「平常我們有問題的時候，事無大小都會先開會討論一下。如今這麼重要的事怎麼能輕易就做決定呢？而且恐怕您的大話不但嚇不跑敵人，反而會激怒他們。如果廣固打不下來，秦軍又到，那時候怎麼辦才好？」

劉裕冷笑著說：「這就是所謂的兵不厭詐了。常言道兵貴神速，他們要真的想救援燕國的話怎麼會告訴我們有多少人在哪兒集結呢？可見都是胡說。我們進攻廣固也不是一天兩天了，姚興這才有反應，他的話怎麼可能是真的呢？」

到後秦求援兵的張綱還不知道廣固已經被圍，他趕回來時，剛到城下就一頭闖進了劉裕的陣地，被晉軍給活捉了。張綱這人知識淵博，還擅長機關之術。劉裕就重金邀請他為晉軍設計攻城武器，並叫他在廣固城下喊話：「赫連勃勃大破秦軍，姚興已經不能來了！」廣固的百姓聽了他的話以後頓時人心惶惶，慕容超請求割讓大峴山以南的地方給東晉，並向東晉稱藩，被劉裕拒絕。

張綱在晉軍大營裡製造出了飛樓，這種飛樓下有輪子，上面懸掛繩梯，上有木屋，用生牛皮覆蓋，飛樓四處行動，士兵在裡面射擊自如，廣固城裡的弓箭對此毫無作用。慕容超一看就知道這是張綱設計的，一氣之下下令把張綱的老母押到城樓上肢解示眾。

酷刑並不能挽救國家的危難。轉眼到了春節，慕容超和皇后在城樓上看到晉軍氣勢逼人，不禁神情沮喪，相對垂淚。大臣們趕緊勸說他投降，這可觸怒了慕容超，他大聲說道：「國家的興廢是上天注定的，我寧願自殺也不投降！」然後把這些勸降的大臣都殺了。

兩天後，劉裕的部隊向廣固發起總攻，南燕守軍都無戰心只好開門投降，慕容超帶領幾十名騎兵逃跑，被劉裕活捉。劉裕讓人把慕容超押過來親自審問，慕容超始終一言不發，把劉裕給惹毛了，就把慕容超押送到建康斬首，慕容超死時年僅二十六歲，南燕滅亡了。

劉裕很清楚慕容一家是些什麼貨色，這家人上至慕容垂下到慕容超，別管能力大小，沒一個能安心當順民的。為了免除後患，劉裕下令把活捉的慕容家族成員共三千人全部斬首。慕容氏這個曾經是中國最具影響力的家族算是從此在歷史的舞臺上銷聲匿跡了。

## 四

劉裕滅了南燕，殺光了慕容家滿門，成為東晉立國以來頭一個滅掉北方國家的英雄，從此劉裕就成了東晉朝廷的頂樑柱。在他進攻廣固的時候，廣州刺史盧循耐不住寂寞又起兵造反了，鎮守豫章的江東大都督何無忌與盧循的叛軍在鄱陽湖展開大戰，何無忌不敵被殺。這時候劉裕才剛剛回到下邳，正在組織人將戰利品運回建康，他聽說了自己的左膀何無忌戰死的消息後，急忙帶領幾十個騎兵星夜兼程趕回建康。

面對盧循的凌厲攻勢，那些平時只懂得吹牛的大官僚們都嚇得六神無主，建康城日夜戒嚴。當劉裕帶著幾十個人回到建康後，大家終於鬆了口氣，連忙撤除戒嚴部隊。劉裕一直看不起這些大蛀蟲，也懶得聽他們的諂媚，趕緊命令豫州大都督劉毅帶領他本部的兩萬水師去討伐盧循。

劉毅以前和孫恩、盧循打仗，一直是勝多敗少，這回對自己以前的手下敗將心裡更是滿不在乎。劉毅得意洋洋地逆流而上，迎頭撞上順流而下的盧循軍，這才知道盧循軍早就鳥槍換大炮了。原來盧循在擔任廣州刺史的時候，就吸收了遠洋船的特點建造了許多大型樓船，樓高十二丈，可載數千人，上面插滿旗幟兵器，航行起來精光四射，如同一團刀山壓下來。劉毅軍所乘坐的那些從淮河調來的小戰船跟盧循的大戰艦一碰撞就四分五裂，這麼一仗打下來劉毅慘敗，他只帶著幾百個隨從棄船上岸步行才逃脫，其他人和輜重都被盧循軍俘獲。

劉毅全軍覆沒的消息給了東晉當頭一棒。建康只有幾千軍隊，主力還在山東休整，而兩戰消滅劉裕左膀右臂的盧循的勢力已達十幾萬人，時值盛夏，盧循的水師藉著洪峰順流而下，勢如破竹，連綿百里。建康的軍民都認為劉裕此次必敗無疑，紛紛忙著往江北逃亡避難，那些膽小的大臣們捨不得自己留在江南的家產，紛紛大罵劉裕誤國，服毒自殺，建康的城防問題日趨突出。

有道是「麻稈打狼，兩頭害怕」，盧循造反的原因就是劉裕不在建康。和劉毅打仗前軍隊裡就有劉裕回來的傳言，盧循還不相信，擊敗劉毅後，盧循審問被俘的東晉士兵才知道這支部隊就是劉裕派來的。盧循本打算退回廣州死守，他手下的亡命徒徐道覆建議盧循豁出命來賭一把，結果還真把建康給團團包圍了。

聽說盧循來了，劉裕登上城樓一看敵人水軍遮天蔽日，也很害怕。部將們建議分兵據守，劉裕的賭徒脾氣上來了，死硬著不分兵，就一路等著盧循來進攻，還真把盧循等來了。但要想攻城，靠水軍可不行，盧循的軍隊就下船鼓噪而來。劉裕在陣前布置了許多連弩，等敵人到陣前再發射，一弩連發數箭，叛軍死傷慘重。

劉裕的部將朱齡石所統率的軍隊是在山東招募的一千多鮮卑騎兵，這些兵全部手使長矛，戰馬上蒙著虎皮，是敵我雙方唯一的一支騎兵。接到進攻的命令後就大舉衝殺過來，叛軍大都使用短刀盾牌，很多人都是從來沒見過鮮卑人，被這支精銳部隊一衝，就給殺得大敗，盧循軍無力再攻，急忙退守戰艦。

雙方一相持，盧循的十幾萬叛軍很快就沒糧食了，他們本來就是一幫靠掠奪為生的流寇，一旦吃敗仗，就要餓肚子。盧循帶著兵四處搶掠，卻發現沒有馬搶劫都很困難。只好下令撤回鄱陽湖，建康之圍終於被解開了。

盧循本來還打算順長江而下進攻荊州，卻被荊州刺史劉道規和天門太守檀道濟擊敗，不得已又退守鄱陽湖。半年後劉裕休整完畢，帶領大軍追擊盧循，雙方在雷池（今鄱陽湖以東）展開決戰。盧循軍聽說劉裕來了，軍心浮動不敢進攻。劉裕趁敵人不敢進攻之際，派快船到上游放火，盧循軍再次大敗，只好放棄戰船逃回廣州，半路上得知廣州已被劉裕派人偷襲攻破，盧循無處可逃，在交州（今廣西柳州一帶）被土著軍伏擊，戰船為交州軍的特殊兵器雉尾炬所襲，盧循最終戰死。自此，影響東晉十多年的孫恩、盧循起義，才算基本平定。

剷除了盧循這個心腹大患，劉裕位極人臣，被封為大將軍。不久，劉裕又處死了可能危及自己權勢的劉毅，成為東晉的政治寡頭。收復失地就成了他下一步的首要目標。

收復了山東，劉裕的下一個目標自然就指向了丟了沒多久的西蜀。但四川距建康實在太遠，劉裕剛剛平定了內亂，自己親征又擔心後方有變。由於小將軍朱齡石和叛軍作戰有功，被任命為益州刺史，劉裕就把收復四川的重任交給了他，並制訂了詳細的作戰方案，還給了他一個錦囊，叫他到了白帝城再打開看。

西蜀國王譙縱因為上回東晉劉敬宣前來進攻時在黃虎被擊敗，這回也不是很擔心，就派弟弟譙道福帶主力把守黃虎，自己在成都繼續尋歡作樂。

朱齡石領兵兩萬到了白帝城，打開錦囊一看，是讓他帶主力沿岷江乘快船進攻成都，並分兵一部沿沱江進攻廣漢，留下運輸隊帶領輜重進攻黃虎。朱齡石一看西蜀軍主力都在黃虎，連忙按照錦囊上說的辦，那時候重慶和成都之間的路並不好走，西蜀守軍還來不及去成都通報就眼睜睜地看著東晉的一艘艘戰船揚長而去。

晉軍走到離成都只有二百里的地方時，譙縱才知道，他急忙派軍隊去攔阻。西蜀軍還沒擺好陣勢朱齡石就攻破了譙縱的防線，譙縱只好放棄成都逃跑，半路上碰到了領兵回援的譙道福。譙道福一看國王竟然如此落魄，不由得氣不打一處來，大罵道：「大丈夫有如此的功業，卻要放棄它，到底能跑到哪裡去呢？自古人生誰無死？有什麼可怕的？」就拔出劍來朝譙縱擲了過去，正中譙縱的馬鞍，譙縱趕緊繼續狼狽逃跑。在半路上他越想越覺得自己實在是窩囊，就找了個沒人的地兒上吊自殺。歷時八年的西蜀至此滅亡。

譙道福還妄想翻本，就對部下說：「蜀國是否存亡全部繫在你我身上，不在譙王那裡。我們主力還在，還能和晉軍決一死戰，希望大家齊心協力！」

眾軍士一齊鼓噪表示同意，士氣頓時高漲，譙道福就把所有的金銀財寶都分給部下，眾人飽餐一頓早早歇息，準備明天一早襲擊晉軍大營。

第二天早晨譙道福起床後，推開門一看，西蜀大營已經變作一片空地。原來士兵們趁他熟睡之際，大家急忙分光固定資產然後散夥跑了，扔下了譙道福這個光杆司令。譙道福慢慢明白過來後，只好也收拾收拾走人，半路上他被流民活捉，獻給朱齡石斬首。

南燕和西蜀被劉裕順利光復後，他們的宗主國後秦可坐不住了，要知道劉裕當年可是惡狠狠地發下了要蕩平後秦的重誓的。

如今的後秦已經沒法和老奸巨猾的姚萇在位時以及姚興征討後涼那時候相比了，現在的後秦早已是外強中乾。姚興晚年昏庸，又對兒子姚弼特別寵幸，任命他當尚書兼大將軍，結果姚弼是屢戰屢敗。別看姚弼打仗不行，搬弄起是非來倒是個行家裡手。後秦左將軍姚文宗向姚興建議廢除姚弼的兵權，姚弼就偷偷地在姚興面前猛講姚文宗的壞話，姚興一生氣就將姚文宗斬了。結果大臣們看見姚弼就躲著走。

姚興這麼寵姚弼，卻將另一個兒子姚泓立為太子，這就給後姚興時代留下了隱患。不久姚興病重，姚弼就糾集了幾千親信準備作亂，但姚弼太沒本事，還沒起事就走漏了風聲，搞得長安路人皆知。姚興在外鎮守的幾個兒子姚懿、姚洸、姚湛等急忙回到長安通知姚興提防著姚弼。所幸姚興的病情突然好轉，姚弼的政變陰謀才沒有得逞。

姚興一上朝，大臣們就齊聲要求姚興治姚弼的罪。姚興見眾怒難犯，只好免去姚弼的尚書一職，但卻沒有免去他的大將軍職位，這樣一來姚弼仍然掌握著後秦的兵權。

## 五

後秦國主姚興病入膏肓，但還在苟延殘喘，又撐了年把終於有了要一命歸西的跡象。姚興的妹妹南安公主到宮中探望哥哥，出門時被姚興的兒子姚愔攔住盤問。姚愔纏三磨四地瞎打聽把南安公主給搞煩了，她就沒好氣地說：「主上已經駕崩了，你們看著辦吧。」

姚愔一直阿附姚弼，聽姑姑說他爹已經死了，趕緊跑去把這利好消息告訴了姚弼。姚弼就命姚愔帶領幾千家兵半夜去攻打皇宮，宮裡的禁軍拼死抵抗，姚愔見一時打不下來，就在城牆外四處放火，長安城裡救火喊殺的聲音混在一起煞是熱鬧。躺在床上的姚興耳朵倒沒聾，急忙命令侍衛將他扶到城樓上，宣布姚弼為叛賊。形勢正危的禁軍看到姚興來了，士氣大振，姚愔軍則士氣大降，家兵紛紛四散。姚愔禁止不住，只好落荒而逃。

姚弼正坐在家裡等著姚愔拿下皇宮後來請他登基，他的家丁聽到姚興的詔書後，先上去把姚弼殺了，並把他的腦袋割下來獻給姚興去領賞。姚興看著兒子姚弼的腦袋，一口氣接不上來，終於蹬腿駕崩了，太子姚泓繼位。

姚泓性格文雅，能詩善賦，是個像南唐李後主那樣的文化人，這在十六國亂世裡大約就是廢物的代稱。而他的一幫弟弟姚宣、姚紹、姚洸、姚懿等等大都跟隨他爺爺姚萇，個個野心勃勃。這些傢伙姚泓一個也管不了，為了表明自己的正統地位，姚泓又恢復了帝位，重新當上了皇帝，這更把他的那幫弟弟們逗引得發狂，後秦陷入了重重危機之中。不久劉裕就對危機四伏的後秦發動了攻擊。

若干年前，劉裕就發下了必滅後秦的毒誓，只因國內亂事不斷才給耽擱了下來。當他得知姚興的死訊後，就出動全國的精銳對後秦發動了排山倒海般的攻擊。劉裕派龍驤將軍王鎮惡、冠軍將軍檀道濟帶領步兵乘船經淮河前往洛陽，派朱齡石的哥哥新野太守朱超石、寧朔將軍胡籓由南向北殺向陽城（今河南登封），派振武將軍沈田子、建威將軍傅弘之殺往武關（今陝西商縣），派建武將軍沈林子、彭城內史劉遵考帶領水軍由石門沿黃河逆流而上，派冀州刺史王仲德為前部統領，指揮四路大軍在洛陽會合。不久，劉裕留下尚書劉穆之在建康鎮守，他自己親率大軍前往彭城作為後援，緊跟前軍而來。

劉裕這回動用的兵力之強、戰線之長實屬歷年所罕見。姚紹就向姚泓建議說把全部的兵力都集中於長安來防禦，這樣劉裕遠道而來，很容易就能斷其後路。而姚懿則認為眾武將大都心懷不軌，集結到長安恐怕會引發內戰。姚泓也覺得自己沒有控制諸親王的能力，就將部隊分散布置開，一部分在安定防禦赫連勃勃，一部分在洛陽防禦劉裕，自己帶領預備隊鎮守長安，看哪邊危急就增援哪邊。

沒多久東晉大將檀道濟就帶領精銳長驅直入殺向洛陽，洛陽守將姚洸趕緊向長安告急。姚泓命鎮守陝城的姚懿去增援洛陽。姚懿可不願意給姚洸當炮灰，找出種種藉口按兵不動。姚泓只好派了一萬三千援軍增援洛陽，結果被檀道濟殺了個乾淨。姚洸一看自己敵不過晉軍，趕緊繳械投降，東晉四路大軍全部順利抵達洛陽。為了根除後患，參謀們建議檀道濟將那些後秦俘虜全部活埋，檀道濟說：「今天我們是來討伐姚家的罪過的，沒必要大開殺戒。」下令將四千多俘虜全部放走。

這些俘虜回到長安，就四下宣揚東晉的種種好處，引發了後秦諸親王們對姚泓的防禦方案的不滿。不久駐守陝城的姚懿稱帝，發兵向北進攻蒲阪和潼關。接著鎮守安定防禦胡夏赫連勃勃的姚恢也造反了，帶領三萬八千軍隊，燒毀大營後由背後直取長安，擊敗鎮西將軍姚諶，長安一片混亂。

東晉大軍壓境的危機迫在眉睫，後秦的內亂更是火燒眉毛。姚泓承受不了這雙重的打擊，上朝時和大臣們抱頭痛哭。但是眼淚解決不了問題，兩下的叛軍都要圍剿，東晉的進攻還要防禦。關鍵時刻姚紹挺身而出，徵發所有的力量，北打姚懿，西攻姚恢，忙活了大半年，才算平定了內亂。後秦的精銳算是全部搭到內戰裡面去了，再也無力抵抗東晉的攻擊。

晉軍經過長期的休整，繼續進攻後秦。劉裕在同一時間帶領水軍兵發彭城，留下三兒子劉義隆鎮守建康。後秦最後的五萬軍隊在姚紹的帶領下死守天險潼關，和東晉大將王鎮惡、檀道濟、沈林子等展開激烈的拉鋸戰。雙方損失都很大。姚泓自知不是對手，向北魏求援。

北魏皇帝拓跋珪多年前就去世了，由兒子拓跋嗣繼位。拓跋嗣接到後秦的求援信後，就和大臣們商量對策。大家都認為劉裕靠水軍登陸作戰進攻潼關天險肯定損失巨大，北魏趁這個時候派出騎兵襲擊洛陽，切斷晉軍的糧道進攻東晉的軍隊，可以輕易取得勝利，拓跋嗣的心被他們給說動了。

大臣崔浩持了反對意見，他說：「劉裕進攻後秦所做的準備工作已經不是一天兩天了。姚興死後姚泓無能管不好國家，劉裕趁機討伐是志在必得。如果派軍遏其糧道導致劉裕北攻的話，是代人受過了。不如借道黃河讓他通過，助其一臂之力。如果東晉打勝了，則劉裕必定感謝我們，如果劉裕打敗了，則很容易就能切斷他的退路，更容易取得完勝。」拓跋嗣對崔浩的這條毒計並不感興趣，還是派出了部將長孫嵩、阿薄幹帶領三萬騎兵去幫助後秦。不過鑒於崔浩有言在先，拓跋嗣就讓北魏軍只管騷擾，不要和晉軍正面作戰。

進攻潼關的王鎮惡遷延日久毫無進展，糧食供應逐漸發生了困難，就請求劉裕趕快增援。劉裕就指揮水軍押運糧食前往潼關。這時北魏的騎兵剛好趕到黃河北岸，他們緊緊跟著劉裕的船隊走，船隊往東，他們就往東，船隊往西，他們也往西。由於恰逢春天，黃河上颳南風，很多軍艦被颳到北岸，魏軍就登上船去大肆搶劫。劉裕派軍隊上岸進攻時，北魏騎兵抹頭就跑，等晉軍上船後，那些騎兵又靠了上來，就這麼不停地騷擾東晉的船隊。

劉裕被北魏軍騷擾得沒脾氣，就派大力士丁旿帶領七百士兵、一百輛戰車登上黃河北岸，沿河擺開一個新月形的陣勢，兩翼靠著岸邊，中間凸向北魏軍。布陣完畢後，晉軍在大陣的中間樹起一根白色羽毛，叫做卻月陣。

北魏軍中在前頭掠陣的阿薄幹看不懂晉軍要幹什麼，不敢輕舉妄動。一會兒就見那根白羽毛舉起來，後面軍艦上又下來了兩千士兵，由朱超石帶領，攜帶一百張大弩固定到戰車上。阿薄幹看了半天，還是沒看出什麼路數，就下令三萬騎兵突擊卻月陣。北魏騎兵來勢兇猛，兩千晉軍一齊放箭也抵擋不住，三萬騎兵很快就將晉軍陣地包圍了起來。

想不到晉軍還有更厲害的秘密武器。原來朱超石來的時候還攜帶了一千多條三四尺長的短槊，晉軍士兵將這些短朔搭在大弩上，用大鐵錘一敲，短槊就發射出去，一條短槊射出去後可以穿透三四個人，三萬魏軍頓時被射死好幾千，再加上踩踏而死的，魏軍折損了近萬人，阿薄幹也被亂軍踩死。拓跋嗣得知部隊戰敗的消息後，才深深後悔沒有聽從崔浩的勸告。

消除了北魏軍的威脅後，晉軍抓緊時間進攻潼關。姚紹屢戰屢敗，羞憤而死，臨死前他將軍權轉了弟弟姚贊來代理。不久劉裕到達陝縣，後秦軍紛紛潰敗，劉裕派沈田子帶領一千多人當作疑兵，佔領了青泥（今陝西藍田）。

為了達到迷惑敵人的目的，沈田子讓部下沿路插滿旗幟。姚泓集結了數萬軍隊，正準備襲擊劉裕所在的陝縣，當他看到沈田子的旗幟，就決定先消滅他以免除後顧之憂。沈田子手頭只有一千多人，副將傅弘之就建議沈田子固守待援。沈田子說：「取勝之道，在於計謀，不在於士兵的多少。我軍主力是步兵，敵人是騎兵，就算逃能逃到哪兒去？不如趁敵人沒摸清我軍虛實的時候發動進攻，說不定還能打勝呢。」於是沈田子就對手下說：「諸位遠道而來，就是為了今日一戰，我給大家打包票，過了今天，凡是倖存下來的，都會封侯！」晉軍聽了沈田子的激勵，全部踴躍出擊，打了秦軍一個措手不及。姚泓帶頭逃跑，一直逃到了灞上才止步。後秦軍被打得大敗，晉軍光是敵人的首級就繳獲了一萬多。劉裕本來想拿沈田子當誘餌吸引姚泓，自己從側面進攻。沒想到沈田子居然出奇制勝，劉裕不禁對沈田子大加讚賞，協助他一齊追擊後秦的潰軍，沈田子的軍隊繳獲的姚泓的龍袍器物不計其數，人人都發了家致了富。

## 六

後秦和東晉在關中一帶混戰的時候，北魏皇帝拓跋嗣雖然遠離戰場，卻對戰事很是關心，他請崔浩對秦晉兩國的情況做一下評論。崔浩說：「姚興為人好虛名，不講實際，姚泓懦弱多病，兄弟們大多不服，才會打內戰。劉裕兵精將勇，為人老謀深算，此行必克姚泓。」

拓跋嗣聽得心癢癢，就問崔浩：「劉裕這個人怎麼樣？和慕容垂相比他們哪個更厲害些？等劉裕佔領了關中，我就派遣騎兵直取彭城、壽春，佔領建康，如果這樣的話，劉裕恐怕是應付不過來吧？」

崔浩說：「劉裕的才幹遠勝過慕容垂。慕容垂靠著父兄舊部，獲取舊業，易如反掌。而劉裕出身微賤，毫無背景，就能消滅桓玄，復興東晉，北擒慕容超，南殺盧循，從不失手，可見其才幹過人。而我國西有赫連，北有柔然，陛下的將軍們卻沒一個是劉裕的對手，不如靜觀其變。關中民風悍勇，必定不服江南來客，劉裕的戰果八成要被赫連勃勃奪走。而赫連勃勃國破家亡，孤身一人投奔姚氏，為姚氏所倚重，可他不但不知感謝姚興的恩義，反而背主作亂，趁火打劫。他為人殘忍好殺，而且四面受敵，將來必不能長久。微臣認為，近世棟樑之臣裡面，王猛是苻堅的管仲；慕容恪是慕容暐的霍光；而劉裕卻是司馬德宗的曹操。將來他必定另起爐灶，陛下不妨慢慢等著東晉的垮

北魏名臣崔浩

臺好了。」

拓跋嗣非常高興，賞賜崔浩十罈美酒，一兩水洗精鹽。對崔浩說：「朕聽了先生的高論，如同吃了食鹽和美酒一樣舒服，所以請先生共同享用。」

沈田子用奇兵之計擊敗姚泓，將姚泓逼到了灞上。王鎮惡等就帶領著水軍乘坐蒙沖小艦沿渭河逆流而上，直驅長安。北方人沒大見過船，以為船上都要有風帆才能航行。看到王鎮惡的艦隊沒有風帆仍然行走如飛，以為晉軍有神仙相助，沒人敢攔截。王鎮惡輕易地佔領渭橋，下令全體將士棄船上岸，任憑戰船被水沖走。王鎮惡對部下說：「我們的家屬都在江南，這裡是離江南萬里之遙的長安北門，現在戰船和糧食都被水沖走了，今天這一仗如果打勝了，我們還能回去，如果打敗了，我們就會連收屍的都沒有，你們看著辦吧！」說完他就身先士卒，殺向長安城，大敗姚泓軍。王鎮惡帶著手下一直衝殺到姚泓的皇宮裡，姚泓只好帶領妻子兒女和文武大臣向王鎮惡投降，結果全部被斬首，後秦滅亡。歷時三十三年。

劉裕消滅了後秦，沒哪個國家再敢對他說半個不字，東晉的武運達到了建國以來的頂峰，比起淝水之戰那會兒受前秦大軍壓迫時的窘迫樣子已經是天地之別了。謝安如果還活著，當他看到劉裕這一副春風得意的樣子，恐怕要被活活嫉妒死。

劉裕的赫赫軍威把北涼的沮渠蒙遜嚇得都要歇斯底里了。某次沮渠蒙遜手下一個叫做劉祥的官員有事來見他，這個劉祥也許是做夢娶到了媳婦，所以顯得興高采烈。沮渠蒙遜見劉祥居然一副喜滋滋的表情，不由得勃然大怒說：「你是不是聽說晉軍佔領了關中心裡很高興啊？」就下令將他處死。

野心勃勃的赫連勃勃早就對關中地區垂涎三尺，他對手下說：「姚家本來就不是劉裕的對手，他們兄弟之間還要自相殘殺，這樣怎麼能對付得了外人呢？劉裕在關中肯定也待不長，他擔心江南有變，必定要回去。等到劉裕走後我們就可以輕易地奪取關中了。」

果不其然，劉裕在軍中突然接到他安排在建康的眼線劉穆之病死的消息，劉裕大吃一驚，任命自己只有十二歲的次子劉義真為安西將軍鎮守長安，並指派兩武將王鎮惡、沈田子，兩文官王修、毛修之為參謀輔佐劉義真。

關中的百姓到現在還懷念前秦丞相王猛，王鎮惡又是王猛的孫子，因此老百姓們愛屋及烏，對王鎮惡都懷有好感，這樣一來就招致了江南人對王鎮惡的反感。沈田子因戰功比不上王鎮惡，對王鎮惡尤其嫉妒。他對劉裕說：「王鎮惡家在關中，此人不可輕信。」劉裕並不清楚他們有什麼過節，再加上自己又急著要回建康，便隨口說了一句：「我留守軍隊二十多萬人，他想作亂也沒能力啊，而且猛獸不敵群狼，你們這麼多人還怕一個

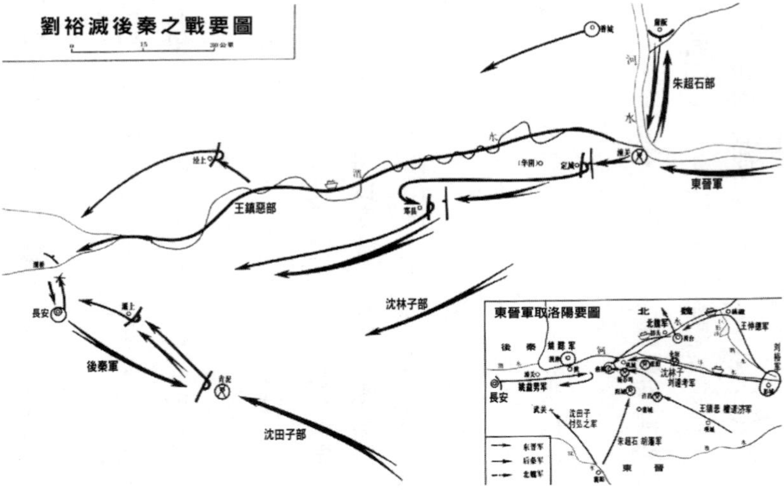


劉裕滅後秦之戰要圖

王鎮惡？」然後就自帶人馬趕回建康去了。

赫連勃勃聽說劉裕回了建康，不由得欣喜若狂，軍師王買德也對赫連勃勃說：「關中地形險要，而劉裕卻用幼兒來鎮守，這是上天賜予我們的禮物啊。只要我軍用遊騎佔領潼關，斷絕其歸路，然後恩威並施，不愁晉軍不滅。」赫連勃勃就派遣兒子赫連璝為先鋒進攻長安，赫連昌進攻潼關，派王買德進攻青泥，自己帶領主力隨後而來。

赫連璝領兵殺到渭陽，沈田子急忙領兵攔截，他一看到胡夏騎兵那剽悍的氣勢就知道自己不是對手，沒敢打就逃回來向王鎮惡訴苦，遭到王鎮惡的責備。沈田子對王鎮惡懷恨在心，就在軍營裡製造流言說王鎮惡要殺光南方人，自立為關中王。須臾沈田子所製造的謠言就在整個軍營裡流傳起來，沈田子就以此為由刺殺了王鎮惡，然後任命冠軍將軍毛修之接替王鎮惡的職務，然後他又對外宣揚說自己是接到劉太尉密令讓殺死王鎮惡的。

劉義真雖然還只是個孩子，卻始終覺得王鎮惡不大可能造反。於是他就召王修來商量，王修一聽就知道這都是沈田子搞的鬼，就預先埋伏下刀斧手，然後以商議軍事為由將沈田子騙來，沈田子剛一進門就被砍死了。

罪魁禍首沈田子雖然已被除掉，但事情卻還遠遠沒有完，接下來又出現了更加離譜的流言，說什麼「王鎮惡要造反，由沈田子來殺；沈田子造反了，由王修來殺，要是王修造反了，誰來管？」謠言三傳兩傳的劉義真可就坐不住了，趕緊派親信去把王修給殺了。

劉裕剛走到彭城，後面就有信使送來關中內訌的消息，說道王鎮惡、沈田子、王修都已被殺死，劉裕知道情況不妙，急忙派朱齡石立即出發去長安代替劉義真指揮軍隊，朱齡石臨出發前，劉裕特別囑咐他說：「你到了長安以後，就叫劉義真輕裝速歸，出了關中再慢慢走也不晚，如果關中守不住，你就和他一塊兒回來，我也不會怪罪你。」

朱齡石日夜兼程地趕到長安後，發現那裡已是一片狼藉。於是他趕緊催促毛修之護送劉義真快走。這個劉義真雖然只有十二歲卻已經是吃喝嫖賭樣樣精通了，他臨走前派士兵在長安城裡狠狠搶掠了一把，強搶了大量的財物與婦女，裝了幾千車徐徐而回，一天下來才走了十里路。毛修之見大隊人馬的行軍速度如此遲緩，心裡急得火燒火燎的，趕緊跑去催促劉義真加快行軍速度，劉義真沒見過陣仗不知道胡人騎兵的厲害，根本就不吃毛修之這一套。劉義真的這種近乎兒戲的做法終於讓他嘗到了苦果。

行動遲緩的劉義真大軍終於被赫連璝率領的三萬鐵弗騎兵給追上了，胡夏騎兵呼啦啦趕上來就是一陣大砍大殺。劉義真的車隊走得慢，他的手下既要護著那些搶來的財產和女人，又想留下小命以後好好享受生活，根本就沒有人捨得拼命。他們且戰且走，好容易在黃昏時走到了青泥，卻又被王買德統帥的騎兵迎頭攔住了去路。前有堵截，後有追兵，晉軍官兵們的精神完全崩潰了，胡夏鐵弗騎兵對晉軍展開了一場血淋淋的大屠殺。劉義真個子小，躲到草叢裡別人發現不了，其他將士全部陣亡，毛修之也被胡夏騎兵給活捉了。

留守長安的朱齡石還不知道劉義真已經是全軍覆沒，長安城裡的百姓早已被東晉官軍的強盜行徑傷透了心，他們團結起來把朱齡石趕出了長安，然後迎接赫連勃勃入駐。朱齡石就焚燒宮殿撤往潼關，在半路上又被赫連昌截住，想盡了一切辦法也突不破胡夏騎兵的阻擊圈，最終和弟弟朱超石一齊戰死。至此東晉北伐軍的二十萬精銳損失殆盡，無一人到達潼關。

晉軍在青泥慘敗的消息傳到了劉裕的耳朵裡，寶貝兒子劉義真是死是活也不知道，劉裕又氣又急，拍打著桌子宣布一定要北伐，誰勸都不行。不久劉裕聽說劉義真孤身逃了回來，他的一腔熱血都化為烏有，只好登城北望，慷慨流涕，以表懷念。

赫連勃勃進了長安，又稱了回帝，下令把東晉陣亡將士的屍骨在長安堆成小山以作紀念，也稱呼為骷髏台。在慶功宴上，赫連勃勃特地向王買德滿斟一杯酒說：「先生往日的預言竟然全部實現，可以說是算無遺策。能得到皇帝的敬酒，除了先生又有誰呢？」

劉裕雖然心中鬱悶，但卻始終沒有找到報仇的機會。他回建康後做的第一件事就是毒殺晉安帝，另立了晉恭帝，不久他又廢黜晉恭帝，自立為帝，改國號為宋。東晉司馬氏歷時一百零五年的傀儡歷史，到此終於曲終人散。

後來劉裕又將晉恭帝殺死，並殺光了司馬氏的後代。從這時開始，新帝國成立後，殺光舊帝國的後人就成為中國各個朝代都奉行的不成文的規則，廣泛表現在政治、經濟、軍事和社會的各個領域。

# 劉裕北伐大事記

◉ 西元四〇三年

八月，南涼、北涼、後秦聯軍攻破後涼姑臧，呂隆投降後秦，後涼滅亡（亡國九）。

十一月，桓玄自稱楚帝。

◉ 西元四〇四年

二月，劉裕、劉毅、何無忌京口會盟，討伐建康桓玄。

三月，楚帝桓玄撤離建康。

五月，桓玄被殺。

十月，盧循佔領廣州。

◉ 西元四〇五年

一月，東晉北府兵收復江陵。後秦姚興尊奉佛教為國教，加封鳩摩羅什為國師。

二月，東晉益州譙縱叛變，建立西蜀（建國十七）。全中國九國並立。

四月，慕容超投奔南燕。

九月，南燕慕容德病死，慕容超繼位。

◉ 西元四〇六年

六月，南涼吞併後秦姑臧。

九月，南燕慕容超平定三刺史叛亂。

十一月，南涼遷都姑臧。

◉ **西元四〇七年**

五月，後秦劉勃勃造反。

六月，劉勃勃建立胡夏，自稱天王（建國十八）。全中國十國並立。

七月，後燕慕容雲殺慕容熙，自稱天王，北燕取代後燕。後燕滅亡（建國十九，亡國十）。

十月，胡夏劉勃勃進攻後秦、南涼。

十一月，胡夏分別與南涼、後秦作戰。南涼、後秦慘敗。

◉ **西元四〇八年**

五月，後秦進攻胡夏、南涼，皆戰敗。

八月，東晉劉敬宣進攻西蜀，戰敗。

十一月，禿髮傉檀自稱涼王。

◉ **西元四〇九年**

二月，南燕進攻東晉徐州。乞伏乾歸逃亡，重建西秦。全中國十一國並立，為五胡十六國最亂時期。

四月，東晉劉裕進攻南燕。

六月，東晉進攻南燕於臨朐，南燕戰敗，廣固被圍。

十月，北魏皇帝拓跋珪被兒子所殺。拓跋嗣繼位。

◉ **西元四一〇年**

二月，東晉劉裕滅南燕，殺慕容超（亡國十一）。東晉收復山東半島。
三月，東晉廣州刺史盧循造反，盧循進攻何無忌於鄱陽湖，何無忌戰死。
五月，南涼三攻北涼，戰敗，放棄姑臧。盧循擊敗劉毅，包圍建康。
七月，盧循撤離建康，被劉裕追擊。
八月，盧循、徐道覆進攻荊州，被東晉劉道規、檀道濟擊敗。
十一月，晉軍佔領廣州。

## ◉西元四一一年

二月，東晉軍佔領始興，殺徐道覆。北涼佔領姑臧。
三月，東晉交州軍擊敗盧循。平定盧循之亂。

## ◉西元四一二年

六月，西秦政變，乞伏乾歸被殺，乞伏熾磐繼位。
十月，劉裕殺死劉毅。
十二月，東晉朱齡石進攻西蜀。

## ◉西元四一三年

二月，東晉劉裕土斷，國力增強。
三月，胡夏劉勃勃遷都統萬城，改名為赫連勃勃。
六月，東晉朱齡石佔領成都，譙縱自殺，西蜀滅亡（亡國十二），東晉收復四川地區。

## ◉西元四一四年

六月，西秦軍突襲南涼，佔領樂都，禿髮傉檀投降，後被殺，南涼滅亡（亡國十三）。

◉ 西元四一五年

三月，胡夏、後秦、西秦、北涼、西涼互相攻伐。

◉ 西元四一六年

二月，後秦姚興病死，姚泓繼位，後秦大亂。姚泓殺姚弼。
八月，東晉劉裕四路北伐，進攻後秦。
十月，後秦姚洸投降，東晉劉裕佔領洛陽。
十二月，後秦姚懿叛亂，進攻潼關，被姚紹平定。

◉ 西元四一七年

一月，後秦姚恢叛亂，進攻長安，被姚紹平定。
二月，西涼李暠病死，兒子李歆繼位。
三月，後秦姚紹病死，東晉王鎮惡、檀道濟軍佔領潼關。劉裕用卻月陣擊敗魏軍。
七月，東晉沈田子擊敗姚泓，包圍長安。
八月，東晉王鎮惡攻陷長安，俘虜姚泓，後秦滅亡（亡國十四）。
十一月，劉裕返回建康，劉義真鎮守長安。
十二月，胡夏赫連勃勃進攻關中。

◉ 西元四一八年

一月，東晉長安軍內訌，王鎮惡、沈田子、王修先後被殺。

十月，胡夏包圍長安。劉裕派朱齡石解圍。

十一月，胡夏赫連璝全殲劉義真於青泥。赫連昌佔領長安。東晉二十萬長安軍覆滅。

十二月，赫連勃勃在長安稱帝。東晉劉裕殺死晉安帝，另立恭帝。

## ◉ 西元四一九年

劉裕加封為宋王。

## ◉ 西元四二〇年

六月，劉裕稱帝，東晉滅亡，南朝開始。

# 第十章　佛狸祠下（西元四二〇～西元四五一）

## 一

北魏的第一任皇帝拓跋珪在劉裕攻打南燕的時候被兒子拓跋紹所殺。拓跋珪年輕時靠著過人的武勇和好運氣，先後擊敗了後燕和後秦，成為北方地區的新霸主。有意思的是後燕和後秦這兩個國家的創建者慕容垂和姚萇，都派生於當年消滅代國（就是北魏的前身）的前秦，這也許是歷史上的某種巧合吧。

拓跋珪晚年性格暴躁，疑心很重，往往一件雞毛蒜皮的小事都會讓他大動肝火，他的臣子們要是臉色不好、呼吸聲太大、走路不穩、說錯話都可以成為被殺的理由，大臣們整天都提心吊膽的。後來拓跋珪立兒子拓跋嗣為太子，按照北魏的風俗，太子的生母必須處死，拓跋珪要按老規矩殺掉拓跋嗣的母親。拓跋嗣不想讓母親被殺，哭求拓跋珪放母親一條生路，結果觸怒了拓跋珪。拓跋嗣害怕有不測，趕緊帶著母親連夜逃亡，躲到賀太后處尋求庇護。

這個賀太后是拓跋珪母親的妹妹，她和拓跋珪的關係一直是不清不楚。賀太后年輕的時候長得很漂亮，被拓跋珪看上了，要立她為貴妃。賀太后說：「不行，我們有親緣關係，而且我已經有丈夫了。」拓跋珪就派刺客殺死賀太后的丈夫，然後強逼賀太后成親。後來賀太后給拓跋珪生下了兒子拓跋紹，也許是由於他們亂倫所導致的基因不好的緣故，拓跋紹生得是面相兇惡，性格殘忍無賴，在平城到處惹是生非，他尤其喜歡活剝路人的衣服取樂。拓跋珪很生氣，就把他倒吊起來放到井裡，幾乎淹死才提上來。但拓跋紹仍然本性不改。

拓跋珪聽說賀太后藏匿了拓跋嗣的母親，就把賀太后關了起來。賀太后派密使告訴了拓跋紹，拓跋紹就領了幾個太監摸到皇宮裡把拓跋珪給殺了。

這次變故並沒給北魏帶來太大的麻煩，拓跋嗣掌握政權已久，他的脾氣性格都很好，深受北魏官員以及百姓們的擁護。拓跋嗣沒費力氣就殺掉了拓跋紹和賀太后，自立為帝。

北魏的大臣們被拓跋珪的暴政給整怕了，因此都很喜歡拓跋嗣這個新皇帝。拓跋嗣可不像後秦的姚泓那樣只會當老好人，游牧民族出身的拓跋嗣可謂文武雙全。拓跋嗣繼位後，大力起用漢族知識份子，北魏飛快地由奴隸制社會向封建社會轉變。

經過拓跋珪這一代的經營，北魏已經成為北方最強大的國家，但拓跋嗣登基的時候，北魏離稱雄全中國的實力還相差太遠。大體上說北魏有三個宿敵，每一個都可以稱得上是它的心腹大患。第一個就是馳騁大漠的柔然，這也是拓跋人百年的世仇，一直威脅著北魏的北方；第二個就是曾參與滅亡代國的鐵弗人的後代赫連勃勃，他建立了強大的胡夏國，佔據西部邊疆，勢頭咄咄逼人；第三個就是南方東晉大權臣、後來成為宋國的創建者的劉裕，他繼承了前人的家產，成為北方各政權幾個世紀的敵人。這三者對北魏的威脅都很大，對哪個都不能掉以輕心。

劉裕消滅後秦時，拓跋嗣也有心進行干預，但他派出的三萬騎兵竟然被劉裕以區區兩千人的卻月陣擊潰，這次戰鬥給躍躍欲試的拓跋嗣當頭澆了一盆涼水，也使他明白自己還遠不是劉裕的對手。後來胡夏和東晉展開了激烈的關中爭奪戰，劉裕慘敗在赫連勃勃的鐵騎之下，又讓拓跋嗣明白赫連勃勃比劉裕更難對付。大臣崔浩對此做了精闢的分析，他認為北魏要想發展，只有等到劉裕和赫連勃勃兩位瘟神都壽終正寢後才能談起，反正他們都有自己的事要忙，不可能、也沒有多餘的精力騰出空來滅掉北魏。拓跋嗣採取了以土地換和平的措施，放棄了黃河南岸的土地，向劉裕卑詞厚禮求和，雙方以黃河為國界。拓跋嗣一方面安心加強國內建設，防備北方柔然可能的入侵，另一方面則時刻準備著，等待二次擴張的時機。

時機說來就來了。劉裕當皇帝的時候已經是六十歲的老人，而他的兒子們都還太年輕。劉裕當皇帝沒過兩年就身患重病而死，死前劉裕指定由年僅十六歲的大兒子劉義符繼位，劉裕還不放心，又指派司空徐羨之、中書令傅亮、領軍將軍謝晦、鎮北將軍檀道濟四人為顧命大臣輔佐劉義符，劉裕的死昭示著北魏拓跋嗣苦苦期盼的機會終於來了。

強大如劉裕一樣的梟雄在死神面前也是如此脆弱，這引起了拓跋嗣的恐慌，他就問崔浩：「朕最近身體欠佳，又有劉裕的前車之鑒，一旦朕有個三長兩短，兒子們都還年輕，國家怎麼辦？」

崔浩回答：「陛下正當壯年，自然平安，萬一不得已，希望聽微臣的進言：陛下宜早立太子，選擇良才高士對他進行各方面的教育，盡早盡多地讓他接觸國家大事，這樣既能鍛鍊太子，又能為陛下分憂。」拓跋嗣認為崔浩說得很有道理，就立只有十二歲的長子拓跋燾為太子，並打算從小就要把他培養成文武雙全的英雄，還指派了六位最能幹的文臣武將當拓跋燾的老師，武將有長孫嵩、奚斤、安同，文官就是崔浩、穆觀、丘堆，這幫人可都是北魏最好的人才。六人當中除了崔浩以外，剩下的都是胡人。奚斤本姓達奚，安同本姓拔拔，穆觀姓丘穆陵，丘堆姓丘敦，他們的姓都是後來北魏孝文帝拓跋宏發動漢化改革後才改的。但史學家已經感覺到使用起來麻煩，便人為地提前使用了。這六人就是拓跋燾的輔相六大臣，確實是北魏最拔尖的人才，拓跋嗣確實很有眼光，挑的人都沒錯。

處理好自己的後事，拓跋嗣就要放心大膽地和劉宋搏一把了。他在平城北部修築長城，調集守軍加入征南的隊伍，商量準備派兵攻打劉宋的洛陽、虎牢、滑台三處要塞。崔浩就出來勸阻說：「從前陛下向劉裕進貢，現在劉裕一死陛下就要翻臉討伐，就算得到了領土也不是值得驕傲的事情。而且國家無法一下子就佔領劉宋，還要落下一個趁別人發喪的時候討伐的罵名，微臣認為這是不可取的。從前劉裕趁姚興死後進攻後秦，是因為後秦內戰不停，讓劉裕獲得了可乘之機，現在江南並沒有出現這種狀況。不如派使者去憑弔劉裕，讓江南都知道我們的義舉。而且劉裕剛死，手下都在，一旦加以重兵，惡戰必不可免，不如先緩兩年，等他們國家君主昏庸，重臣爭權的時候再去，便可以兵不血刃地獲得淮河之地。」

這個建議沒得到拓跋嗣的認可。不久他就派遣司空奚斤為晉兵將軍，指揮宋兵將軍周幾、吳兵將軍公孫表發兵黃河，第一次南北大戰爆發。

奚斤帶領兩萬軍隊渡過黃河在滑台東面紮營，準備強攻滑台。崔浩就說：「南方人擅長守城，從前苻堅進攻襄陽，花了一年時間都打不下來。如今大軍團受阻於小城市，如果敵人增援四面包圍，我軍就危險了。不如派遣鐵騎四面分兵，到處出擊，直搗淮河以北，掠奪糧食錢財，把洛陽、滑台、虎牢三地分割在後方成為孤島，和建康失去聯繫，那麼他們必定會沿黃河撤退，三城就可以得手了。」

崔浩的這個計策確實厲害，北魏軍一實施就佔領了滑台周圍的倉垣等小城，把滑台變成了孤島。但沒多久奚斤就把崔浩的指示精神領會偏了，又集結重兵開始強攻滑台，結果枉費兵力也沒能得手，只好向平城求援。拓跋嗣大怒，命拓跋燾留守平城，自己帶領五萬軍隊來增援奚斤，先放出話來說，如果他到滑台之前奚斤還拿不下城池的話，就治奚斤的罪。

奚斤這回害怕了，冒著箭雨親自督戰攻城，東晉滑台太守狼狽逃跑，剩餘士兵死不投降，經過激烈的巷戰，魏軍付出了巨大的傷亡代價才佔領了滑台。

奚斤率軍乘勝追擊，前鋒直指虎牢關。拓跋嗣又加派黑槊將軍于栗磾帶兵增援。于栗磾是北魏有名的猛將，使一杆黑槊，因此被封為黑槊將軍，有萬夫不當之勇。佔據絕對優勢的北魏軍相繼佔領了金墉城和洛陽。

## 二

攻陷劉宋的黃河要塞滑台後，北魏騎兵如同決堤的洪水一般四處奔流，在平坦的中原大地上縱橫馳騁，所向披靡。除虎牢關以外，劉宋在河南的土地基本上已經全部陷落。戰況進展得如此順利，讓拓跋嗣感到很意外。不久拓跋嗣又派大將叔孫建帶領六萬騎兵往東掃蕩，進攻青州、兗州一帶，叔孫建如秋風掃落葉一般佔領了碻磝（今山東茌平）、泰山、金鄉、濟南一帶，幾乎佔據了整個兗州地區。叔孫建一直攻進了臨淄，因為後勤運輸實在跟不上，才不得不停下腳步進行休整。這時的建康朝廷正在忙著過春節。

前方戰事再緊，後方該過節還得過節，劉義符張羅著祭祀天地祖宗，大赦改元，文武百官各晉爵二等，邊境問題自有邊防軍來管。一直到北魏進攻兩個月後，前線的告急文書才送到皇帝桌子上。

劉義符這位小皇帝的愛好很廣泛，除了朝政以外的活動他都喜歡，劉裕剛死他就和太監們鬼混，關係相當曖昧。劉義符在御花園裡修建了街道市場，還造了一棟大飯店，自任掌櫃的，親自坐台賣酒，左手倒酒右手撥算盤，該多少錢倒多少斤算得分毫不差，而且童叟無欺，生意興隆，這可比當皇帝有意思多了。皇帝忙著掙錢，戰事只好委託給顧命四大臣，大家一合計，四個人裡面唯一能打的檀道濟就帶著軍隊去救援山東，西路軍誰來指揮呢？劉裕的三兒子劉義真可是指揮過關中大戰的，就派他小人家去西線作戰。

劉義真曾經在胡夏騎兵的馬蹄下面僥倖撿回條命來，知道打仗的厲害，這回遭到大哥的排擠他就在心裡暗暗懷恨，離開建康往北走了沒多遠，劉義真就象徵性地派遣三千軍隊增援虎牢，然後自己帶著手下找地方打獵去了。

宋軍還沒碰到敵人就先勾心鬥角，北魏軍可不是吃素的，前線作戰太順利導致拓跋嗣不敢繼續前進了，嚴令奚斤和公孫表一定要拿下虎牢後再進攻。奚斤和公孫表的進攻越發兇狠，而且使用了發石車、衝車等大型攻城器械，虎牢的宋軍漸漸不支。

虎牢守將毛德祖是毛修之的親戚，擔任司州刺史，官職已經不小，這回被北魏騎兵包圍到了敵人後方，就順理成章地當上虎牢的最高統帥。面對奚斤和公孫表的猛烈進攻，毛德祖就開挖地道，派遣四百壯士摸到魏軍陣地後面來了個突然襲擊，殺死敵方幾百人，一把火將魏軍的所有攻城器械都燒掉了。

毛德祖和公孫表小時候關係很好，公孫表性格剛勇，讓毛德祖很頭疼。戰鬥間隙毛德祖經常派使者和公孫表互致問候，朋友歸朋友，公孫表作戰時對毛德祖可是一點情面都不留。毛德祖又派出間諜到奚斤的帳篷裡製造流言，說公孫表和毛德祖最近聯繫密切，奚斤逐漸生疑，到公孫表那裡詢問究竟。公孫表為了表明心跡，就把毛德祖給他的書信都讓奚斤過目。

奚斤一看，信上果然都是些問候的話，奚斤對此將信將疑，就拿了幾封信回去接著鑒定。哪知到了晚上，毛德祖派的間諜就去奚斤那裡送信，交到他手裡後才裝作認錯人了。奚斤可不上當，連忙搶過來一看，這回的信件內容和從公孫表那裡要來的可大不一樣，都是商量如何殺掉奚斤然後共同造反。奚斤再一核對筆跡，果然幾封信都出自同一人之手，奚斤就把這些信件都送到拓跋嗣那裡。

拓跋嗣一開始也不相信，他旁邊有個算命先生，常被公孫表指責為騙子，這傢伙這會兒趁機火上澆油，說「虎牢之所以打不下來，都是因為公孫表的軍營位置不好，專挑死地紮營，公孫表對兵法深有研究，一定是故意的」云云。拓跋嗣大怒，派人將公孫表勒死，將他的部隊劃歸奚斤指揮。

江南援救豫州的宋軍四處雲集，全都在項城會合。劉義真派出的三千軍隊到這裡也不敢前進，等西線最高統帥劉義真慢吞吞地到了項城後，大家都畏懼北魏的戰力，互相推諉著都不想前進。為了照顧大家的面子，劉義真就向建康上表說：「敵人大軍進攻虎牢，並沒有南侵的意思。如果對方把項城佔領了，則淮河一帶就失去屏障了，不如讓我軍死守項城為上。」不久上頭批示說劉義真體恤將士用兵謹慎當然准奏，於是一群飯桶都躲在項城看虎牢的笑話。

拓跋嗣也得到確切信息說宋軍集結項城卻無一前來救援或反攻，心裡說真是天助我也，就下令全體軍隊都到虎牢城下會齊，幾天後東線作戰的叔孫建也前來增援。十多萬魏軍在拓跋嗣的親自指揮下向虎牢發動了日夜不停的進攻，奚斤、周幾、崔浩、于栗磾、長孫嵩、叔孫建等北魏名將日夜輪值，虎牢被圍二百天，無日無夜不在惡戰，守軍越打越少，而北魏軍卻越打越多。不久北魏軍攻破虎牢外城，毛德祖又在城裡修築三重城牆守衛，又被魏軍攻破兩重。宋軍只能死守住最後一道城牆，晝夜作戰，毛德祖衣不解帶，吃住都在城牆上，將士們都感激他的恩義，幾乎都雙眼生瘡，仍無一人出門投降。

魏軍十多萬人，日常花銷太大實在供應不起，而虎牢的抵抗又如此頑強，拓跋嗣就在虎牢周圍遍地挖深井，抽光虎牢城周圍的地下水，宋軍連人帶馬都沒有水喝，受傷者身上都不再流血，魏軍的攻勢卻更加猛烈，終於攻進了內城。

虎牢失守後，毛德祖的衛兵準備護送他撤離，毛德祖推辭說：「我發誓與此城共存亡，絕對不會在城陷後苟活於世。你們可以回建康報告戰況。」於是他謝絕撤退，繼續和魏軍展開巷戰。拓跋嗣深為感動，命令手下見到毛德祖不准傷他。毛德祖力竭被俘，不發一言而死。全城僅有二百士兵撤回建康，其餘全部陣亡。直到魏軍撤退，項城守軍無一人來增援。

北魏付出重大代價，取得了西線作戰的勝利，但東線戰況並不是很理想。叔孫建的部隊打到臨淄後就因為補給跟不上，不得不停下來掠奪當地百姓的糧食。臨淄四周都是山，百姓都往山上跑，把叔孫建餓了好幾天才弄到了一點糧草，這樣一來就給了東線宋軍寶貴的時機來集結兵力進行防禦。劉宋殘餘的兵力大多集結在東陽（原是南燕故都廣固，後被宋改名為東陽）。叔孫建在臨淄休整了半月，等補給線暢通後，就分撥一半軍隊參加西線作戰，自己帶領三萬騎兵

北魏武士陶俑

進攻東陽。這樣一來，東陽宋軍又贏得了寶貴的時間用來加強城防。東陽守軍只有一千五百人，鎮守東陽的青州刺史竺夔成為宋軍在東線的最後力量。

東線僅有的一線希望就是檀道濟所率領的援軍，目前他們正在日夜兼程地從彭城往這裡趕。叔孫建的三萬騎兵將東陽圍成十幾里的防線，四處製造攻城器械。關鍵時刻東陽堅固的城防發揮了作用，宋軍在城外挖了四道壕溝，魏軍花費了很大力氣才填平了外三道，正將好不容易造好的衝車拉到城下準備攻城時，連接城裡和第四道壕溝間的地道中突然冒出一群宋兵，他們用大麻繩拴住衝車，然後將衝車全部拉到壕溝裡面破壞掉。

叔孫建好不容易造的衝車全部被毀，把他氣得七竅生煙。他下令在外圈修起一圈圍牆，斷絕東陽和外界的聯繫，然後日夜攻打，終於將東陽城北的城牆攻破。就在這關鍵時刻，叔孫建得到檀道濟的大軍已經趕到了臨朐的情報，而且敵人的援軍當天就可以抵達東陽，這節骨眼上北魏軍隊裡又開始流行疫病。叔孫建懊惱至極，只好下令燒掉營地和攻城器械撤往虎牢參加西線作戰。檀道濟的部隊帶的糧食少，到東陽時糧食正好吃光，也無力追趕，東線算維持了個不好不壞的局面。

儘管在東線沒有取得最後勝利，但綜合起來北魏的戰果還是相當顯著的，拓跋嗣對此也比較滿意，他留下周幾鎮守河南，自己帶領主力撤退了。劉宋這邊駐紮在項城一帶的縮頭烏龜們看到魏軍走了，禁不住都彈冠相慶，慶賀大家的首級得保。第一次南北大戰結束。

宋軍雖然在人數上損失不比魏軍多，但丟掉了兗州、豫州，實在讓人臉上無光。徐羨之、傅亮和謝晦都因為作戰不力主動向劉義符請求辭職，劉義符正忙著賣酒，根本不管那些俗務，下旨曰三位大臣指揮作戰有功，賞。

和劉宋那邊一片祥和的局面相比，北魏的形勢卻不太好。拓跋嗣因為長途的鞍馬勞頓，回到平城後就生急病死了。在六大臣的支持下，十五歲的拓跋燾繼位。後人稱他為太武帝。

## 三

北魏有早婚的習俗，孝文帝改革前所有的皇帝都是十幾歲即位。前兩任皇帝拓跋珪和拓跋嗣都在十六歲就領兵打仗了。這種尚武的風氣對儲君的影響很大，拓跋燾當太子時更是十二歲就遠赴河套保衛長城抗擊柔然的入侵，他把邊塞軍務整頓得有條有理，迫使柔然不敢入侵。由於拓跋燾從小就接受騎射訓練，因為他很早熟，到他十五歲稱帝時，這位小名叫佛狸的少年已經是位非常稱職的君主，頗受大臣們敬畏。拓跋燾對崔浩等人加以重用，又任命代人羅結擔任侍中，管理內政。羅結是拓跋什翼犍時候的大臣，到拓跋燾時代已經活了一百零七歲了，仍然精力充沛，治國有方。拓跋燾對他十分尊敬，請他在皇宮裡居住，通宵達旦地商議國家大事，學習歷史知識和治國經驗。羅結一百一十歲告老退休後，拓跋燾還經常微服騎馬去探訪，朝廷每有重要決策，拓跋燾都會去徵求他的意見，這位老人活到一百二十歲才去世。

柔然君主紇升蓋可汗聽說北魏的老皇帝去世了，換了新皇帝，就派遣六萬騎兵大肆搶掠北魏的北方邊境，還佔領了北魏舊都盛樂。拓跋燾聽說後，率軍日夜兼程救援，只用了三天兩夜就趕到雲中。紇升蓋可汗自恃人多，將拓跋燾的軍隊團團包圍了五十多圈。雙方戰馬交錯，敵我混雜，拓跋燾不慌不忙，親取硬弓射死了柔然的大將、紇升蓋可汗的侄子于陟斤，柔然軍隊大亂，魏軍乘勝殺退柔然軍，收復了盛樂。

拓跋燾擊敗柔然，回平城後又集結大軍兵分五路，每路將領都率領一萬騎兵穿過大漠襲擊柔然部落，拓跋燾親自指揮中路騎兵，命令士兵只准攜帶十五天的乾糧，並強調如果戰敗或找不到敵人就不要回來了。結果五路軍馬都取得了勝利，肅清了戈壁以南的柔然勢力。拓跋燾由此認為柔然人智力低下，如同蠕動的蟲子一般，就下令改柔然叫蠕蠕。

這時，西部邊境送來報告說胡夏皇帝赫連勃勃病死，兒子赫連昌繼位。拓跋燾有心討伐，就問大臣們：「現在用兵的話，是先取赫連好呢，還是先攻蠕蠕好呢？」

長孫嵩、長孫翰、奚斤等都認為進攻赫連意義不大，而進攻蠕蠕的話，成功則可以繳獲甚多，不成功的話也可以一路打獵繳獲很多肉食。只有崔浩反對說：「蠕蠕人馬背為生，即使我們大舉進攻，能不能碰到他們也要靠運氣。而赫連氏土地不過千里，卻極其兇狠殘暴，老百姓早就懷恨已久。如果今後赫連昌施以仁政的話，會籠絡人心，到時候再進攻他難度就大了。」拓跋燾認為崔浩所言有理，就派奚斤帶領四萬五千人進攻蒲阪，周幾帶領一萬人進攻陝城，自帶大軍從平城進發，直取那個要一統天下、君臨萬邦的胡夏首都統萬城。

這個時候胡夏還在和西秦、北涼進行無休止的混戰。胡夏軍的主力正在猛攻西秦重鎮枹罕。由於一直沒和北魏打過仗，赫連昌並不是很重視北魏發動的這次致命的進攻。拓跋燾的大軍到了河套地區，突然氣溫驟降，黃河全部封凍。拓跋燾又上演了當年參合陂之戰他爺爺拓跋珪的那一套，帶領兩萬騎兵突襲統萬城。六天後是冬至，北魏軍抵達統萬城外三十里，赫連昌正在舉行慶祝宴會，萬沒想到北魏軍會突然出現。匆忙出戰被北魏擊敗，只好退回城裡關門死守。不料北魏牙將竇代田的軍隊跟著他混進城裡，一直殺到皇宮西門，一路放火焚燒，拓跋燾緊跟其後指揮騎兵奮力攻城。關鍵時刻統萬城超級堅固的城牆大顯神威，赫連昌把裡門一關，和拓跋燾只隔了一道牆，可就是殺不進去，只好望城興歎。這時氣溫又不斷下降，魏軍吃飯取暖都是問題。拓跋燾對手下說：「統萬城不帶重武器太難對付了，來年再說吧。」就將一萬多戶居民搬遷回國，留給赫連昌一座空城。拓跋燾回去的路上寒流經過，發生大雪災，士兵和平民被凍死了不少，部隊減員超過三分之一。

北魏其他兩路也進展順利，奚斤軍直取蒲阪，蒲阪守將赫連乙斗急忙向統萬城告急，等使者到了統萬城湊巧正趕上魏軍殺進了城，城門上都是魏軍的旗號。使者急忙返回到蒲阪告訴赫連乙斗說：「完蛋了！統萬城被佔領了！」赫連乙斗很害怕，急忙放棄蒲阪投奔長安。奚斤兵不血刃地佔領了蒲阪。

北魏另一路周幾軍隊佔領了弘農，周幾中流箭而死。周幾部隊取得的重要戰果就是給後面的奚斤打開了通往關中的要道，奚斤隨後殺向長安，赫連乙斗把統萬城失守的消息告訴了長安守將赫連助興。赫連助興也害怕得要死，就放棄了長安和赫連乙斗一起投奔安定。奚斤又兵不血刃地佔領了長安，北魏得到了整個關中。

赫連昌不甘心失敗，他抽調回和西秦作戰的弟弟赫連定的兩萬軍隊，聯合安定殘軍一起進攻長安。長安駐紮著北魏奚斤的五萬多軍隊，奚斤的部隊也是以騎兵為主，人又是身經百戰，藝高膽大，他下令不許守城，把部隊拉到長安城外和赫連定打野戰。赫連定也是個出了名的愣頭青，乾脆也不進攻長安，和奚斤硬碰硬地舉行騎兵對騎兵的生死鬥。兩人正是棋逢對手、將遇良才，在長安城北你來我往地展開了一系列拉鋸戰。兩軍從一月打到三月，雙方損失都很慘重。

胡夏的主力被奚斤牢牢地黏在長安，那邊平城的拓跋燾可沒閒著，他派賀多羅帶領三千重騎兵為先鋒，長孫翰率三萬騎兵為先頭部隊，拓跋素帶三萬步兵為後援，拓跋伏真帶三萬步兵運送攻城武器，自己帶領主力大軍，算起來共計二十萬軍隊再次進攻統萬城。

拓跋燾的大軍走了沒多遠，他就覺得行軍速度實在太慢，就要放棄主力帶領騎兵直取統萬城。手下都勸阻說：「統萬城太堅固，不是一兩天能打下來的。如果輕騎而去萬一沒效果白白降低士氣。不如等步兵和重武器到了再去。」拓跋燾就說：「用兵之道，攻城是最下策。是不得已的法子。如果赫連昌看見我們的步兵來了，必定死守，到時候傷亡必大。不如派騎兵襲擊，赫連昌自恃擅長指揮騎兵，看見我軍沒有步兵支援，必定會出來挑戰，那時候還能賭一回。」就挑選了三萬騎兵，日夜兼程殺奔統萬城來了。

到了統萬城下，拓跋燾將主力埋伏起來，只帶幾百名騎兵前去挑戰，赫連昌果然中計，派尚書斛黎文帶領三萬步騎兵來追殺。拓跋燾的手下也沒想到會引出來這麼多人，心裡都沒底，急忙往軍營裡跑，斛黎文就在後面追。等拓跋燾到了大營準備戰鬥時，突然風雨大作，黃沙飛舞，從胡夏軍方向朝北魏軍吹過來，颳得北魏士兵都睜不開眼。長孫翰等建議道：「夏軍的步騎聯陣過於強大，我軍又處下風，不佔天時地利，請陛下快收兵！」

拓跋燾也有些猶豫，崔浩說：「我軍千里出戰，就為今天，這時候就算跑也來不及了。敵人這時貪功冒進，沒有後備，我軍分兵從後面襲擊，老天又怎麼只會幫助他們呢？」就分兵繞過去襲擊胡夏軍的背後。

風雨越來越大，魏軍的正面人又太少，拓跋燾戰馬受驚把他摔下馬來，幾乎被夏軍活捉。大將拓跋齊從旁邊殺出，拼死擋住爭先恐後殺過來的胡夏兵。斛黎文就下令全軍一齊向拓跋齊和拓跋燾放箭，頓時萬箭齊射，兩人都中了數箭，幸虧拓跋齊身披重甲擋了大部分箭，倆人都還傷得不太嚴重。正在危急時刻，從胡夏軍後面發動襲擊的魏軍總算趕到，反而將胡夏軍包圍起來，斛黎文的軍隊頓時亂成一團。

拓跋燾從地上爬起來，拍拍屁股又翻身上馬，看見胡夏軍統帥斛黎文就在面前，他舉起長矛就是一下，將斛黎文挑下馬來。拓跋燾接著奮力突擊，一連殺死十幾名胡夏兵。胡夏軍失去統帥，頓時四散奔逃。拓跋燾整頓隊伍乘勝追擊，又殺死敵軍一萬多人，一直追到統萬城的城門下。站在城樓上觀戰的赫連昌萬沒想到北魏軍會反敗為勝，只好帶著隨從和幾百官員向上邽逃去。

拓跋燾和拓跋齊帶著幾十名士兵一直衝到城裡，殺進胡夏皇宮。城裡的胡夏殘軍突然把統萬城的城門全部關閉想抓住這股人。拓跋燾也不笨，跑到胡夏皇太后的住處搶了幾十件宮女的衣服，大家化裝成逃難的皇族，全部安然逃出。

統萬城的守軍本來就不多，第二天就向拓跋燾投降。號稱永不陷落的統萬城就這樣稀里糊塗地陷落了。

## 四

經過九死一生的惡戰，被命運女神青睞的拓跋燾終於得到了比鋼鐵還要堅固的統萬城。這一戰北魏繳獲了三十多萬匹戰馬，數千萬頭牛羊和數不清的珍寶武器，都是當年赫連勃勃戎馬一生得來的。又捕獲了赫連昌的文武百官、老婆孩子、宮女太監數萬人。其中就有當年赫連勃勃在關中大破劉裕後俘虜的東晉將領，比如毛修之就在統萬城當小官，後來拓跋燾吃了他做的飯讚不絕口，於是聘請他到平城當大廚。

統萬城被攻克的同時，和赫連定在長安對峙的奚斤那邊戰況也有所進展。拓跋燾派丘堆領兵五千去增援奚斤，赫連定聽說後只好放棄進攻，撤到了上邽投奔赫連昌。拓跋燾就命令奚斤回平城聽候新的任務。

奚斤覺得打得還不過癮，請求繼續增援一鼓作氣滅掉胡夏，拓跋燾見奚斤公然違抗命令，感到很不痛快，只撥給他一萬軍隊，三千匹戰馬去追擊，另派御史大夫安頡去當監軍。

奚斤和赫連昌在安定對峙，安定和平城之間路途遙遠，後勤供應都要通過長安來周轉，北魏軍糧食一直跟不上，只好殺馬充饑，騎兵都改行當了步兵。奚斤就叫丘堆以搶劫百姓為生，赫連昌經常襲擊丘堆的搶劫隊伍，順便也殺殺老百姓，丘堆掠奪的糧食經常落到赫連昌手裡。由於北魏軍經常餓肚子，奚斤就叫士兵少運動，在地上躺著節省體力，赫連昌越搶越大膽，最後竟跑到安定城下搶奪居民的糧食和牲畜，奚斤就乾看著沒一點脾氣。

監軍安頡對奚斤的政策很不滿：「大人在陛下面前自請滅夏，現在反而要被夏國所滅，就算不被赫連昌所滅，也會得到軍法處罰，你就沒有一點想法嗎？」

奚斤回答說：「如今士兵都沒有馬，騎兵都沒受過步戰訓練，卻要用他們來對付胡夏訓練有素的騎兵，這沒有取勝的道理。必須等平城的援軍來了才能開戰。」

安頡大怒，說道：「如今赫連昌都打到眼皮底下來了！我軍沒有糧食，不打仗的話都活不到明天了，援軍明天能到嗎？現在把武將的坐騎收集一下，可以湊出二百匹戰馬，都是優良馬種。我願意自請死士出戰，就算不能消滅他們，打擊一下敵人的銳氣也是好的。而且赫連昌有勇無謀，經常出陣到城下挑戰，我們的士兵都認識他，運氣好的話，說不定還能抓住他呢。」

第二天，胡夏軍又耀武揚威地來到安定城下挑戰。在城上觀看的北魏士兵個個怒不可遏，安頡就精選了二百騎兵出來應戰。雙方剛排好陣勢，突然暴風驟起，颳起漫天的塵土，白晝被颳得如同黑夜。北魏騎兵都認識赫連昌，一擁而上過去就揍，赫連昌見勢不妙掉頭就跑，不留神馬失前蹄，赫連昌摔下馬來，被北魏軍活捉。（《資治通鑑》裡對這段歷史的描寫很簡練：會天大風，揚塵，晝昏，夏主急走，軍士識其貌，爭赴之。頡追之，夏主馬蹶而墜，遂擒之。）

赫連昌被押送到平城，由於赫連昌相貌英俊，身材健美，拓跋燾對他很有好感，封他當自己的隨從，經常和他一齊出去打獵，甚至兩人結伴進入深山探險。大臣們頗有異議，拓跋燾說：「天命屬我，害怕什麼？」從來不防備他。

拓跋燾本身就是個勇士，打仗的時候都是衝鋒在前，左右護衛死掉了馬上就有替補，拓跋燾眼睛眨都不眨一下，因此手下對他相當敬畏，打起仗來個個拼命。拓跋燾和其他人比起來還有個好處就是崇尚簡樸，吃飯穿衣和常人一樣。大臣們建議他大修宮殿，增強平城的防禦，拓跋燾說：「古人有言說『在德不在險。』赫連勃勃的統萬城比鋼鐵還要堅固，不也落在了朕的手裡嗎？如今天下未定，民生疾苦，正需要珍惜民力，大興土木都是前朝滅亡的原因啊。」他用起錢來也是這樣。經常掛在嘴邊的話就是國庫是國家的根本，不能輕易動用。但獎賞軍功時拓跋燾卻毫不吝嗇。拓跋燾在用人上也很能知才善用，很多大將都是從士兵層裡提拔上來的，真正做到了唯才是舉，不論門第，賞不遺賤，罰不避貴，和注重門第出身的南朝士族社會形成了鮮明的對比。他唯一的不足之處就是過於輕率，經常是剛把人殺掉就立馬後悔了。

赫連定聽說皇帝被俘，就帶領著數萬殘部撤退到了平涼（今甘肅華亭），並在平涼稱帝。莽撞漢子奚斤由於自己是元帥而赫連昌卻被手下抓走了，心裡非常憋氣，就命令部下丟掉輜重，只帶了三天的糧食殺向平涼追擊老對手赫連定。從安定到平涼有兩條路，一條是沿河而去，另一條要翻越當年苻登被殺的馬毛山。這時胡夏軍正準備繼續向西逃跑，有些逃亡的魏兵向赫連定投降，說魏軍走山路追來隻帶了三天的糧食，沒有帶水。赫連定就分兵堵截奚斤，斷了奚斤的水道。魏軍沒水喝，有六七千人乾渴而死，奚斤也被赫連定活捉。

留在安定的丘堆把守著奚斤丟下的輜重，一聽說奚斤戰敗被俘，丘堆趕緊丟下輜重逃到了長安。胡夏軍活捉奚斤後反過頭來追殺丘堆，丘堆不能抵敵，放棄長安逃跑，長安再次落到胡夏手中。拓跋燾大怒，派安頡處死丘堆，接替奚斤的職務，防禦胡夏的進攻。

關中的形勢突然大變，拓跋燾的六大臣被俘一個，被殺一個，長安也丟了，這種局面令所有的人都措手不及。但更讓人沒想到的是赫連定收復關中後，又派使者向拓跋燾求和，拓跋燾反而欣然接受。原來柔然族聽說北魏和胡夏連年交兵，有心一雪當年被逐之恥，發兵進犯北魏。拓跋燾決定親征柔然，沒想到卻遭到大臣張淵的堅決反對。張淵小時候曾作為民眾代表上書苻堅阻止他南征，苻堅不聽後來果然戰敗，張淵從此一舉成名被稱為神童。他一向以擅長辯論著稱，後來做了胡夏的大臣，被拓跋燾俘虜後，又當了北魏的大臣。

張淵對拓跋燾說：「蠕蠕國遠在漠北，是荒無人煙的地方，這種領土就算得到了也無法耕種，這裡的人民歸順了也不好控制。何必要勞動軍隊去討伐呢？」

崔浩接了張淵的話茬兒說：「張淵的見解是漢朝的老話，放到今天不見得就合乎時宜。蠕蠕本來是我們的臣民，忽然背叛，如今殺掉主犯，歸化我民，沒什麼不妥的。別人都說你張淵是神童，明白世間興亡的道理。那麼當年你在統萬城當官的時候，有沒有發現國家將亡的徵兆呢？如果沒有發現，就是沒那麼神，如果發現了沒說，就是不忠心。」

這時赫連昌也在一邊旁聽，他咕噥一句：「哪兒有啊？」頓時招來哄堂大笑。崔浩的一番話使得拓跋燾堅定了北伐柔然的信心。他問崔浩：「如今劉宋整天宣揚要北伐，如果主力遠征蠕蠕，一時回不來，怎麼面對劉宋的挑戰呢？」

崔浩回答說：「如果我們這回不能擊敗蠕蠕，就無法對付南人。前幾天南人聽說我國佔領統萬城，都已喪膽，所以便大聲鼓噪要進攻我國來轉移國內矛盾，實際上沒什麼可怕的。而且敵人是步兵，我軍是騎兵，他們北上的時候我們也能南下，對他們來說，長途行軍是件苦差事，對我們來說卻未必。當年就連劉裕這樣的英雄派愛子名將坐鎮關中都擋不住赫連勃勃的騎兵，更何況劉義隆比他爹劉裕差遠了。陛下英武過人，兵強馬壯，南人敢發兵前來，正是派羊羔和虎狼搏鬥，有什麼可怕的？蠕蠕自認為距我國遙遠，認為我們無法對付他，所以敢如此猖狂，我軍發動突然襲擊，必定能擊敗他們。」

聽了崔浩的勸告，拓跋燾就親自率領輕騎兵出平城，在東西五千里、南北三千里的大漠突襲柔然的部落。柔然人正在放牧，萬沒想到北魏兵會突然出現，只好四處逃跑，漫山遍野都是丟棄的牛羊和逃亡的人群。魏軍四處追殺，無論牲畜還是百姓都不放過。此仗光殺掉的柔然官員就有數百人。柔然人又遭到了慘敗。

不出北魏所料，北魏北伐柔然的同時，劉宋也派出使者來到平城遞交國書，嚴正聲明說河南一帶自古就是劉宋的領土，北魏如果識相的話就早點歸還，否則一切後果自負云云。拓跋燾大笑說：「這些王八小畜生有什麼本事？我要是不消滅蠕蠕的話，反而要腹背受敵了。擊敗蠕蠕再回頭對付南人不遲！」

劉宋見北魏竟然如此無理，滿朝文武都怒不可遏，趁北魏軍遠在大漠時派出大軍發動了進攻。第二次南北大戰爆發了。

## 五

在第一次南北大戰中遭到慘敗的劉宋老實了很長時間，但還不吸取教訓。皇帝劉義符一心做生意，從來不問朝政，他的兄弟劉義真便開始打起了皇帝寶座的主意。劉義真和幾個中層官員謝靈運、

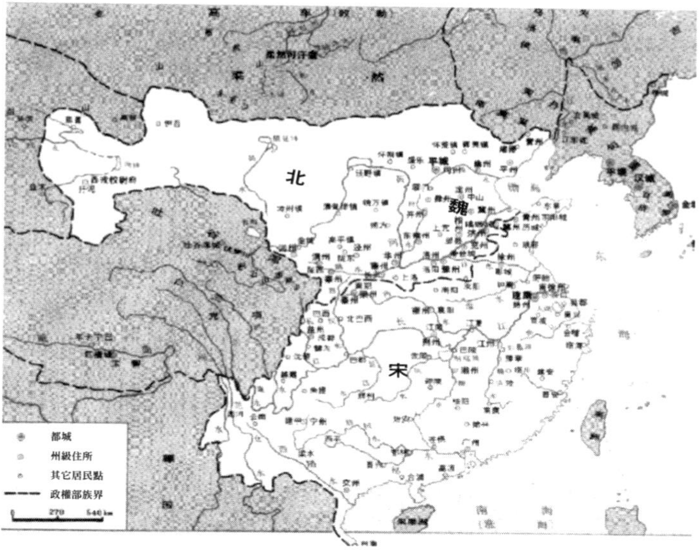


宋與北魏對立形勢圖（西元449年）

顏延之等關係和睦，放出話來說：「如果我得志了，必定加封謝靈運和顏延之為左右宰相。」

這樣的話在今天聽起來不算什麼，在當時可是絕對的大逆不道。劉義符的顧命四大臣中除了檀道濟是武將外，其他三個都是文化人，平常都能說到一塊兒去，這回湊到一起更是餿主意百出，他們仨合夥把檀道濟排擠到外地，然後他們仨一起把持朝政。因此，劉宋的國家大事都是徐羨之、傅亮和謝晦說了算。

某日閒著沒事幹，這幾個傢伙又湊到一起磨牙，閒談中就提到劉義真的幾個死黨。三個人一核計，認為劉義真已有反象，就給朝廷寫了一封投訴信控告劉義真要謀反。當然這封投訴書最終還是會落到他們仨的手裡，大家只不過是走走過場而已。最終的結果是免去了劉義真的官職並將他發配到涼州服苦役，然後又派刺客在半路上將其殺死。

一干大臣滅了劉義真後，還覺得鬧得不過癮，又合謀準備除掉劉義符，他們就下令召兗州刺史檀道濟進京。檀道濟也是個喜歡熱鬧的主，早就看荒唐皇帝劉義符不順眼，就帶著軍隊向建康發動進攻。這會兒劉義符正在玄武湖避暑，用做買賣掙的利潤買了條畫舫開酒店，自任酒保向來往的太監宮女兜售家釀好酒，士兵們可不管什麼皇帝不皇帝，上去先一通亂揍將太監們打跑，然後將劉義符抓起來宣布免除他的皇位，另立劉裕的三子徐州刺史劉義隆為帝，就是後來的宋文帝。

徐羨之等還怕留下後患，又使出對付劉義真的辦法來對付劉義符，派刺客暗殺他，刺客一時找不到趁手的兵器，就到門後取下門閂照劉義符頭上狠狠給了一下，將其砸死然後回去覆命。這樣，劉裕死後沒幾年，重臣專權的局面就又有重演的趨勢了。

劉義隆登基後，也曉得四大臣的厲害，劉義隆為人性格深沉，喜怒不形於色。雖然內心對這幾個傢伙都很不信任，但仍然加封徐羨之為司徒，傅亮為司空，檀道濟南兗州刺史，謝晦為荊州刺史，把朝廷內外都把持住。

劉義隆表面上對徐羨之和傅亮很客氣，暗地裡卻大力安排自己在徐州時的那一幫老人。在徐州擔任過職務的下級官員王弘、王華、王曇首、到彥之等一一升官，提拔標準就是有沒有和劉義隆穿一條褲子。沒兩年朝廷內外的大臣就基本上都是徐州出身的了。

官員隊伍裡增添了許多新面孔，徐羨之和傅亮卻麻木不覺。要想掌握政權還需要有軍隊的支援。荊州的謝晦是不能指望了，倒是兗州刺史檀道濟離徐州不遠，又經常受其他三人排擠，是個好人選。劉義隆就暗地裡勾結檀道濟，取得了檀道濟絕對不參與三大臣的圈子的保證後，劉義隆就派出親信趁上早朝的時候將徐羨之和傅亮逮捕並滿門抄斬。

鎮守荊州的謝晦聽說徐羨之和傅亮被殺，就以「清君側」為名造反。他帶領三萬水軍進攻建康，並製造輿論說檀道濟將和他一道起兵，殊不知這次奉命討伐謝晦的就是檀道濟。

在謝晦還沒造反的時候劉義隆就已經取得了檀道濟的效忠，這回更是親自召見檀道濟，任命他為統帥，帶領王弘、到彥之等迎戰謝晦。檀道濟果然不負眾望，輕鬆擊敗謝晦將其處死。

和幾個前任不同，檀道濟對官職的大小不感冒，他斷絕了延續一個多世紀的重臣執政制度，將國家大權拱手交給了劉義隆。劉宋在劉義隆的親自治理下，國運才算慢慢地得到恢復，並開始逐漸繁榮起來。劉義隆的年號叫元嘉，劉義隆統治的這段太平時期成為自東漢滅亡以來南方最安定的歷史時期，被稱為「元嘉之治」。

經過幾年的休養生息，劉義隆覺得自己有了點家底，就準備趁北魏進攻柔然時涮拓跋燾一把。

不久他派遣使者向拓跋燾索要河南的土地，遭到拓跋燾拒絕後，劉義隆派到彥之、王仲德帶領五萬重甲步兵沿淮河出擊，又派驍騎將軍段宏將帶領八千騎兵進攻虎牢，豫州刺史劉德武領兵一萬跟進，弟弟劉義欣帶領三萬軍隊監戰。這次總計十萬人的大軍，已經是個不小的數目了。

為了宣揚此次進攻的名正言順，劉義隆特地派遣使者告訴拓跋燾說：「河南是我們劉宋從前固有的土地，後來被你們佔領，今天我軍是來收復失地的，和河北無關。」

使者走後，拓跋燾就對官員們說：「我胎毛還沒乾的時候就知道河南是我的了！劉宋立國才幾年，哪兒有他們的地方？但最近時值盛夏，水深草茂，不利於我軍騎兵的運動作戰。不如先往後撤一撤，等下雪後天冷地淨的時候再進攻吧。」就下令殺光河南一帶的流民百姓，不准他們給宋軍通風報信，他的這一舉措大大增加了宋軍偵察的困難度。

北魏的武將大都血氣方剛，力請和劉宋交戰。崔浩說：「交戰確實不妥。南方天氣炎熱，河網縱橫。入夏以來水草豐盛，無論人馬都容易生病，不可進攻。而且對手擅長守城，很可能打成持久戰。我軍靠騎兵無法和對方步兵進行長期作戰。不如主動撤出南方城市，等秋後再來，穩紮穩打，這才是萬全之計。南方這次出擊，領兵者大都是些膏粱子弟，聽說陛下和赫連勃勃、蠕蠕作戰屢次得勝，別看他們口號喊得震天響，說什麼要打過黃河收復失地的，我看羨慕陛下的珍寶財產多一些才對。他們都懷著不可告人的私心，不是真心為國賣力，哪能不敗呢？」

拓跋燾這時還和柔然打得熱鬧，一直很擔心南方防禦兵力不足，崔浩的分析真是一顆及時的定心丸。拓跋燾就下令黃河以南的碻磝、滑台、洛陽、虎牢守軍全部撤退到鄴城，任命陽平公杜超為冀州大都督，統帥四鎮精兵看宋軍如何表演。

劉義隆此次作戰發明出一種很奇怪的戰略指揮方法，喜歡干預千里之外的具體戰鬥，部隊不准任意行事，必須接到他的錦囊密令後才知道下一步的作戰方針。古代從南京到洛陽前線快馬走個來回也得好幾天時間，不知道這位皇帝準備怎麼收場。

為了等劉義隆的命令，到彥之的軍隊從淮河走到泗河，行軍速度達到了創歷史紀錄的每天十里路。這還是在明知魏軍主力都在漠北惡鬥柔然的有利條件下取得的。

這樣，宣戰以後四個月，從建康發兵的劉宋十萬大軍才徐徐到達黃河南岸，收復了潼關以東的廣大土地，分重兵佔領滑台、虎牢、金墉城，向建康告捷，宣布在天縱英明、智慧超人的皇帝陛下指揮下，魏軍望風潰散，北伐軍已順利收復黃河南岸，不日將攻克平城，活捉拓跋燾等等。

取得如此顯赫的戰績，劉義隆馬上高興得都快要不知道自己姓什麼了。他急忙派使者聯絡胡夏赫連定約定同時進攻，說好了一定把北魏趕出長城以南，而且就連如何分贓都商量好了，將來兩國以恒山為界，東歸劉宋，西歸胡夏，大家和平共處，永結盟好。

北魏大臣都很害怕胡夏和劉宋聯合，崔浩則認為劉義隆和赫連定雖然表面上打得火熱，實際上卻是各懷鬼胎，赫連定希望劉義隆先來送命，劉義隆巴不得赫連定先當炮灰，其實都不會真的進攻。但赫連定國土弱小，又有騎兵優勢，需要特別注意。於是拓跋燾就親領主力來到統萬城，準備先下手為強進攻平涼，並在蒲阪備下重兵，這樣可以救應兩路。

宋軍佔領了黃河南岸的諸要塞，很快就發現不是什麼好事，這幾個城市都是空的！沒有一粒糧食，也沒有一個居民。十萬大軍需要的糧食只能從大後方建康通過水運途徑送過來。

慶功會足足開了一個月，又趕上中秋節，好歹也得等大家吃完月餅再打仗吧。等過了中秋，吃飽喝足的到彥之下令渡過黃河收復淪陷已久的河北失地，宋軍的第一支先頭部隊剛過河，就遇到了魏軍精銳騎兵的伏擊，守衛黃河北岸的就是曾活捉赫連昌的冠軍將軍安頡和征西大將軍長孫道生。

## 六

劉宋和胡夏連手，趁北魏遠征柔然時發動了第二次南北大戰。北魏三面受敵，形勢乍一看很危急，但經崔浩一分析就發現沒什麼可怕的。宋軍和胡夏都不願意先和北魏拼命，一個比一個懶，宣戰半年了連正經的會戰都沒打過一回，白白喪失一次大好機會。不久北魏擊敗柔然，主力得勝回到平城，拓跋燾反而有了更強大的力量來對付劉宋和胡夏。

先打哪個好呢？宋軍已經佔領了黃河南岸，隨時都有威脅河北重鎮鄴城的危險，但宋軍統帥到彥之卻是個名副其實的傀儡，完全受幾千里外的皇帝劉義隆的遙控。遠在平涼的赫連定卻是如同崔浩說的那樣，是「殘根易摧，擊之必仆」，消滅赫連定後，可以從潼關往東出擊，一路是千里大平原，正好發揮騎兵的優勢，足可以讓江淮之間片甲不留。於是下一步作戰的對象，不是近在咫尺的到彥之，而是數千里外的赫連定。

佔據甘肅南部到青海東部的西秦也是涼州後期倖存的國家之一，乞伏熾磐在世時還能勉強和胡夏、北涼一較短長，等他死掉後，兒子乞伏暮末繼位，西秦的國運也不見得要長久了。

西秦缺乏大將，國君又不是什麼牛人，不像北涼的沮渠蒙遜擔任能呼風喚雨的妖術師那樣有前途。西秦經常遭到胡夏和北涼的聯合打壓，乞伏暮末不得已只好派使者向遠在平城的拓跋燾投降，主動要求將國土和人民併入北魏。有此等好事，拓跋燾自然滿口答應，許諾說將來把平涼和安定兩塊地方分給他。乞伏暮末就放棄國土，燒掉首都，砸毀皇宮，帶領宗族部落一萬五千戶艱難地往平城方向遷移，路過上邽時他們遭到了赫連定的進攻，胡夏軍將乞伏暮末和他的族人都包圍在了南安城。正當赫連定四處調集軍隊準備吃掉西秦最後這點殘餘勢力的時候，北魏大軍已從統萬城出發黑鴉鴉一片殺向平涼來了。

當時赫連定正在安定作戰，聽說平涼遭到襲擊，趕緊自帶兩萬步騎兵來救援，半路上進入了北魏軍的埋伏圈，結果損失慘重。赫連定擅長運用步騎兵混合的方陣作戰，北魏騎兵一開始作戰不利，後來瞧出了步騎方陣的弱點，集中兵力攻擊一點，這下子胡夏軍可就扛不住了，不久陣形就被源源不斷湧入的北魏騎兵衝垮，萬餘人戰死，赫連定身負重傷，單人獨騎逃回了上邽。

赫連定一打敗仗，胡夏的安定和長安守軍都失去戰心，長安守將赫連乙斗帶頭逃跑，連帶著安定守軍也逃跑了，胡夏軍就在沒有追兵甚至敵人根本沒打算進攻的情況下一路潰散到了上邽。不久魏軍就佔領了無人把守的平涼，把關在大牢裡餓得半死的奚斤放了出來。

曾經縱橫西北從無敵手的胡夏終於嘗到了連遭慘敗的滋味。這個已經習慣了打勝仗的國家甚至不知道如何來處理戰敗留下的爛攤子。胡夏的各路潰兵逐漸彙集到上邽後，赫連定經過反覆的思索，最後決定放棄故土，向西進行民族大遷徙，到西域稱霸去。

從上邽到西域必經南安，前段時間被胡夏軍包圍在這裡的西秦百姓還沒跑出來一個呢。赫連定有心除掉這批人，搶奪些財寶輜重當盤纏，就發兵一萬猛攻南安。乞伏暮末本來就不會打仗，只好堅守不出，沒幾天南安城就沒糧食吃了，只好吃人。再加上乞伏暮末性格懦弱，統帥力不夠，身邊的大臣們能動的都抓緊時間出門逃跑，餓得不能動的只好當忠臣陪乞伏暮末一塊挨餓。不久連乞伏暮末也沒東西吃了，只好向赫連定投降。赫連定並不因為乞伏暮末放下武器就優待俘虜，下令將他和他的宗族五百人全部斬首示眾。西秦經過四十六年的掙扎，終於滅亡了。

赫連定滅掉西秦，帶領著十多萬部眾繼續往西北方向撤退，他準備故技重施，進攻北涼奪取沮渠蒙遜的地盤。沮渠蒙遜可不像乞伏暮末那麼衰，此人本來就很能打，再加上數十年的磨練，無論從臉皮的厚度還是經驗的豐富程度來說他都可以稱為老油條。他看到赫連定不懷好意，就在四處散布流言，說赫連定準備西去進攻吐谷渾。盤踞在青海湖一帶的少數民族吐谷渾部落對赫連定很不滿，他們事先派三萬騎兵埋伏在黃河邊上，等赫連定的大部隊渡黃河渡到一半的時候突然發動襲擊，還蒙在鼓裡的赫連定遭到如此冤枉，對此飛來橫禍一點都沒有防備，只好乖乖地繳械投降，他的十多萬部眾全部被吐谷渾得去。

吐谷渾將赫連定獻給了北魏，拓跋燾一看赫連兄弟都來齊了，就將兄弟倆在平城一起斬首。胡夏這個要與天神相連的國家，只存在了二十四年就滅亡了。

在拓跋燾進攻赫連定的同時，北魏在河南戰區也發起了狂風掃落葉般的反擊。拓跋燾從統萬城帶去的主力軍隊由於赫連定的千里大逃亡，並沒有派上什麼用場，這回全部都投入到河南戰線，頓時形成對宋軍泰山壓頂般的巨大優勢。北魏大將安頡、叔孫建、長孫道生分路大舉渡河，多路進攻黃河南岸的金墉城、虎牢諸要塞，宋軍可謂一敗塗地。金墉城、滑台、虎牢這三個要塞建成以來就從沒失陷得這麼快過。接著北魏軍兵分三路，安頡向東進攻滎陽、洛陽，長孫道生向南，叔孫建向東，一路上勢如破竹，宋軍都是步兵，逃也逃不了多遠，大都被北魏的鐵騎分割成數塊逐漸消滅。

由於滑台背靠黃河，又有水軍的支持，北魏反撲時就沒有刻意進攻。劉宋統帥到彥之還在滑台察看戰況的時候，就打算放棄滑台帶著軍隊乘船撤往歷城（今山東濟南），他手下的殿中將軍垣護之認為滑台扼守黃河天險，正好可以切斷北魏軍的補給線。因此他建議到彥之憑著糧草和水軍的優勢，分兵反抄敵人的後路。計策是個好計策，但得看誰來執行。到彥之這種人再借給他幾個膽子也不敢。到彥之藉口最近眼睛不好，打仗對身體有害，自己就留下守衛軍先乘船往歷城跑了。

到彥之逃到歷城後，燒掉戰船，扔掉武器，步行回到彭城。彭城守將是劉義隆的弟弟劉義欣，一看前敵總司令竟然自己走回來了，帶來的又是如此沮喪的消息，周圍的文官武將都嚇得一臉煞白，建議劉義欣放棄彭城回建康算了。

北魏軍戰況之順利讓人驚訝。拓跋燾對此大感欣慰，他加封騎兵英雄叔孫建為冀青豫兗四州大都督，統一指揮對南作戰，手下又是安頡、長孫道生一干狠人，這樣一來，宋軍的日子更不好過。不久，一路橫掃滎陽、洛陽的安頡掉轉頭來，向空懸在後方的滑台發動進攻，緊接著叔孫建在回軍休整路過滑台時碰上滑台主力在城外活動，馬上施以突擊，殺死滑台守軍五千多人。

滑台宋軍的形勢怎麼看怎麼都像要完蛋的樣子。建康城裡的劉義隆也不再遙控了，轉而認為是北伐將領們這次沒有認真執行他的計畫，否則為什麼一開始這麼順利，後來敗的又如此乾脆利索呢？劉義隆視察了一下庫房，發現到彥之北伐前，建康的庫房輜重充實，可是當他敗回來以後庫房卻已經是空空如也了。一氣之下劉義隆就下令將到彥之、王仲德等全部下獄治罪。

劉義隆又看見大軍狂退時只有鎮守徐州的劉義欣沒有撤退，他對此感到非常高興，認為關鍵時候還是親兄弟靠得住，於是一紙調令任命劉義欣為豫州刺史，鎮守下一步的前線壽陽。在劉義欣的治理下，壽陽城很快就建設得比江南還要富庶，水利設施完善，成為淮河重鎮。這一切都是來源於前線作戰的重大轉機。

## 七

在第二次南北大戰中，拓跋燾的主要目的並不是為了滅掉劉宋，而是想收復山東、河南失地後見好就收。因為北魏並不像劉宋那樣吃飽了飯就去打仗，沒別的心思，北魏還要面對來自四方的挑戰，不能把全部的力量都用在對南方作戰上，畢竟大國也有大國的難處啊。劉宋雖然在河南被打得一敗塗地，卻仍然有膽量發動新的攻擊。因為劉宋手中還握有能夠反擊北魏的王牌，那就是北府兵出身的大將檀道濟。

檀道濟身為武將，對劉宋亂七八糟的宮廷權力鬥爭並沒有太大的興趣，東晉時期沿襲下來的重臣專權制度就在他手裡得以壽終正寢。即便他這樣做了，可還是經常遭到領導們的懷疑。因此檀道濟經常跑到兗州去擔任外鎮主官，省得待在建康心煩。建康的那幫官僚們平常都覺得檀道濟留著礙眼，但關鍵時刻卻還得由他這個老將出馬。不久，檀道濟就在這樣的一種尷尬的氛圍中接到救援滑台的指令。

檀道濟打了這麼多年的仗，深知北方騎兵的厲害，因此出征前他就訂定了兩個方案：一、不聽劉義隆的遙控指揮，否則會害死人；二、不走中原這條路，否則會很容易陷入北魏騎兵的包圍圈。劉義隆聽了檀道濟的方案後心裡十分不快，但還得以大局為重，將來再收拾他洩憤不遲。檀道濟就在敗軍中挑選了一部分還算過得去的人，包括到彥之的副將王仲德和曾指揮劉宋唯一的騎兵部隊的段宏，跟著他從山東進攻。

這次檀道濟的戰略目的是步兵殺到歷城後乘船救援滑台，宋軍的意圖很快就被魏軍掌握了。不久叔孫建就留下安頡繼續圍攻滑台，自己和長孫道生分兵兩路對付檀道濟。

檀道濟用兵穩重，不像劉宋其他將領那樣浮躁。他的部隊二十多天裡和敵人打了三十多場仗，叔孫建和長孫道生單打都不是檀道濟的對手，被檀道濟屢次痛打，一路輾轉到了歷城。但就在宋軍殺散長孫道生的守軍等候戰船準備渡河的時候，叔孫建分出一路輕騎兵襲擊了宋軍的糧倉，一把火將糧草燒去了大半。

由此叔孫建和長孫道生發現了配合作戰的妙處，戰場上的形勢頓時逆轉了過來。叔孫建和長孫道生雖然單打制不了檀道濟，但他們二位互相掩護著上場，你方唱罷我登場，這樣一來，檀道濟可就吃不消了。再加上糧食不足，補給線又遭到魏軍的襲擾，檀道濟的軍隊被牢牢地拴在了歷城。

包圍滑台的安頡很擔心滑台的水軍把檀道濟的軍隊增援過來，那樣魏軍反而有被吃掉的危險。這回得到叔孫建已經控制住局面的好消息，當然是心花怒放，命令手下抓緊攻城。拓跋燾又大力增援，滑台的宋軍堅守了幾個月後，糧食吃得精光，只好靠熏老鼠為食。不久，安頡攻破滑台，俘虜了一萬多守軍。

檀道濟也知道滑台失守了，糧食又不多，就掉頭準備撤回

南朝劉宋名將檀道濟

兗州。宋軍有些逃兵就跑到叔孫建的軍營裡告訴他檀道濟已經沒糧食了，叔孫建就下令大舉追擊。宋軍都十分害怕，有的士兵開始收拾東西準備逃跑。檀道濟卻不慌不忙，下令軍隊就地休息。

到了晚上，檀道濟的大營裡燈火通明，一群士兵在他的指揮下將堆成小山包的大米一一過磅，打開的口袋都是滿滿的白米。無論是魏軍間諜還是那些要逃跑的宋軍都大吃一驚。那些魏軍間諜急忙去報告叔孫建。叔孫建一聽，原來檀道濟的軍糧比我們的還多，認為報信的士兵是來詐降的，就把那個士兵殺掉了，那些本來要逃跑的宋兵也不跑了。

其實大家都上了檀道濟的當。那些袋子裡裝的都是沙子，只有那些打開的口袋才在表面上鋪了一層大米充數。檀道濟的計謀徹底蒙蔽了不懂詭計的北魏軍。第二天，檀道濟命令士兵都穿好重甲，自己披上白袍坐著戰車，大模大樣地從大路徐徐撤退，引來了很多魏軍的圍觀。叔孫建認為檀道濟一定設了埋伏，他不敢追擊，就乾脆蹲在山頭上看熱鬧。宋軍得以安然撤離。

儘管劉宋在第二次南北大戰中又以慘敗告終，但宋軍最精銳的檀道濟軍仍出色地發揮了他們的戰鬥水準，足可以同時對抗北魏兩支王牌騎兵部隊，也讓拓跋燾知道江南尚有高人，從而打消了長驅直入攻取建康的念頭。

不久，黃河流域發大水，當地百姓幾乎全部餓死，不斷上漲的水勢對騎兵部隊行軍十分不利，反而很適合南方的水軍作戰。拓跋燾就下令班師回朝，並對本次作戰有功的諸將統統加以重賞，全體參戰將士增發十年薪水，又加封崔浩為司徒，長孫道生為司空。長孫道生平常生活節儉，床上鋪的毛毯都是用了許多年的，拓跋燾很是感動，專門做詩表揚他和崔浩，並特別通令嘉獎。對於皇帝賜給自己的獎賞長孫道生全都推辭不受，還把皇帝發的獎金紅包都發給手下將士。

趁南方發大水之機，北魏又開始抓緊時間發展經濟，為下一輪的作戰打好基礎。在此期間，北魏搞出來兩個很有意思的發明創造：第一是重新製作了渾天儀，直徑六寸八分，用水做動力，運轉刻度已經相當精確；第二是所謂的擊鼓鳴冤制度，在衙門的大堂上設一面大鼓，百姓有冤情或有意見敲敲鼓就可以向上級反映，成為一直延用到清朝的官府衙門的標準配置。

再回頭看看戰後的劉宋。檀道濟由於屢立戰功，被加封為司空兼江州刺史，成為輔佐兩朝跨越五代的元老。他的兒子們個個都有本事，手下大將也很能打，因此很遭劉家的嫉恨。王華、王曇首等老臣去世後，靠血統門第或拍馬出身的一幫傢伙：即劉義隆的弟弟劉義康、尚書殷景仁、中領軍劉湛等逐漸把持了大權，北魏又在專心搞建設，檀道濟的軍隊成天賦閒，說壞話的人越來越多，軍隊的日子就逐漸難過了。

不久，劉義隆生了重病，久治不癒，劉湛就對劉義康說：「陛下一旦歸天後，檀道濟人心難測，不好說會怎麼樣。」劉義康就把他的話轉告了劉義隆，劉義隆急忙命令檀道濟入宮討論這個問題。經過一個月的反覆談話，劉義隆認為檀道濟無意謀反，就準備將其一家子遣返回原籍。

劉義康的資歷和威望連檀道濟的零頭都夠不著，不過他可不願意等哥哥死後把輔政大權白送給外人。於是劉義康想出了一個鬼主意，他派人在檀道濟歸鄉的路上設下埋伏，將檀道濟一行十一人全部抓起來然後秘密處死。殺掉檀道濟後劉義康就向社會公布：「檀道濟私下結交匪類，提供資金，趁皇帝生病的時候領死士入宮，意圖謀反」。和檀道濟一道被殺的，除了他所有的兒子外，還有跟隨檀道濟多年屢立戰功，被譽為「關羽、張飛」的兩名副將。

據說檀道濟被捕的時候，非常激憤，雙眼噴火，他將頭巾摘下來摔到地上，對來逮捕他的人說：「你們這是自己毀掉自己的萬里長城！」也許行刑者並不懂得其中的道理，他們還需要靠殺人來獲取微薄的薪水來養活一家老小。檀道濟這位劉宋的擎天柱被殺後，劉裕當初指定的四位顧命大臣就全部死在他兒子劉義隆之手。從此，劉宋再也找不出一個能和北魏抗衡的大將了。劉義康因為除掉檀道濟有功，被加封為司徒兼大將軍，還兼了兗州刺史一職，統掌政治、軍事、地方三大權力，成為劉宋政壇上炙手可熱的大紅人。而北魏官兵聽到檀道濟被殺的消息後則是歡欣鼓舞，滿心歡喜地說：「檀道濟死了，吳地剩下的傢伙們還有哪個值得防備呢？」

檀道濟死後，軍隊的勢力大受打擊，再也無法影響到朝政。劉宋也同北魏和解，攜手走向了共同發展、和平相處的道路。年輕皇帝劉義隆精力旺盛，對處理政事很擅長，再加上江南一帶本來就比較富庶，淮河和長江流域一帶又幾十年沒打過仗了，劉宋經濟很快就發展起來，劉義隆統治的這一階段被後世稱為「元嘉之治」，這一時期也是自東漢到唐朝之間最長的一段安定時期。

劉宋皇帝主動地自毀長城，算是跟北魏打了一個小配合。不過北魏目前無心南征，按照崔浩的策劃方案，北魏這邊抓緊時間整頓後方，這樣一來，位於北魏東邊和西邊的兩個小國北燕和北涼的噩運就要降臨了。

## 八

北魏軍奪取滑台並擊退檀道濟後並沒有像南方估計的那樣對劉宋發動大舉進攻，這其中有許多原因：夏天燥熱不佔天時，黃河發大水不佔地利，更重要的還是崔浩等人謹慎操盤的考慮，認為江南不是一天兩天就能打下來的，要先除掉身邊的宿敵，穩定後方，逐步取得優勢，這些工作需要付出幾代人的努力。為了能讓後人在對南方作戰時能佔據優勢，除了反覆地打壓頑強的柔然以外，根據自身成長的經驗，最東面的北燕和最西面的北涼也要一併除掉，免得成為後患。

北燕在天王馮跋的治理下，又向東南方向發展，成為高句麗的宗主國，逐漸恢復了往日的繁榮景象。但幫助他獲得王位的弟弟金龍將軍馮素弗卻在他之前去世了。馮跋哀傷過度，鬱鬱成疾，他命太子馮翼監國準備託付後事。但馮跋的寵妾宋夫人不喜歡馮翼，她一心想立自己生的小兒子為王，就對馮翼說：「陛下的病就要好了，你怎麼想著要取代他呢？」叫他進宮伺候老爸去。馮翼性格柔弱，不敢違抗宋夫人的意思，連忙到王宮裡探望馮跋，結果父子倆都被宋夫人給軟禁起來。

宋夫人把持王宮，不准大臣和馮跋的兒子們出入看望，但馮跋的弟弟馮弘在宮裡有眼線，把宋夫人的陰謀告訴了馮弘，馮弘就帶著軍隊進攻王宮，把沒有兵權的宋夫人除掉了。

宋夫人一死，王宮裡的那些宮女太監頓時驚惶四散，混亂中有人掀翻了馮跋的床，結果靠著推翻別人起家的馮跋竟糊里糊塗地被活活踩死，馮翼也趁亂跑回東宮帶著手下準備打仗。但馮弘事先派親信在和龍城外散布流言說太子和宋夫人合謀殺死親爹準備篡位，結果馮翼的軍隊都四散潰逃，馮翼被迫自殺，馮弘自稱天王，將馮跋的一百多個兒子全部殺死。

北燕經過這場大亂，無可避免地衰落下去了。

消滅胡夏後，拓跋燾就開始將注意力集中到相鄰的北燕，年年都派數萬人進攻。北燕本來就國力弱小，再加上馮弘為人殘忍好殺，論能耐卻一點沒有，抵抗了幾回就漸漸不支，危急時刻才想起自己還有幾個屬國，就派使者要求高句麗速派兵救援。

大臣楊峪說：「魏國集結天下軍隊進攻我一國，本來就很難支持，而且高句麗國從來不講信義，從前因為我國勢大投靠我們，將來也許會因為魏國勢大而投靠他們。」馮弘是病急亂投醫，也沒功夫考慮其他，向高句麗國王高璉借了一萬高句麗雇傭兵來和龍助戰。

高句麗雇傭兵還沒到和龍，北燕的西門守將就已經向北魏開門投降了。關鍵時刻一萬高句麗雇傭兵從東門殺入，先到武器庫脫掉襤褸布衣，扔掉木製武器，換上了北燕的鐵甲鋼刀，個個精神煥發。這幫人一路上大肆搶劫，見人就殺，無論是北燕叛軍還是老百姓都死傷慘重。倒是北魏軍正樂得作壁上觀，躲在一旁看熱鬧。馮弘就下令縱火焚燒和龍，攜帶金銀財寶和全城百姓往高句麗遷徙，一路上隊伍連綿八十餘里，哭聲震天。北魏軍也忌憚高句麗雇傭兵的戰鬥力，沒有派軍追擊，馮弘安然逃到平壤。

高句麗國王高璉從來沒見過宗主國國王，而且此人儒學修養很深，對天朝大國的風範很是仰慕，對馮弘也很尊重，親自帶著文武百官到郊外迎接，說話禮節都很恭敬，還派使者到平城勸說北魏和北燕和解，不宜連年兵戈，一派飽學宿儒的派頭，把拓跋燾搞得哭笑不得。

高璉將馮弘安置在平壤北面的風水好地，每天都恭敬地去問好，別看馮弘客居異鄉，派頭比在自己家裡時還要大。經常下詔書斥責高璉，今天嫌伙食不好，明天嫌招待不周，還經常在城裡四處巡查，有時就來個就地辦案，干預地方官的行政事務，高句麗官員都對他敢怒不敢言。

高璉琢磨了半天，感覺這些中原人並不像四書五經上面說的那麼牛，對所謂的王化之道大失所望，派人將馮弘給殺了，北燕滅亡。

北燕完蛋了，還有個最西面的北涼。北涼國王沮渠蒙遜是個相當厲害的人物，既狡猾又善戰，但和他同時期的牛人太多，劉裕、赫連勃勃、拓跋父子都搶盡了鋒頭，反而顯不出他的本事。北涼和從北涼分出去的西涼一直是仇敵，西涼公李暠在世時還能和沮渠蒙遜相對抗，後來李暠一死，將大權傳給李歆，李歆就來了個新官上任三把火，派兵進攻姑臧宣布要滅掉北涼。半路中了沮渠蒙遜的埋伏被殺。弟弟敦煌太守李恂急忙在敦煌草草繼位，沮渠蒙遜領軍進入酒泉，發兵進攻敦煌。

敦煌一直乾旱少雨，前面已經說過了，沮渠蒙遜有一門很厲害的技術就是天文。他進攻的時候就先算好敦煌附近幾天後將有大雨，派兵在敦煌城外壘起堤壩準備蓄水。李恂和西涼兵看了半天都不知道北涼兵在幹什麼，以為他們是準備修營壘打持久戰，也不以為意。幾天後天降暴雨，形成山洪，被沮渠蒙遜用水壩一攔，都灌到敦煌城裡，敦煌地勢低窪，洪水一下子就灌了滿城，李恂沒辦法，只好自殺。

李恂死後，他的小兒子四處流浪，後來分為兩支，一支輾轉到了北魏，五代孫叫李淵，後來成為唐朝的始祖。另一支到了中亞，九代孫叫李白，後來成為著名的詩人，也算是李廣家有後。

北涼統一了涼州，成為涼州大戰最後的倖存者。沮渠蒙遜統治了三十多年，北涼成為十六國碩果僅存的國家。拓跋燾準備滅掉北涼，就派使者李順去探聽北涼的虛實。李順和沮渠蒙遜聊了一會兒，又在姑臧城裡轉了一圈，聽聽百姓的話，感覺沮渠蒙遜這個老傢伙相當不好對付。李順回來後對拓跋燾說：「沮渠蒙遜控制涼州超過三十年，老謀深算，心機過人，大臣和百姓都非常敬畏他。沮渠蒙遜雖然不能比做是孫權，但也不是個好對付的傢伙。不過沮渠蒙遜年紀已老，幾個兒子都昏庸無能，即使是最年長的兒子沮渠牧犍，和沮渠蒙遜相比也絕對是一個天上一個地下，這是上天不叫他們長久。」拓跋燾聽了後感到很滿意，於是宣布暫停進攻北涼的計畫，等沮渠蒙遜死了再說。

幾年後，果然如同李順預言的那樣，沮渠蒙遜去世，兒子沮渠牧犍繼位。沮渠牧犍公然和老爹沮渠蒙遜的妃子通姦，他的幾個兄弟沮渠無諱、沮渠安周等也紛紛效仿大哥的樣子，沮渠牧犍也不介意，三個人經常和一群妃子搞群交，涼州很快就變得亂七八糟。拓跋燾期待已久的時刻終於到來，他趕緊召集群臣開會商量如何攻打北涼。

沮渠牧犍心裡也清楚自己這樣下去不好，他經常派使者給北魏的大臣們送厚禮，叫他們在拓跋燾面前多說好話，李順也收了不少好東西，他和奚斤等對拓跋燾說：「姑臧一帶地表都是石頭，荒野裡都沒有水草，只有城南的山上冬天有積雪，夏天融化後保存起來可以飲用，一旦我軍過去征討，他們只要把積雪都挖走，我軍就都渴死了。」

拓跋燾又諮詢了崔浩，崔浩大怒說：「大臣們都收了沮渠牧犍的禮，才為他說好話。漢書上早就說了，涼州生產牲畜，遠近聞名，如果沒有水草怎麼有牲畜？而且既然在那裡建城，必然是地理優越，如果沒有水和植物，這城市還有存在的必要麼？」

拓跋燾認為崔浩說的有理，就抓緊時間派出大軍征討北涼。魏軍到了姑臧城外一看，這裡果然像崔浩說得那樣，水草豐茂，物產豐富。拓跋燾下令重賞崔浩，並把那些反對西征的大臣都痛罵了一頓，然後發兵進攻。沮渠牧犍什麼也沒準備，一見北魏軍來了，就叫大臣們把自己捆起來向拓跋燾投降，北涼滅亡了。

隨著胡夏、北燕、北涼等國家的相繼滅亡，轟轟烈烈的五胡十六國的歷史也逐漸地走向終結，那些亂世梟雄無論是自願還是被迫，逐鹿中原的權杖都不再屬於他們，屬於他們的只有滅絕一途，這就是參與死亡遊戲的失敗者們共同的宿命。

表二　十六國興衰表

| 國名 | 創建者 | 民族 | 都城 | 興亡年代(西元) | 滅其國者 | 備註 |
|---|---|---|---|---|---|---|
| 前涼 | 張軌 | 漢 | 姑臧 | 三〇一～三七六 | 前秦苻堅 | 西元三四五年張駿稱假涼王。 |
| 漢、前趙 | 劉淵 | 匈奴 | 平陽、長安 | 三〇四～三二九 | 後趙石勒 | 劉淵國號漢，西元三一九年劉曜改為趙。 |
| 成漢 | 李雄 | 巴氐 | 成都 | 三〇四～三四七 | 東晉桓溫 | 一說西元三〇三年自李特建元始。三〇六年，雄稱大成。三三八年李壽改國號為漢。史也稱後蜀。 |
| 後趙 | 石勒 | 羯 | 襄國、鄴 | 三一九～三五一 | 冉魏冉閔 | |
| 前燕 | 慕容皝 | 鮮卑 | 龍城、薊、鄴 | 三三七～三七〇 | 前秦苻堅 | 若從慕容廆自稱大單于始，則在西元三〇七年，初居大棘城。 |
| 前秦 | 苻健 | 氐 | 長安 | 三五一～三九四 | 西秦乞伏乾歸 | 公元三八五年後國都不定，三九四年後姚興殺苻登，西秦殺苻崇。 |
| 後燕 | 慕容垂 | 鮮卑 | 中山、龍城 | 三八四～四〇九 | 北燕馮跋 | 一說亡於西元四〇七年。 |
| 後秦 | 姚崇 | 羌 | 長安 | 三八四～四一七 | 東晉劉裕 | |
| 西秦 | 乞伏國仁 | 鮮卑 | 苑川，金城 | 三八五～四三一 | 夏赫連定 | 乞伏熾磐遷都枹罕。 |
| 後涼 | 呂光 | 鮮卑 | 姑臧 | 三八六～四〇三 | 後秦姚興 | |
| 南涼 | 禿髮烏孤 | 鮮卑 | 西平、樂都 | 三九七～四一四 | 西秦乞伏熾磐 | |

| 國名 | 創建者 | 民族 | 都城 | 興亡年代(西元) | 滅其國者 | 備註 |
|---|---|---|---|---|---|---|
| 南燕 | 慕容德 | 鮮卑 | 滑台、廣固 | 三九八～四一〇 | 東晉劉裕 | |
| 西涼 | 李暠 | 漢 | 敦煌、酒泉 | 四〇〇～四二一 | 北涼沮渠蒙遜 | |
| 北涼 | 沮渠蒙遜 | 盧水胡 | 張掖、姑臧 | 四〇一～四三九 | 北魏拓跋燾 | 初於西元三九七年為段業所建。 |
| 夏 | 赫連勃勃 | 匈奴 | 統萬 | 四〇七～四三一 | 北魏、吐谷渾 | 北魏俘赫連昌，吐谷渾俘赫連定。 |
| 北燕 | 馮跋 | 漢 | 龍城 | 四〇九～四三六 | 北魏拓跋燾 | 一說始於西元四〇七年，或謂馮跋為鮮卑人。 |
| 代 | 拓跋猗盧 | 鮮卑 | 盛樂、平城 | 三一五～三七六 | 前秦苻堅 | 不計在十六國內。一說始於西元三三八年什翼犍即位。三八六年復國，尋改魏。 |
| 冉魏 | 冉閔 | 漢 | 鄴 | 三五〇～三五二 | 前燕慕容恪 | 不計在十六國內。 |
| 西燕 | 慕容沖 | 鮮卑 | 阿房、長子 | 三八五～三九四 | 後燕慕容垂 | 不計在十六國內，若慕容泓稱濟北王始，時在西元三八四年。 |
| 翟魏 | 翟遼 | 丁零 | 滑台 | 三八八～三九二 | 後燕慕容垂 | 不計在十六國內。 |

## 九

在北魏的鐵蹄踐踏下，短命的十六國相繼滅亡，拓跋家族成為中國北方的新主人。拓跋燾這個靠武力取得中原的年輕人已經不再滿足於北方的故土，他還有著把整個的中國都當作自己的玩具的能力和野心，而自居為中華正統的劉宋皇帝劉義隆也有著和他一樣的想法。

劉義隆秉性節儉——這是他自封的，在元嘉三十年的盛世裡他卻經常穿著粗布袍過活，給別人獎賞也是如此，從來沒有超過五十匹布的賞賜，即使是皇后一年的供奉也只有三五萬銅錢。不過這些規矩在劉義隆有了潘妃之後就改變了，劉義隆非常寵愛這個潘妃，對她可謂是有求必應，潘妃性情貪婪，經常向劉義隆索要錢財布匹，劉義隆一律照給。於是就有了一個怪現象，皇后什麼時候缺錢了，就到潘妃那裡說些好話，潘妃再跑到劉義隆那裡哭鬧，接著劉義隆就大發慈悲給她三五十萬銅錢，潘妃再轉交給皇后。

有這麼多難斷的家務事，劉義隆自然沒有精力理會朝政，國家大權全部落到了靠殺死檀道濟起家的皇弟劉義康手中。劉義康靠踩著功臣的肩膀往上爬，一時權傾朝野，他的府第成天門庭若市，排滿了行賄的隊伍，劉義康家裡光招待行賄者的服務員就有六千多人。地方進貢的禮物，好的先送到他這裡，孬的才呈給皇帝，劉義康成為了劉宋的無冕之王。

劉義康專權亂政惹惱了他的一個合謀者殷景仁。劉義康和劉湛兩人沆瀣一氣給殷景仁穿小鞋，試圖將他排擠出上層政治圈。可巧劉義隆最近身體不好，劉湛就四處活動準備等他死了以後立劉義康為帝，不巧的是劉義隆的病後來竟然又好了。殷景仁就秘密上書給劉義隆說劉義康和劉湛謀反，證據確鑿云云。劉義隆雖然荒淫，腦子還是很清醒的，他暗地裡一核計，不由得嚇出了一身冷汗，急忙密召殷景仁進宮。

殷景仁一直被劉義康和劉湛排擠，被迫在家裡偽裝癱瘓臥床達五年之久，這回一接到劉義隆的密令，馬上從床上一躍而起，就往皇宮跑，搞得他的家裡人還以為他詐屍了呢。劉義隆見殷景仁進來，就和值班的殿中將軍沈慶之三人一起下旨，宣布處死劉湛，免去劉義康的職務。

劉湛和劉義康比當年司馬懿的對手曹爽還沒用，別看這兩位擁有軍政合一的大權，接到皇帝的詔書後，一點脾氣也沒有就乖乖地束手就擒。

劉義隆輕而易舉就粉碎了劉義康集團，取得了成功。他免除了劉義康的職務，派遣他擔任江州刺史，又加封踩著劉義康和劉湛上臺的殷景仁為揚州刺史，執掌國家大權，大家輪流坐莊。不過有趣的是殷景仁剛就職沒幾天就發瘋而死，建康城裡有傳言說他是被劉湛的鬼魂索命給整死的。

發配到外地的劉義康還不老實，他的手下范曄（就是寫《後漢書》的那個范曄）等又密謀推舉劉義康謀反。結果又一次被劉義隆發覺。劉義隆下令徵召劉義康進京，把范曄也給殺了。

劉義隆把劉義康軟禁起來，結果還有餘黨打著他的旗號要造反。劉義隆準備把他發配到廣州去服苦役，劉義康又嫌廣州路遠，不願意去，要求哥哥給他安排個近的地方服刑。劉義隆被劉義康搞煩了，便派人給他送去毒藥叫他自盡。劉義康還大言不慚地對使者說：「我信佛教，佛祖說：他的弟子是不能自殺的，請陛下給我換個別的處分吧。」使者一聽，二話不說，撲上去動手掐死劉義康，回去覆命。

劉宋的三個最有可能成為權臣的傢伙竟然幾乎同時意外而死，這個巧合在歷史上也算比較罕見，劉義隆又重掌國家大權。他視察了一下庫房和建康城，發現在他沒有管理國家的這段日子裡竟然國庫充實，百姓富庶，從江北到江南都是一片欣欣向榮的景象，劉義隆不禁有些飄飄然，認為自己文治過人，武功超群，不用怎麼費心國家就這麼富強，要是再努把力，北魏在自己眼裡還不就是毛蟲一條？於是，一個大規模的北伐計畫就在劉義隆的腦子裡形成了。

劉義隆的北伐計畫剛提出來，就遭到了眾大臣的勸阻。不過這時候北魏國內發生了一件大事，使得劉義隆的北伐計畫得以實施。

北魏的開國老臣崔浩歷任三世要職，功勳赫赫，成為拓跋燾最倚重的謀士，他的才能也絲毫不亞於十六國第一謀臣王猛。史載崔浩作夢都在想著怎麼給國家出謀劃策，他的床前一直放著裝白灰的銅盤，睡覺的時候想起什麼就畫到盤子裡。拓跋燾也經常微服到崔浩家裡串門，崔浩從來不特意為皇帝準備宴席，而是隨手摸倆窩頭兩人邊啃邊討論問題。拓跋燾對崔浩也極其信任，私下告訴他說：「先生才智淵博，是我家三代老臣，是我祖父輩的老師，所以先生有什麼異議時千萬不要避諱，一定盡忠進言。我也許當時會發火不聽你的，事後必然會改變想法。」

但崔浩這位滿腹經綸的智多星卻有一個致命的缺點，那就是不懂得為人。他性格直率，又是漢族知識份子出身，這一點拓跋燾或可接受，別人就不一定了，大部分鮮卑武將都不買他的賬，也瞧不上他那套文縐縐的裝束。打仗的時候崔浩所作的判斷往往準確至極，拓跋燾經常對手下說：「你們這些粗人啊，不要覺得崔浩這個人身材文弱，不能射箭持矛，但是他肚子裡的學問比最精銳的武器還要厲害，你們都要向他學習啊。」結果卻是沒有一個人向他學習。

崔浩和武將們的關係都很緊張，北魏朝廷中的大部分重臣都是武將出身，比如奚斤、叔孫建、長孫道生等，他們個個看崔浩不順眼，崔浩也看不起他們，上下朝時相互之間從來都不說話。

崔浩信奉國產的道教，而且相當迷信，他還勸說拓跋燾也信了道教。拓跋燾很寵信一個叫寇謙之的道士，這個道士和崔浩的關係還過得去。在他們的影響下，拓跋燾甚至把北魏年號都改為「太平真君」這樣一個道教氣氛很濃的名字，其實就相當於把道教立為國教。北魏的絕大多數官員和百姓都信佛教，這樣一來，宗教信仰問題就成為雙方衝突的導火索。

不久，關中一帶的胡人蓋吳造反，被北魏打壓下去。在作戰過程中拓跋燾路過長安的一座寺廟，發現這裡的和尚竟敢公然飲酒，而且還藏匿有很多兵器。拓跋燾頓時大怒，認為這些和尚參與了蓋吳的造反，就下令把這個寺廟的和尚全都殺死，並將寺內資產沒收充公。崔浩就在一旁煽風點火，建議拓跋燾殺光天下的和尚，砸光所有的佛像。這回連寇謙之道長也覺得太過分了，就勸阻崔浩和拓跋燾不要這樣做，結果兩人都不同意。於是就發生了著名的「太武滅佛」事件，宣布凡是立胡神胡經和胡像者一律活埋，和尚和信佛的人死了不計其數。

但是，由於包括太子拓跋晃在內的許多官員都信佛教，這件事到後來也就不了了之，經過這件事後，幾乎是全體國人都對崔浩恨之入骨，總想伺機報復他。他們報復崔浩的機會不久就來了。

北魏統一了中國北方，拓跋燾認為應該給國家編寫一套史書，就委派崔浩為總編輯，特意叮囑說一定要據實編寫。崔浩果然是據實編寫，等書寫完後他又突發奇想沒急著出書，而是把史書刻在長一百步的石碑上，以求萬年不朽。這樣就引起了「倒崔派」們的不滿，認為崔浩這種做法是「暴揚國惡」。拓跋燾大怒，下令治崔浩的罪，結果一向伶牙俐齒的崔浩在法庭上竟然害怕地說不出話來。拓跋燾一發火，就下令將崔浩一家滅族。後來還不解恨，詔書下來後實際執行的是把北方大族清河崔氏、范陽盧氏、太原郭氏、河東柳氏全部殺光，曾經是民族和平共處的典範的北魏民族矛盾馬上暴激，南北朝中的北方漢人再也沒有像十六國時期那樣得到重用。

七十多歲的崔浩死前受盡虐待，被關在鬧市的籠子裡示眾。那些因滅佛案而失去親人的士兵紛紛在他身上撒尿，將其折磨而死，崔浩的慘叫聲之大全城都能聽到，這也算叫人不勝唏噓吧。如果說劉宋殺掉檀道濟是自毀長城的話，那麼北魏殺死崔浩就是自斷其臂了。

崔浩被虐殺的消息傳到南方，宋軍歡欣雀躍。不久，劉宋的北伐軍就趁著盛夏暴漲的黃河水從歷城逆流而上進攻中原要塞滑台，第三次南北大戰爆發了。

十

發生在五世紀中葉的宋魏之間的第三次南北大戰戰況之激烈為兩朝所罕聞，時值北魏屠殺佛教徒和漢族知識份子之際，一向佔優勢的北方無論是民族矛盾還是宗教矛盾都空前緊張。而劉宋剛剷除三大權臣，一心想經略中原、封狼居胥的劉義隆挾元嘉三十年盛世之威，南方無論財力物力都達到自東漢以來的最高水準。雙方實力對比一升一降，使得本來就撲朔迷離的戰況更增加了幾分不確定的色彩。

劉宋和北魏已近二十年沒打過仗了，拓跋燾也善於走外交途徑，征討北燕和北涼前都先和劉宋搞好關係，劉義隆當時也沒有實權，就坐視拓跋燾輕鬆攻城掠地。這回劉義隆有了北伐的意思，很想撕毀雙邊不成文的和平協議開打一場。善於揣摩上意的大臣們都紛紛上書要求劉義隆不能在雙邊外交中示弱，最能拍馬屁的彭城太守王玄謨甚至一天三上書，吹捧劉義隆左壓秦始皇，右比漢武帝，真是古今中外少有的文武雙全的明君，這次必定會席捲燕趙，封禪泰山，立千古美談，微臣等願親上封禪之書，也求在青史上掛一個名云云。把劉義隆捧得騰雲駕霧，對大臣們說：「看了王玄謨的奏章，乞丐也有封狼居胥的打算了。」就授意邊境守軍製造摩擦，看北魏如何反應。

這時候北魏正在關中一帶圍剿蓋吳的叛軍，劉義隆就叫豫州一帶的軍隊給蓋吳的叛軍提供後勤保障等支援。還特地囑咐豫州的守軍說：「如果來進攻的魏軍實力弱小，大家堅守各自的城池就行，如果勢大，就都退到壽陽集中防守。」宋軍得到最高指示，就處處製造摩擦，給蓋吳叛軍提供兵器衣甲，上邊還大鳴大放地打上宋的旗號，這種赤裸裸的挑釁行為當然為拓跋燾所不能容忍，不久拓跋燾就親率十萬大軍悶聲不響地殺過來了。

宋軍的偵察兵們並沒發現魏軍的動向，直到魏軍殺到城下時才發現，宋軍官兵頓時驚慌四散。拓跋燾趁勢進攻，包圍了懸瓠（今河南汝南）。

懸瓠守將陳憲手頭只有不到一千人，被魏軍十萬人所包圍，陳憲帶著這幾百人拼死拒守。拓跋燾指揮大軍日夜攻城，在懸瓠四周修建木樓，魏軍自上而下射擊宋軍，箭矢如暴雨般傾盆而下，城裡的士兵提水都要背著木板。魏軍又使用衝車猛撞城牆，這些衝車上有大鉤，可以鉤拉城垛磚，沒兩天就把懸瓠南城城牆給拉壞了。陳憲就在城牆裡另修城牆，外面架設拒馬鹿砦抵擋衝車的衝擊。拓跋燾沒辦法，下令步兵死命攻城。魏軍從四面八方如螻蟻一般蜂擁而上，宋軍的護城弩威力巨大，衝到城牆下的魏軍幾乎全部中箭身亡，屍積如山，不久城外的死屍就壘得和城牆一樣高。這時，拓跋燾下令讓精銳的騎兵部隊攻城，北魏騎兵踩著地上的屍體一口氣衝到城牆上來，和宋軍展開短兵相接的惡戰。陳憲親自提刀作戰，宋兵個個以死相搏，無不以一當百，和源源不斷衝上來的北魏騎兵拼命。這樣從早晨殺到晚上，拓跋燾的十萬大軍竟然無法攻克這個只有幾百人鎮守的小城，反而被對方殺死了一萬多人。

拓跋燾見攻城部隊進展很不順利，就下令將懸瓠包圍起來，另派弟弟拓跋仁帶領一萬多軍隊抓捕周圍的老百姓回國當奴隸，並把抓來的老百姓稱為「生口」，取其既能勞動又能食用的意思。劉義隆知道後，就命令徐州部隊去救援。拓跋仁沒防備徐州方面會出兵，遭到了突然襲擊，還被放跑了很多「生口」，被迫狼狽撤回。

魏軍無法攻下懸瓠，抓「生口」的計畫又遭到打擊，時間一長糧食就跟不上了，只好快快撤回，懸瓠城在被魏軍圍困了四十二天後，又回到了劉宋一邊。

拓跋燾回到平城後，就給劉義隆送去了一封措辭有趣的恐嚇信，責備劉義隆不信守諾言，拓跋燾在信中寫道：這次蓋吳謀反，你們南人竟然提供給他們兵器資助，這怎麼是大丈夫的行為呢？為什麼不敢親自領兵來打一場，反而用財物來誘惑我的邊民？你要想保存劉氏一脈，就趕快把長江以北的土地獻上來，這樣我才會發善心把江南留給你們住。否則就趕快訓練軍隊準備打仗，不過看從前的戰績，貴方一向勝少敗多，這回還是趕快求祖宗保佑吧。你們從前北聯蠕蠕、西聯赫連、沮渠、東聯高句麗馮弘，這些國家都被我滅掉了，你們怎麼能獨立？而且你們不是我的對手，你們經常想和我打仗，但我既不是白癡，也不是苻堅，什麼時候和你們打都取決於我。我白天派騎兵包圍你們，晚上就跑到一百里外的地方宿營。聽說你們南方人擅長半夜劫營，不過劫營部隊一晚上最多走五十里，那時候天就亮了，看你們怎麼辦！最後說一句，檀道濟如果活到現在，他雖然年老，卻還能抵擋抵擋，竟然被你殺掉，這不是上天在幫忙我麼？而且殺你也不用我的士兵，這兩天我從西域高價請來了幾個婆羅門僧侶，他們擅長念咒，念兩次咒就有鬼神把你押到平城來了。

這封信送到建康後，劉宋大臣看後都怒不可遏，那個唐僧般的王玄謨又上表要求北伐。劉義隆的兩個弄臣徐湛之和江湛都在一旁給皇帝打氣，慫恿說拓跋燾殺掉崔浩後國內民心盡失，前段時間拓跋燾十萬大軍四十二天都攻不下我們幾百人的小城，可見北魏實力不過如此。說得劉義隆心中「經略中原封狼居胥」的念頭又開始翻騰，劉義隆最終下令全國總動員，準備討伐拓跋燾。

步兵校尉沈慶之聽說後，急忙勸阻說：「我們是步兵，對方是騎兵，正面作戰很難討好。從前檀道濟兩次出戰均無功而返，到彥之也作戰失利，而王玄謨僅靠資歷出身，戰功不知怎麼樣，這次北伐形勢不見得太好啊。」

劉義隆聽了沈慶之的話以後很不高興，他氣哼哼地說：「檀道濟居心叵測，到彥之中途膽小，都是因為沒有認真執行我的作戰計畫的原因！所以才沒有成功！現在正值盛夏，河水暴漲，坐船可以從建康一直到碻磝（今山東茌平），那麼在滑台的敵人必然望風潰逃，虎牢和洛陽也就大勢已去。到了冬天，我們就把城池修好了，敵人不擅長攻城，如果他們敢來攻打黃河三要塞，那是正中我的下懷，如果敵人敢過河就派出三要塞的軍隊截斷他們的後路，正好將他們一網打盡，還害怕什麼？」

徐湛之和江湛這兩個傢伙也跳出來幫腔指責沈慶之。沈慶之對這兩個寶貝東西一向都很鄙視，他就對劉義隆說：「治國和管家的道理一樣，耕地的問題要請教農民，織布的問題要請教婦女，陛下和書生商量打仗，怎麼能成功呢？」劉義隆聽後一陣冷笑，不再理會持反對意見的人，給每個人都賞了點東西了事。

拓跋燾聽說劉宋要北伐，便又派人給劉義隆送去了很多好東西，並對劉義隆說：「兩國和好日久，貴國卻這麼貪得無厭。你們要進攻的話，只要能打到中山或桑乾河，我就宣布放下武器，隨你們的便。如果你們覺得建康的房子不好，可以到平城來住兩天，我倒想去建康玩一圈。不過聽說你年紀不小了，還沒出過建康城，體力還比不上三歲的嬰兒，怎麼能比得上我這從小就長在馬上的鮮卑人？您這回來北方我沒什麼好東西相送，特奉好馬十二匹，名貴藥品若干，您此次出行路上旅途遙遠，如果貴地的馬腳力不好，就騎我送的，如果您水土不服，服用這些藥品可以治療。」

劉義隆和眾大臣看了拓跋燾的信，更是齊聲痛罵。不久，劉義隆就制定了更為嚴密的作戰方案，不光是部隊的行軍路線地點，就連軍隊什麼時候吃飯、什麼時候睡覺、什麼時候打仗都定得一清二楚。劉義隆任命最能吹牛皮的王玄謨為先鋒，沈慶之為副將率兵沿水路進攻碻磝，他們歸青州刺史蕭斌調度；大將臧質、王方回由陸路進攻許昌、洛陽一帶；又派兒子徐州刺史劉駿、豫州刺史劉鑠、雍州刺史劉誕從屬地出兵北伐；由弟弟劉義恭坐鎮彭城為總調度。一面減免文武官員年薪的三分之一為軍餉，老百姓家財產滿五十萬的，和尚尼姑廟裡財產滿二十萬的，一律借四分之一以充軍餉。劉義隆調度完畢後，躊躇滿志地要打過黃河去，活捉拓跋燾。

天時地利人和佔盡的宋軍一路上進展順利，不久宋軍前部就攻破碻磝，趕走北魏的濟州刺史王買德，佔據了山東境內黃河以南的土地。西面劉誕手下大將柳元景、薛安都等攻陷長安，劉鑠手下劉康祖、胡勝之一路直逼虎牢、洛陽，宋軍三面齊上，叫拓跋燾十分頭疼。

## 十一

面對劉宋的大舉進攻，拓跋燾一點都不在乎，對手下說：「現在時值盛夏，天氣燥熱戰馬還沒養肥，不宜出擊。如果他們真是一追到底，我軍就撤到陰山以北躲著他們。反正國人的風俗就是穿皮毛，何必一定要改穿絲帛來適應熱帶作戰呢？等冬天一來，我就不怕了。」

正如拓跋燾所設想的那樣，宋軍打到了滑台後就一蹶到底不再追擊。牛皮吹得震天響的前部先鋒王玄謨到了滑台後宣布攻城，手下請求用火箭燒城，王玄謨就搖頭晃腦地說：「這些遲早都是我國的財產，為什麼要燒呢？」他的名言馬上被當作仁義的象徵來傳誦，於是滑台城裡的守軍當天就加強消防措施以防敵人用火攻。

宋軍剛到滑台時，周圍的百姓聽說王玄謨是個仁義君子，便紛紛前來響應所謂的義軍，有的贈送糧食，有的要求參軍，每天都有數千人來拜訪。王玄謨馬上發現，旺盛的人氣具有潛在的商業價值，正好滑台一帶盛產著名的特產大梨，具有南方人特有的精明商業頭腦的王玄謨覺得把大梨運到南方去一定能夠賺大錢，就從南方搞了些布匹來和滑台的百姓做易貨貿易。王玄謨開出的價錢低得離譜，八百個大梨才能換他的一匹布，百姓都不接受，王玄謨就派兵挨家挨戶去搶梨，每家有多少就搶多少，至少要準備八百，多了不限，搶完後丟下布匹走人。這樣一來，老百姓對子弟兵們的殷切希望全部成了泡影，老百姓紛紛四處逃亡，有的甚至返回北魏去通風報信。

王玄謨靠掠奪大梨狠狠發了一筆，但他又很摳門，一點兒也不體恤士兵，他手下的士兵連飯都吃不飽，一打仗就磨洋工，滑台城攻了三個月都打不下來。這時已到了初冬，拓跋燾親自率領的五萬先鋒騎兵已經秘密殺到了枋頭。

拓跋燾也不清楚宋軍的虛實，就派了幾個人跑到滑台勞軍，放出話來說北魏發兵一百萬，一定要打到建康去。消息一傳開，周圍的百姓紛紛到拓跋燾那裡哭訴宋軍的暴行。拓跋燾得知對手竟是這麼一個活寶，就命令全軍人人準備一面戰鼓和一個胡笳，半夜進攻時將樂器一齊吹奏，頓時聲音震天動地，傳到六十里外的宋軍大營。宋軍營地裡早就傳言一百萬魏軍就在附近，聽到敵人進攻的胡笳聲都嚇得尿褲子，王玄謨帶頭往碻磝逃跑，軍隊也立即潰散，拓跋燾的騎兵迅速追擊，殺死一萬多宋軍散兵，繳獲了大批輜重。

滑台附近的水軍都督垣護之早就建議王玄謨抓緊攻城，王玄謨就是不理。這回王玄謨軍潰散，魏軍搶奪了王玄謨丟棄的戰艦，用鐵索連起來阻擋垣護之撤退。垣護之就將戰艦集中起來順著黃河沖下來，黃河水流迅急，宋軍碰到鐵索就用長柄大斧將其砍斷，魏軍沒有擅長水戰的軍隊，只好眼睜睜地看著垣護之溜走，劉宋的水軍得以安然撤回碻磝。

滑台的宋軍陣地一失陷，劉義隆的龐大進攻計畫頓時全面崩潰。真是兵敗如山倒，王玄謨和他的潰兵像無頭蒼蠅一樣四處亂竄，跑到哪裡，哪裡的守軍就一律跟著逃跑。

王玄謨跑到碻磝，鎮守碻磝的東線總指揮蕭斌也是超級大無能，剛接到還不知道前線全軍潰敗消息的劉義隆發來的指揮圖，命令蕭斌死守碻磝。蕭斌一向對皇帝言聽計從，接到命令後他就準備死守碻磝，副將沈慶之反對說：「魏軍此次來勢洶洶，而且我軍士氣低落，碻磝一定守不住。將在外，君命有所不受，不如撤退到徐州聯合當地守軍，組成戰鬥集團，才是對付魏軍騎兵的上策。」

蕭斌不敢決斷，趕緊派使者去向劉義隆彙報，等了半月後，等來的命令是繼續死守。沈慶之說：「詔書從建康送過來時這裡的形勢早就變樣了，先生放著我這樣的好計不用，反而請示建康，有什麼意義呢？」

蕭斌和他手下一群無能的將軍都哄堂大笑，一齊向沈慶之拱手說：「是啊是啊，還是沈將軍有學問，不過這是上意，我們也得遵守啊。」還是不聽沈慶之的建議，把沈慶之氣得夠嗆。

蕭斌派王玄謨鎮守碻磝（還敢用他），垣護之鎮守清河，自己回歷城指揮東線全域。

魏軍的攻勢非常順利，騎兵部隊一天可以推進一二百里。拓跋燾分兵五路，全部朝建康殺來。他自己帶著騎兵由東平進攻鄒山（今山東鄒城），並拜謁了孔廟和秦始皇的石刻，宣布這次一定要打過長江去，北魏各路軍隊的進攻更加猛烈。

拓跋燾將主力集中在東線，形成了對宋軍的絕對優勢，但西部邊境戰況卻出現反覆。劉宋由關中出擊的雍州刺史劉誕雖然不懂打仗，但他採取了比較明智的做法，放手叫部下自己去打。劉誕麾下大將柳元景相當能打，柳元景手下的幾員副將薛安都、尹顯祖、曾方平等，也都是在隴西同當地羌族土著人長期作戰鍛鍊出來的驍將。這次接到劉義隆發來的命令要求他們去佔領陝城（今河南陝縣），半路上碰到北魏洛陽太守張是連提兩萬騎兵的反擊。北魏騎兵在宋軍隊伍裡來回衝殺，耀武揚威，宋軍被打得抱頭鼠竄。柳元景的先鋒官薛安都大怒，丟掉頭盔，脫去戰甲，將戰馬的盔甲也扒光，只穿連襟小衣，雙眉倒豎，兩眼圓睜，手持長矛單人突擊魏軍陣地，截殺魏軍騎兵，一路所向無前。魏軍無法抵擋，就朝薛安都身上射箭，薛安都把手中的長矛舞得密不透風，敵人雖然箭如雨下卻無一射中他。薛安都反覆衝突數十回，一直殺到天黑，兩軍才停戰休息。

第二天，雙方都有增援部隊前來助戰，宋軍僅來了兩千人，而魏軍則是旌旗招展，鼓笳齊鳴，看得宋軍士兵人人都變了臉色。曾方平對薛安都說：「現在勁敵在前，敵城在後，是我們死戰的時候了。你要是膽怯的話我就殺了你，我如果膽怯的話，你也把我殺了。」一豪氣沖天的薛安都大聲回答說：「說得對，就這樣定了！」一兩人擊掌為誓，一起衝向慢慢壓過來的魏軍大陣。

這場惡戰從早晨殺到中午，直殺得天昏地暗。薛安都帶頭衝殺，渾身的鮮血在身上凝結成塊，手中的長矛折斷了好幾根，後面馬上就有親兵遞上一根新的。到了下午，魏軍全線崩潰，跳河或被亂軍踩死的不計其數，張是連提在惡戰中被殺，其餘士兵全部被俘。

第二天，柳元景前來收拾殘局，對俘虜說：「你們都是漢人，現在為胡人做事，不知道盡忠，反而投降，是什麼道理？」俘虜們回答說：「胡人派騎兵督戰，落在最後的就被殺掉，這是將軍親眼所見的。」柳元景歎息不止，將俘虜全部釋放。

魏軍援軍覆沒，陝城守軍只好投降。柳元景正準備繼續進攻時，那個不識時務的劉義隆又冒了出來，他下旨說前線都已撤退你孤軍不宜單出，並加封柳元景為襄陽太守防衛荊州北部。柳元景無奈，只好向南撤退，好不容易搶來的地盤就又丟給了北魏。

西線的失利並不影響魏軍整個前進的步伐，指揮中線的拓跋仁接連佔領了懸瓠和項城，一路上烽煙滾滾，見城就燒，見人就殺，逕直往壽陽而來。中線宋軍全線潰敗，坐鎮壽陽的中線總指揮豫州刺史劉鑠害怕被殲，急忙調集在前線阻擊魏軍的劉康祖撤回壽陽。劉康祖的八千軍隊在撤退中，被拓跋仁的八萬騎兵團團包圍。部下建議說軍隊丟棄輜重翻山走小路撤退可能還有生機，劉康祖大怒說：「我軍屢戰不勝，正好藉此雪恨，撤退什麼？」下令將戰車首尾連接就地成陣，並下死命令說：「全體將士凡往回看者斬首，往回跑者斬腿！」不久魏軍騎兵四面攻城，宋軍士兵各自奮戰，從白天到黃昏，殺死魏軍一萬多人。

宋軍車陣地勢低窪，地上戰死者的積血一直沒過了活人的腳後跟，劉康祖身受十處創傷，仍然與敵人決死惡戰。拓跋仁見戰況不利，就將軍隊分成三撥，一個時辰一撥進行輪休。不久就到了黃昏，風聲大作，拓跋仁命令部隊在戰馬上捆綁稻草，點上火衝擊宋軍車陣。劉康祖針鋒相對，命士兵收集地上流淌的人血來滅火，人血被火一燒，味道臭不可聞。混戰中劉康祖被一隻流矢射穿了脖子，墜馬而死，宋軍失去指揮，頓時亂成一團，拓跋仁趁機發動總攻，劉康祖的八千步兵全部戰死，無一生還或被俘。

經過惡戰磨練的北魏中線主力拓跋仁部一路勢如破竹，殺奔壽陽而來。膽小的劉鑠連逃跑都不敢，只好躲在城裡祈求神靈保佑。不久，東線拓跋燾的大軍到達彭城，在城外的戲馬台上支起大帳，居高臨下地俯視彭城這座曾是西楚霸王項羽的首都的千年古城。

## 十二

拓跋燾包圍彭城後，劉宋北伐軍總指揮劉義恭早就嚇得魂不附體，準備放棄彭城往建康逃跑。沈慶之聽說後，認為歷城兵少糧多，而彭城兵多糧少，建議劉義恭往歷城撤退。劉義恭手下的參謀認為不如往東跑乘船走海路回建康為上策。劉義恭心裡去意已定，但對這兩種撤軍方案到底該實施哪個好一時還拿不定主意。負責東南線作戰的劉駿就對劉義恭說：「叔父既然是總指揮，您想到哪裡去我管不著，但我作為一城之主，擅自放棄城防逃跑實在無顏面對江東父老，我一定要與此城共存亡。」他的這番話把劉義恭說的也不好意思逃跑了，他就抓緊整飭彭城的防禦體系準備固守。

拓跋燾圍著彭城繞了一圈，看到宋軍防守森嚴，便不敢貿然發起進攻。他就派使者前去拜訪劉駿，送給劉駿幾峰駱駝，要求交換酒和甘蔗，劉駿滿足了他的要求。第二天，拓跋燾又派使者去找索取柑橘和賭博用具，並贈送給劉駿一些皮衣，劉駿又一次滿足了他。到了第三天，拓跋燾的使者又來找劉駿提出借些樂器，劉駿就對使者說：「我受皇上的指派前來打仗，沒有準備樂器。貴主要來就來，要打就打，自古人臣無境外之交，這些面子上的把戲就不要再表演了。」

拓跋燾一看劉駿這人不好對付，就發動了一次試驗性進攻，卻沒什麼效果，拓跋燾就帶著大部隊繼續南下，一路上劉宋各地守軍都望風潰逃，魏軍輕易地渡過淮河，來到盱眙城下。

彭城被包圍時，劉義隆派遣臧質帶領一萬軍隊救援彭城。臧質趕到盱眙時聽說拓跋燾已經開始渡淮河了，就和盱眙太守沈璞一道整頓城防等著拓跋燾來進攻。

還在王玄謨進攻滑台、宋軍形勢一片大好的時候，沈璞就開始積極囤積糧食儲存武器準備守城，大家都認為沈璞太膽小。這次魏軍南攻，周圍城池的守軍都望風而逃，有人勸沈璞也往建康撤退，沈璞說：「敵人可能以為盱眙城小不會來，如果真來打的話，正是報國封侯的時機。諸位聽過幾十萬軍隊包圍小城而戰敗的例子麼？昆陽、合肥、懸瓠都是例子，兵不在多，兩千就足夠了。」這回臧質一來，沈璞更為高興，兩人團結一致，嚴陣以待，準備死守盱眙。

魏軍兵多將廣，糧食供給總跟不上，一直靠擄掠維持。聽說盱眙糧多兵少，就派軍隊前來搶城。到了城下拓跋燾又故技重施，派人送給臧質一些銳利武器，想換點酒喝，臧質也很搞笑，封了兩罎子尿給他送去。拓跋燾大怒，命令在盱眙城外修築高牆往城裡射箭，魏軍人多勢眾，一天的工夫就圍城修了一圈。然後搬運土石從上而下填築護城河，也是一天就完工。拓跋燾派人給臧質送信說：「我派的軍隊都不是我國人，東面是丁零，北面是胡人，南面是氐人，西面是羌人，丁零死了就是幫你們消滅冀州叛賊，胡人死了就是幫你們消滅并州叛賊，氐、羌死了就是幫你們消滅關中叛賊，先生盡量開殺，不要客氣。」

臧質看了信，回覆說：「閱，只是現在嚴冬已過，馬上就要開春，我軍增援部隊這就要到，你就慢慢攻城吧，不要跑，糧食不夠了就說一聲，我叫人給你送兩斤，你的軍隊再多，本事再大，能比得上前朝的苻堅？我看看你還能猖狂幾天？送給我的這些刀劍，正是所謂『授人以柄』，馬上就要用到你身上去了！」

拓跋燾大怒，造了一張鐵床，上面紮滿鐵刺，拉到盱眙城下宣布說：「攻破盱眙後，就叫臧質躺到這上面！」臧質也會想辦法，叫人在城樓上大聲宣布道：「凡是取得拓跋燾首級者，加封萬戶侯，賞黃金一萬兩，絲帛一萬匹！」

拓跋燾命令全軍攻城，用鉤車鉤拉盱眙城樓，臧質就命手下用繩子繫住鉤車的鉤子，另一頭繫在城裡的大房子上，命城裡百姓一齊往回拉。鉤車沒法撤回，到了晚上，臧質就用大木桶吊著士兵偷偷地到城下，把鉤車拆散了運到城裡。

拓跋燾一看用鉤車不靈，又用衝車撞城牆。盱眙城池經過加固，十分結實，每撞一回，掉下來的磚土都寥寥無幾。拓跋燾又開始用人肉麻袋的辦法，叫步兵拼死衝城，十萬魏軍雜胡步兵四面爬城，死戰不退，爬到城牆上的馬上被滾石砸下去，死掉的就充當後人的墊腳石，沒死的就爬起來接著沖，很快屍體就壘得與城牆一樣高了。臧質又叫士兵用長矛將敵人摞在一起的屍體推倒，這樣反覆攻殺了三十天，魏軍損失數萬人，還是無法佔領盱眙。

拓跋燾沒辦法，指揮部隊繞過盱眙繼續南行，到達了長江以北的瓜步（今江蘇六合瓜步山），魏軍連綿數十里站在長江大堤上，威脅著對岸的建康。這是北軍頭一次離建康如此之近，劉義隆被迫宣布建康全城戒嚴，並準備親自領兵出城迎戰。建康附近的老百姓走路都提著扁擔，準備和魏軍做最後的拼搏。

劉義隆登上石頭城，看見北魏兵力強大，心裡十分沮喪。他對身邊的馬屁精徐湛之和江湛說：「我的北伐計畫，支持的人少，反對的人多，如今落到這個地步，都是你們兩個人的過錯！」說完之後他半晌不語，忽然徐徐長歎一聲說：「如果檀道濟還在的話，怎麼會讓敵人打到這個地方？」

劉義隆實在沒辦法對付，就貼出告示宣布誰能殺掉拓跋燾，一律封王，又派人在北岸的空房子裡放置毒酒，以圖毒死拓跋燾，這些措施全都沒有效果。

拓跋燾的部隊沒有水軍，也就沒辦法渡過長江，而且數十萬軍隊的糧食供應一直是個問題。再加上春天臨近，附近的屍體被地氣薰蒸，軍營裡有流行瘟疫的苗頭。而滯留在魏軍後方的彭城宋軍也一直是拓跋燾的心腹大患，軍隊裡又一直傳說劉宋南方軍會走海路入淮河聯絡彭城軍切斷魏軍的後路。拓跋燾就在瓜步山上設立祠堂來紀念這次作戰經歷，並派出使者到建康向劉義隆求和，送去許多駱駝和好馬，建議雙方停戰結盟。這正是劉義隆所期望的最好結局，他馬上准許和議，回贈拓跋燾柑橘米酒作為禮物，北魏大軍拔營而去。

魏軍回師的路上，把自己沒能打過長江去的怒氣全部發洩到沿途的百姓身上。他們沿途把所有的房屋都放火燒光，碰到的男子一律殺死，女子一律擄掠到北方，而抓到的嬰孩兒童就用長矛穿破肚子舉在空中揮舞，把這當作一種娛樂的遊戲。從黃河到長江方圓千里的廣大地區，包括整個的淮河流域全都變成了絕對的無人區。那些春天北歸的燕子都無法找到舊日的巢穴，只好將新巢建在樹林裡，宋魏之間的第三次南北大戰，就以這樣一個兩敗俱傷的結局而告終。

經歷了第三次南北大戰後，三十年「元嘉之治」的大好局面毀於一旦。劉宋皇帝劉義隆威信盡失，第二年就被太子所殺，隨後劉宋就陷入了無休無止的內亂，二十六年出了六個皇帝，六個暴君，全部都不得善終，歷史上從來沒有一個王朝像南朝的劉宋這樣可怕，也從來沒有一個世紀像中國的五世紀那樣，湧現出了二十多位暴君。

北魏的南征大軍在第三次南北大戰中死傷過半，拓跋燾對自己的能力也產生了懷疑。由於他當年大殺佛教徒，埋下深深的危機，回到平城不久就被宮內的太監刺死，北魏國勢開始衰落。直到二十年後出了一位仰慕漢文化的拓跋宏，發動漢化運動，鮮卑這個獨特的民族在漫長的漢化運動中逐漸消失，融合到你我每一個人的身上。正是這些經過融合、浴火重生的雜種漢人，迅速擊潰了南方那些自命純種的中華正統漢人，重新組建了新生的強大帝國——隋和唐。回頭看看中國大地上發生在四至五世紀的這段混亂史，故事當中的主人公們也許沒有一個人會想到，他們的種種努力，種種拼搏，到頭來不過是為他人作嫁衣裳。

# 佛狸祠下大事記

## ◉ 西元四二〇年

六月，劉裕稱帝，建立南朝劉宋。東晉滅亡，南朝開始。

七月，西涼李歆進攻北涼，中埋伏被殺。北涼沮渠蒙遜攻陷西涼酒泉。

九月，西涼李恂於敦煌自稱涼州刺史。

## ◉ 西元四二一年

三月，北涼沮渠蒙遜水淹敦煌，李恂自殺，西涼滅亡。北涼成為西域諸小國的宗主國。

九月，劉裕派人殺死晉恭帝司馬德文。

## ◉ 西元四二二年

五月，宋武帝劉裕病死，太子劉義符繼位，司空徐羨之、中書令傅亮、領軍將軍謝晦、鎮北將軍檀道濟被加封為顧命四大臣。北魏拓跋嗣加封奚斤、長孫嵩、安同、崔浩、穆觀、丘堆為太子拓跋燾輔相六臣。

十月，北魏大將奚斤進攻劉宋黃河三鎮，第一次南北大戰爆發。

十二月，北魏叔孫建一月佔領臨淄。攻佔兗州大部地區。

## ◉ 西元四二三年

三月，劉宋虎牢守將毛德祖設計除掉北魏大將公孫表。北魏叔孫建發起東陽戰役。

四月，劉宋檀道濟救援東陽，北魏叔孫建撤軍加入虎牢戰場。

同月，拓跋燾攻陷虎牢，殺死劉宋守將毛德祖。第一次南北大戰結束，北魏佔領劉宋司、兗、豫三州。

五月，拓跋燾回師平城。

十一月，北魏明元帝拓跋嗣病死，太子拓跋燾繼位，後人稱為魏太武帝。

◉ 西元四二四年

三月，劉宋顧命四臣處死劉義真。

五月，劉宋顧命四臣發動政變，殺死宋少帝劉義符。

八月，劉宋顧命四臣另立劉義隆為帝，後人稱為宋文帝。北魏擊敗柔然於雲中，射殺柔然大將于涉斤。

十二月，胡夏赫連勃勃殺死太子赫連璝，另立赫連昌為太子。

◉ 西元四二五年

八月，胡夏武烈帝赫連勃勃病死，兒子赫連昌繼位。

十月，魏太武帝拓跋燾分兵五路擊敗柔然。

◉ 西元四二六年

二月，劉義隆聯合檀道濟殺死顧命兩臣，謝晦被迫造反。

三月，檀道濟擊敗謝晦，劉義隆執政，重用五臣實施元嘉之治。

八月，西秦、北涼、胡夏相互混戰。

十月，魏太武帝拓跋燾親征胡夏。

十一月，拓跋燾攻入統萬城，因雪災被迫撤退。
十二月，北魏奚斤攻佔長安，收復關中地區。

◉ 西元四二七年

一月，胡夏主力赫連定進攻長安，與北魏奚斤在關中對峙。
五月，拓跋燾二攻胡夏。
七月，拓跋燾攻陷統萬城，赫連昌逃至上邽。

◉ 西元四二八年

二月，北魏安頡活捉赫連昌，佔領上邽。赫連定繼位，遷都平涼。
三月，北魏奚斤追擊赫連定中埋伏被俘。
五月，西秦王乞伏熾磐病死，太子乞伏暮末即位。
六月，北涼進攻西秦，兩國混戰不絕。

◉ 西元四二九年

五月，北魏突襲柔然，屠殺蒙古境內東西五千里，南北三千里地區的柔然部落，重創柔然汗國。
七月，拓跋燾由漠北攻入西域，擊敗高車，繳獲大批輜重，導致國內肉食毛皮價格大跌。

◉ 西元四三〇年

三月，劉宋大臣到彥之北伐，第二次南北大戰爆發。
七月，宋軍進駐黃河，北魏守軍全部撤退。宋軍推進至碻磝、滑台、虎牢、金墉、洛陽、潼關一線。

八月，北魏安頡阻擊宋軍黃河以北的軍隊。

九月，拓跋燾三攻胡夏，進攻胡夏首都平涼。北燕宋夫人發動政變，北燕天王馮跋受驚而死，馮弘發動政變，殺死宋夫人，逼迫太子馮翼自殺，自稱天王，殺馮跋兒子一百餘人。

十月，魏軍集結主力發動反擊，安頡佔領洛陽。

十一月，魏軍攻佔平涼，趕走胡夏皇帝赫連定。北魏向劉宋北伐軍發動全面反擊，收復虎牢。宋軍總指揮到彥之帶頭逃跑。

◉ 西元四三一年

一月，胡夏赫連定攻佔西秦南安，乞伏暮末投降，被赫連定滅族，西秦滅亡（亡國十六）。劉宋大將檀道濟由歷城欲沿黃河逆流而上救援滑台，遭到北魏叔孫建、長孫道生的阻擊。

二月，北魏叔孫建放火燒掉檀道濟軍的糧倉，檀道濟被迫撤退。北魏安頡攻陷滑台，第二次南北大戰結束。

六月，胡夏赫連定率宗族西遷，遭到吐谷渾汗國的襲擊，赫連定被俘，胡夏滅亡（亡國十七）。

十一月，北魏制定法律，確立「擊鼓鳴冤」制度。

◉ 西元四三二年

七月，北魏進攻北燕，北燕戰敗。

十二月，北魏使者李順拜會沮渠蒙遜。

◉ **西元四三三年**

四月，北涼王沮渠蒙遜病死，兒子沮渠牧犍繼位。

◉ **西元四三四年**

二月，北魏、劉宋、氐族土著人展開漢中爭奪戰，宋軍戰斧兵大敗氐族犀甲兵，收復漢中地區。

◉ **西元四三五年**

七月，北魏包圍北燕和龍。

◉ **西元四三六年**

二月，宋文帝劉義隆以「禍心」之罪誣殺大將檀道濟。

五月，北魏攻陷北燕首都和龍，北燕天王馮弘被高句麗雇傭兵救走，北燕滅亡（亡國十八）。

◉ **西元四三八年**

三月，高句麗長壽王高璉殺死馮弘，脫離中國政權管轄，成為境外獨立國家。

◉ **西元四三九年**

九月，北魏太武帝拓跋燾包圍北涼姑臧，北涼王沮渠牧犍投降，北涼滅亡（亡國十九）。北魏統一中國北方，五胡十六國時代結束，南北朝時期開始。

十二月，北魏崔浩頒布《魏曆》，在北方實施。

◉ **西元四四〇年**

十月，宋文帝劉義隆聯合殷景仁、沈慶之殺死權臣劉湛，廢掉劉義康的權力，十一月，劉宋新權臣殷景仁暴病而亡，劉義隆二次執政。

◉ **西元四四二年**

一月，魏太武帝拓跋燾用道教禮節祭祖，引發鮮卑貴族不滿。

◉ **西元四四三年**

三月，拓跋燾派使者李敞到大鮮卑山祭祖，將詔書刻在石壁上（鮮卑遺跡最近已經被發現）。

◉ **西元四四四年**

十二月，劉宋實施《元嘉新曆》，可預測日、月食。

◉ **西元四四五年**

一月，劉宋實施黃鐘三百六十音律。

十月，北魏關中盧水胡人蓋吳造反。

◉ **西元四四六年**

二月，魏太武帝拓跋燾在長安發現寺廟中藏匿兵器，崔浩趁機勸說拓跋燾殺盡天下僧侶，拓跋燾發布太武滅佛令，拆除全國所有寺廟，追殺國內僧侶。

八月，北魏平定蓋吳叛亂。

◉ **西元四四九年**

五月，劉宋彭城太守王玄謨上書要求北伐。

◉ **西元四五〇年**

三月，拓跋燾十萬軍隊進攻只有數百人鎮守的懸瓠城，歷時四十二天，不克而還。

四月，北魏「國史案」，崔浩被滅門，株連數千人。

七月，劉宋二次北伐，第三次南北大戰爆發。宋軍先頭部隊到達碻磝、滑台、虎牢、潼關一線。

九月，拓跋燾領兵南征。

十月，拓跋燾擊潰滑台王玄謨軍，宋軍先頭部隊全線崩潰。

十一月，魏軍多路反擊，進展順利。北魏西線軍張是連提部被宋軍柳元景、薛安都殲滅。宋軍中線劉康祖部被北魏中線軍拓跋仁部殲滅。北魏中線拓跋仁部到達懸瓠、項城、壽陽一線。東線拓跋燾包圍彭城。

十二月，拓跋燾主力到達長江北岸，宋軍無人敢擋。拓跋燾於瓜步山上立祠堂作紀念。

## ◉ 西元四五一年

一月，拓跋燾撤出長江，進攻盱眙和彭城，未果。

二月，北魏全軍北返，殺光宋境雍、徐、兗、豫、青、冀六州所有百姓。一路千里白地，劉宋「元嘉之治」成果遭到破壞。第三次南北大戰結束。

……

本想模仿《三國演義》，在全書的最後寫上一首敘事長詩作結尾，可是寫了幾次都不甚滿意。辛棄疾的《永遇樂·京口北固亭懷古》倒是有些扣題，文采氣勢也都不錯。但是經過反覆斟酌後我認為：寫《五胡錄》的目的，不是為了宣揚所謂的金戈鐵馬、氣吞萬里的壯志，也不是為了推崇那些舞榭歌台、封狼居胥的英雄，有道是「萬姓瘡痍合，群凶嗜欲肥」，英雄們會因為自己的「風流總被雨打風吹去」而煩惱，會因為居住在尋常巷陌老矣尚能飯否而煩惱，會因為殺人太少比不上孫仲謀寄奴佛狸廉頗而煩惱。但英雄們在煩惱之餘似乎都沒有閒暇來想一想，他們的英雄壯舉都是用千千萬萬個普通人的生命換來的。亂世中的百姓，一條命的價錢抵不上一斤大米；戰場上的士兵，一條命的價值還不如一條麻袋。他們需要的究竟是安定的生活，還是為那些聖人和民族英雄去慷慨赴死？這不能不令人深思啊！

最後，選取唐代詩人曹松《己亥歲》的後兩句和陳陶《隴西行》的後兩句，攢成一首詩，權且當作本書的結尾。

憑君莫話封侯事，一將功成萬骨枯。
可憐無定河邊骨，猶是春閨夢裡人。

《五胡錄》至此終。

五胡錄 / 火焰塔著. -- 一版.-- 臺北市：大地,
2012.04
面：　公分. --（History：47）

ISBN 978-986-6451-50-8（平裝）

1. 五胡亂華

623　　101005974

# 五胡錄

HISTORY 047

作　　者：火焰塔
發 行 人：吳錫清
主　　編：陳玟玟
出 版 者：大地出版社
社　　址：114台北市內湖區瑞光路358巷38弄36號4樓之2
劃撥帳號：50031946（戶名　大地出版社有限公司）
電　　話：02-26277749
傳　　眞：02-26270895
E - mail：vastplai@ms45.hinet.net
網　　址：www.vastplain.com.tw
美術設計：普林特斯資訊股份有限公司
印 刷 者：普林特斯資訊股份有限公司
一版一刷：2012年4月

原出版者：中國三峽出版社 簡體版書名：五胡錄
版權代理：中圖公司版權部。繁體版經授權由台灣大地出版社獨家出版發行。

大地

定　　價：300元